Mittelschwer & sportlich

Anfahrt einfach gemacht
Code scannen, Startpunkt laden
scan to go®

Rhein Mosel Eifel
Übersichtskarte ▶ 270

* Wanderwege des Jahres

Inhalt

Schwer & anspruchsvoll

Rhein Mosel Eifel

Übersichtskarte ▶ 270

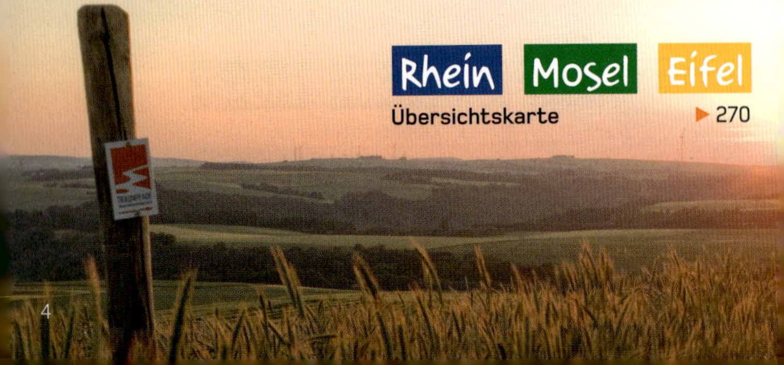

Wo Wanderträume wahr werden

Die Traumpfade am Rhein, an der Mosel und in der Eifel gehören zu den beliebtesten und besten Premium-Rundwanderwegen Deutschlands. Fünf tragen bereits den Titel „Deutschlands Wanderweg des Jahres".

2028 feiern die Traumpfade den 20. Geburtstag – und das Genusswandern statt Kilometerfressen ist beliebter denn je. Stille und Schönheit von Natur und Landschaft stehen hoch im Kurs. Ergänzt werden die Traumpfade von 14 kürzeren Traumpfädchen.

Auf diesen Wegen werden Wanderträume wahr: Der Jubiläumsband führt als praktische Pocket-Ausgabe übersichtlich und informativ zu 27 Premiumwegen. Detailkarten und Höhenprofile machen Vorbereitung und Anfahrt einfach. Zur elektronischen Navigation stehen alle GPS-Daten zum Download zur Verfügung. Die einzelnen Routen können mit den in den Kapiteln angegebenen Codes auf wander-touren.com geladen werden.

Mit dem Smartphone kann man den entsprechenden QR-Code scannen und sich zum Startpunkt der Tour navigieren lassen. Beachten Sie: Bei der Nutzung im freien Gelände können Gebühren des Mobilfunkbetreibers anfallen. Alle weiteren Infos auf Seite 269.

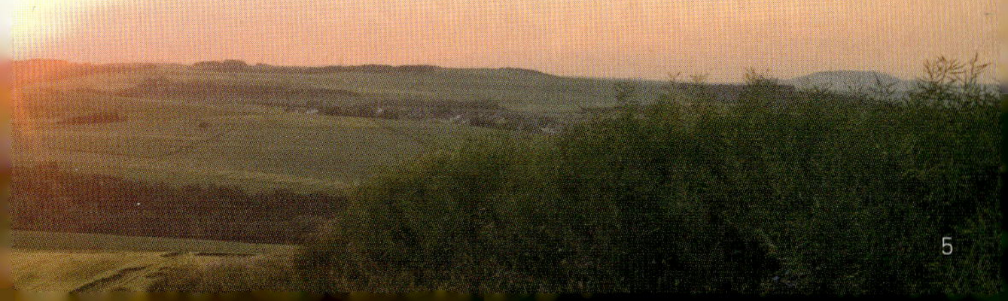

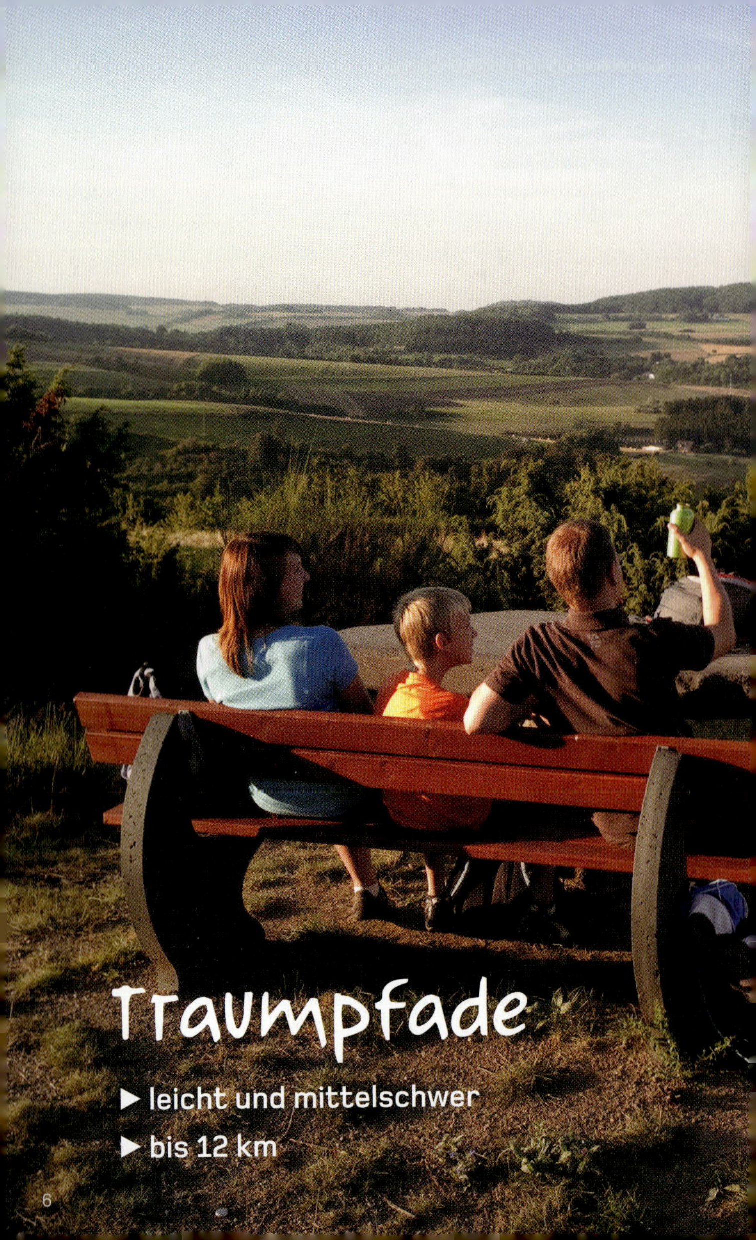

Traumpfade

▶ leicht und mittelschwer

▶ bis 12 km

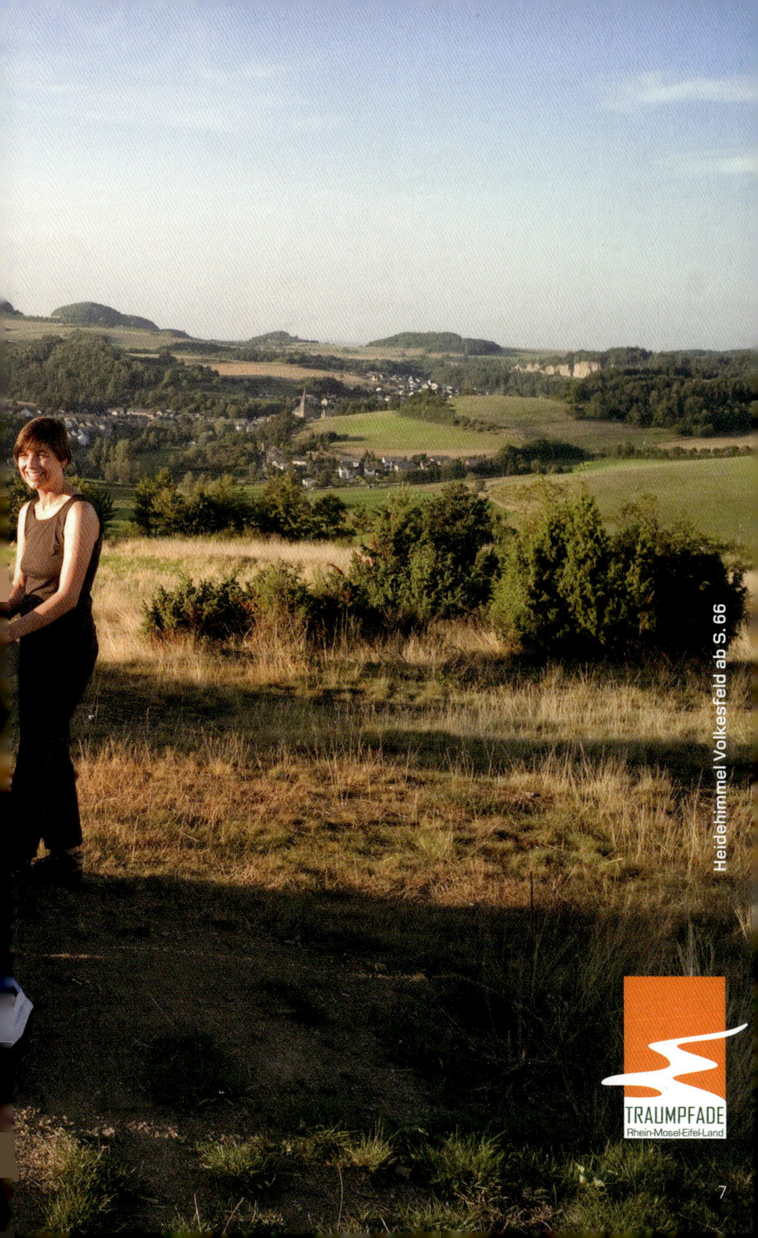

Heidehimmel Volkesfeld ab S. 66

1 Streuobstwiesenweg

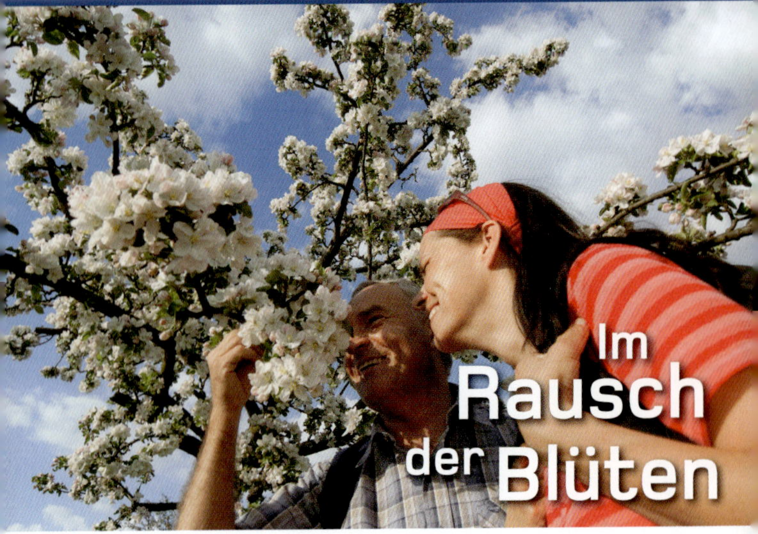

- **Start/Ziel:** Parkplatz Sportplatz Dalfter, Kärlich

- **Anfahrt:** Über die A 48 oder die B 9 nach Mülheim-Kärlich. In Kärlich der Beschilderung „Sportanlagen/Grillhütte Dalfter" folgen.

- **Parkplätze:**
  - Sportplatz Dalfter, Kärlich
    N50° 23' 23.5'' • E7° 28' 24.3''
  - Grillhütte, Kettig
    N50° 23' 31.9'' • E7° 27' 51.1''

scan to go®

QR-Code mit dem Smartphone scannen und Anfahrt anzeigen lassen..

- **Wegpunkte:**

P1: Parkplatz Sportplatz Dalfter, Kärlich 32 U 391483 5583094

P2: Aussicht Grillhütte Kettig 32 U 390876 5583411

P3: Ortsrand Kettig 32 U 390426 5582957

P4: Treffen Rheinburgenweg 32 U 389999 5581520

P5: Panoramablick Vulkaneifel 32 U 390336 5581528

P6: Kapelle an Carl-Heinrich-Grube 32 U 391833 5582418

P7: Panoramablick Neuwieder Becken 32 U 391630 5582868

P8: Dalfter Grillhütte 32 U 391555 5582984

- **Infos:** www.traumpfade.info

8.8	2h 40min	230	207	620 728	
km					T2X1TX8

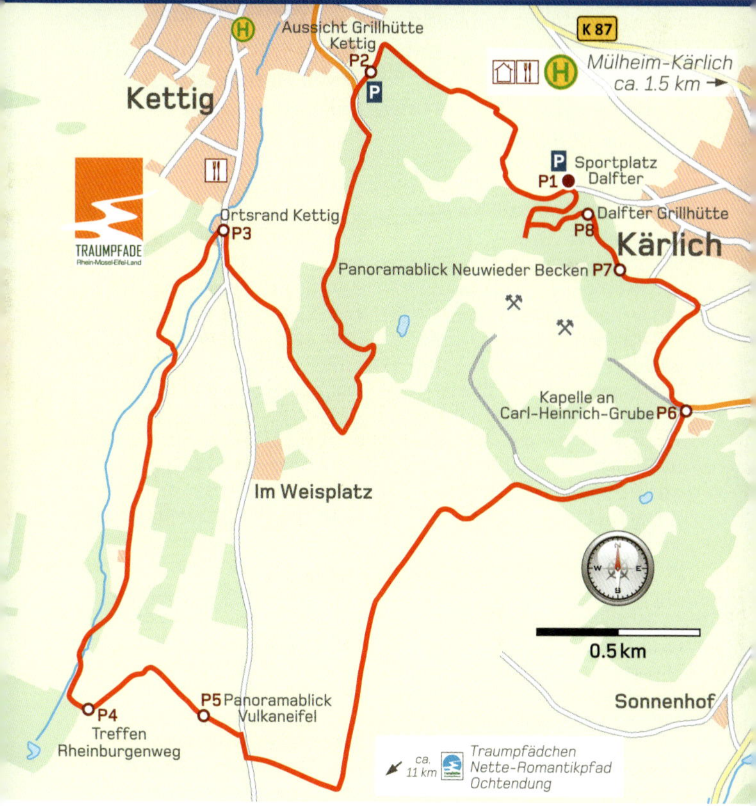

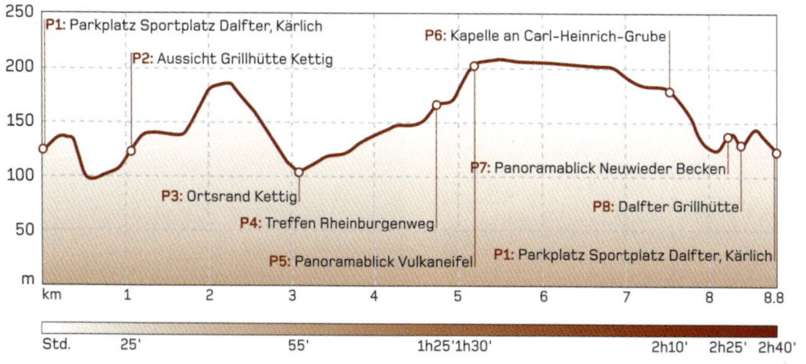

Welche Pracht: Im Frühjahr bietet der Streuobstwiesenweg ein außergewöhnliches Wandervergnügen. Der Premiumweg verläuft mitten durch ein Meer aus Blüten. Doch auch zu anderen Jahreszeiten hat der Streuobstwiesenweg seine Reize. Kurzweilig führt die Route zu sensationellen Panoramablicken und unterhaltsamen Erlebnisstationen am Kärlicher Berg.

Los geht es am Parkplatz bei den Sportanlagen am „Dalfter" **(1)** am oberen Ortsrand von Kärlich. Wir gehen den Weg gegen den Uhrzeigersinn an und lassen uns vom markanten Traumpfade Logo zuverlässig leiten. Entlang der Umzäunung des Sportplatzes führt uns ein breiter Waldweg durch den lichten Mischwald. Am Ende des Zaunes halten wir uns an der Weggabelung rechts und laufen zur nahen Schutzhütte an der Hangkante.

Von der Hütte wandern wir, begleitet von Unterholz und ersten Streuobstbäumen, talwärts. Bald lichtet sich das Gehölz, und es ergibt sich ein erster toller Blick auf das Neuwieder Becken. Aus dieser Entfernung jetzt sogar ungetrübt, da der mächtige Kühlturm des Kernkraftwerkes Mülheim-Kärlich inzwischen zurückgebaut ist.

Der schwere und fruchtbare Boden kann nach ergiebigem Regen schon mal etwas matschig und rutschig sein, doch festes Schuhwerk und eventuell auch ein Stock helfen über solche Passagen hinweg.

Flankiert von einer gepflegten Kirschbaumplantage, verlieren wir an Höhe, bis wir auf den querenden Rheinhöhenweg (weißes R) stoßen. Wir biegen links auf den befestigten Feldweg ab und genießen zur Blütezeit der Obstbäume das filigrane Blütenmeer aus Weiß und Rosa. Wie Schneegestöber weht der Wind die Blütenblättchen umher, und niemand kann sich der unbändigen Energie des Frühlings entziehen. Wer die Strecke im Sommer wandert, erfreut sich dagegen am Anblick reifender Früchte und sattgrüner Blätter. Nach **1 km** verabschieden wir uns

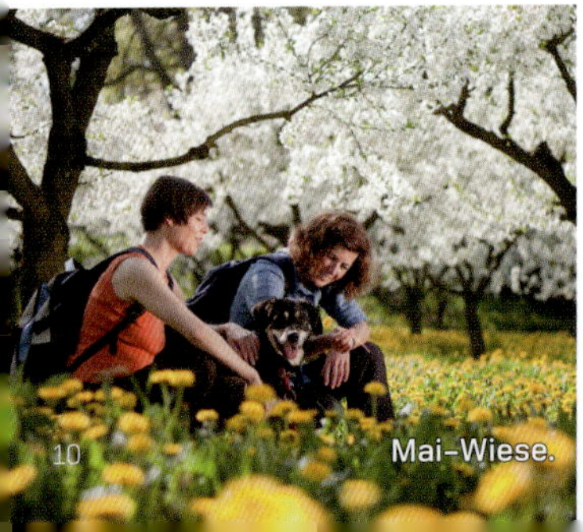

Mai-Wiese.

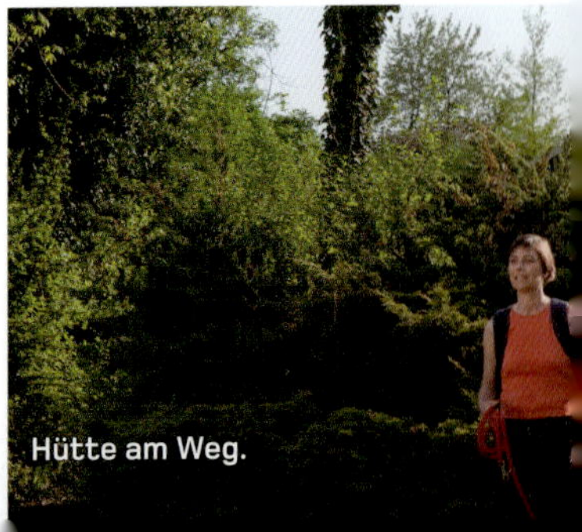

Hütte am Weg.

vom Rheinhöhenweg und biegen nach links bergan zur nahen Grillhütte. Nach kurzem Anstieg haben wir das liebevoll gepflegte Areal der Kettiger Grillhütte (2) erreicht und gönnen uns eine kurze Pause. Dabei frönen wir der großartigen Aussicht, die sich uns bietet: Das Rheintal und das Neuwieder Becken liegen uns zu Füßen. Neben der Hütte lädt ein gepflegter Obstlehrgarten zum Rundgang ein. Eine Sinnesbank gibt Gelegenheit, die Idylle in Ruhe zu genießen.

Wir setzen die Tour fort, lassen die Zufahrt von Kettig rechts liegen und folgen dem Fußweg geradeaus in die Natur. Begleitet von Hecken und Sträuchern, gelangen wir zum Hochbehälter Kettig, schwenken oberhalb nach rechts und laufen an einem Birkenhain entlang in ein kleines Wäldchen. Danach finden wir uns erneut am Waldrand wieder. Über die Wiese schweift der Blick rechts zurück nach Kettig. An der folgenden Wegkurve tauchen wir geradeaus ab in den Wald. Verwunschen umfangen uns die Fichten, die hier mit verschiedenen Laubbäumen um das Sonnenlicht wetteifern. Einige Holzstufen erleichtern den Aufstieg über den weichen Boden, und schließlich treffen wir nach **2 km** an einer Waldwiese auf einen Querweg. Mit scharfer Wendung nach rechts setzen wir auf diesem Waldweg die Wanderung fort und verlassen wenig später die Waldumgebung.

Links erfreuen uns die gepflegten Kirschbäume einer weiteren Obstplantage, während rechts dichtes Unterholz den Tieren begehrten Unterschlupf bietet. An der nächsten Kreuzung weist uns ein Holzschild darauf hin, dass wir auf dem „Eichenweg" unterwegs sind. Wir biegen kurz vor der eigentlichen Kreuzung rechts auf einen urigen Pfad ab. Erst am talseitigen Waldrand mündet der Pfad auf einen Feldweg. Wieder einmal begeistert uns der Blick ins Rheintal, doch auch die Spalier stehenden weißen Birkenstämme am Waldrand sind sehenswert.

Wir halten uns nun geradeaus abwärts und steigen endgültig ins Kettiger Bachtal ab. Dort treffen wir auf einen asphaltierten Wirtschaftsweg und biegen rechts ab. Allerdings erreichen wir den Ortsrand von Kettig nicht wirklich, denn bei erster Gelegenheit wenden wir uns mit einer Spitzkehre (3) nach

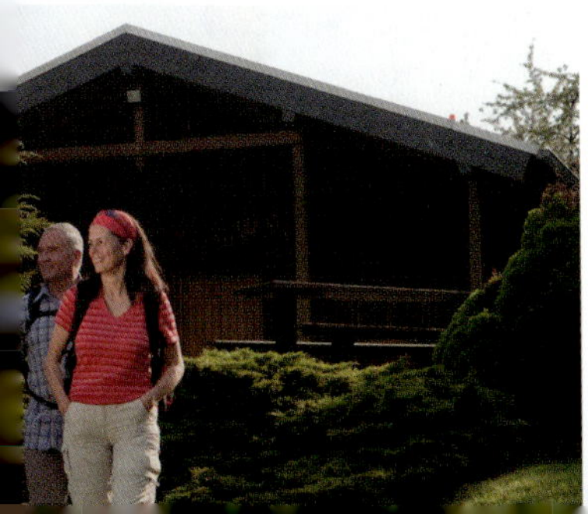

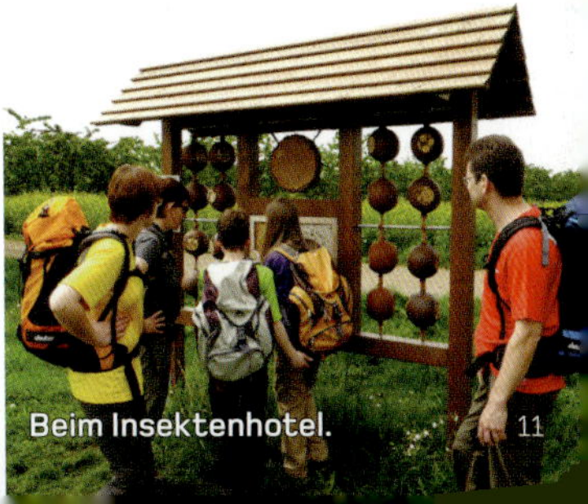

Beim Insektenhotel.

links wieder Richtung Felder. Wer jedoch leibliche Stärkung braucht, kann an dieser Abzweigung ins nahe Kettig laufen, wo beispielsweise die Cafeteria der nur 200 Meter entfernten Förder- und Wohnstätten auch Wanderern offensteht.

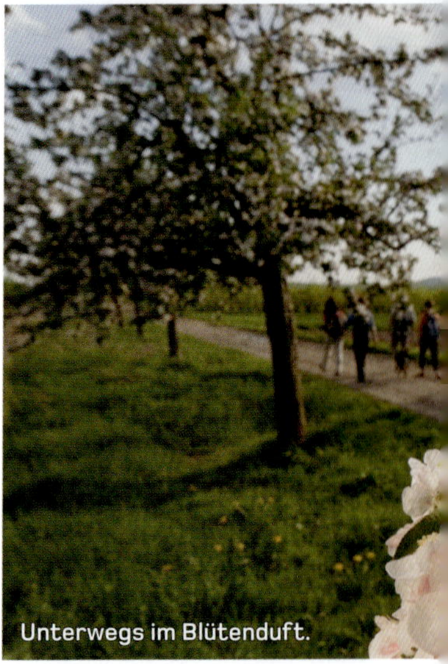
Unterwegs im Blütenduft.

Wir passieren auf breitem Feldweg eine Scheune und treffen nach **3.5 km** an der Arenzwiese ein. Hier wachsen uralte Apfelbaumsorten – aber auch Weidensträucher für die Korbflechterei der Förder- und Wohnstätten, worauf ein riesiger Weidenkorb anschaulich aufmerksam macht. Wir biegen nach links und queren den schmalen, aber munter plätschernden Kettiger Bach. Auf der anderen Seite steigt der Weg leicht über eine Wiese an, bis er auf einen asphaltierten Wirtschaftsweg trifft. Wir setzen die Tour nach rechts fort und kommen auf dem glatten Untergrund schnell voran. Nun haben wir auch Gelegenheit besondere Gewächse am Wegesrand näher in Augenschein zunehmen: dicke, knorrige Stämme mit gertenschlanken Austrieben und dunklen Blättern – wir passieren eine Holunderplantage. Zur Reifezeit hängen hier dicke schwarze Beeren, die zu Saft verarbeitet werden.

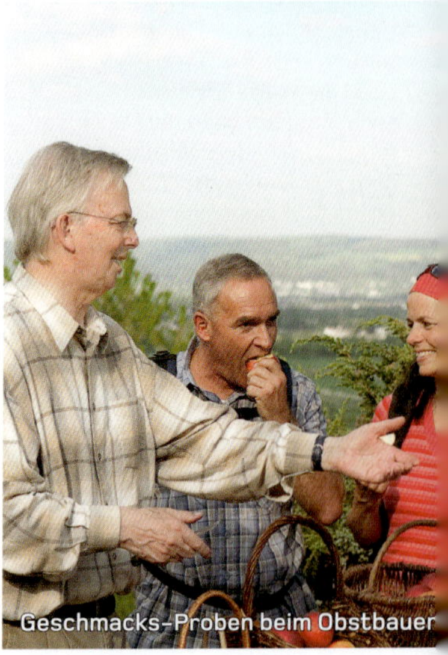
Geschmacks-Proben beim Obstbauer

Bei **Kilometer 4.2** passieren wir nach einem kleinen Wäldchen einen Gutshof und eine Weide. Wenig später halten wir uns rechts und nähern uns wieder dem Bach. Unmittelbar nach der Brücke führt uns der Streuobstwiesenweg links am Ufer entlang. Vor den nächsten Obstbäumen queren wir den

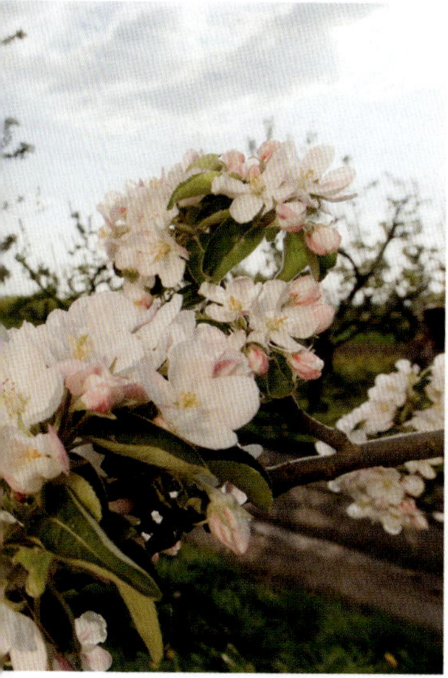

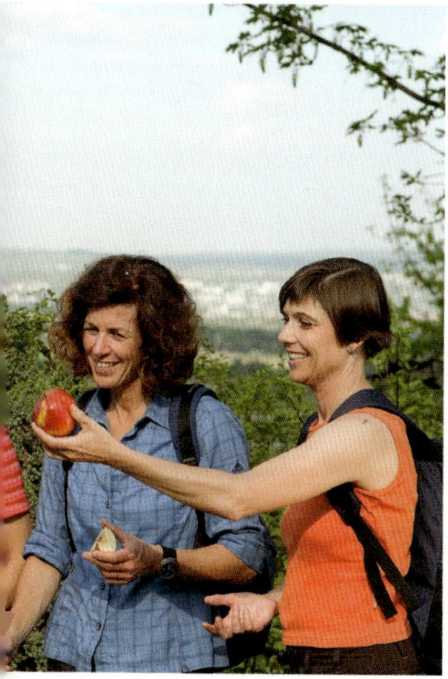

Bach wieder und wandern zu einem Jungwald. Unter dem schattigen Blätterdach erklimmen wir eine Anhöhe, bevor wir erneut ins freie Feld treten.

Nun gesellt sich zum Traumpfade-Logo noch eine weitere Markierung **(4)**: Rot auf gelbem Grund ist der Zuweg von Kärlich zum Rheinburgenweg (▶ WanderTouren Rheinburgenweg) markiert, der nur 200 Meter weiter rechts verläuft. Wir wenden uns nach links und laufen nun bergan, mal durch offene Felder, mal von Hecken begleitet oder an einem Streuobstareal vorbei.

Nach **5 km** biegen wir scharf rechts ab und steigen am Feldrand deutlich aufwärts. Fast oben angelangt, lassen wir einen abzweigenden Feldweg unbeachtet. Unsere Aufmerksamkeit widmet sich sowieso voll und ganz der fantastischen Panoramaaussicht, die sich beim Blick zurück Richtung Vulkaneifel bietet **(5)**.

Weiter geht es bis zu einem befestigten Wirtschaftsweg. Wir queren den Weg und laufen dann rechts auf einem parallelen Feldweg, bis wir die erste Möglichkeit nutzen und links auf einen weiteren Feldweg wechseln. Nun genießen wir in vollen Zügen die offene, schier unendliche Weite der Hochfläche. Unser Blick kann ungehindert über die Felder streifen, und der Wind bläst uns hier oben oft frisch um die Ohren. Der nächste Richtungswechsel nach links führt uns nun wieder zu

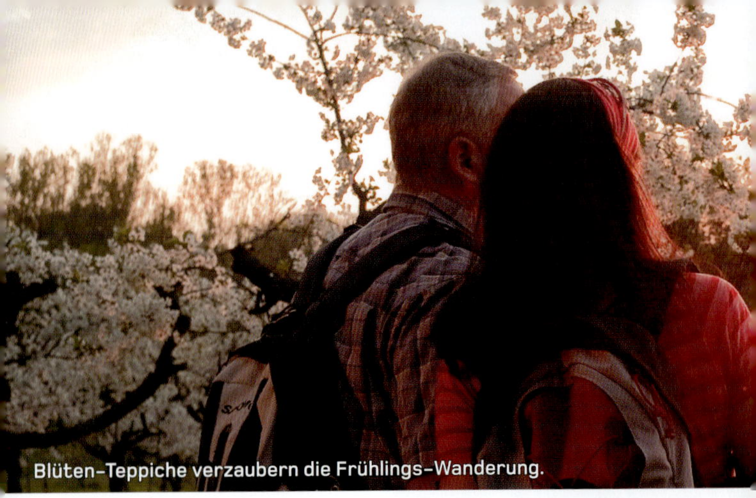

Blüten-Teppiche verzaubern die Frühlings-Wanderung.

Obstbaumarealen, die abermals die Felder unterbrechen. Zudem säumen alte Kirsch-, Birnen- und Walnussbäume den Feldweg. Aber diese Baumallee hat noch mehr zu bieten: Am Wegesrand sorgen attraktive Erlebnisstationen für Abwechslung und Spannung. Eine echte Herausforderung ist das Duftdidaktikum, bei dem unser Geruchssinn gefordert ist, die unterschiedlichen Düfte zuzuordnen. An der Mitmachstation der Holzbestimmung wird spielerisch unser Wissen rund ums Holz erweitert, und am Dendrophon, einer Art Xylophon aus Ästen verschiedener Baumarten, können wir unsere musikalischen Fähigkeiten testen. Und wissen Sie eigentlich, wie all die fliegenden Boten wohnen, ohne die wir kein leckeres Obst ernten könnten? Am Insektenhotel können wir sehen, welche Lebensumstände die geflügelten Nützlinge brauchen. So unterhalten, bewältigen wir die Passage über den Kärlicher Berg sehr kurzweilig und kommen dazu immer auch in den Genuss herrlicher Ausblicke.

Nach **6.6 km** wenden wir uns nach rechts, laufen zum nächsten Kirschbaumriegel und biegen dort links ab. So gelangen wir zum nahen Waldrand, wo uns ein Schild und ein Zaun auf die aktive Carl-Heinrich-Tongrube hinweisen. Wir wandern rechts durch das Gehölz weiter und verlieren dabei langsam an Höhe. Von der Tongrube bekommen wir nichts mit, ein bewaldeter Wall umgibt das Areal. Bald mündet unser Waldweg auf einen breiten Wirtschaftsweg, der offensichtlich auch von schwerem Gerät genutzt wird. Nach **7.5 km** treffen wir an einer Kreuzung und einer kleinen Kapelle **(6)** ein. Hier verabschiedet sich der Rheinburgenweg-Zuweg nach rechts, während wir die ersten

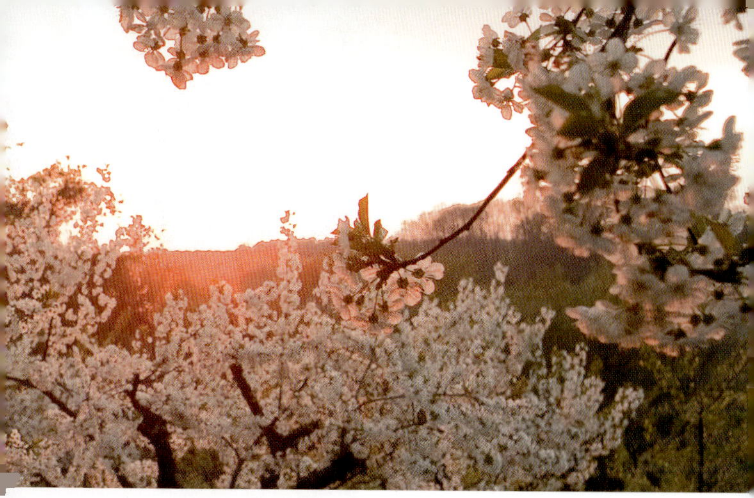

beiden Wege nach links ignorieren und erst nach einem kleinen Gerätehaus rechts auf einen Waldweg abbiegen. Er führt uns im Bogen leicht abwärts, bis sich schließlich das Unterholz lichtet und den Blick ins Rheintal und auf das Neuwieder Becken freigibt. Begleitet von Obstbäumen, gelangen wir zu einem querenden Asphaltweg, dem wir nach links folgen. Mit guter Aussicht auf Mülheim-Kärlich wandern wir durch das Blütenmeer, bis der Asphaltweg nach rechts abknickt. Hier halten wir uns links und vertrauen uns einem weichen Waldweg an.

Wir durchqueren ein Wäldchen und stehen nach **8.2 km** auf einer Anhöhe: Noch einmal sind wir hingerissen vom Rheintalpanorama **(7)**, das sich vor uns ausbreitet und bei gutem Wetter den Blick bis weit in den Westerwald freigibt.

Dann tauchen wir am Wald geradeaus unter das schattige Blätterdach ab und wandern gemächlich abwärts zur Dalfter Grillhütte **(8)**. Zwar sehen wir nun den Parkplatz bereits vor uns, doch noch einmal hält der Streuobstwiesenweg eine Überraschung bereit. An der Hütte vorbei laufen wir mit einer Schleife nach links pfadig bergan in den Buchenwald. In einem weiten Bogen genießen wir die Waldatmosphäre und erreichen schließlich am Waldrand eine Aussichtsplattform. Von hier können wir zum krönenden Abschluss der Tour auch die Tongrube in Augenschein nehmen. Nach diesem Einblick in die Erde steigen wir durch den Wald ab und treffen nach **8.8 km** wieder am Sportplatz **(1)** ein, wo unser Ausflug ins duftende Reich der Blüten und Früchte endet.

Verbandsgemeinde Weißenthurm, Kärlicher Straße 4, 56575 Weißenthurm ✆ 02637/9130 ⓘ www.mittelrhein-touristik.de

Bengel's Hotel Restaurant Zur Krone, Schweizer Str. 2, 56218 Mülheim-Kärlich ✆ 02630/94260 ⓘ www.bengels-hotel.de

- Cafe Tante Miesche, Hauptstrasse 5, 56220 Kettig ✆ 02637/9437070 ⓘ www.cafe-miesche..de

Ibis-Budget Koblenz Nord, Hinter der Jungenstr. 13, 56218 Mülheim-Kärlich ✆ 0261/26602 ⓘ www.ibisbudgethotel.ibis.com

- Rhein-Hotel Kelch, Rheinufer 4, 56575 Weißenthurm ✆ 02637/2146 ⓘ www.rhein-hotel-kelch.de
- Hotel Larus, In der Obermark 7 56220 Kaltenengers, ✆ 02630/98980 ⓘ www.rheinhotel-larus.de

Info: ⓘ www.vrm.info
Haltestelle: Kirche Mülheim-Kärlich

- Mo-Fr: Bus 357 (Koblenz-Neuwied)

Tom's City Taxi ✆ 02630/962894

! Der Streuobstwiesenweg - am Anfang noch als Premium-Themenweg mit eigenem Logo geführt - wurde als Traumpfad mit dem entsprechenden Logo ausgeschildert. Die alte Beschilderung mit Baumsymbol ist entfallen, da der Weg seit einer Nachzertifizierung die Kriterien eines Traumpfads erfüllt.

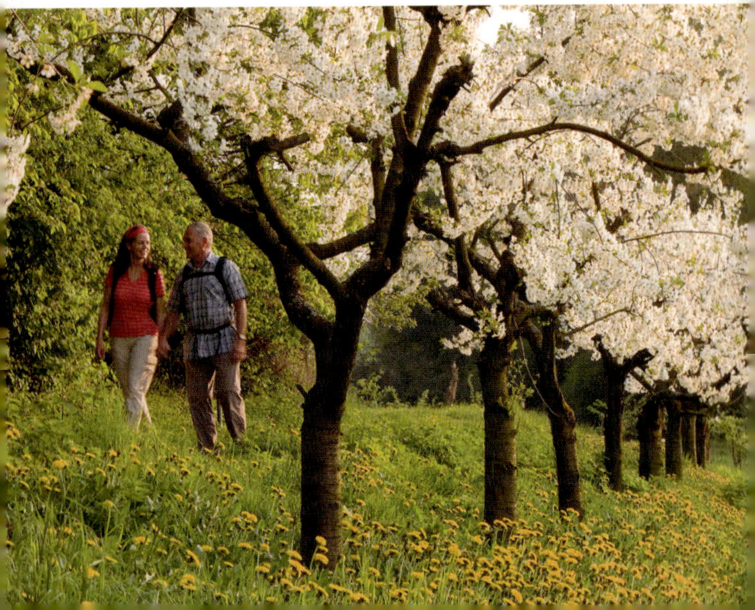

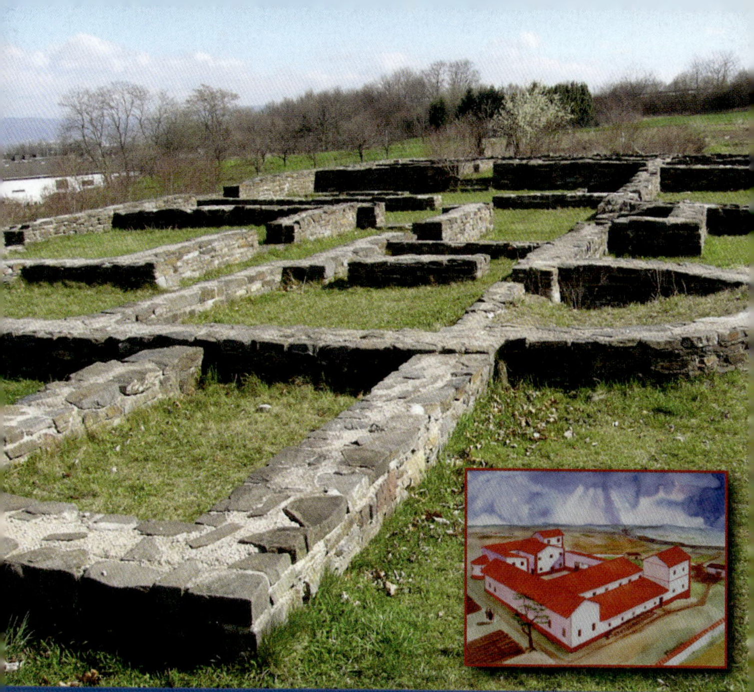

Tipp Römische Villa

Am Fuß des Bubenheimer Berges, knapp außerhalb von Mülheim-Kärlich, wurden (nahe der Jungenstraße) 1983 im Zuge des Bimsabbaus die Reste einer römischen Villa Rustica ausgegraben. Das ausgedehnte Gelände ist heute frei zugänglich und gibt einen guten Eindruck davon, wie die Römer sich in dem immerhin 70 mal 35 Meter großen Gebäude eingerichtet hatten. Die etwa 80 Zentimeter hoch aus dem Boden ragenden Mauerreste geben den Grundriss anschaulich wieder.

Der ehemalige Gutshof des „mittelrheinisch-moselländischen Typs" stammt überwiegend aus dem 2. und 3. Jahrhundert nach Christus und war mit vielen Annehmlichkeiten der römischen Welt ausgestattet. So kann man noch heute die Reste der Fußboden- und Wandheizung erkennen, die für angenehme Temperaturen sorgten. Auch ein Badebecken ist erhalten. Die Anlage ist frei zugänglich.

2 Waldschluchtenweg

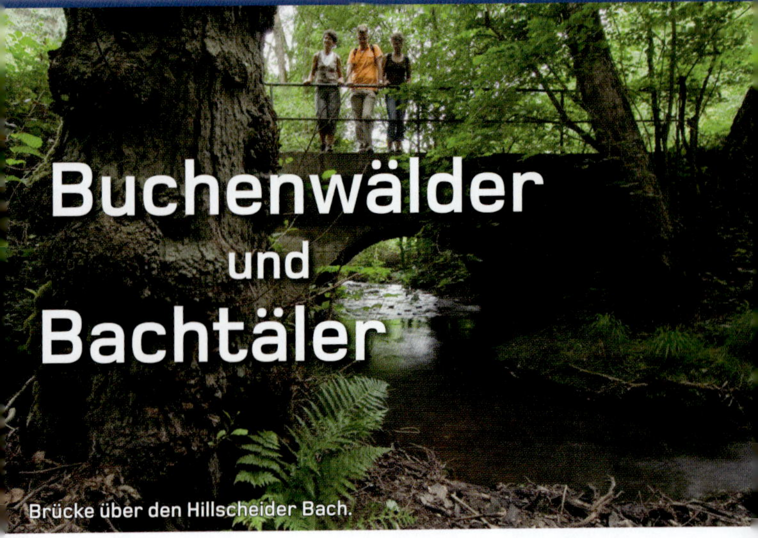

Buchenwälder und Bachtäler

Brücke über den Hillscheider Bach.

- **Start/Ziel:** Parkplatz Feisternachttal

- **Tourist-Info**
  VG Vallendar, Rathausplatz 13,
  56179 Vallendar ✆ 0261/6503155
  www.vg-vallendar.de

- **Taxi:**
- Taxi Bank ✆ 0261/63066

- **Anfahrt:** B 42 nach Vallendar. Von dort L 309 Richtung Hillscheid. Parken am Eingang zum Feisternachttal.

scan to go

QR-Code mit dem Smartphone scannen und Anfahrt anzeigen lassen.

- **Parkplatz:**
- Feisternachttal
  N50° 24' 16.2'' • E7° 38' 45.4''

- **Wegpunkte:**
  P1: Parkplatz Feisternachttal 32 U 403775 5586263
  P2: Querung L 309 32 U 405866 5585844
  P3: Kathedralenwald 32 U 405871 5584814
  P4: Bembermühle 32 U 405496 5587899
  P5: Limes 32 U 405301 5588401
  P6: Schutzhütte am See 32 U 404435 5587527

11 km	3h 30min	262 ↑ ↓	286	767 ♀ 900 ♂	TP17TX3

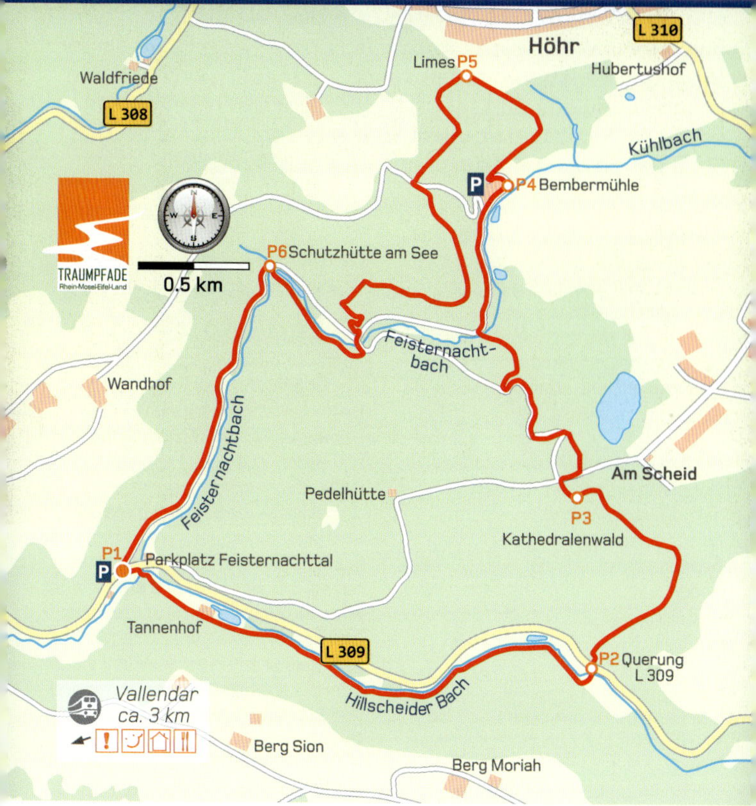

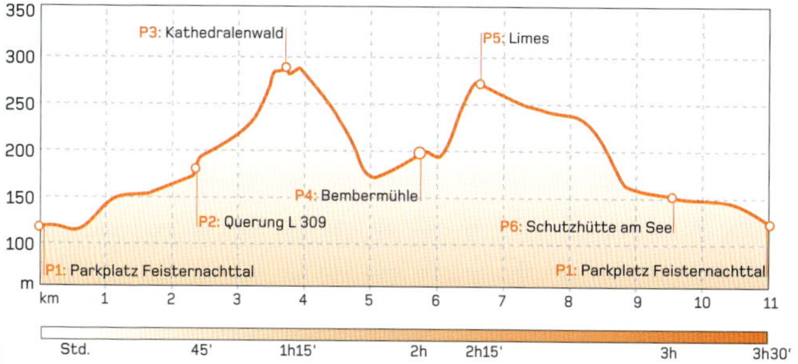

Zwei Landschaftselemente prägen diesen Weg: üppige, vielgestaltige Wälder und nicht weniger als drei munter plätschernde Bäche! Wandern auf dem Waldschluchtenweg bei Vallendar bedeutet Abtauchen in die Natur, sich an der Ruhe und Erhabenheit des Waldes erfreuen und nach den leisen Tönen des Wassers horchen. Doch bei aller Naturverbundenheit bietet diese Tour mit dem Abstecher zum Limes auch noch Kulturgeschichte zum Anfassen.

Der Einstieg zu dieser Tour befindet sich am großen Wanderparkplatz (1) an der L 309 am Anfang des Feisternachttales. Wir beginnen die Wanderung mit der Querung der Landstraße und wenden uns gleich nach der Brücke über den Hillscheider Bach nach links.

Rechts erhebt sich eine imposante Felsklippe, schnell schlägt uns der idyllische Weg oberhalb des Hillscheider Bachs in seinen Bann. Federnd trägt uns der weiche Waldboden, und es bleibt Zeit, vom Alltag abzuschalten und sich den Eindrücken der Natur zu öffnen.

Nach gut **500 m** erspähen wir durch das Laub der Bäume am Bach die Fischteiche des Forellenhofs. Unser Waldweg mausert sich zum verschlungenen Pfad, der uns ohne größere Höhenunterschiede nach Osten führt. Weitere kleine Teiche breiten sich im Talgrund aus, der herrliche Laubmischwald wird kurzzeitig von einem Abschnitt Nadelwald abgelöst. Nach **2.5 km** stoßen wir auf einen Querweg an der Kläranlage und biegen nach links zur nahen Straße. Erneut queren wir die L 309 (2) und tauchen auf der anderen Seite erwartungsvoll über einen Pfad in den Wald ein, denn nun wollen weitere Waldschluchten erobert werden.

Recht steil gestaltet sich dann auch der Aufstieg von der Straße zur ersten Galerie im Wald. Ein Serpentinenpfad hilft uns beim Höhengewinn, und schon stehen wir auf einem alten Waldweg auf halber Höhe des Hangs. Zunächst noch unmerklich, aber dennoch stetig ansteigend, wandern wir entlang der Flanke oberhalb des Hirzbachtals nach Nordosten. Nach **3 km** wird der Weg deutlich steiler, vom Bach ist kaum mehr etwas auszumachen. Wir befinden uns nun an der Flanke des Kuckucksberges, den wir umrunden und besteigen. Nach einem gerodeten Areal, das uns herrliche Blicke ins unberührte Hirzbachtal gewährt, umgibt uns bald hochgewachsener Buchenwald, der willkommenen Schatten spendet. Bewundernd betrachten wir im Vorüberwandern die kapitalen Stämme, von denen schon einige mehr als ein Jahrhundert überstanden haben. Unser Weg flacht nach **3.6 km** deutlich ab und führt uns durch gemischten Hochwald vollends auf das Plateau am Kuckucksberg. Wir biegen am Rand

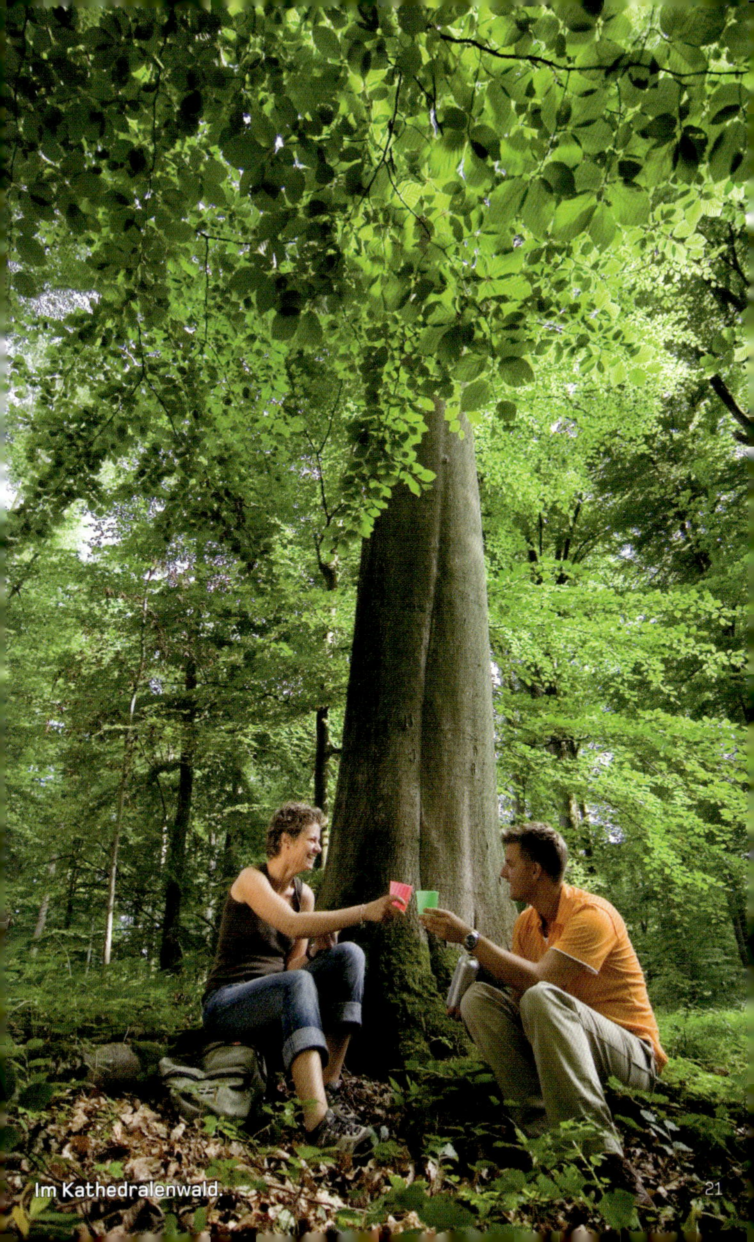

Im Kathedralenwald.

einer Lichtung links ab, erklimmen noch einige Höhenmeter, dann wechseln wir auf einen breiten Forstweg nach links. Neben dem Weg breitet sich herrlicher Buchenhochwald aus. Wer genau hinschaut erkennt die unterschiedlichen Altersstadien des Baumbestandes. Besonders beeindruckend sind aber die majestätischen Altbäume, die ihre Kronen in einem wahren Kathedralenwald in den Himmel recken (3).

Zu sehr dürfen wir aber nicht ins Träumen kommen, denn schon an der nächsten Wegkreuzung biegen wir wieder rechts ab. Wir erreichen einen breiten Forstweg, dem wir kurz nach rechts folgen, bevor es links auf einem Pfad bergab geht. Mit einer Linkskurve erreichen wir nach deutlichem Höhenverlust einen breiten Waldweg, den „Mittleren Pedelweg".

Doch schon bei nächster Gelegenheit biegen wir rechts ab und setzen den Abstieg ins Tal fort. Nach **4.7 km** verlassen wir mit einer scharfen Rechtskurve den breiten Forstweg und folgen einem zunächst noch breiten Waldweg. Nur 120 m weiter schicken uns die Logos dann aber links auf einen Naturpfad, der uns durch Mischwald und üppige Hecken zum Wasserwerk im Feisternachttal bringt.

Wir queren den Bach und wenden uns rechts auf den bequemen Talweg. Der führt uns direkt neben dem munteren Bach talaufwärts. Wir passieren einen gerodeten Nadelwald, dann schließt sich üppiges Blattwerk über unseren Köpfen.

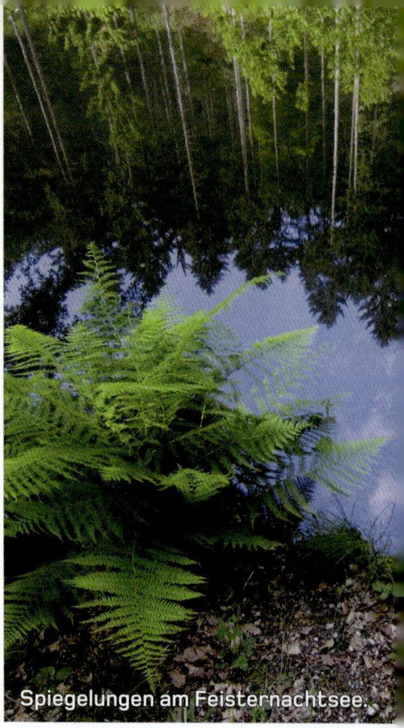

Spiegelungen am Feisternachtsee.

Nach **5.6 km** treffen wir schließlich bei gutem Blick über die Talwiesen an der Zufahrt zur Bembermühle ein. Wir folgen dem asphaltierten Sträßchen rechts und treffen nur 150 m später an der Mühle (4) ein.

Nun steht der Anstieg zum Limeswall, an. Dazu umrunden wir das Mühlenareal, steigen zum Waldrand auf und folgen einem Waldweg zunächst nach rechts. Nach dem ersten Anstieg halten wir uns dann nahe dem Waldrand links. Nun folgt der Waldschluchtenweg den mittlerweile zum UNESCO-Weltkulturerbe geadelten Relikten des römischen Bollwerks nach Nordwesten und

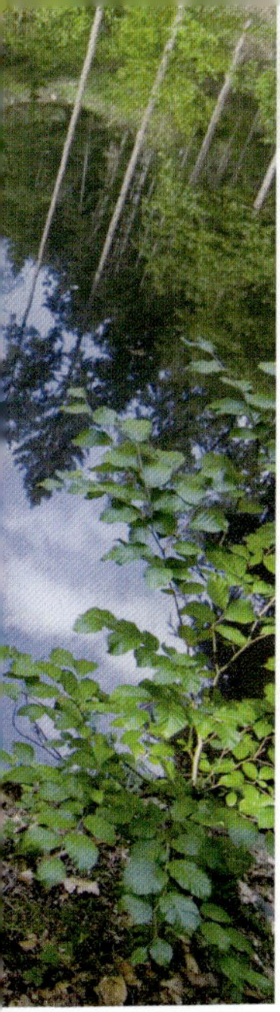

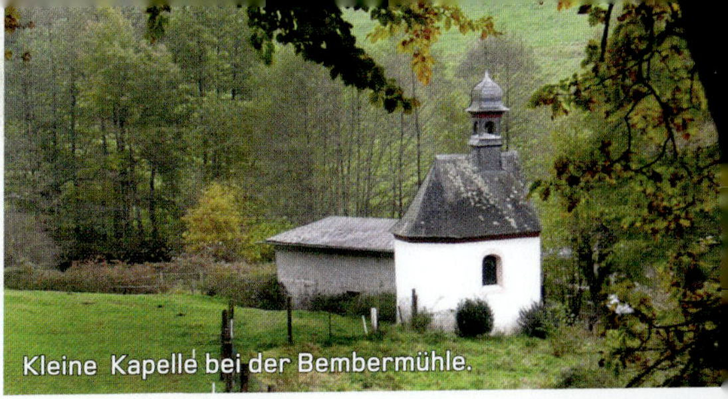

Kleine Kapelle bei der Bembermühle.

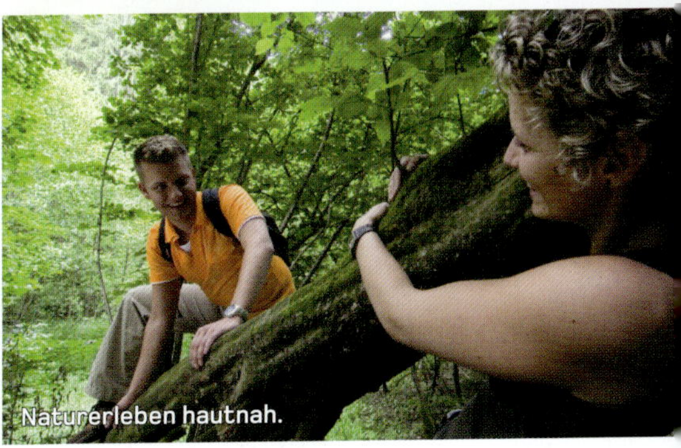

Naturerleben hautnah.

führt dabei auch am Standort eines Wachturms vorbei.

An einem Querweg (5) verlassen wir den Limes und genießen den Blick zu den ersten Häusern von Höhr-Grenzhausen. Auch den markanten Turm auf dem Köppel haben wir gut im Blick. Wir reißen uns los und biegen links auf einen Forstweg ab, der uns tiefer in den herrlichen Buchenhallenwald bringt. Von der ehemaligen Tongrube, die einst wichtige Rohstoffe für die Keramikindustrie des Kannenbäckerlands lieferte, bekommen wir dabei nichts mit. Nach **6.7 km** biegen wir links ab und dürfen auf weichen Waldwegen abwärtswandern. Mal rahmt dabei dichter Jungwald den Weg ein, mal wandern wir durch lichte Hochwaldpassagen. Nach einem Rechtsknick treffen wir noch einmal am Zufahrtssträßchen zur Bembermühle ein. Rasch queren wir die Straße und wenden uns links auf einen beschrankten Forstweg. Vielstufiger Hochwald begleitet uns auf dieser Passage zwischen Puschenkopf und Saustallkopf.

Nach **8.4 km** dürfen wir dann den unvermittelten Abzweig nach links auf den bald in steilen Serpentinen ins Feisternachttal absteigenden Pfad nicht verpassen.

Im Tal angelangt, laufen wir zunächst rechts auf breitem Weg weiter, dürfen aber schon 100 m später links über den Bach laufen. Gleich nach der Brücke über den leise plätschernden Bach wenden wir uns rechts auf einen Waldweg, der sich bald zum idyllischen Naturweg mausert.

In unmittelbarer Nähe zum Feisternachtbach wandern wir gemächlich durch das enge Tal. Nach **9.5 km** treffen wir schließlich an einem kleinen Stausee ein, an dem eine Schutzhütte (6) zum Verweilen und zu einer letzten Rast im stillen Wald einlädt. Anschließend folgen wir dem nun breiten Forstweg gemütlich abwärts zurück zum Wanderparkplatz (1) an der L 309.

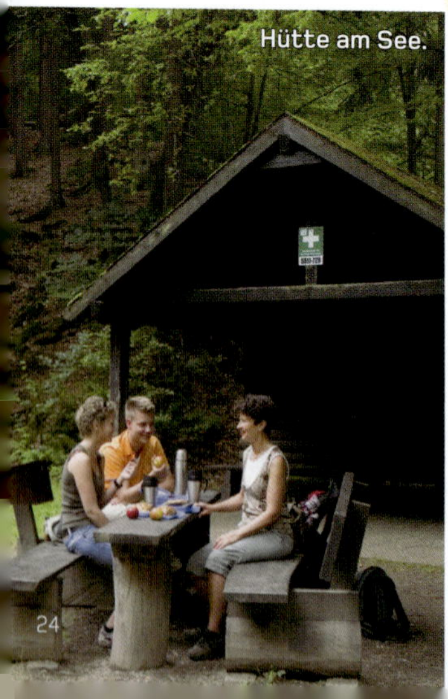

Hütte am See.

Ristorante Petrocelli, Heerstr. 40 56179 Vallendar ✆ 0261/96387171 ⓘ www.ristorante-petrocelli.de
■ Restaurant Die Traube, Rathausplatz 12, 56179 Vallendar ✆ 0261/61162 ⓘ www.dietraube-vallendar.de
⏲ So. & Mo. Ruhetag

Hotel zwei&vierzig, Rheinstraße 31, 56179 Vallendar ✆ 0261/66046 ⓘ www. hotel42.de
■ Priester- und Gästehaus Marienau Vallendar, Höhrerstr. 86, 561709 Vallendar ⓘ www.leben-an-der-quelle.de ✆ 0261/962620
■ Forum Vinzenz Pallotti, Pallottistraße 3, 56179 Vallendar ✆ 0261/6402

Info: ⓘ www.vrm.info
Haltestelle: Vallendar, Schönstatt
■ Mo-So: Bus/ Zug bis Bf Vallendar dann Bus 437 (Vallendar- Höhr-Grenzhausen)

Koblenz, die Stadt am Deutschen Eck, hat viel zu bieten. Ob gemütlicher Stadtbummel, Altstadt, Museen oder einfach nur gut essen oder trinken. ⓘ 0261/31304 ⓘ www.koblenz.de

Viel Spaß verspricht das Freizeitbad Vallendar. Zahlreiche Attraktionen (Sprunganlage, Riesenrutsche, Felseninseln im Freizeitbecken, eine Felswand mit Wasserlauf und ein Strömungskanal mit Brodelbucht) begeistern die jungen Wasserratten. Für die Kleinen gibt es einen Eltern-Kind-Wasserspielgarten. Freibad Vallendar, Sebastian-Kneipp-Str. 14, 56179 Vallendar ⓘ 0261/63250 ⓘ www.vallendar.eu
⏲Mai–Sep. Mo.–So. 9–20 Uhr

Hinweis: Der Waldschluchtenweg ist ein Naturweg. Bäume, die sich über den Weg neigen oder auf dem Weg liegen, werden nur entfernt, wenn der Weg dadurch unpassierbar wird

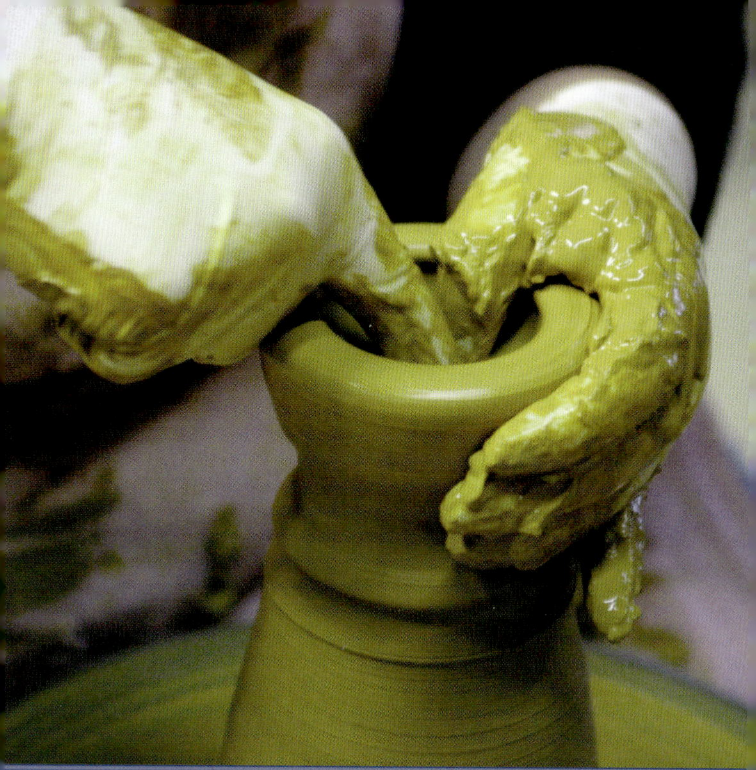

Tipp Keramikmuseum Westerwald

Die Region zwischen Rhein und Westerwald ist auch als Kannenbäckerland bekannt. Einblicke in die jahrhundertelange Tradition der Keramik gibt das Keramikmuseum in Höhr-Grenzhausen. Auf mehreren Ausstellungsebenen erfährt der Besucher alles Wissenswerte zum salzglasierten Westerwälder Steinzeug oder zu den prunkvollen Gefäßen aus der Renaissance. Auch die Epochen des Jugendstils und der Neuzeit werden im Museum gebührend gewürdigt. Wechselnde Sonderausstellungen widmen sich aktuellen Themen zu Keramik und Kunst. Darüber hinaus gibt es natürlich auch einschlägige Werkzeuge und Maschinen sowie ein vier Meter hohes Modell eines Kannenofens zu besichtigen.
Di.–So.: 10–17 Uhr, am 24./25.12. und am 31.12. geschlossen. Lindenstraße 13, 56203 Höhr-Grenzhausen, 02624/946010 www.keramikmuseum.de

3 Wolfsdelle

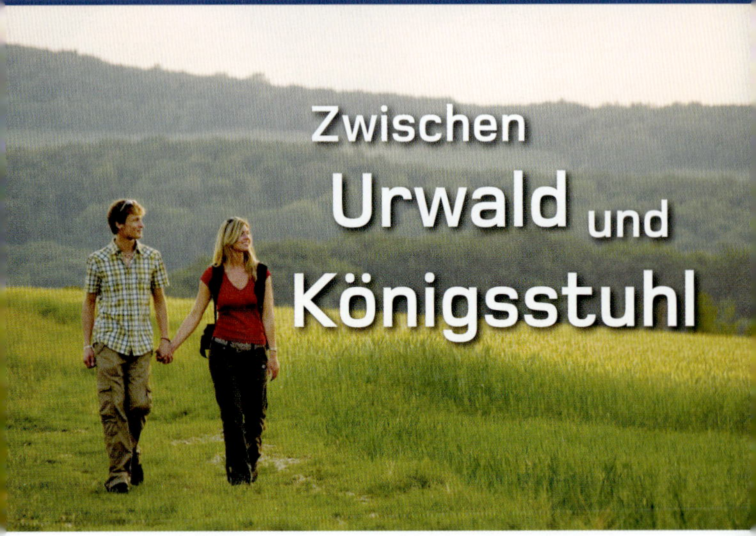

Zwischen Urwald und Königsstuhl

- **Start/Ziel:** Marktplatz Rhens

- **Tourist-Info**
  Tourist-Info Erlebnis Rheinbogen, Am Viehtor 2, 56321 Rhens ✆ 02607/49510
  ⓘ www.erlebnis-rheinbogen.de

- **Taxi:**
- Heike Kremser ✆ 06742/5530

- **Anfahrt:** Über die A 61 bis Abfahrt Waldesch, dann über die B 327 und die L 208 nach Rhens. Oder B 9 bis Rhens. Anfahrt mit der Bahn ist möglich.

scan to go

QR-Code mit dem Smartphone scannen und Anfahrt anzeigen lassen.

- **Parkplätze in Rhens:**
- Bramleystraße
  N50° 16' 50.2'' • E7° 36' 55.7''
- Bahnhof N50° 16' 51.3'' • E7° 37' 13.5''

- **Wegpunkte:**

P1: Marktplatz Rhens
32 U 401501 5570849

P2: Königsstuhl
32 U 401211 5570942

P3: 1. Querung L 208
32 U 400299 5571259

P4: 2. Querung L 208
32 U 398943 5571005

P5: Mühlental
32 U 398268 5570378

P6: Rastplatz am Kriesenkopf
32 U 398537 5569875

P7: Kapelle am Teerweg
32 U 399403 5569787

P8: Nikolaus Kapelle
32 U 400565 5570700

10.7 km | 3h 15min | 306 ↑ ↓ | 288 | 767 900 | TP16TX4

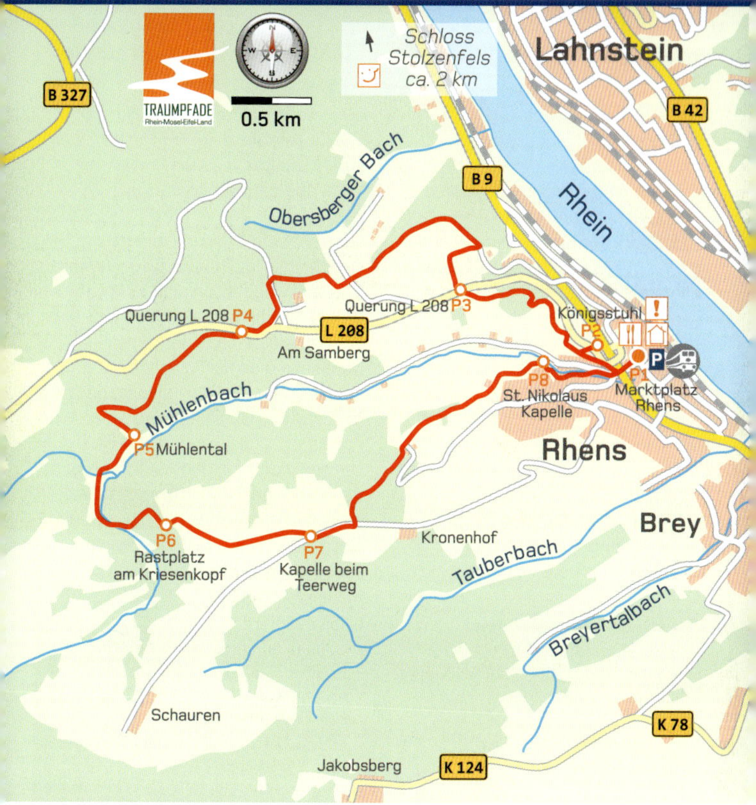

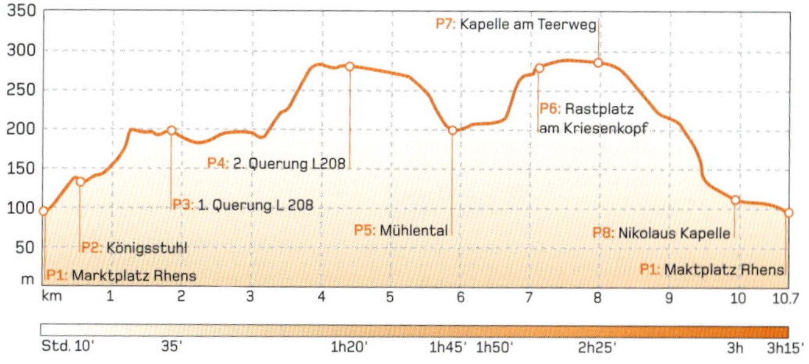

Vielfalt im Mittelrheintal! Hier wird fast alles geboten: fantastische Panoramablicke, üppige Weinreben, Obst in Hülle und Fülle. Aber auch Urwald, plätschernde Bachläufe und weite Hochflächen gehören zur Traumtour der Wolfsdelle!

Im sehenswerten Zentrum (1) von Rhens mit schmucker Fachwerkbauten beginnt die Rundtour Wolfsdelle. Vom Marktplatz laufen wir zum Viehtor und gelangen unter der Hochbrücke hindurch zu Auf der Lay. Steil führt uns die enge Gasse gemeinsam mit dem Rheinburgenweg bergan, bald tauschen wir den Asphalt gegen einen Naturweg ein. Büsche und knorrige Bäume begleiten uns beim Aufstieg, der an einem Querweg endet. Hier ist der Abstecher zum nahen Königsstuhl Pflicht. Der eindrucksvolle, steinerne Königsstuhl (2) bietet nicht nur einen atemberaubend schönen Ausblick auf das Rheintal, Rhens und die Marksburg. Wir bewegen uns hier auch auf historisch bedeutungsvollem Terrain, denn hier trafen sich im Mittelalter die Kurfürsten zur Wahl des deutschen Königs.

Nach diesem Exkurs in die deutsche Geschichte laufen wir zurück zum Abzweig und folgen dem Feldweg Richtung Norden. Nach **800 m** biegen wir gemeinsam mit dem Rheinburgenweg an der Weggabelung nach rechts ab. Der Feldweg gabelt sich vor der Straße erneut, hier halten wir uns links und streben bergan. Kurz vor dem Waldrand geht es scharf nach links: In engen Serpentinen bezwingen wir den steilen Berg. Wir gelangen in den lichten Wald, laufen weiter bergan und

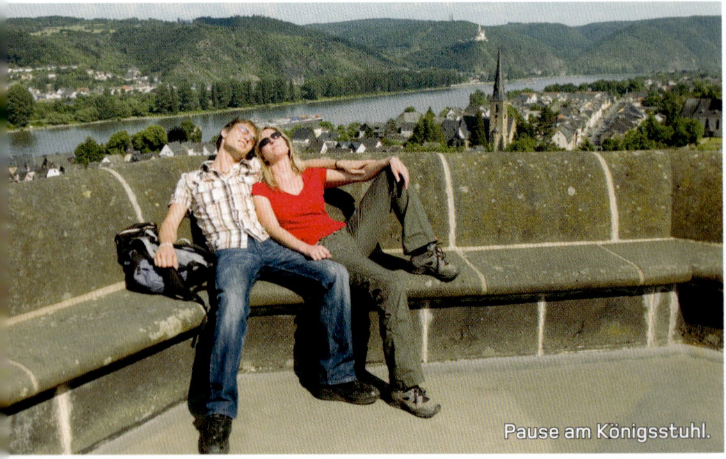

Pause am Königsstuhl.

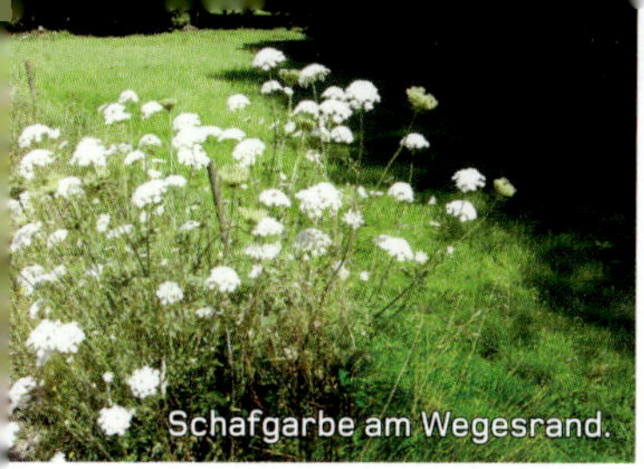

Schafgarbe am Wegesrand.

folgen dem urigen Waldpfad an der östlichen Flanke des Berges entlang. Ein Holzzaun macht uns auf den im Wald verborgenen uralten jüdischen Friedhof aufmerksam.

Bald liegt der Berg hinter uns, und wir befinden uns auf dem freien Feld an der L 208. Wir queren nach **1.8 km** die wenig befahrene Straße (3) und laufen auf dem breiten, anfangs geschotterten Weg im Bogen auf den Wald zu. Dürftig aussehende Felder erweisen sich als wertvolle Wildschutzzonen, das Wild selbst zeigt sich am Tag aber nur selten. Am Waldrand stoßen wir auf die kleine Antonius-Kapelle und eine Wegkreuzung. Wir schwenken auf einen wunderschönen Waldpfad nach links und wandern nun ohne große Höhendifferenz immer in Sichtweite zum Waldrand durch den alten Baumbestand. Eine rustikale Sitzgruppe lädt nach **3 km** zur Rast ein, bevor wir nach kurzem Abstieg ein kleines Tälchen nebst Bächlein queren.

Nun geht es aufwärts! Erst noch im Wald, später dann entlang den Feldern gewinnen wir zusehends an Höhe. Wir queren einen Schotterweg und laufen zum Waldrand, wo nach **3.5 km** eine Sinnesbank zum Verweilen einlädt. Hier trennen wir uns endgültig vom Rheinburgenweg, der gerade in den Wald führt. Wir laufen am Waldrand bergan und freuen und über die neue Schutzhütte.. Oben im Wald wenden wir uns erst nach links, um nur 80 m später in der Kurve rechts auf einen Waldweg zu laufen. Nach weiteren 40 m biegen wir nach links und laufen ohne Steigung erneut zur L 208, die wir nach kurzem Rechtsschlenker mitten im Wald queren (4).

Auf der anderen Seite wenden wir uns dem breiten Waldweg zu, der uns zunächst straßenparallel nach Westen bringt. Bald wird die Entfernung zur Straße größer, und herrlicher Mischwald begleitet uns. An einer Wegkreuzung wandern wir links weiter, um nur 300 m später erneut links auf einen absteigenden Waldweg abzubiegen. Tief atmen wir den würzigen Duft der Kiefern ein und werden nach **5.6 km** von einem canyonartig eingeschnittenen Tal überrascht. Unser Weg biegt mit einer Kurve in dieses Tal ein, und bald geht es auf schön eingewachsenem Pfad die letzten Meter ins Mühlental hinab. Hier (5) wenden wir uns nach rechts talaufwärts und erfreuen uns an den saftigen grünen Wiesen.

Bei **Kilometer 6.2** trifft der Ahrbach ins Mühlental und gibt uns Gelegenheit, nach links abzubiegen. Entlang dem Ahrbach wandern wir nun südwärts und trennen uns bei der nächsten Wegkreuzung mit einem Schwenk nach links vom Bach. Sehr steil müssen wir nun bergan krabbeln, doch bereits 250 m später befinden wir uns auf dem Hochplateau des Kriesenkopfs und können auf ebenem Waldweg verschnaufen. Nach **7.1 km** steht auch noch ein Rastplatz (6) zur verdienten Pause bereit. Danach erwartet uns eine tolle Passage über die offenen Felder des Kieselbergs. Weit schweift unser Blick über die Umgebung, neue ungeahnte Perspektiven ergeben sich. Nach **8 km** erreichen wir die kleine Kapelle (7) an der Zufahrt zum Kronenhof und laufen jetzt kurzzeitig auf dem geteerten Weg abwärts. Doch kaum haben wir linker Hand den Wald erreicht, dürfen wir in diesen abbiegen und auf verträumten Wegen bequem abwärtswandern. Am Waldrand treffen wir auf einige Wochenendhäuschen, hier befinden wir uns mitten im Flurstück Wolfsdelle. Wir behalten die nordöstliche Richtung bei, überqueren ein Feld und tauchen am anderen Ende in einen herrlich urwüchsigen Hohlweg ein! Dichte Vegetation umfängt uns, und wie in einem Tunnel führt uns der uralte Weg stetig abwärts.

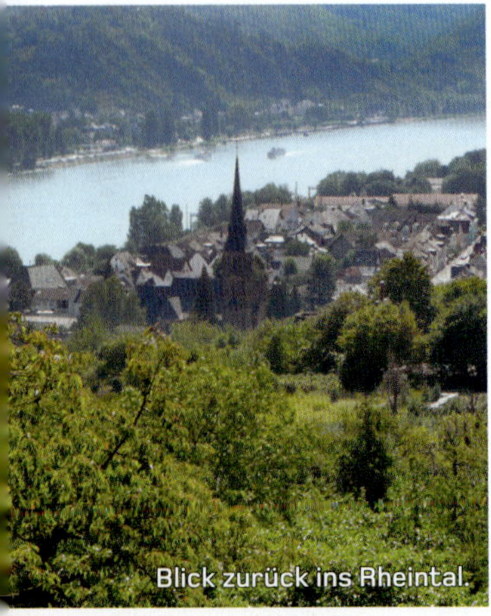

Blick zurück ins Rheintal.

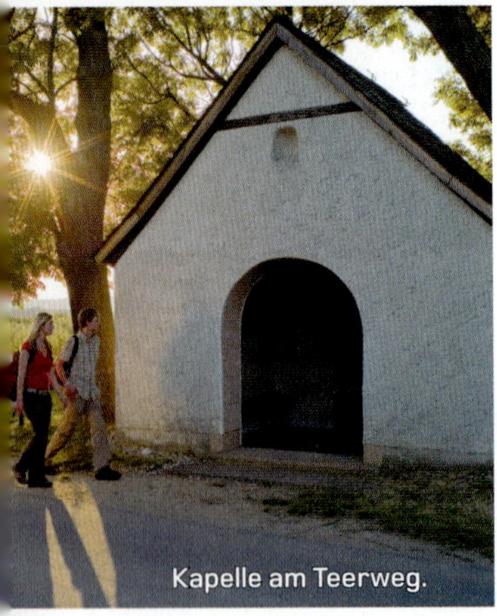

Kapelle am Teerweg.

So gelangen wir wieder ins Mühlental, wo wir nach rechts Richtung Rhens schwenken. Wir passieren einige Wiesen, dann begleiten uns Gehölze und Hecken bis kurz vor den Ort, den wir an der Nikolauskapelle (8) erreichen. Noch bevor wir an die Straße gelangen, biegt der Weg rechts auf einen Pfad ab, der uns im weiteren Verlauf mit einigen Richtungswechseln mitten durch die Gärten am Mühlenbach führt. So stoßen wir erst nach **10.4 km** auf die Mühlentalstraße und folgen ihr zur Hochbrücke und zum Viehtor, wo sich der Kreis schließt. Nach **10.7 km** beenden wir voller lebendiger Eindrücke diese tolle Rundwanderung wieder am Marktplatz in Rhens (1).

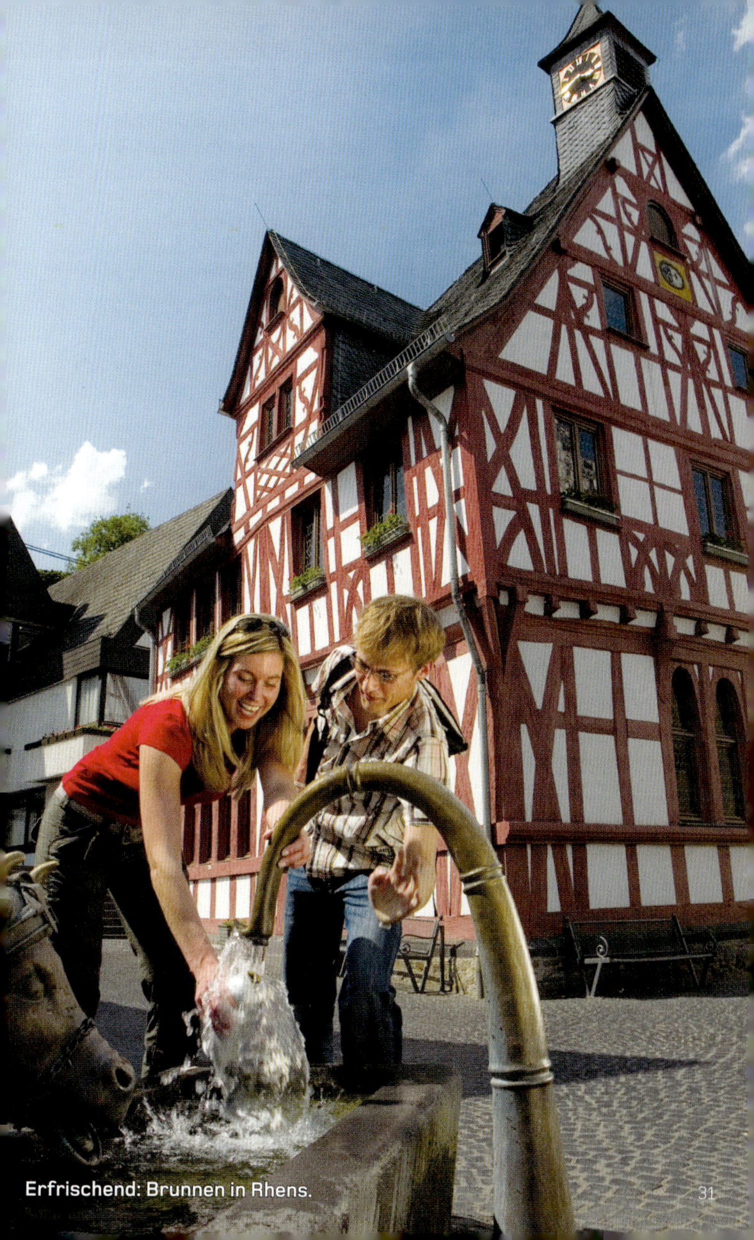

Erfrischend: Brunnen in Rhens.

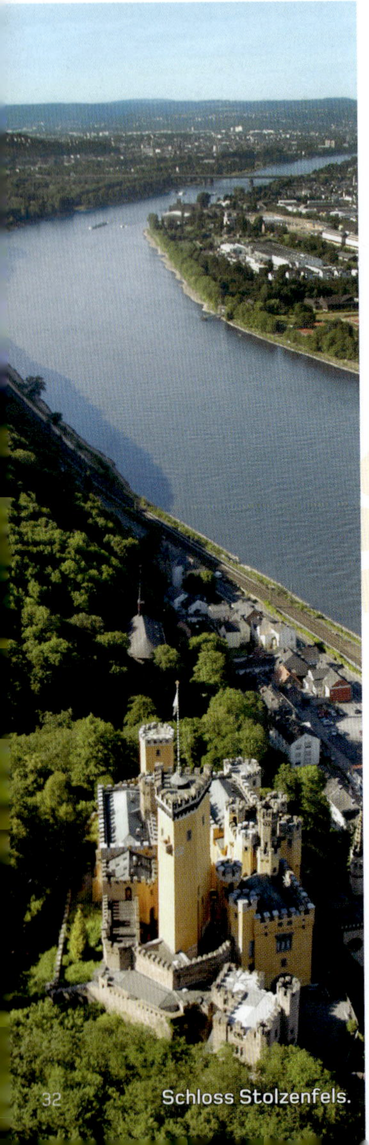

Schloss Stolzenfels.

Gasthaus „Zur Marksburg"
Zehnthofstr. 58, 56322 Spay
02628/2285 Montag Ruhetag
www.gasthaus-zur-marksburg.de
■ Weitere Einkehr- und Übernachtungstipps www.erlebnis-rheinbogen.de

Hotel & Restaurant Roter Ochse, Hochstr. 27, 56321 Rhens
02628/2221 www.roter-ochse.de
■ Waldhotel König von Rom, Hübingerweg 73 a, 56323 Waldesch
02628/96110 www.koenigvonrom.de

Info: www.vrm.info
Haltestelle: Bahnhofsstraße (Rhens)
■ Mo-So: Bus 670 (Koblenz- Boppard)
oder **Haltestelle:** Rhens Bahnhof
■ Mo-So: RB 26 (Köln- Mainz)

Zusätzlich zur Wanderung sollte man sich ausreichend Zeit für den zwar kleinen, aber dafür sehr sehenswerten historischen Stadtkern von Rhens nehmen. Uralte Fachwerkhäuser, eine fest ins Stadtbild integrierte Stadtmauer, die alte Kirche – ein Rundgang lohnt sich!

Zwischen Rhens und Koblenz erhebt sich am Hang das beeindruckende Schloss Stolzenfels. Zahlreiche Türmchen im Zuckerbäckerstil begeistern schon von außen. Beim Rundgang durch das im Zuge der Rheinromantik im 19. Jahrhundert restaurierte und umgebaute Schloss gibt es tolle Räume, wertvolles Inventar, Ritterrüstungen, Waffen und Möbel aus längst vergangenen Zeiten zu bestaunen. 1.4.–30.9.: 9–18 Uhr, 1.10.–30.11. und 1.1.–31.3.: 9–17 Uhr, im Dez. und am 1. Werktag der Woche geschlossen 0261/51656
www.burgen-rlp.de

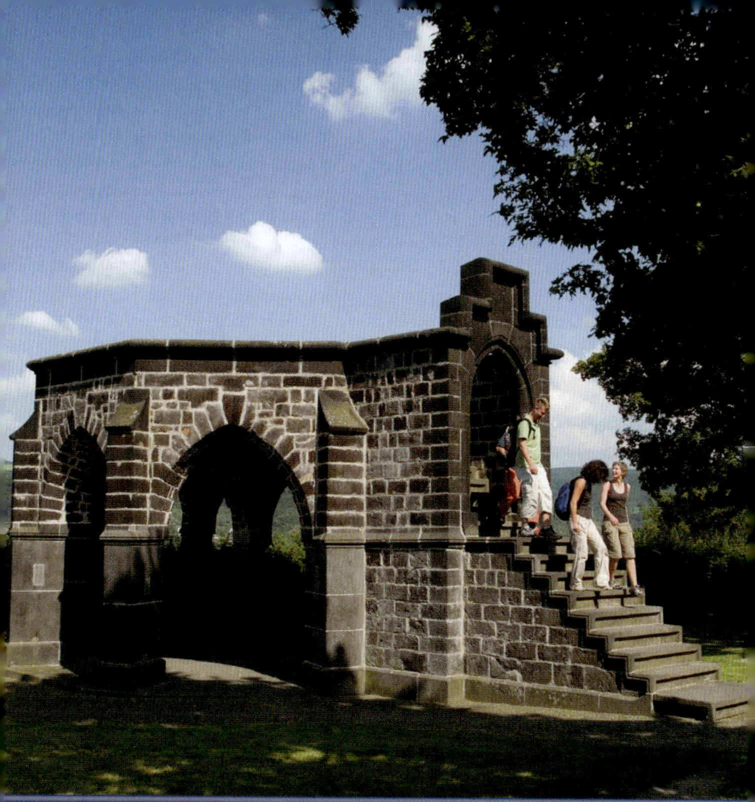

Tipp Königsstuhl

Schon im 13. Jahrhundert, also mitten im sogenannten „finsteren Mittelalter", war Rhens weit über die Region hinaus bekannt. Grund hierfür war vor allem der Königsstuhl, ein damals zunächst noch hölzernes, später steinernes Bauwerk.

Am Königsstuhl kürten die deutschen Kurfürsten aus ihren Reihen den König des Reichs. Heute erhebt sich hoch über dem pittoresken Städtchen Rhens der eindrucksvolle, rekonstruierte Königsstuhl und erinnert an die Glanzzeiten des Mittelalters. Beeindruckend ist der Ausblick auf die Marksburg auf der gegenüberliegenden Rheinseite.

4 Rheingoldbogen

Mit Bacchus im Hamm

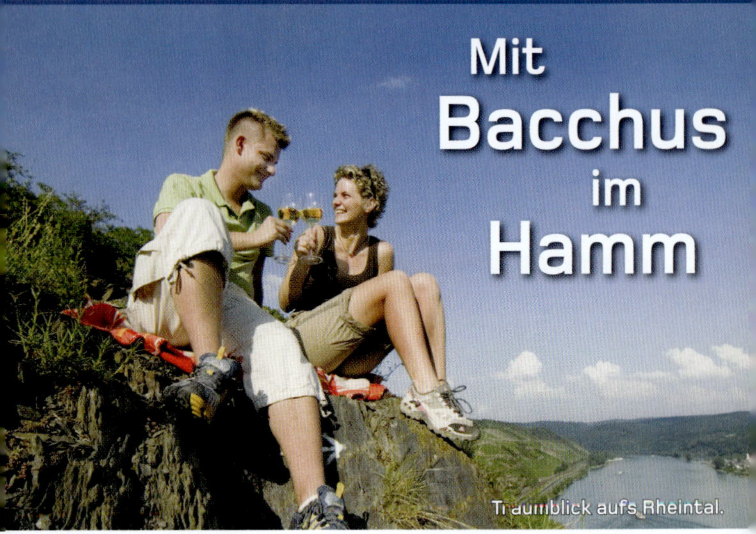

Traumblick aufs Rheintal.

- **Start/Ziel:** Ortsmitte Brey

- **Tourist-Info**
  Erlebnis Rheingoldbogen, Am Viehtor 2,
  56321 Rhens ✆ 02607/49510
  www.erlebnis-rheinbogen.de

- **Taxi:**
- Heike Kremser ✆ 06742/5530

- **Anfahrt:** B 9 durch das Rheintal bis Brey. Parken am Dorfplatz in der Ortsmitte. Anreise mit Bahn zum Bahnhof Rhens.

scan to go

QR-Code mit dem Smartphone scannen und Anfahrt anzeigen lassen.

- **Parkplätze in Brey:**
- Dorfplatz N50° 16' 22.9'' • E7° 37' 41.5''
- Friedhof N50° 16' 11.2'' • E7° 37' 43.8''

- **Wegpunkte:**

  P1: Ortsmitte Brey
  32 U 402112 5569681

  P2: Sportplatz Brey
  32 U 401582 5569483

  P3: Kloster Jakobsberg
  32 U 399644 5568154

  P4: Trennung vom Weinlagenweg
  32 U 400895 5587818

  P5: Abzweig nach Spay
  32 U 402123 5567494

  P6: Muttergotteskapelle
  32 U 402769 5568830

12.5 km | 3h 45min | 257 ↑ ↓ | 257 | 835 ♀ 981 ♂ | TP19TX1

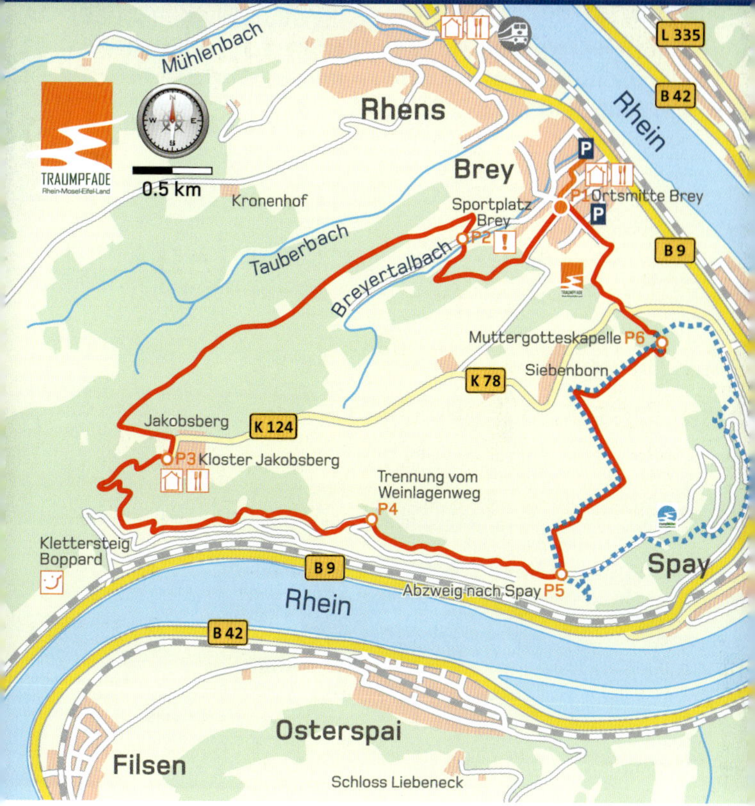

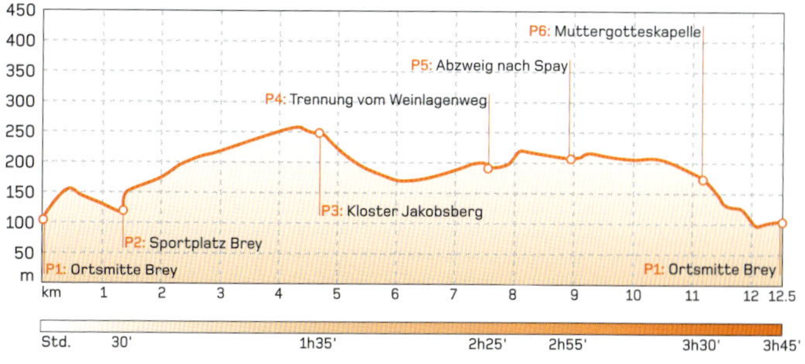

Rheinschleife und Riesling: Wo der Rhein den Bogen schlägt, gedeihen die besten Weine am Mittelrhein. Mitten durch dieses Paradies führt uns der Rheingoldbogen mit großartigen Panoramablicken. Vielfältig präsentiert sich die Landschaft zwischen Niederwald, Hecken und Reben – eine Wanderung für alle Sinne.

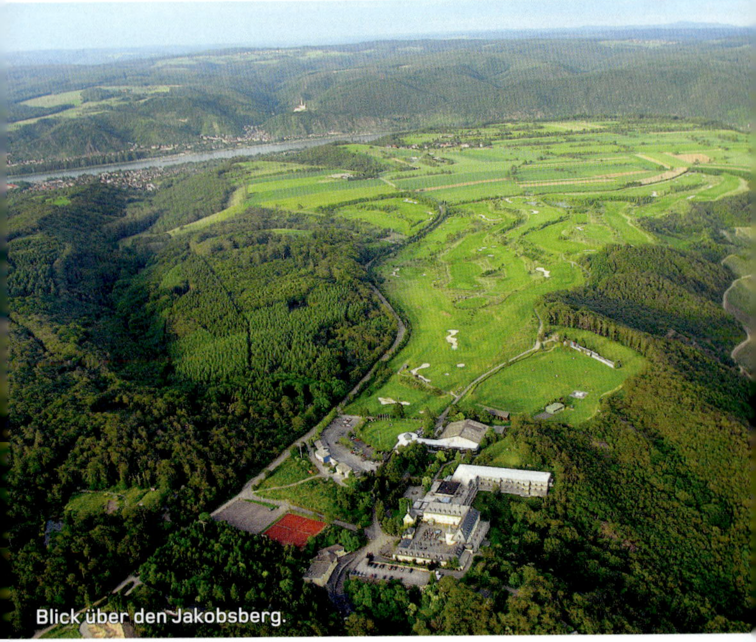
Blick über den Jakobsberg.

Vom Dorfplatz Brey gelangen wir über einen 300 m langen Zuweg zum eigentlichen Traumpfad. An der Ecke Rheingoldstraße/Plenterweg (1) begrüßt uns der Rheingoldbogen. Wir wandern rechts steil bergan und lassen den Ort hinter uns. Am Waldrand endet auf Höhe einer Hütte der Asphalt, und wir dürfen auf Feldwegen weiter ausschreiten. Bei schönem Blick auf das Tal wenden wir uns nach rechts und laufen in den Wald.

Herrlicher Mischwald umfängt uns, und nach gut **0.6 km** ziehen Löcher im Boden unsere Aufmerksamkeit auf sich. Wir sind an den Resten einer römischen Wasserleitung angelangt. In den Ausgrabungsschächten erkennen wir deutlich die technische Meisterleistung, die die Römer vor fast zweitausend Jahren hier vollbracht haben. An einer Informationstafel macht unser Weg eine scharfe Rechtskurve und führt uns nun wieder abwärts zum Talgrund. Diesen queren wir am Sportplatz von Brey (2), wenden uns auf der anderen Talseite neben einer Übersichtstafel auf einem schmalen Pfad bergan. Steil und eng führt uns dieser Pfad durch den Niederwald, bis wir auf einen alten Hohlweg stoßen und wenige Meter später an einer komfortablen Schutzhütte verschnaufen können.

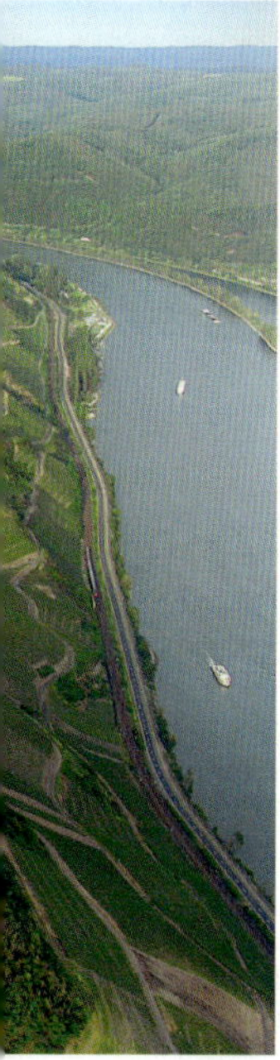

Oberhalb der Hütte zeigen die Bestrebungen eines E+E Projektes zur Wiederbelebung eines Weinberges erste Ergebnisse: Junge Reben stehen in Reih und Glied und lassen sich von der Sonne verwöhnen. Der Wanderweg führt uns nun mäßig bergan auf den Waldrand zu, allerdings lohnt es sich, auf halber Höhe zu verweilen und den Blick zurück Richtung Rheintal zu genießen: Herrlich breitet sich uns zu Füßen die Landschaft aus, die Marksburg grüßt vom rechten Flussufer.

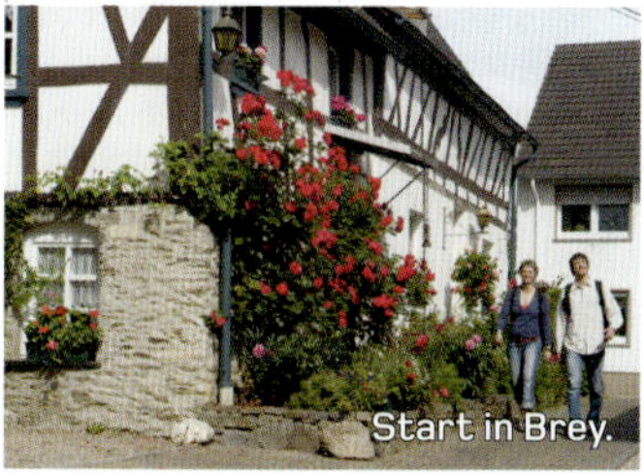

Start in Brey.

Nach **2.0 km** haben wir den Wald erreicht und folgen dort einem angenehm weichen Pfad nach rechts. Noch immer leicht ansteigend, wandern wir auf dem Kamm des Königsbergs durch den Laubmischwald. Zeitweise begleitet uns bei dieser Waldpassage auch der Rheinburgenweg mit seinem markanten roten Logo. Das Klostergut Jakobsberg bleibt zunächst links liegen, denn wir schlagen noch einen Bogen und wandern zu den unscheinbar im Wald versteckten Hügelgräbern. Erst nach **4.2 km** treffen wir so auf den breiten Forstweg, der uns mit einem Schwenk nach links zum ehemaligen Kloster Jakobsberg führt (3). Heute befindet sich hier ein modernes Hotel mit Restaurant und Golfclub (▶ Foto).

Am Kloster stoßen wir auch auf den Kulturweg, der uns im Folgenden ein Stück begleiten wird. Gemeinsam passieren wir den Klosterhof und halten uns am Hauptgebäude rechts. Bald liegt der Hotelkomplex hinter uns, und wir wandern auf dem schön eingewachsenen Waldweg bergab. Bei **Kilometer 5.3**

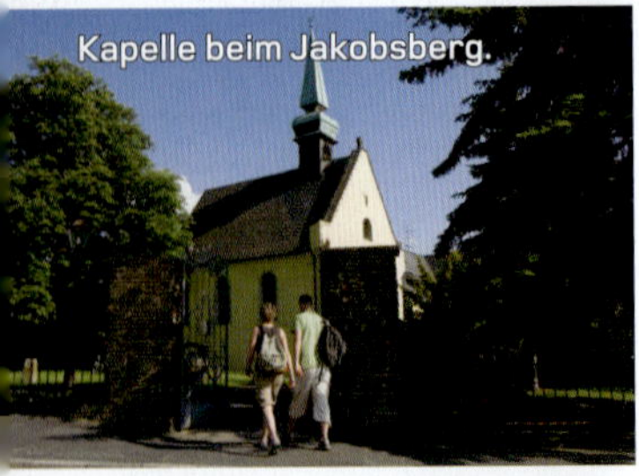

Kapelle beim Jakobsberg.

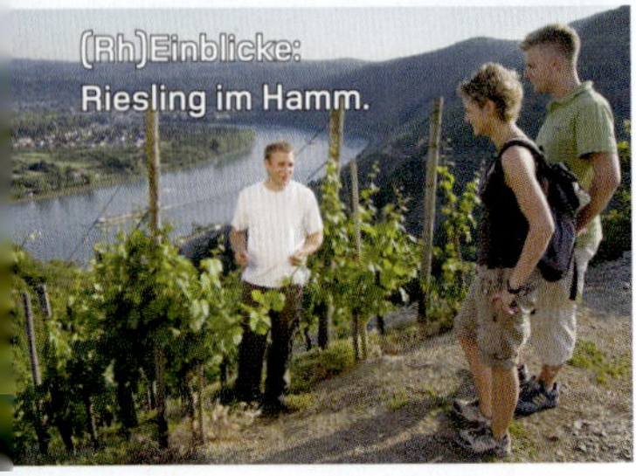

(Rh)Einblicke: Riesling im Hamm.

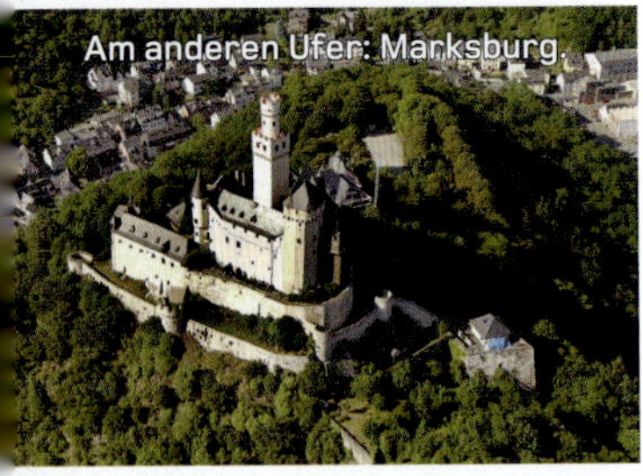

Am anderen Ufer: Marksburg.

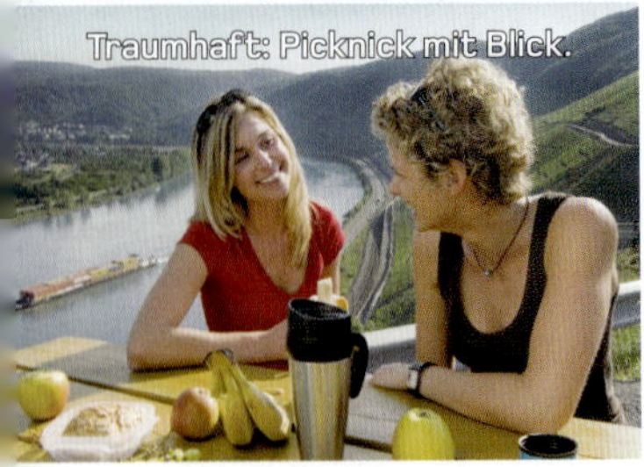

Traumhaft: Picknick mit Blick.

erwartet uns eine scharfe Kehre nach links, dann setzt sich die Route weiter abwärts Richtung Peternach fort. Schließlich weicht der Wald zurück, und die sagenhafte Aussicht auf das Rheintal, das sich majestätisch vor uns ausbreitet, ist überwältigend und macht uns sprachlos!

Auf Höhe eines kleinen Tälchens treffen wir auf den Weinwanderweg (lokale Nummer 3), und gemeinsam halten wir uns an der nächsten Kreuzung links. Ohne große Höhenunterschiede geht es nun mitten durch das Weinparadies des Bopparder Hamms. Dank mehrerer, sehr interessant gestalteter Tafeln am Wegesrand lernen wir unterwegs einiges zur Region, zu Flora, Fauna und Geologie. Zusätzlich begleitet uns die beständige Panoramaaussicht auf die berühmte Rheinschleife bei Spay, an der wir uns kaum sattsehen können.

Nach **7.6 km** stoßen wir an einer markanten Wegkreuzung (4) auf mehrere Weinbergswege. Hier folgen wir dem Traumpfad halb links bergan und finden uns nur 200 m später auf einem tollen Feldweg, unmittelbar, unterhalb der Hangkante, wieder. Wir tauschen nun die geordneten Reben gegen urwüchsige, dichte Hecken aus Schlehen und Weißdorn, die besonders im Frühjahr zur Blüte einen tollen Anblick bieten. An einem Wegweiser (5) stößt das Traumpfädchen „Spayer BlickInsTal" zu uns, das uns bis zur Muttergotteskapelle begleiten wird.

Wir folgen beiden Logos, erobern die Hangkante und genießen es, über die offene, weite Fläche des Rheinplateaus zu spazieren. Der Blick schweift weit über die Felder, und am Horizont macht die markante Silhouette der Marksburg auf sich aufmerksam. Wir steuern mit einigen Schlenkern auf den Rand der Siedlung Siebenborn zu, wenden uns aber noch vor den ersten Häusern nach rechts Richtung Muttergotteskopf.

Am Waldrand lädt die Theoretikerhütte zur Rast, bevor wir nach kurzem Abstieg und **11.2 km** die Muttergotteskapelle (6) erreichen. Anwohner der Umgebung pflegen das beliebte Wallfahrtsziel liebevoll, wovon besonders der kleine Garten zeugt. Nach kurzem Verweilen laufen wir auf dem Kreuzweg talwärts, trennen uns aber auf halber Hanghöhe vom Pilgerweg und laufen geradeaus weiter. Ein kleiner Bach quert, dann erreichen wir nach **11.6 km** die K 78. Nach vorsichtiger Querung der wenig befahrenen Straße laufen wir auf der anderen Seite auf herrlich weichem Wiesenpfad hinunter Richtung Brey.

Wiesen und Weiden bleiben hinter uns, wir schwenken nach links, und wenig später vereinigt sich unser Traumpfad wieder mit dem Kulturweg. Gemeinsam geht es die letzten 800 m nach Brey, wo am Portal (1) eine aussichts- und sehr abwechslungsreiche Wanderung durch Wälder und Weinberge nach **12.5 km** endet.

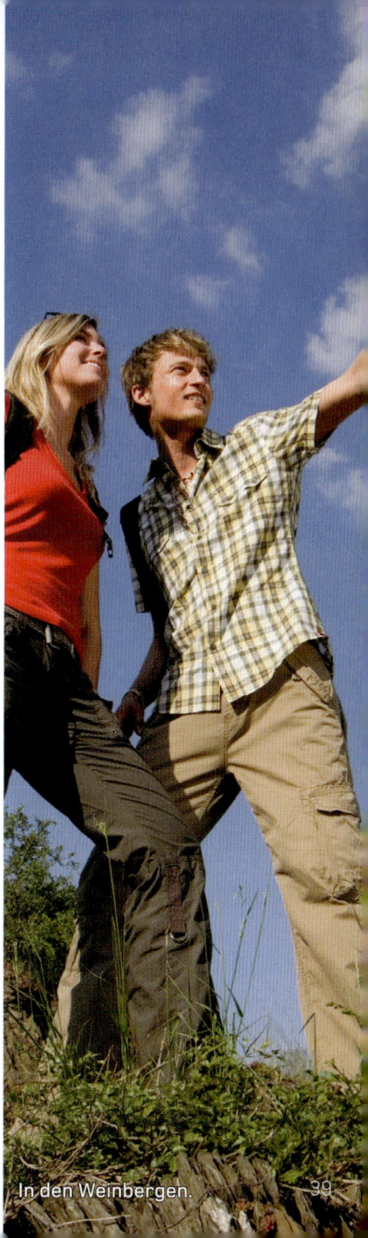
In den Weinbergen.

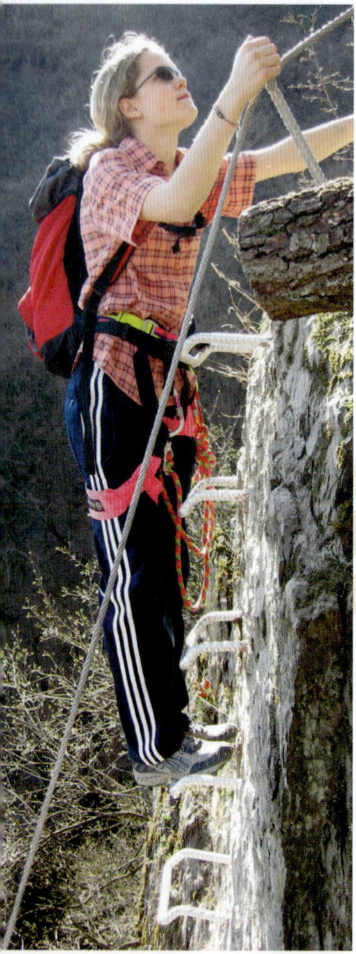

Der Rheingoldbogen verläuft teilweise parallel zum neuen Premiumspazierwanderweg „Traumpfädchen Spayer BlickinsTal".

Hotel und Golfclub Jakobsberg, Jakobsberger Hof, 56154 Boppard
✆ 06742/8080
■ Restaurant Rheingold, Rheingoldstr. 8, 56321 Brey ✆ 02628/2210
■ Landgasthof Zum Mühlchen, Mühltal 6, 56154 Boppard ✆ 06742/896754
Mo. Ruhetag
■ Gasthaus Zur Marksburg, Zehnthofstraße 58, 56322 Spay
www.gasthaus-zur-marksburg.de
✆ 02628/2285

Alter Posthof, Mainzerstraße 47, 56322 Spay ✆ 02628/8708.
■ Weitere Übernachtungsmöglichkeiten in Brey, Boppard, Rhens und Spay:
www.rhens.de

Info: www.vrm.info
Haltestelle: Mainzer Straße (Brey)
■ Mo-So: Bus 670 (Koblenz - Boppard)

Bodenfunde und -denkmäler geben Zeugnis, dass die Römer auch in Brey stationiert waren. Am Tauberbach wird der Standort eines römischen Kastells vermutet. Ein bedeutsames Bodendenkmal aus der römischen Zeit ist in der „Talheck" noch erhalten. Es handelt sich um die römische Wasserleitung, die aus „Talheck" kommend über „Mäuer" der Siedlung zufloss. www.brey-am-rhein.de

Eine besondere Herausforderung ist der Klettersteig in Boppard (▶ Foto links). Der gut 6 km lange Rundkurs (davon etwa 2.5 km Klettersteig) ist für Kinder ab 6 Jahre freigegeben. Abenteuer pur! Kletterausrüstung kann an der Aral-Tankstelle an der B 9 gegen eine Leih-Gebühr ausgeliehen werden.
Wochentags von 7 bis 22 Uhr, So. von 830–22 Uhr.

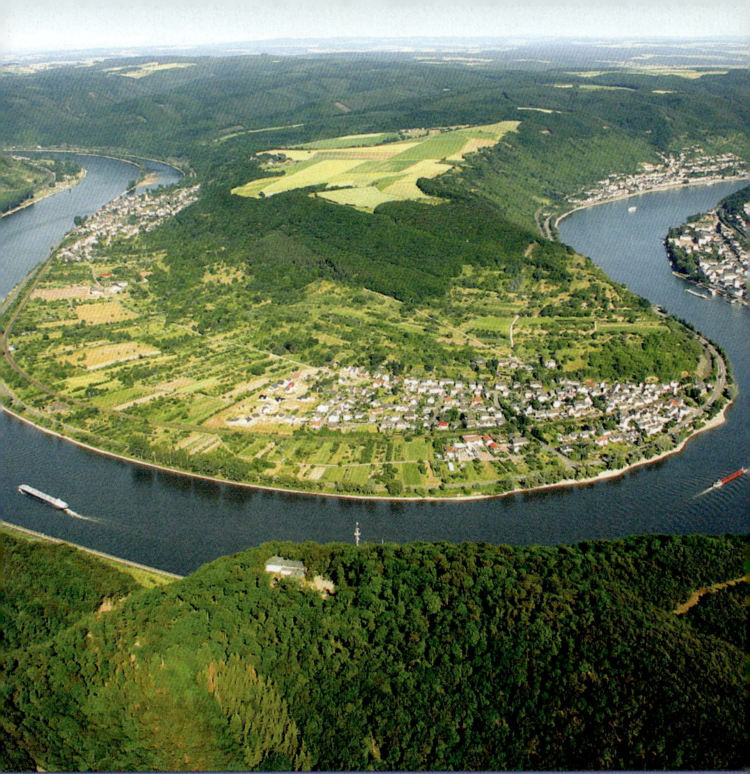

Tipp Bopparder Hamm

Der Bopparder Hamm liegt an der eindrucksvollen 180-Grad-Schleife des Rheins zwischen Boppard und Spay. Dieser Riesenmäander ist der größte am Rhein und vergleichbar mit der berühmten Saarschleife bei Mettlach. Der Name Hamm leitet sich aus dem Lateinischen ab und bedeutet so viel wie Haken, Schleife.

Bekannt ist der Bopparder Hamm aber auch als Oberbegriff für sieben insgesamt gut 75 ha große, berühmte linksrheinische Weinlagen. Die gut geschützte Südlage und ein idealer Neigungswinkel führen zu einem speziellen Kleinklima, das den Wuchs des Weines unterstützt. Die bekanntesten Lagen im Bopparder Hamm sind Mandelstein, Feuerlay, Ohlenberg und Engelstein.

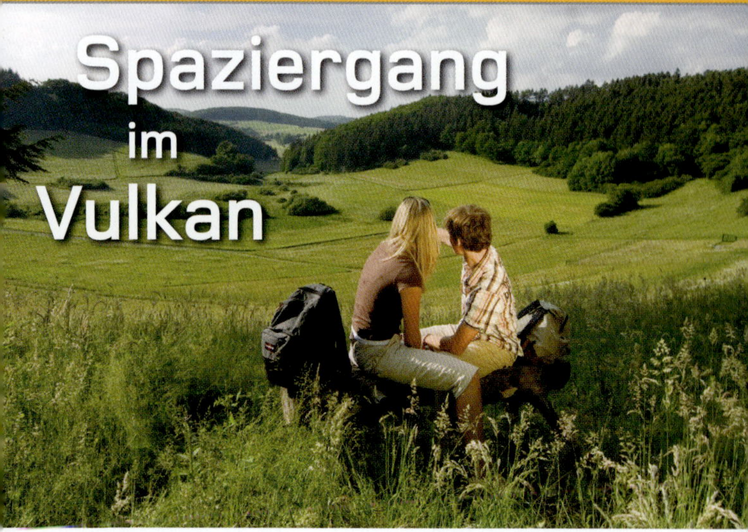

- **Start/Ziel:** Parkplatz Schemel oder Vulkanpark Wanderparkplatz „Booser Doppelmaar"

- **Tourist-Info**
Vordereifel, Kelberger Str. 26,
56727 Mayen ✆ 02651/800995
ⓘ www.naturerlebnis-vordereifel.de

- **Taxi:**
- Christa Bungard ✆ 02657/236 (8 Pers.)

- **Anfahrt:** Über die B 410 bis Boos. Weiter auf der L 94 zum Wanderparkplatz der Vulkanparkstation „Booser Doppelmaar".

scan to go

QR-Code mit dem Smartphone scannen und Anfahrt anzeigen lassen.

- **Parkplatz in Boos:**
- L 94 Vulkanparkstation
N50° 18' 33.2'' • E7° 00' 02.1''
- Parkplatz Booser Doppelmaar
N50° 18' 36.8'' • E7° 00' 11.1''

- **Wegpunkte:**

P1: Park- und Rastplatz Schemel
32 U 357628 5574941

P2: Lavabombenaufschluss
32 U 358390 5575572

P3: Booser Eifelturm
32 U 358309 5575594

P4: Aussicht auf Boos
32 U 358458 5575792

P5: Bank am Hölgertberg
32 U 359917 5576985

P6: Abzweig im Nitzbachtal
32 U 357728 5575976

P7: Querung L 94
32 U 357273 5575478

9.4 km | 2h 45min | 161 ↑ ↓ | 571 | 606 711 | TPX7T13

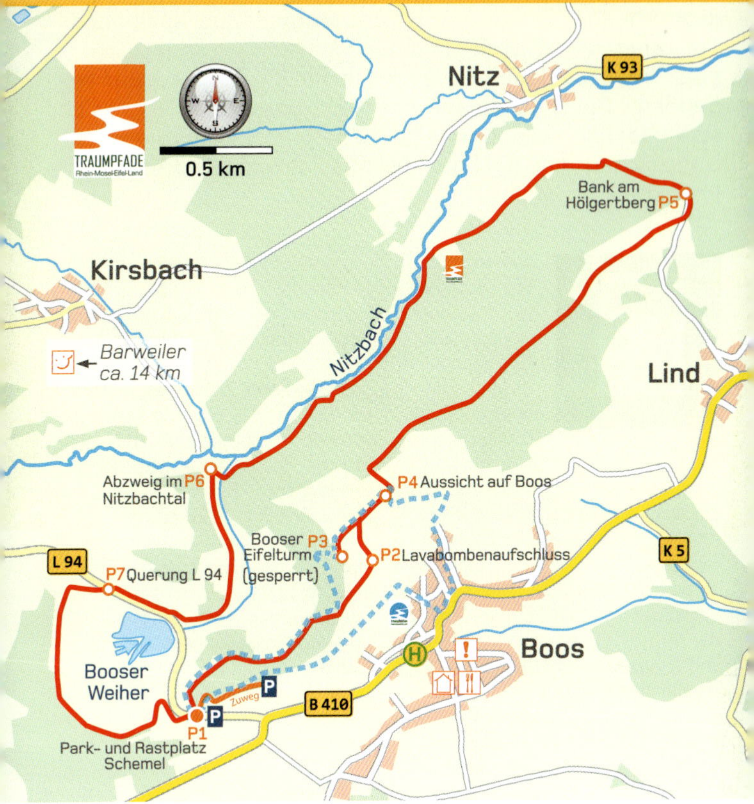

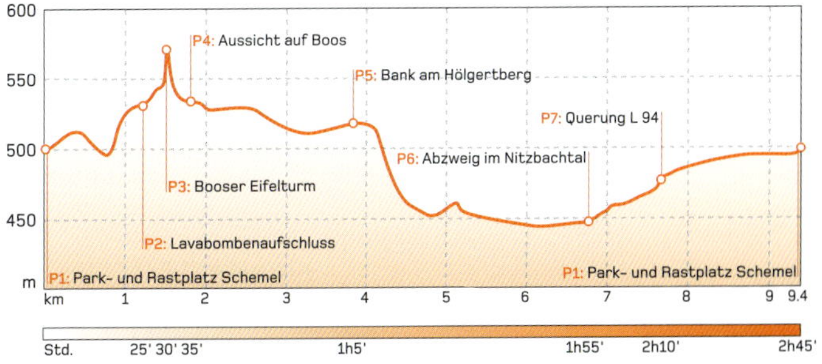

Unterwegs im Feuerland: Was heute so unscheinbar als Fischteich daherkommt, war vor 35 000 Jahren Schauplatz dramatischer Ereignisse. Heißes Magma feuerspeiender Vulkane traf auf große Mengen Wasser. Das endete in einer spektakulären Riesenexplosion. Das erste Maar war geboren. Die Doppelmaartour führt uns zu den Spuren der vulkanischen Vergangenheit der Region. Lavabomben und Doppelmaar sind am Ende der aussichtsreichen Tour keine Fremdwörter mehr.

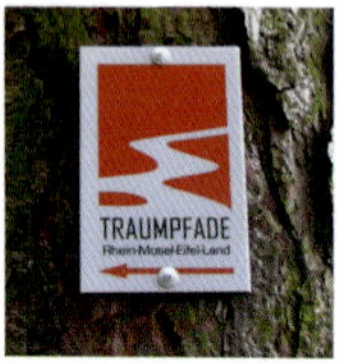

Vom großen Wanderparkplatz „Booser Doppelmaar" führen uns Zuweglogos, aber auch das hiesige Traumpfädchen (das uns heute mehrfach kurze Strecken begleitet) zunächst am Waldrand entlang. Nach kurzem Abstieg durch das Wäldchen stehen wir nach 300m Zuweg am eigentlichen Portal des Traumpfades, am Parkplatz Schemel (1). Idyllisch liegt der Booser Fischteich im Westmaar im Tal. Am Horizont zeichnet sich die Silhouette der Nürburg ab, und wer genau hinschaut, wird auch die Tribüne des berühmten Nürburgrings ausmachen können. Doch uns zieht es heute zu den Spuren des Feuerlands, das die Eifel vor gut 35 000 Jahren gewesen ist. Von wegen Ruhe, Natur und Fischteich – damals ging es hier heiß her! Mehrere Vulkane spien Feuer und Asche, giftiger Rauch hing in der Luft, und Lavabomben sausten umher. Keine Gegend zum Wandern. Zum Glück ist das heute Vergangenheit, doch die Doppelmaartour ermöglicht uns, Spuren und Relikte der vulkanischen Aktivitäten zu erkennen. So brechen wir vom Parkplatz auf, geleitet vom markanten Logo, und folgen dem Wanderweg zunächst am Waldrand entlang. Schon nach 150 m erklären uns erste Info-Tafeln die Lage des Doppelmaars. Nach einer kurzen Passage durch den lichten Wald öffnet sich der Blick auf das weniger deutlich zu erkennende Ostmaar, weitere sechs aufwendig gestaltete Tafeln erläutern den Vulkanismus. Es gehört schon Fantasie dazu, sich angesichts der herrlichen Umgebung ein wahres Höllenszenario vorzustellen.

Doch uns bleibt nicht viel Zeit zum Grübeln, denn nach einer Bank ist zunächst einmal Kondition gefragt: Der Traumpfad biegt scharf rechts bergan ab, und wir müssen die steile Flanke des Schneebergs bezwingen. Oben angekommen, wenden wir uns nach links und passieren eine Schutzhütte. Am Waldrand entlang wandern wir nach Nordosten und genießen die schöne Aussicht nach Südosten. Hecken und Gebüsche begleiten uns, bis es nach einer Kurve bei **Kilometer 1.2** links zum

Lavabombenaufschluss abgeht. Der kurze Abstecher ist sehr lohnenswert, erkennt doch jeder Laie in der freiliegenden Felswand (2) horizontal abgelagerte Schichten, in die große Felsbrocken, die Lavabomben, hineingestürzt sind. Wir setzen die Tour fort und gelangen über einen kurzen Wiesenpfad zurück zum Hauptweg. Doch 200 m später ist bereits der nächste Abstecher angesagt: Der Booser Eifelturm ist allerdings gesperrt. Schade, dass man den modernen Holzturm (3) aus Sicherheitsgründen nicht erklimmen und von oben einen sensationell schönen Rundblick genießen kann! Wir folgen dem Wanderweg nun über offenes Feld. An einer Bank (4) wird uns nach **1.8 km** dafür ein phänomenaler Ausblick Richtung Boos präsentiert.

100 m später biegen wir links ab und steuern den gegenüberlie-genden Wald an. Dort geht es auf weichem Waldweg an der ersten Kreuzung nach rechts mit leichtem Gefälle weiter. Wir frönen nun dem herrlichen Mischwald, in dem sich unweit einer markanten Wegkreuzung mit Bildstock und Bank auch Hügelgräber verbergen. Allerdings ist von denen fast nichts mehr zu erkennen, und so folgen wir dem nun breiten Waldweg Richtung Nordost. Nach **3.3 km** verlassen wir den Wald wieder, weite, offene Felder breiten sich vor uns aus. Wir queren diese freie Fläche bei gutem Blick in die Umgebung und nähern uns dem vor uns liegenden Wäldchen. Dort, am Rand des Hölgertbergs, treffen wir auf einen querenden Teerweg sowie auf eine Bank (5). Jetzt biegen wir links ab, wandern kurzzeitig auf dem Teerweg, bis dieser auf der nächsten Anhöhe in einen befestigten Forstweg übergeht. Hier verzweigt sich der Weg auch mehrfach, und wir müssen aufpassen, den Einstieg zum schmalen Pfad nach halb rechts nicht zu verpassen. Der Pfad läuft zunächst nur wenige Meter unterhalb und parallel zur breiten, geschotterten Forststraße. Erhöhte Aufmerksamkeit wegen Stolperfallen ist auf diesen ersten Metern angebracht. Allmählich wird die Entfernung größer, und der Pfad führt uns, nun auch wieder schön eingewachsen, talwärts.

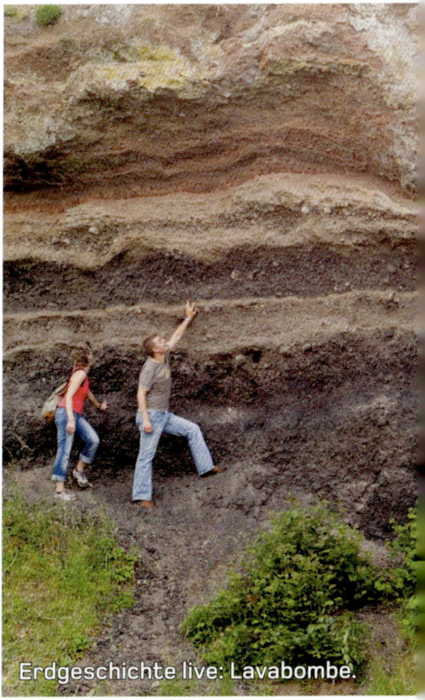
Erdgeschichte live: Lavabombe.

Nach **4.8 km** befinden wir uns am Waldrand und laufen am Rand einer eingezäunten Weidewiese entlang. Der stoppelige Wiesenweg wird bald von einem etwas bequemeren Feldweg abgelöst, und so können wir unbeschwert den Ausblick auf das idyllische Nitzbachtal auskosten. Schließlich geht der Feldweg sogar in einen mit feinem, gut begehbaren Bimsschotter belegten Forstweg über, der uns direkt neben, aber etwa 50 m oberhalb des Nitzbachs entlangführt. Immer wieder erhaschen wir den Blick auf das plätschernde Nass des in Schlangenlinien verlaufenden Bachs. So gelangen wir nach **6.6 km** an den Waldrand und laufen auf einem Feldweg zu einer üppig grünen Wiese. 200 m später biegen wir mitten in der Wiese links in das sanft aufsteigende Nebental ab (6). Sehr abwechslungsreich geht es nun stetig bergan, Hecken, kleine Wäldchen und brachliegende Wiesen sorgen für immer neue Landschaftseindrücke. Nach kurzer Waldpassage stößt von links auch wieder die Kraterrundtour zu uns. Unterwegs gibt es Bänke und Erklärungstafeln, die Wissenswertes zur Region vermitteln. Auf der anderen Talseite sehen wir auch den Anfang unserer Tour, und hoch über dem Wald ragt der Eifelturm auf.

Nach **7.6 km** haben wir auf Höhe von zwei Tafeln zu heimischen Kröten die L 94 erreicht. Ein Wiesenweg führt uns zunächst noch 250 m parallel zur Straße bergan, bevor wir sie an übersichtlicher Stelle queren (7). Nun steht zum Abschluss der Tour noch die Umrundung des Westmaars an. Stets mit tollem Blick auf den See wandern wir durch Weiden und Wiesen, dann durch tollen Buchenwald um das Maar herum. Nach kurzem Schlenker um eine Pferdeweide queren wir auf Höhe des Parkplatzes Schemel (1) erneut die L 94 und beenden die Rundwanderung am Booser Doppelmaar nach ereignisreichen und kurzweiligen neun Kilometern.

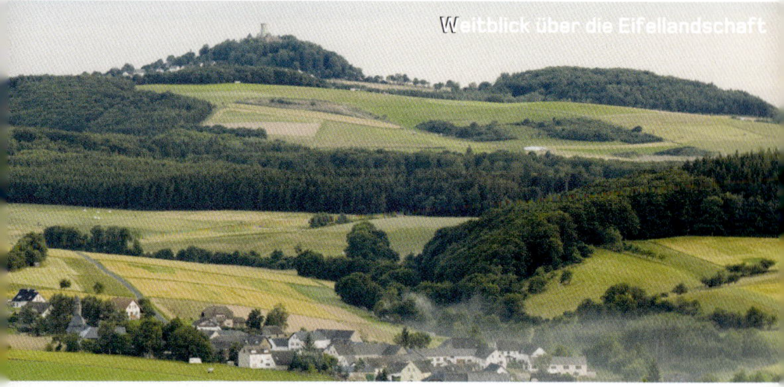
Weitblick über die Eifellandschaft

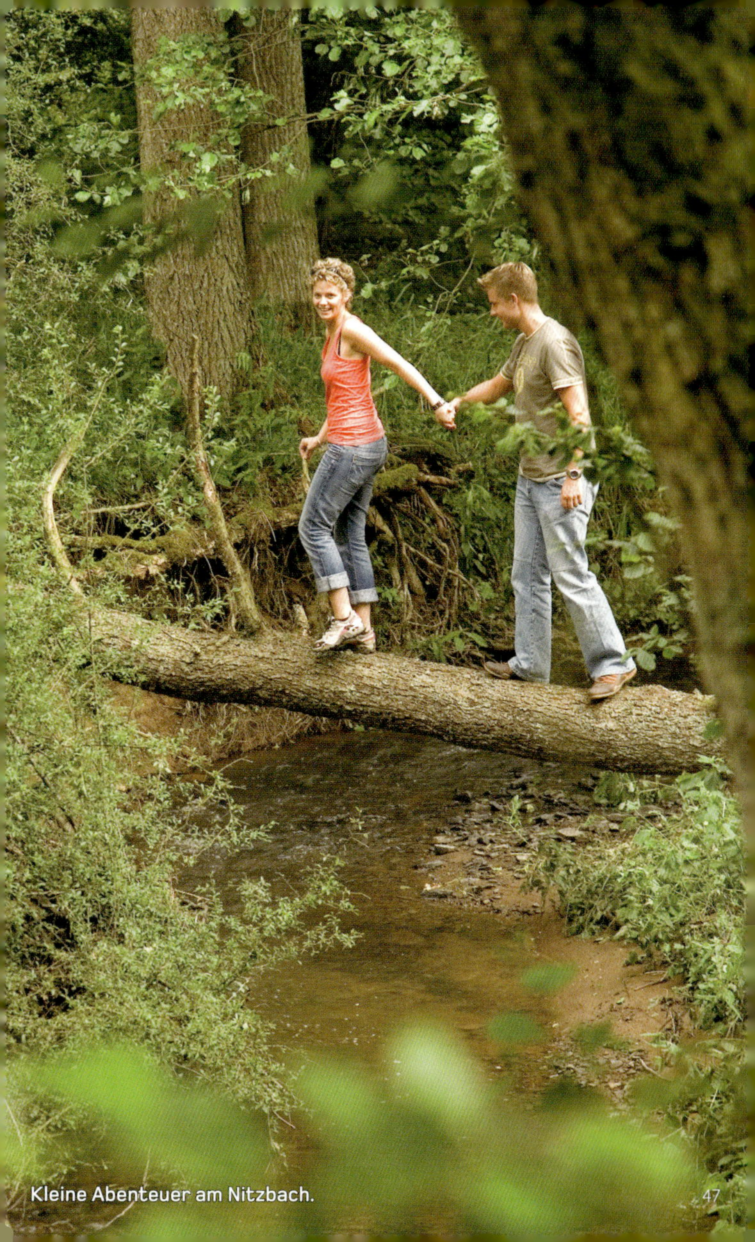

Kleine Abenteuer am Nitzbach.

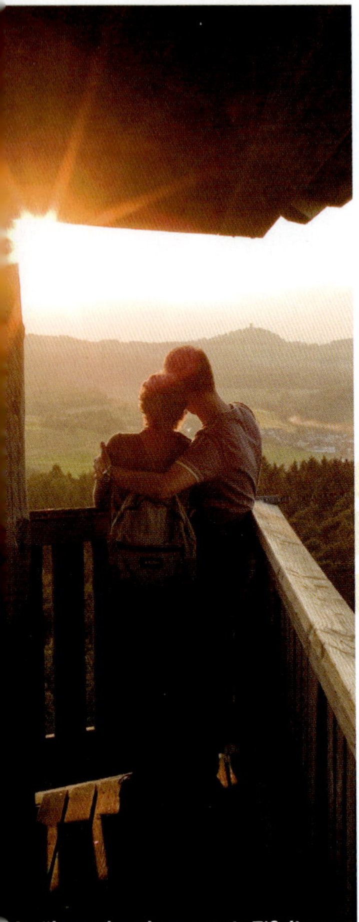

Vorübergehend gesperrt: Eifelturm

! Die Booser Doppelmaartour verläuft teilweise parallel zum neuen Premiumspazierwanderweg „Traumpfädchen Eifelturmpfad Boos".

■ Eifelhotel Fuchs, Hauptstr. 27, 56729 Boos ✆ 02656/541
www.eifel-gasthaus.de

Eifelhotel Fuchs, Hauptstr. 27, 56729 Boos ✆ 02656/541
www.eifel-gasthaus.de
■ Pension Zur Scheune, Hauptstr. 10, 56729 Lind ✆ 02656/8179
www.eifelscheune.de
■ Landhaus Tannenhof, Im Liewen 2, 56729 Lind ✆ 02656/951414
www.landhaus-tannenhof.de

Info: www.vrm.info
Haltestelle: Boos Kindergarten
Achtung: nur wenige Fahrten
■ Bus 334 (Mayen-Bermel)
■ Bus 343 (Mayen-Boos)

Die Gemeinde Boos bietet neben den vulkanischen Themenwegen Krater-Rundweg und Doppelmaartour auch den Stumpfarmweg an. Der 15 km Rundkurs beginnt in Boos am Jugendzentrum und führt über den Booser Eifelturm zu Punkten im Leben des Eifeler Schinderhannes,.
Weitere Infos unter Wandern auf der Seite www.boos-eifel.de

Wie wird unser Wetter? Woher kommt der Regenbogen? Warum gewittert es jetzt? Vielen spannenden Fragen rund ums Thema Wetter können nicht nur Kinder in der Wetterwarte Barweiler nachgehen. Führungen in kleinen Gruppen (max. 10 Pers.), telefonische Voranmeldung ist erforderlich. ✆ 02691/931385 Führungen: werktags 10–15 Uhr

Hinweis: Bei Redaktionsschluss war nicht klar, ob und wann der Eifelturm wieder begehbar sein wird. Er ist seit Oktober 2024 gesperrt.

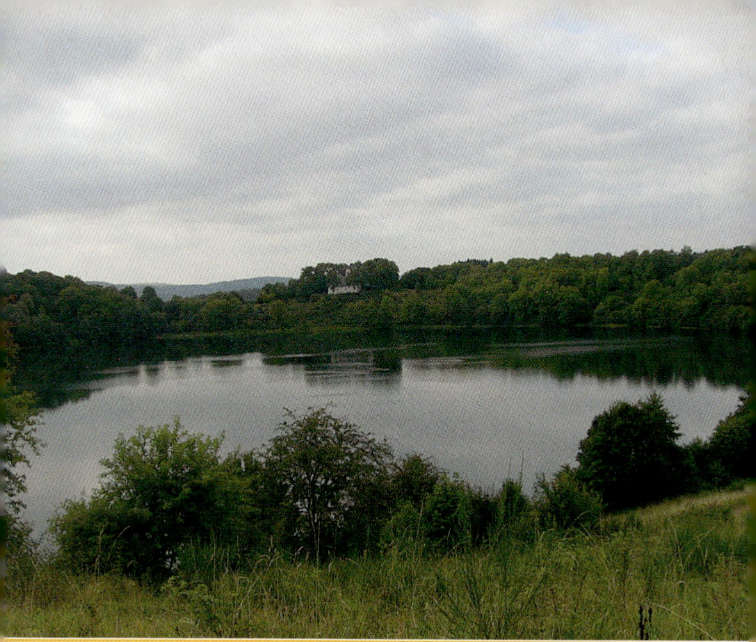

Tipp Wie ein Maar entsteht

Maare sind meist kreisrunde Einsturzbecken vulkanischen Ursprungs. Die Geburt eines Maars erfolgt bei einer sogenannten phreatomagmatischen Explosion. Eine solche Explosion kommt immer dann zustande, wenn glutflüssige, gut 1 000 Grad Celsius heiße Lava schlagartig mit größeren Mengen an Wasser in Berührung kommt. Wie in einer geschüttelten Sektflasche kommt es zu einer sehr energiereichen Explosion, die am Ende einen, in der Regel kreisrunden Krater hinterlässt. Genau dieser Vorgang ist auch in der Eifel, beispielsweise während der letzten vulkanischen Aktivitätsphase vor rund 10 000 Jahren, mehrfach abgelaufen. Zum Teil sind diese Maare heute mit Wasser gefüllt, wie das Westmaar bei Boos. Verlandet ein Maar, so spricht man von einem Trockenmaar.

Da die Eifel nicht zu den grundwasserreichen Gebieten zählt, finden sich die Eifelmaare meistens in kleinen Tälern. Dort gab es Bäche oder Flüsse, die das für die phreatomagmatische Explosion notwendige Wasser in ausreichender Menge lieferten.

6 Vulkanpfad

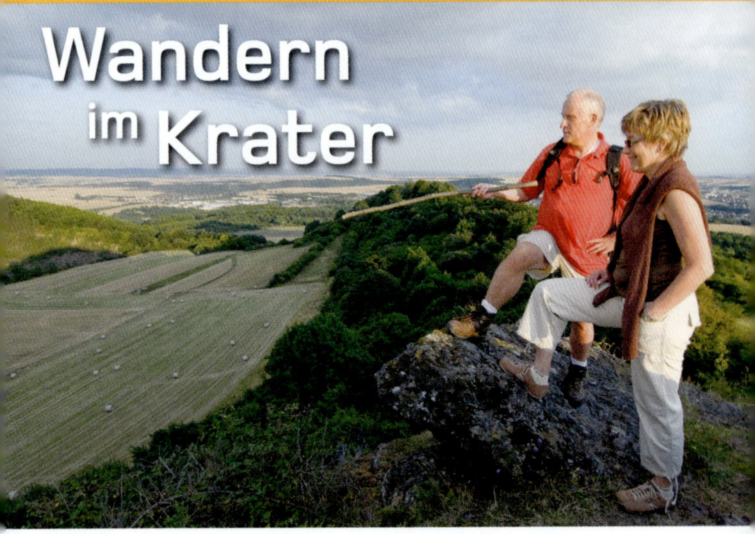

- **Start/Ziel:** Parkplatz an der Hochsimmerhalle in Ettringen

- **Tourist-Info**
  Vordereifel, Kelberger Str. 26,
  56727 Mayen ✆ 02651/800995
  ⓘ www.naturerlebnis-vordereifel.de

- **Taxi:**
- Josef Schäfer ✆ 02652/1695

- **Anfahrt:** Über die B 262 nach Mayen und weiter auf der B 258 nach Hausen. Dort auf die K 20 und der Straße bis zum Ortsrand von Ettringen folgen.

scan to go

QR-Code mit dem Smartphone scannen und Anfahrt anzeigen lassen.

- **Parkplatz in Ettringen:**
- Hochsimmerhalle
  N50° 21' 21.9'' • E7° 13' 52.0''

- **Wegpunkte:**

P1: Hochsimmerhalle Ettringen
32 U 374167 5579716

P2: Gipfel Ettringer Bellberg
32 U 373946 5579024

P3: Kraterwall
32 U 374582 5578884

P4: Beginn Abstieg
32 U 374582 5579157

P5: Querung der K 20
32 U 374622 5579661

P6: Kottenheimer Winfeld
32 U 374834 5579810

P7: Rastplatz im Wald
32 U 37533 5579730

P8: Hartborn Brunnen
32 U 374873 5579991

6.7 km | 2h | 261 ↑ ↓ | 424 | 515 604 | TPX3T17

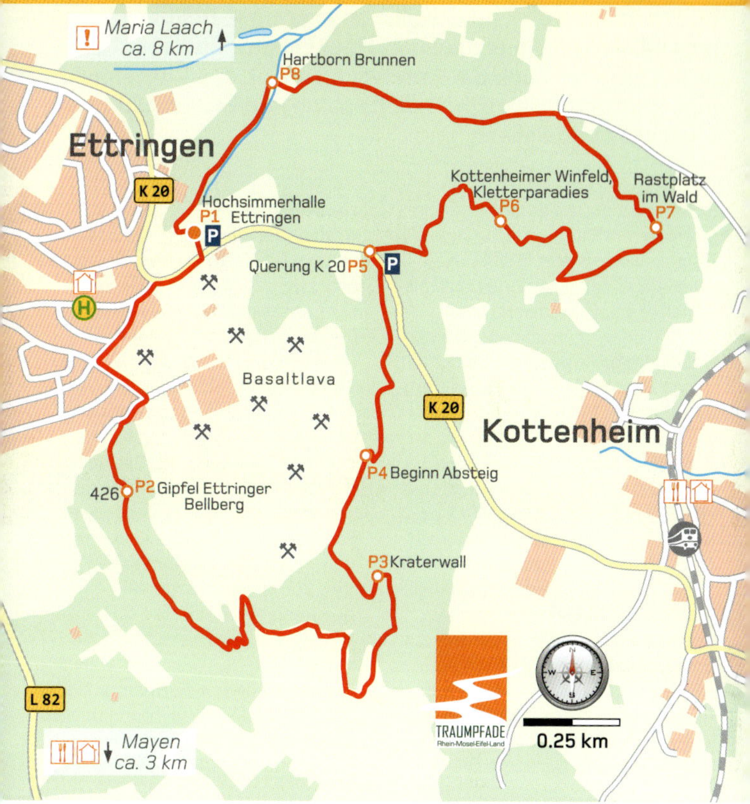

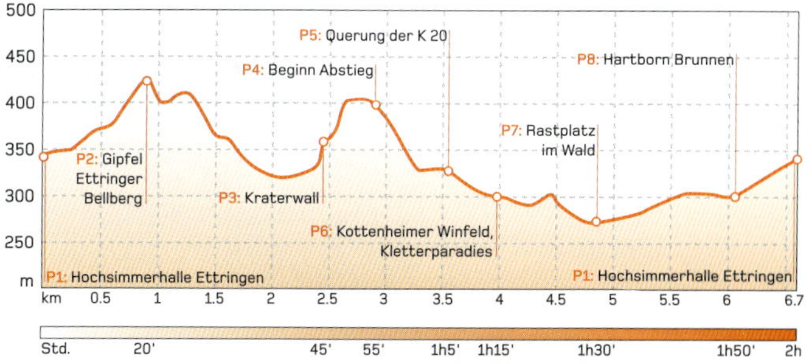

Willkommen in Hephaistos* Schmiede: Der Vulkanpfad bei Ettringen macht seinem Namen alle Ehre. Die Ersteigung und Passage des Kraterwalls am Ettringer Bellberg vermittelt Vulkanismus hautnah. Spektakulär und abenteuerlich ist aber auch die Wanderung durch das Kottenheimer Winfeld, wo riesige Basaltsäulen und Felsen nicht nur Kletterer begeistern.

Schon beim Start an der Hochsimmerhalle am Rand von Ettringen (1) werden wir mit dem Thema des Weges konfrontiert: Eine Lore mit Basaltbrocken an der Halle und auf der anderen Straßenseite das Gelände des riesigen Steinbruchs geben deutliche Hinweise auf den einst heißen Untergrund.

Wir wenden uns von der Hochsimmerhalle zunächst nach rechts entlang der K 20, biegen aber bald nach links In der Wiesen und nach 50 m erneut links Am Layenpfad ab. Durch das ruhige, kaum frequentierte Wohngebiet wandern wir stetig bergan und orientieren uns an den Wegweisern des Vulkanpfades sowie den Hinweisen auf den Bellberg. So gelangen wir nach einigen Richtungswechseln mit Am Bellerberg zum Ortsende, wo ein Feldweg beginnt. Allerdings laufen wir nur wenige Meter auf diesem Feldweg, denn bei erster Gelegenheit zweigen wir links auf einen steil ansteigenden Wiesenpfad ab. Dieser bringt uns stramm auf der Flanke des Berges zum Gipfel. Nach **900 m** stehen wir etwas atemlos, aber von der Aussicht restlos in den Bann geschlagen, auf dem Ettringer Bellberg (2). Tief unter uns gähnt das Loch des riesigen Tagebaus, gegenüber sehen wir den steil aufragenden Kraterrand, den wir später erklimmen werden. Vor allem aber genießen wir den Panoramablick, der sich uns in alle Richtungen eröffnet und von dem wir uns nur sehr schwer losreißen können. Auf großartigem Kammpfad dürfen wir dann unsere Wanderung fortsetzen, dabei den Blick nach Mayen und zur Ettringer

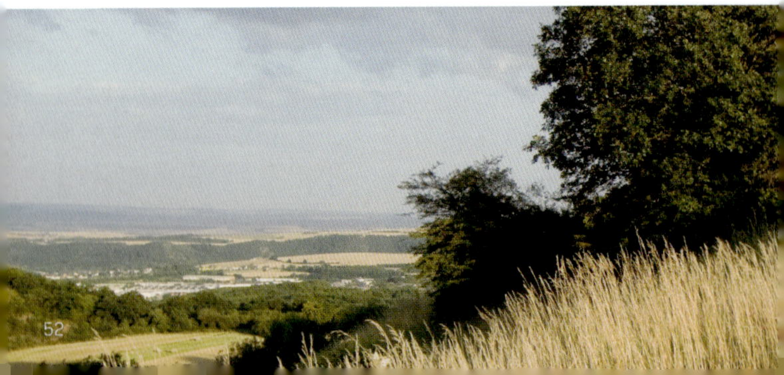

Lay schweifen lassen und uns an der unmittelbaren, vielfältigen und unter Naturschutz stehenden Flora erfreuen. Viel zu schnell liegt dieser atemberaubend schöne Abschnitt hinter uns, doch der Vulkanpfad hält noch viele, ebenso spektakuläre Höhepunkte für uns bereit. Zunächst erwartet uns nach dem Eintauchen in die dichten Hecken und niedrigen Bäume ein steiler, Trittsicherheit erfordernder, Abstieg auf neu hergerichtetem Treppenpfad. Hier sind festes Schuhwerk und Wanderstöcke mehr als hilfreich. Doch nach **1.5 km** ist der Abstieg in den ehemaligen Krater beendet, und wir dürfen dem Waldweg nach links ins freie Feld folgen. Dort angelangt, macht der Weg eine scharfe Kehre nach rechts abwärts, wieder geht es durch dichtes Buschwerk, bis wir erneut auf offenes Feld hinaustreten können.

Wir biegen vom Feldweg nach links und wandern nun mit einigen Schlenkern zwischen Feld und Wald weiter. Nach **2.4 km** biegen wir dann endgültig links in den Wald ab. Nun beginnt der erneute Aufstieg zum Kraterrand. Erst gemächlich, dann auf einem reich mit Informationstafeln bestückten Treppenpfad erklimmen wir die Flanke des ehemaligen Vulkans. Schließlich stehen wir vor dem senkrecht aufragenden Kraterwall und sind hingerissen: Lianen gleich hängen Efeuranken herab und geben der Szenerie eine verwunschene Atmosphäre. Während der „Siewe Stuwe Weg" nach rechts verläuft, halten wir uns an den Vulkanpfad und biegen nach links ab. Mehrere Höhlen oder Stollen sind in den Kraterwall **(3)** gegraben, ohne Taschenlampe sieht es duster aus. Doch unser Pfad führt uns nicht in die Unterwelt, sondern folgt dem Wall außen herum. Am Ende gibt es einen scharfen Knick nach rechts, und die Krabbelei bergan beginnt erneut. Doch nur noch wenige Höhenmeter trennen uns von einem schönen Rastplatz mit sagenhaftem Premiumausblick!

Anschließend überwinden wir die letzte Steigung zum Kraterrand, von dem aus wir wie aus der Vogelperspektive in den Steinbruch unter uns spähen können. Doch aufgepasst: Die Zäune am Rand der Hangkante dienen der eigenen Sicherheit und sollten keinesfalls ignoriert werden! Nach einem letzten Blick in den

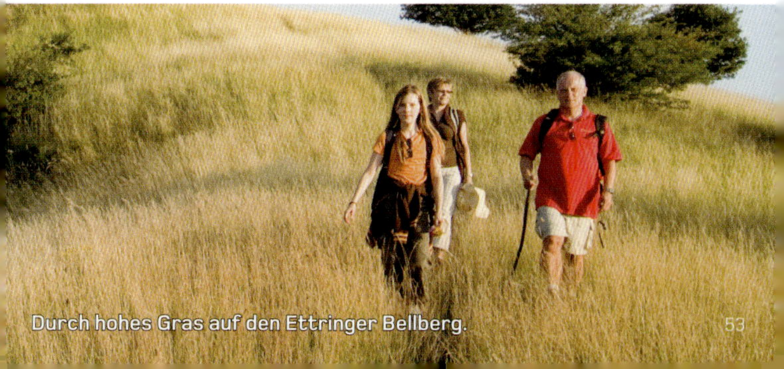

Durch hohes Gras auf den Ettringer Bellberg.

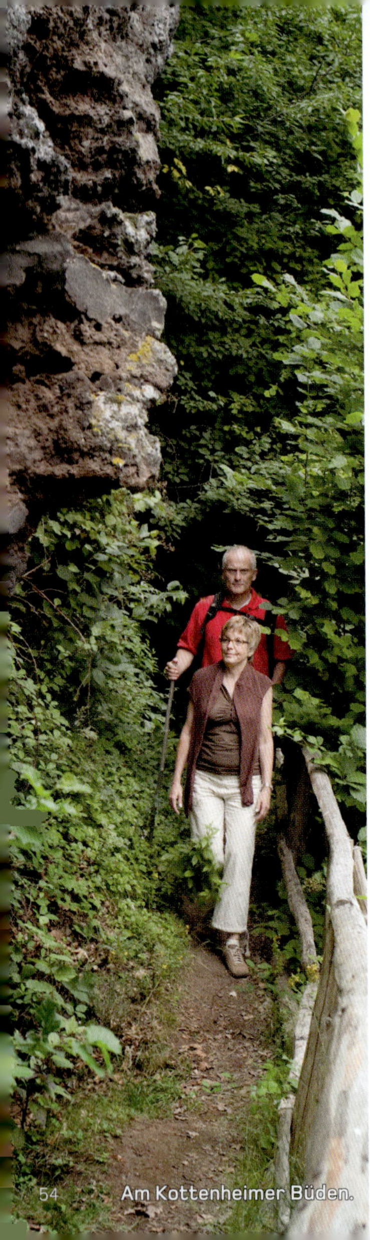

 Am Kottenheimer Büden.

eindrucksvollen Kraterschlund (4) wenden wir uns nach **3.3 km** rechts mit einem steilen Pfad abwärts. Wieder beeindruckt uns der äußere Kraterwall, als wir auf dem „Siewe Stuwe Weg" an Höhe verlieren. Schließlich endet der Pfad und ein breiter Weg führt uns zur K 20, die wir am Wanderparkplatz Kottenheimer Winfeld queren (5).

Direkt neben der Ruine eines alten Gebäudes taucht der Vulkanpfad in den lichten, von Birken dominierten Wald. Schon knapp 150 m nach der Straße, bei **Kilometer 3.7**, biegen wir an zwei markanten Basaltbrocken links auf einen schmalen Weg ab. Nun beginnt das Abenteuer! Urplötzlich eröffnet sich vor uns ein Labyrinth aus Basaltfelsen. Wir wandern mitten durch das weitläufige Lavafeld bei Kottenheim (6) und kommen aus dem Staunen kaum mehr heraus. Mächtige Basaltsäulen bilden ganze Wände, dann ziehen wieder einzelne Felsgruppen unsere Aufmerksamkeit auf sich. Viele Felsen sind unauffällig markiert, denn hier befinden wir uns zugleich in einem Kletterparadies. Allerdings sollte man den Felsen nur mit der richtigen Ausrüstung und ausreichend Erfahrung zu Leibe rücken, Leichtsinn endet schnell tödlich!

Das orange Traumpfad-Logo führt uns sicher durch das Felsenwirrwarr, Tafeln erklären interessante Details von der Geologie bis zur Mühlsteingewinnung. Zahlreiche Richtungswechsel sind zu überwinden, doch stets leitet das Logo zuverlässig. Schließlich treffen wir nach **4.5 km** auf einen breiten Wanderweg. Hier wenden wir uns nach rechts und laufen abwärts zu einer weiteren Wegkreuzung. Wir bleiben dem breiten Waldweg treu und wandern mit einer Kehre nach links. Wir verlieren weiter an Höhe, ignorieren zwei querende Wege und biegen erst nach **4.8 km** links auf einen weichen Waldpfad ab. Dieser bringt uns wenig später zu einer Felsgruppe nebst Rastplatz mitten im Wald (7). Nun geht es kurz auf dem breiten Waldweg nach rechts, dann dürfen wir bereits wieder links auf einem Pfad weiterlaufen. Hochgewachsene Buchen umgeben uns, und der prächtige Mischwald fügt den bisher erlebten Landschaftsformen eine weitere hinzu. Nach **6 km** verlassen wir den Wald, schwenken nach rechts und queren den nahen Talgrund. Auf der anderen Seite erwartet uns am Hartborn Brunnen kühles Nass (8).

Anschließend folgen wir dem Waldweg nach links, gewinnen langsam an Höhe und erreichen nach weiteren 500 m erneut den Waldrand. Über uns sehen wir bereits die Hochsimmerhalle. Wir müssen lediglich noch einen Schlenker nach links machen und so die letzten Höhenmeter bewältigen, dann endet diese großartige Vulkantour, für die man sich in jedem Fall ausreichend Zeit nehmen sollte, nach **6.7 km** wieder am Ausgangspunkt (1).

**Hephaistos ist in der griechischen Mythologie der Gott des Feuers und der Schmiede.*

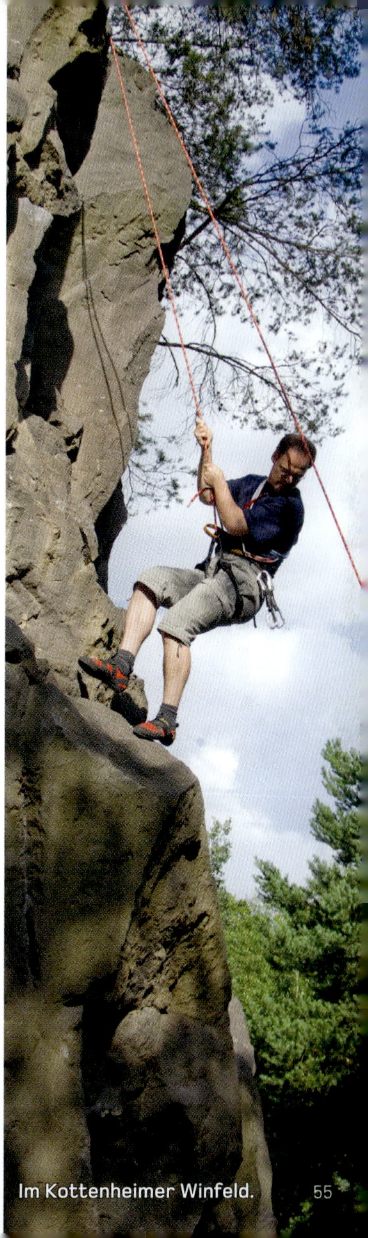

Im Kottenheimer Winfeld.

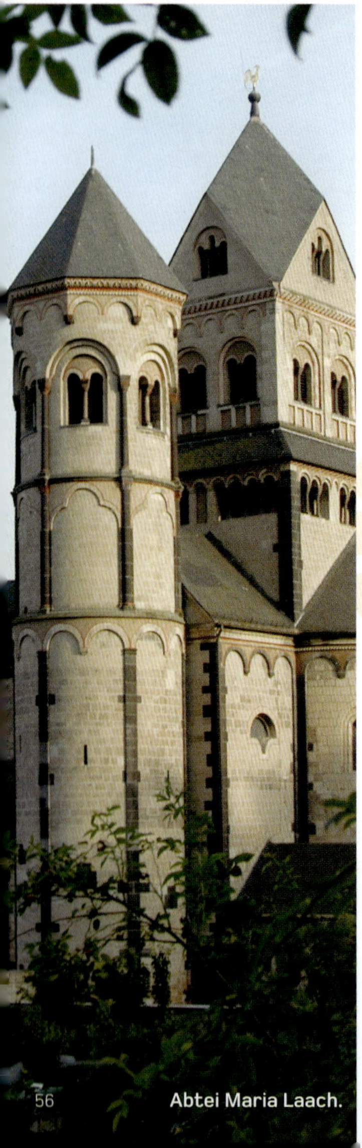

Abtei Maria Laach.

Restaurant Seehotel Maria Laach, Am Laacher See 1, 56653 Maria Laach, ✆ 02652/584500
■ Ristorante - Pizzeria La Quercia Bahnhofstr. 23, 56736 Kottenheim
✆ 02651 - 4919489
ⓘ www.pizzeria-laquercia.de
■ Max & Moritz, Hauptstraße 15, 56729 Ettringen ✆ 02651/4082023
ⓘ www.maxundmoritzettringen.de

Parkhotel am Schloß, Im Nettetal, 56729 Ettringen ✆ 02651/49400
■ Gästehaus Am Hochsimmer, Alte Schule 4, 56729 Ettringen
ⓘ www.gaestehaus-am-hochsimmer.de
✆ 02651/9093588
■ Rotes Bienenhaus und Basalt Loft, Winnfeld Rampe 5, 56736 Kottenheim
✆ 0151/22990303 ⓘ www.basalt-loft.de und ⓘ www.rotes-bienenhaus.de
■ Hotel Garni Laacher-Lay, Bahnstr. 66 56743 Mendig ✆ 02652/93647001
ⓘ www.hotel-laacherlay.de

Info: ⓘ www.vrm.info
Haltestelle: Mayener Str. (Ettringen)
■ Mo-Fr: Bus 320 (Mayen-Mendig)
■ Sa & So; Buslinie 320 als Anruf-Linien-taxi (✆ 02651/2444, mind. 1 h vorher)

In der Nähe liegt das berühmte Kloster Maria Laach. Neben der mächtigen Basilika aus dem 11. Jahrhundert lohnt ein Besuch der Klostergärtnerei, die noch heute von Mönchen der Abtei betrieben wird. Wer sich die Beine vertreten will, kann den Laacher See umrunden. ⓘ www.maria-laach.de

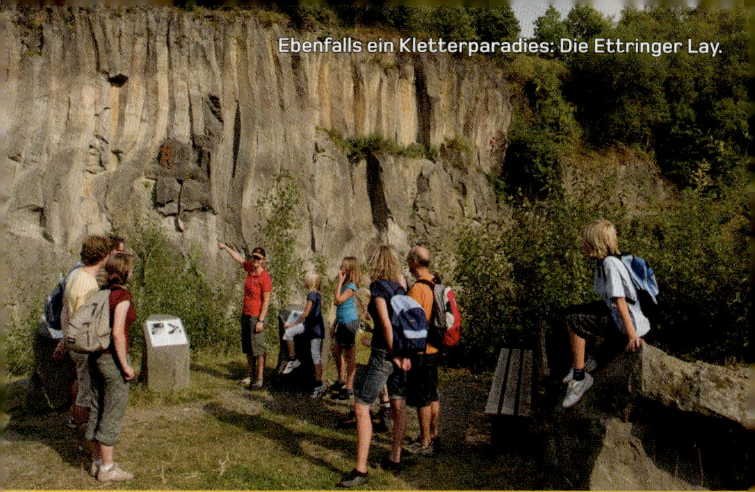

Ebenfalls ein Kletterparadies: Die Ettringer Lay.

Tipp Vulkanpark

Das Kottenheimer Winfeld und die Ettringer Lay, zwei Highlights entlang des Vulkanpfads, gehören zu den über 20 Projekten des Vulkanparks im Landkreis Mayen-Koblenz. Wer mehr über den Eifelvulkanismus und die Gesteinsabbau-Geschichte erfahren möchte, dem werden neben den Natur-, Kultur- und Industriedenkmälern die musealen Einrichtungen des Vulkanparks empfohlen: Das Vulkanpark Informationszentrum Plaidt/Saffig nimmt mit faszinierendem Filmmaterial und Computeranimationen den Zuschauer auf eine Zeitreise durch die heiße Entstehungsgeschichte der Eifel sowie durch die 700-jährige Geschichte des Gesteinsabbaus. Das Römerbergwerk Meurin bei Kruft lädt dazu ein, in das größte römische Untertage-Tuffbergwerk nördlich der Alpen einzutauchen.

Eine einzigartige Erlebniswelt rund um das Thema Vulkanismus bietet der Lava-Dome in Mendig. Mit multimedialen Vulkanausbrüchen, einem Rundkino mit vulkanischem Ausbruchszenario, sprechenden Steinen und Vulkanwerkstatt kann man den schlafenden Eifelvulkanismus mit allen Sinnen erleben. Der Lava-Dome ist auch Ausgangspunkt für eine Führung durch die bekannten Lavakeller, 30 Meter tief unter der Stadt Mendig. Ab dem Sommer wird der Vulkanpark um eine weitere Attraktion reicher: Das Erlebniszentrum Geysir in Andernach wird eröffnet und lädt dazu ein, den weltweit größten Kaltwasser-Geysir zu besichtigen. Die Landschaftsdenkmäler des Vulkanparks sind jederzeit frei zugänglich. www.vulkanpark.com 01801/885526

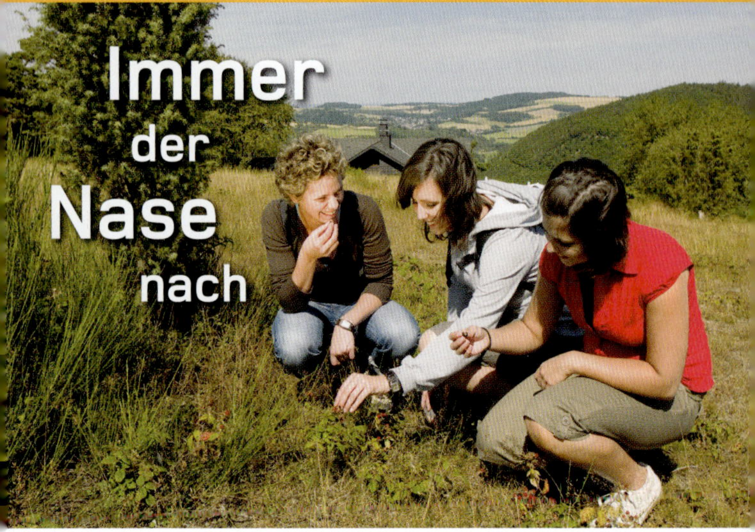

- **Start/Ziel:** Parkplatz an der Wacholderhütte in Langscheid

- **Tourist-Info**
  Vordereifel, Kelberger Str. 26,
  56727 Mayen ✆ 02651/800995
  www.naturerlebnis-vordereifel.de

- **Taxi:**
- Taxi-Scherer ✆ 02691/2448 (ca. 30 Min. Anfahrt, bis zu 8 Pers.)

- **Anfahrt:** B 412 bis Abzweig L 10 Richtung Arft. Mit der L 10 und der K 14 nach Lang scheid. Beschilderung Wacholderhütte

scan to go

QR-Code mit dem Smartphone scannen und Anfahrt anzeigen lassen.

- **Parkplatz in Langscheid:**
- Neuer Weg 16 (Wacholderhütte)
  N50° 22' 58.0'' • E7° 06' 30.2''

- **Wegpunkte:**

P1: Wacholderhütte Langscheid
32 U 365544 5582890

P2: Wabelsberg
32 U 365086 5582787

P3: Rastplatz am Wacholderweg
32 U 364554 5583310

P4: Rastplatz Büschberg
32 U 364174 5583432

P5: Verbindung zum Bergheidenweg
32 U 363445 5583748

P6: Weggabelung am Bach
32 U 363535 5583992

P7: Nettetal
32 U 364406 5584253

P8: Kehre im Wald
32 U 364768 5584122

8.7	2h 40min	271	582	640 751	TPX2T18
km					

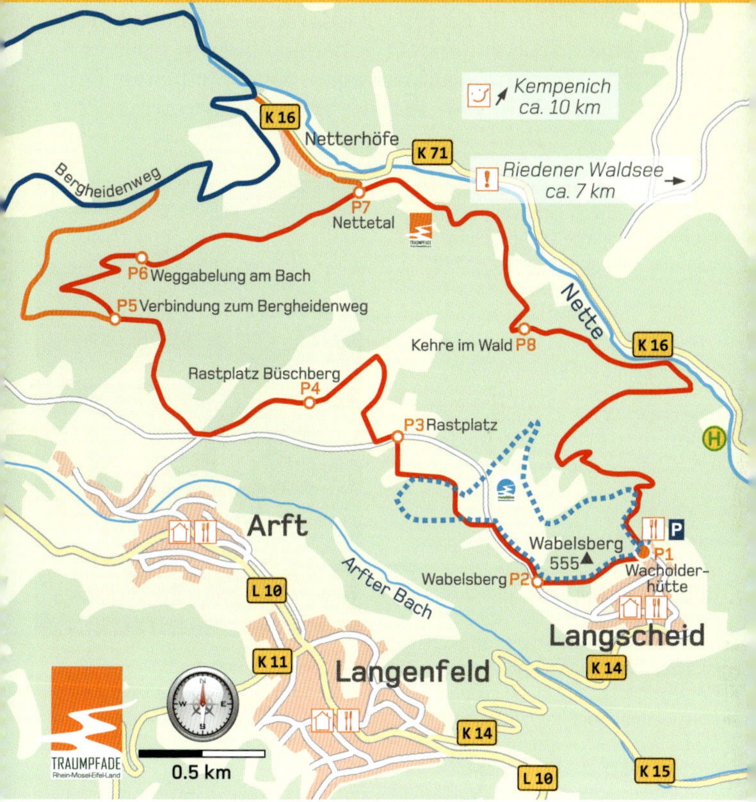

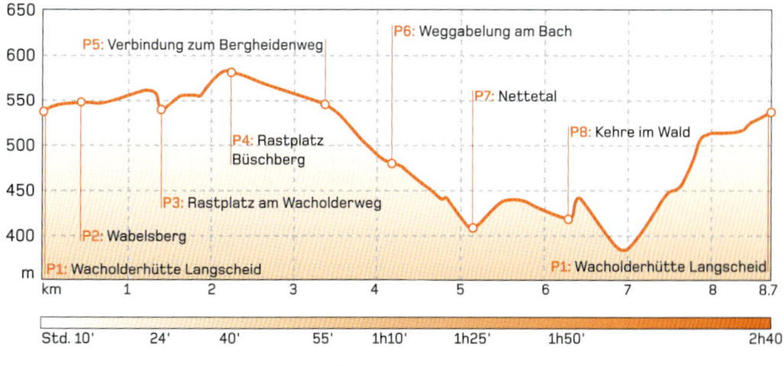

Der Wacholderweg verspricht uns eine abwechslungsreiche Tour durch offene Heide und dichten Wald. Hautnah erleben wir heute die Bandbreite der Eifeler Landschaft. Urwüchsige Natur, sagenhaft schöne Ausblicke, stille verwunschene Täler und Waldpassagen, die auf angenehmen Wegen erkundet werden: Wanderer, was willst du mehr?

Wir starten an der Wacholderhütte am Ortsrand von Langscheid (1), wo auch das Traumpfädchen Langscheider Wacholderblick beginnt, das immer wieder ein Stück parallel verläuft. Landschaftlich ist die Tour zweigeteilt: Jeweils etwa die Hälfte der Strecke führt über offene Heideflächen und durch herrlichen Mischwald. Wir entscheiden uns zuerst für die Heide und wenden uns daher an der Kreuzung vor der Wacholderhütte nach Südwesten.

Sanft führt uns der Naturweg einige Meter aufwärts, wo bereits nach 150 m eine Bank nebst Infotafel zum Verweilen animiert. Die Tafel gibt Einblick in das Renaturierungsprojekt der Wacholderheide. Von der Bank genießen wir einen tollen Blick über Langscheid nach Langenfeld. Diese Panoramasicht begleitet uns auch die nächsten 400 m, wobei wir dem Wiesenweg am Rand des Naturschutzgebietes Wabelsberg (2) folgen.

Nach **0.5 km** mündet unser Weg auf einen Teerweg, dem wir uns nach rechts zuwenden. Neue Ausblicke Richtung Norden eröffnen sich. Die Teerpassage ist nur kurz, denn an einer Sitzgruppe dürfen wir links auf einen Wiesenweg abbiegen.

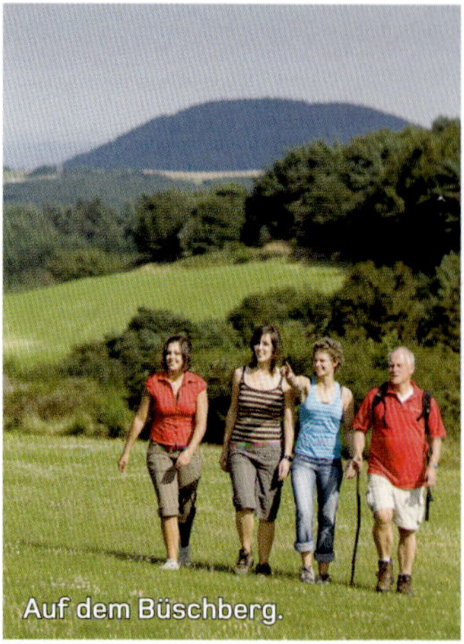
Auf dem Büschberg.

Dieser leitet uns am Waldrand entlang und gibt wieder ausgiebig Gelegenheit, den Blick in die Ferne schweifen zu lassen.

An einer Wiese schwenken wir nach rechts und laufen abwärts zum querenden Teerweg. Ein großer steinerner Wegweiser gibt die Richtung vor, eine weitere Sitzgruppe (3) bietet sich zur Pause an. Auch diesmal ist die Teerstrecke nur sehr kurz. Wir wandern 100 m nach links, dann biegen wir nach rechts. Auf dem höhenparallelen Weg erreichen wir schnell wieder

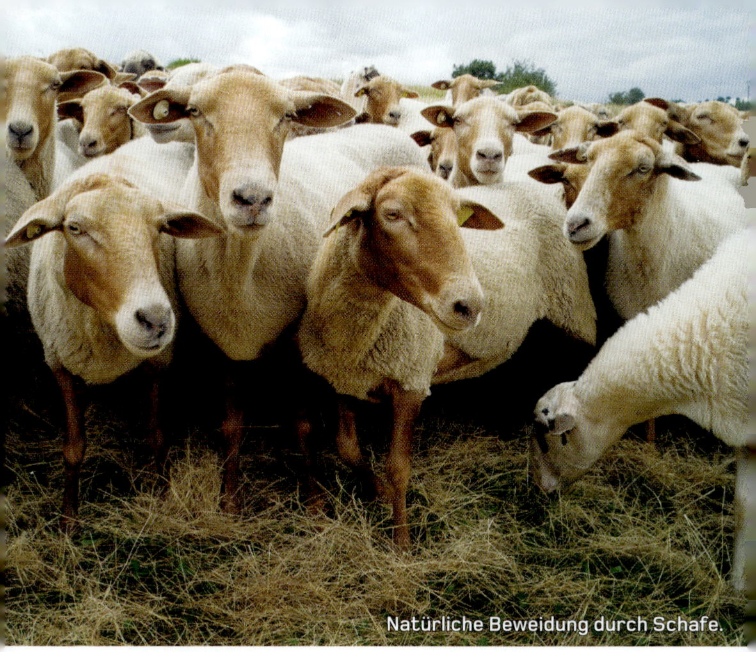
Natürliche Beweidung durch Schafe.

die grandiose Wacholderheide! Mannshohe Wacholder, dichte Hecken, zarte Gräser und leuchtende Blumenvielfalt erfreuen uns nicht nur im Sommer. Dazwischen ragen windschiefe Kiefern oder uralte Eichen auf, die der Szenerie einen urwüchsigen Charakter verleihen. Natur pur! Gemächlich erklimmen wir mit einem Schlenker den Büschberg nach **2.3 km**, wo uns ein schön gestalteter Rastplatz (4) mit Bänken und Feuerstelle zur Rast einlädt. Eine tolle Aussicht auf Arft rundet den Logenplatz ab.

Vom höchsten Punkt der Rundtour geht es nun sanft abwärts, die Aussicht ist sagenhaft, und die umgebende Heidevegetation begeistert uns. Nach **2.7 km** treffen wir an einer großen Doppelkreuzung ein. Zunächst schwenken wir auf den Teerweg nach rechts, um uns dann auf geschottertem Grund direkt an einem Kreuz erneut nach rechts zu wenden. Der breite Weg führt mitten über eine große Wiese, die im Winter zum Rodeln animiert. Noch einmal genießen wir die offene Heidelandschaft, dann beginnt der zweite, vom Wald geprägte Teil der Wanderung.

Unser Weg führt gemächlich abwärts in den Mischwald. Nach **3.3 km** passieren wir den nach links abbiegenden Verbindungsweg zum

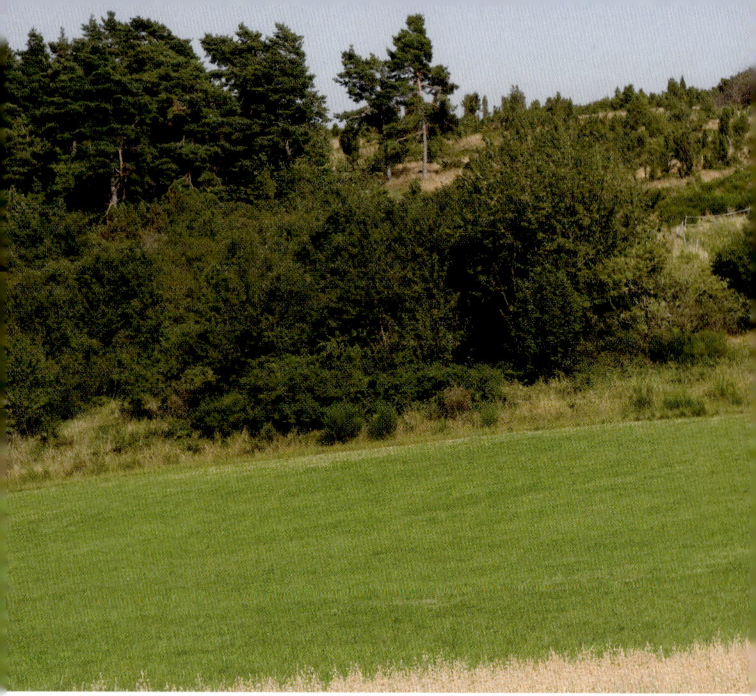

benachbarten Bergheidenweg (5). In großen Serpentinen wandern wir auf dem Forstweg tiefer in den Wald und verlieren kontinuierlich an Höhe. Nach **4.2 km** gelangen wir an einen Taleinschnitt, an dem sich unser Weg gabelt (6). Wir entscheiden uns für den romantischen Naturweg und laufen kurz nach rechts, um sofort nach Querung des noch kaum erkennbaren Bachs wieder links abzubiegen. Der umwucherte Waldweg führt uns durch den urwüchsigen Auenwald oberhalb des Bachs. Da wir uns auf einem Quellhorizont bewegen, gilt es ab und an auch feuchte Wegstellen zu bewältigen. Nach **5.1 km** treffen wir im Nettetal (7) ein. Hier kann man links der Zufahrt zu den Netterhöfen folgen, um auf den Bergheidenweg zu gelangen. Wir wollen aber unsere Rundtour auf dem Wacholderweg fortsetzen und halten uns daher rechts auf dem ansteigenden Forstweg.

Bald öffnet sich der hochgewachsene Mischwald, und wir können über eine große Waldwiese die Sicht auf das Nettetal genießen. Am Ende der Wiese biegen wir dann scharf links auf einen weichen Grasweg ab, der uns zunächst am Rand eines

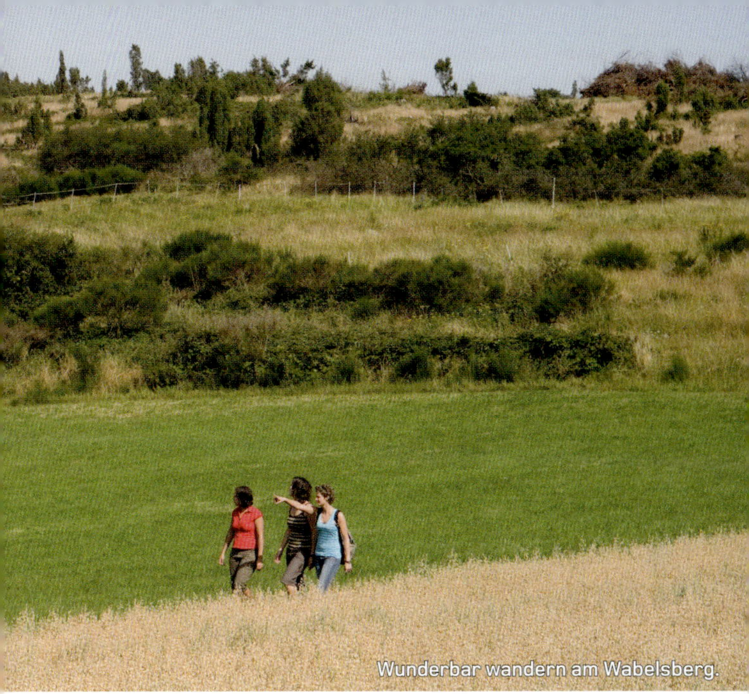

Wunderbar wandern am Wabelsberg.

Tannenwäldchens leicht abwärts führt. Dann befinden wir uns wieder komplett im Wald und nähern uns einem Taleinschnitt, den wir mit scharfer Linkskehre umrunden (8). Direkt danach heißt es aufpassen: Denn hier verlassen wir den breiten Waldweg und erklimmen auf schmalem Pfad den mit hohen Buchen bestandenen Hang.

Nach dieser Flankenpassage treffen wir auf einen schönen Waldweg, dem wir nach links leicht abwärts folgen. So berühren wir nach **7 km** noch einmal fast den Grund des Nettetals. Durch das üppige Grün hören wir das Rauschen des Flüsschens und erhaschen kurze Blicke auf das Nass. An der folgenden Weggabelung halten wir uns rechts und nehmen den Endaufstieg zum Wabelsberg in Angriff. Einige Richtungswechsel meistern wir genauso wie die gemächliche Steigung problemlos. An einem Holzlagerplatz biegen wir schließlich ein letztes Mal scharf links ab. Wenig später lichtet sich der Wald, und vor uns öffnet sich das Panorama Richtung Langscheid und Langenfeld. Nach **8.7 km** treffen wir voller neuer Eindrücke wieder am Parkplatz an der Wacholderhütte ein (1).

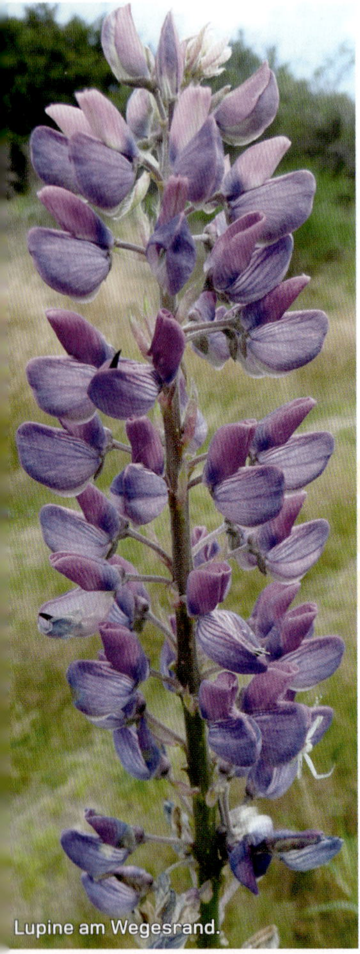
Lupine am Wegesrand.

!

Der Wacholderweg verläuft teilweise parallel zum neuen Premiumspazierwanderweg „Traumpfädchen Langscheider Wacholderblick".

Am Start- und Zielpunkt kann man in der Wabelsberger Wacholderhütte einkehren: 02655/1577
www.wacholderhuette.de

Ferienhaus Marianne (5 Sterne)
Hellenweg 9, 56729 Langscheid
02655/3852, www.ferienwohnungen-haus-marianne.de

- Weitere Einkehr- und Übernachtungsmöglichkeiten unter
www.naturerlebnis-vordereifel.de

Info: www.vrm.info
Haltestelle:
Netterhöfe Abzweig (Hausten)

- Bus 820 (Mayen-Kempenich)

oder bis Dorfstr. (Arft) + Fußweg

- Bus 340 (Mayen - Arft)

Zwischen den Riedener Mühlen und dem eigentlichen Ort Rieden lädt der aufgestaute Waldsee zum Entspannen ein. Ob Spazierengehen, Schwimmen, Paddeln oder Surfen – Erholung ist garantiert. Riedener Waldsee, 56745 Rieden
www.rieden.de

Im Geo-Spiel-Garten in Kempenich-Engelner kann man der geologischen Geschichte der Region spielerisch auf die Spur kommen. Vom devonischen Flachmeer und von den Dinosaurieren der Trias und Kreide gelangt man zu den im Tertiär aktiven Eifelvulkanen. Auch die keltische und römische Besiedlungsphase sowie die Verwendung der vulkanischen Rohstoffe vom Mittelalter bis in die Moderne werden anschaulich erklärt. Nach dem Rundgang kann man sich in der Vulkan-Stube stärken. Der Geo-Spiel-Garten liegt übrigens an der Endstation des Vulkan-Express, kann also auch mit der Brohltal-Bahn erreicht werden. Weitere Infos: www.brohltal.de

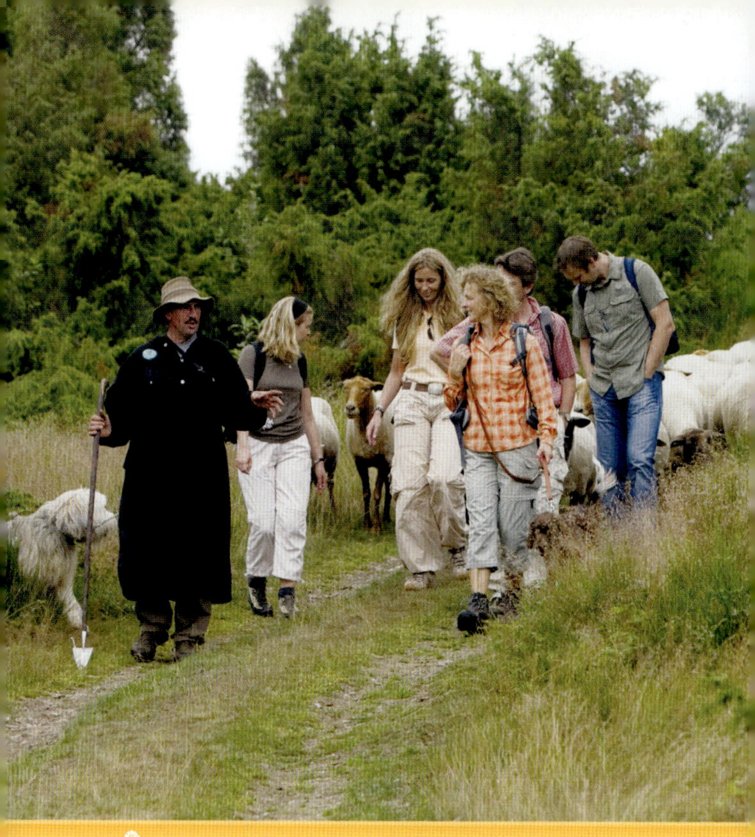

Tipp Wacholderheide

Ein echtes Kleinod der Natur sind die in Europa mittlerweile einzigartigen Wacholderheiden in der Eifel. Im Gegensatz zu den Heiden in Norddeutschland besiedelt die Heidevegetation in der Eifel ausschließlich unwirtliche Bergkuppen. Umfangreiche Renaturierungsprogramme sorgen für den Erhalt der charakteristischen und ursprünglichen Flora und Fauna. Die Wacholderwacht Osteifel bietet Führungen zum Thema Wacholder an.

Nähere Infos unter: www.naturregion-vordereifel.de oder unter www.wacholderheiden.de 02651/800995

8 Heidehimmel Volkesfeld

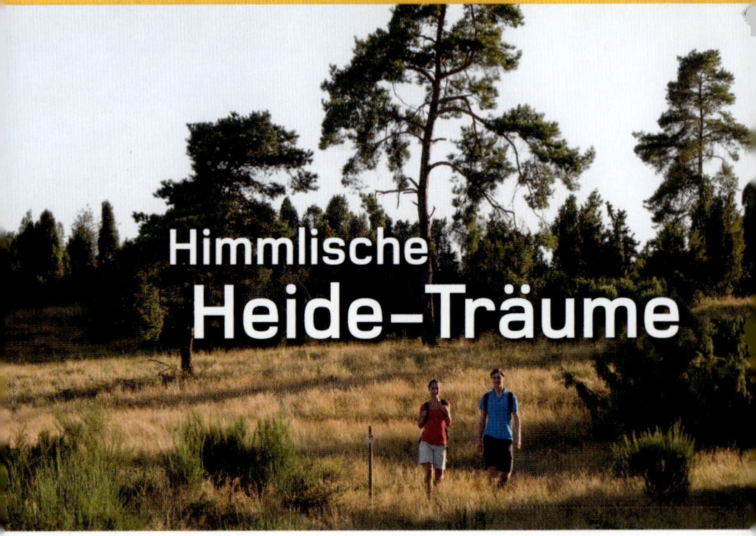

Himmlische Heide-Träume

- **Start/Ziel:** Wanderparkplatz „Heilquelle" an der L 83

- **Tourist-Info** Tourist-Info Maria Laach
Maria Laach, 56653 Glees ✆ 02636/19433
www.vulkanregion-Laacher-see.de

- **Anfahrt:** Mit dem Pkw erreicht man Volkesfeld am besten auf der L 83 durch das Nettetal. Von der B 412 nutzt man die L 83 über Weibern bis Volkesfeld.

- **Parkplätze:**
- Wanderparkplatz „Heilquelle" an der L 83 N50° 23' 02.3'' • E7° 08' 45.5''

scan to go®

QR-Code mit dem Smartphone scannen und Anfahrt anzeigen lassen.

- **Wegpunkte:**

P1: Wanderparkplatz Heilquelle
32 U 368192 5582968

P2: Portal Traumpfad
32 U 368106 5583023

P3: Riethelkreuz
32 U 368547 5583346

P4: Rastplatz am Zuweg
32 U 367608 5583970

P5: Waberner Wacholderhütte
32 U 367279 5583597

P6: Falkleyblick
32 U 366528 5582857

P7: Aussicht Noorkopf
32 U 367684 5583582

P8: Florianshütte
32 U 367701 5583391

P9: Heilquelle
32 U 368040 5583048

10 km	3h	262 ↑ ↓	531	701 823	T2X6TX3

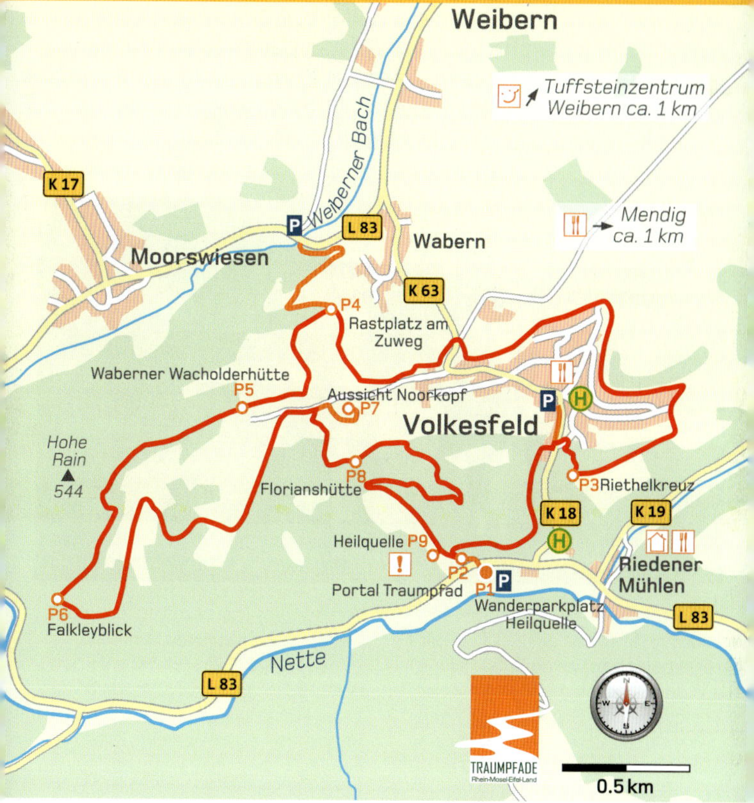

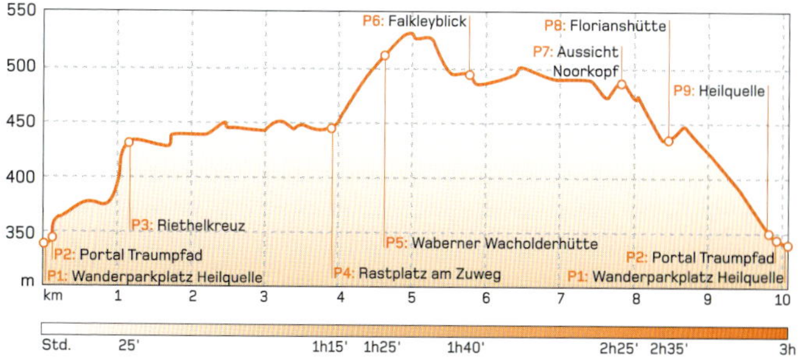

Ein himmlisches Wandervergnügen erwartet uns zwischen grandiosen Fernblicken und duftenden Wacholderheiden. Auf weichen Wiesenwegen und Waldpfaden erobern wir die abwechslungsreiche Landschaft rund um Volkesfeld, genießen dabei grenzenlose Weiten und verträumte Momente unter knorrigen Kiefern. Und am Ende erfrischt uns eine echte Heilquelle mit eisenhaltigem Wasser.

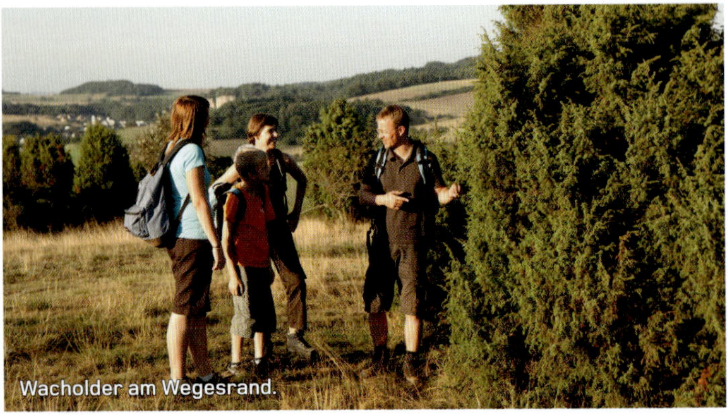
Wacholder am Wegesrand.

Am großzügigen Wanderparkplatz „Heilquelle" (1) an der L 83 im Nettetal beginnen wir die Wanderung auf dem „Heidehimmel Volkesfeld". Wir queren die Straße und folgen dem asphaltierten Wirtschaftsweg nach links. Nach nur **100 m** erreichen wir das Portal (2) des Traumpfads. Wir verlassen den Asphalt, einige Holzstufen bringen uns zu einer Schutzhütte, an der wir ins Abenteuer „Heidehimmel" starten. Weitere robuste Holzstufen führen uns auf einem Pfad in den Mischwald hinein. Die Steigung ist nur leicht, und schon wenig später endet der Pfad an einem breiten Waldweg.

Wir wenden uns nach rechts und wandern auf dem weichen Waldboden weiter. Die erste Attraktion lässt nicht lange auf sich warten: In einer Kurve locken zwei Bänke zum Verweilen – und mit einem ersten Blick über das Nettetal. Dann genießen wir den kühlen Schatten der Tannenwedel und folgen dem Waldweg leicht abwärts nach Volkesfeld. Über den Sauerbrunnenweg gelangen wir in den kleinen Ort und treffen neben einem munter sprudelnden Brunnen auf die Kreuzung mit der Nettestraße. Hier halten wir uns links aufwärts. Der Gehweg verengt sich, doch wir queren hier sowieso die Straße und laufen auf der anderen Seite auf einem befestigten Weg bergan. Am Rand einer umzäunten Wiese stellen wir uns der ersten konditionellen Herausforderung: Die Volkesfelder Wacholderheiden wollen erobert werden. Dazu erklimmen wir nun auf deutlich ansteigendem Pfad den frisch ausgeputzten Hang. Das Ziel haben wir klar vor Augen, denn hoch reckt sich das Riethelkreuz in den Himmel.

Nach **1.1 km** haben wir es geschafft und stehen in luftiger Höhe über Volkesfeld am Riethelkreuz (3). Im ersten Moment wissen wir gar nicht, was zuerst bewundert werden soll: die großartige Aussicht oder die urwüchsige Wacholderheide. Doch wir nehmen uns einfach Zeit, beides auf uns wirken zu lassen und in vollen (Atem-)Zügen zu genießen.

Über den sanft abfallenden Höhenrücken setzen wir die Tour (traumhafte Panoramasicht!) fort und erreichen „Am Riethel" das Neubaugebiet von Volkesfeld. Wir biegen nach links ab – und an der Kreuzung mit „Seeblick" laufen wir halb rechts bergan. Auf Höhe des letzten Hauses überschreiten wir eine unscheinbare grüne Linie auf dem Asphalt: Dabei handelt es sich um die Startlinie der jährlich im August stattfindenden internationalen Bobbycar-Rennen, die sogar in die Wertung der Bobbycar-Weltmeisterschaft eingehen …

Wir treffen auf einen Querweg und biegen links ab. Nun wandern wir –

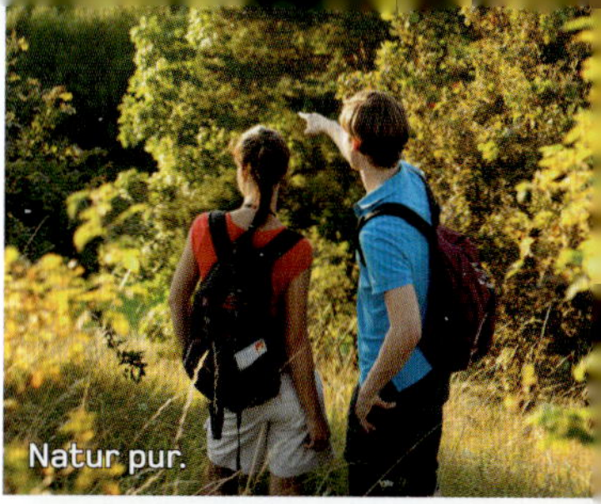
Natur pur.

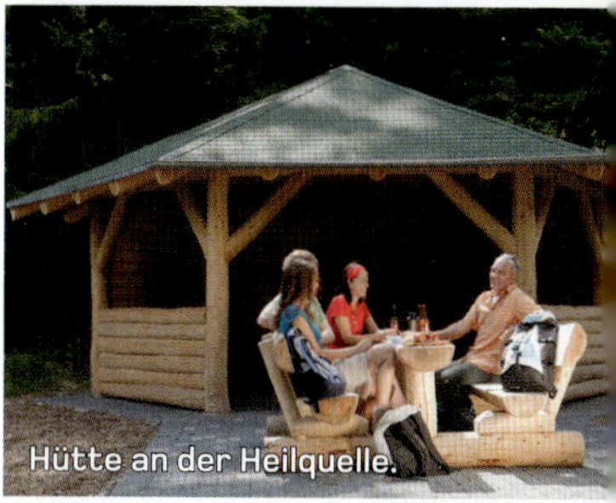
Hütte an der Heilquelle.

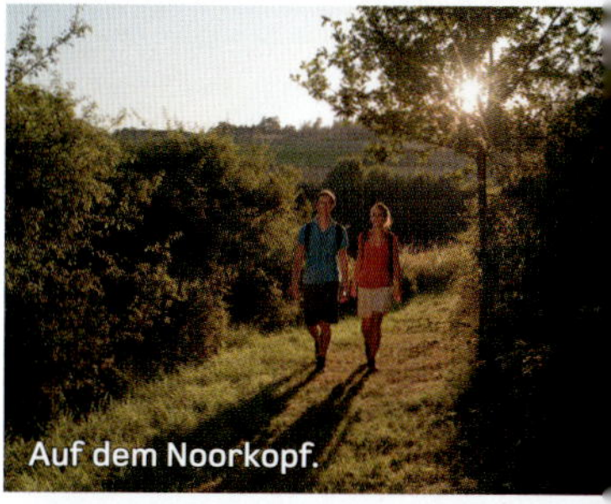
Auf dem Noorkopf.

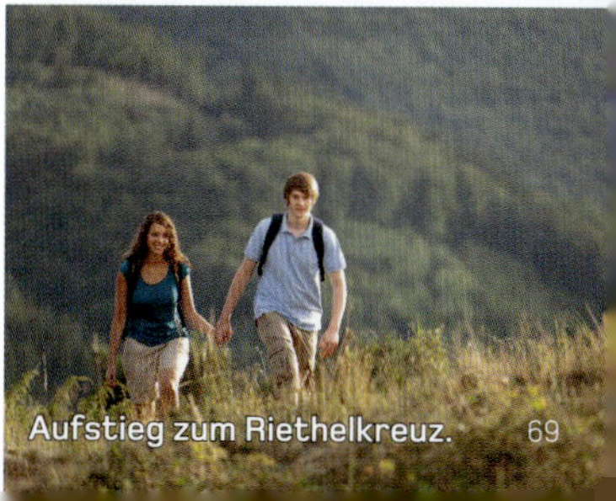
Aufstieg zum Riethelkreuz.

mit herrlichen Ausblicken Richtung Riethelkreuz – oberhalb des Neubaugebiets entlang.

Allmählich ändert der Weg seine Richtung, und wir durchqueren ein kleines Wäldchen, bevor sich wieder weite Wiesen vor uns öffnen. Eine Bank bietet Aussicht und Rastgelegenheit. Nach **2.5 km** treffen wir auf einen asphaltierten Wirtschaftsweg und wenden uns nach links. Der Asphalt endet, und wir spüren wieder weiches Gras unter den Schuhsohlen. Links schweift unser Blick noch einmal zur Heide am Riethelkreuz. Wiesen, die in naher Zukunft auch wieder mit Streuobstbäumen bepflanzt werden sollen, begleiten uns zu den nächsten Häusern. Schotter löst das Gras ab, und wir gewinnen leicht an Höhe. An einem Wasserpumpenhaus biegen wir schließlich rechts auf einen Asphaltweg, der uns rasch zur Querung der K 63 bringt. Bevor wir aber auf der anderen Seite links dem Feldweg folgen, müssen wir verweilen und das fantastische Panorama auf uns wirken lassen.

Begeistert setzen wir die Wanderung auf grasigem Untergrund fort. Der Weg macht eine Kurve – und wer hier im Sommer vorbeikommt, der wird sich an der üppigen Farbenpracht einer herrlichen Wildwiese erfreuen, die Anwohner liebevoll pflegen. Wir passieren das letzte Haus und sehen vor uns eine Kreuzung zweier Wirtschaftswege. Doch wir sind auf einem Traumpfad unterwegs, und daher bleibt uns der Asphalt erspart. Stattdessen biegen wir an der Hecke vor der Kreuzung rechts auf einen reaktivierten Wiesenpfad ab. Von Hecken begleitet, erreichen wir so mit federnden Schritten einen Feldweg und wenden uns rechts in die freie Offenlandschaft.

Mit herrlichem Weitblick wandern wir durch die Felder und Wiesen und erreichen nach **3.9 km** einen einladenden Rastplatz (4). Hier trifft auch der Zuweg vom Parkplatz „Waberner Brücke" auf den Traumpfad. Was folgt, ist schlicht grandios: Wir biegen links auf einen ansteigenden Grasweg ab, der von Ginster und Wacholder gesäumt wird. Jeder Schritt bringt uns weiter in die Naturidylle der Waberner Heide. Bald verlassen wir den breiten Feldweg nach rechts und steigen auf schmalem Wiesenpfad noch weiter bergan. Wir gehen auf Tuchfühlung mit den stacheligen Wacholdern, atmen das würzige Aroma ein und fühlen uns wie im siebten Himmel. Mitten in der Vulkaneifel erleben wir südliches Flair wie im Sommerurlaub.

Ein Höhepunkt des Aufstiegs ist die Waberner Wacholderhütte (5), die uns nach **4.6 km** zur Rast mitten im Naturparadies einlädt und uns zusätzlich auch noch mit grandiosen Panoramablicken verwöhnt. Der Augenschmaus wird noch gesteigert durch die angenehme Stille, die uns eine echte Auszeit vom Alltagsstress ermöglicht. Auch nach der Hütte begeistert die Heide – und lässt uns Schritt für Schritt weiterträumen …

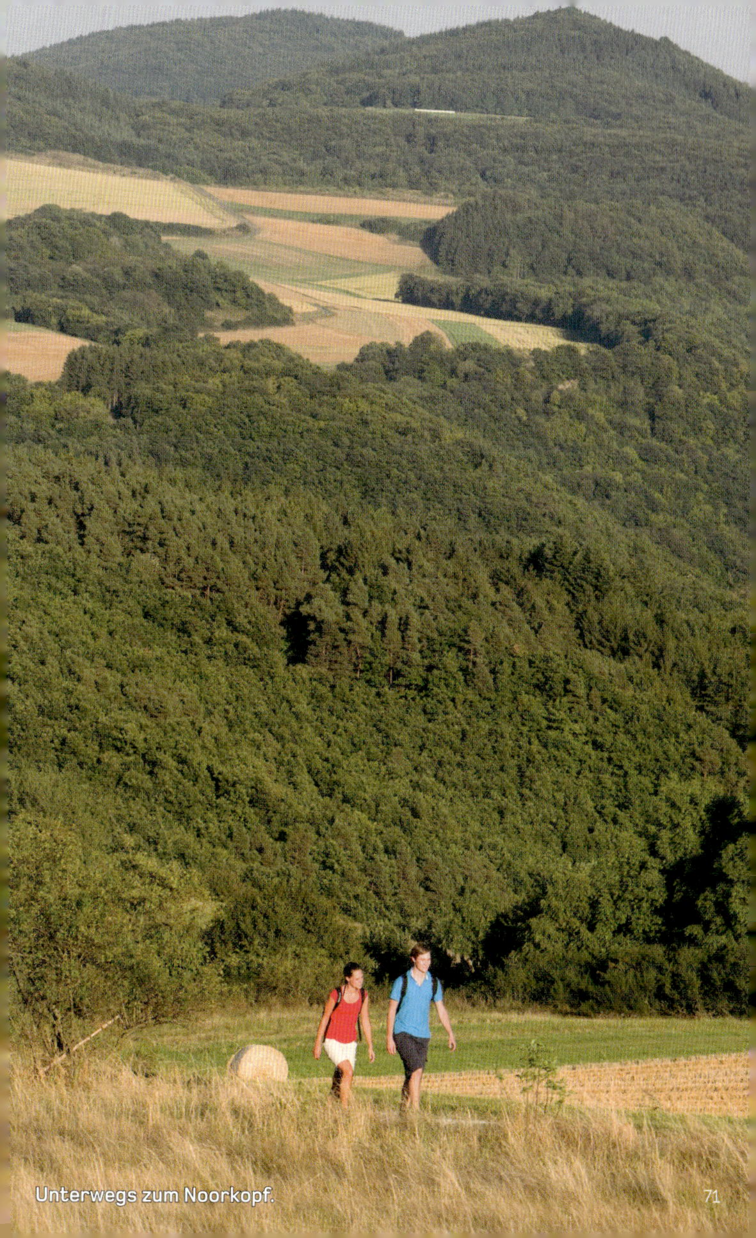

Unterwegs zum Noorkopf.

Nach **5.2 km** steht ein Szenenwechsel an. Wir biegen halb links auf einen Pfad ab, Büsche schmiegen sich eng um uns, und wir sind mittendrin in der Natur. Die markanten Traumpfad-Logos führen in ein Wäldchen, wo wir mit einem Linksschwenk weiter an Höhe verlieren. Auch nach dem Waldstück setzt sich der Abstieg rechts außen am Waldrand entlang fort. Wir erreichen eine Kreuzung und laufen geradeaus in ein Laubwaldgebiet. Nun rauschen wieder Blätter über uns, doch so richtig hochgewachsen sind die Bäume hier alle nicht. Das wird uns am nächsten Höhepunkt besonders deutlich: Der Falkleyblick **(6)** präsentiert, eingerahmt von niedrigen Krüppeleichen, von exponierter Klippe aus einen weiteren Traumblick ins Nettetal.

Bei der entspannenden Rast auf der Traumpfadliege können wir übrigens ein weiteres lohnendes Ziel in Augenschein nehmen: Genau gegenüber startet an der Wacholderhütte in Langscheid der Traumpfad „Wacholderweg" (▶ S. 58) und verspricht weiteres Wandervergnügen im Reich der Wacholder.

Die folgende Waldpassage auf bequemen Waldwegen gibt uns Gelegenheit, die Eindrücke zu verarbeiten. Nach **6.4 km** treffen wir auf freiem Feld auf einen breiten Wirtschaftsweg, dem wir kurz nach rechts folgen. Doch schon knapp 80 Meter später biegen wir rechts auf einen abschüssigen Wiesenweg ab. Mit etwas Glück kann man

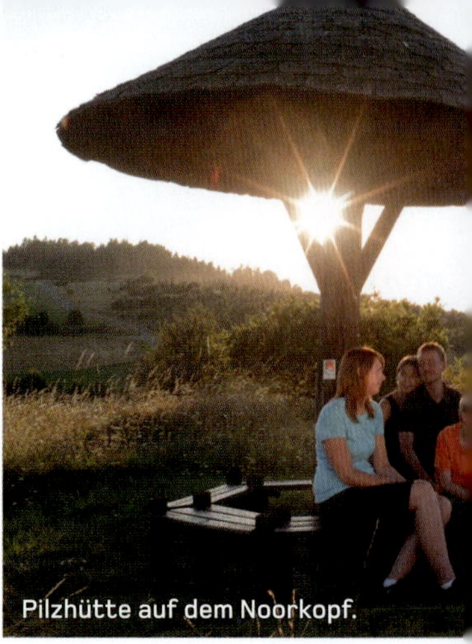

Pilzhütte auf dem Noorkopf.

in dieser Gegend übrigens auf ungewöhnliche Vierbeiner treffen: Hier tummelt sich gerne eine Herde frei laufender Kamerunschafe, die eigentlich nicht zu den typischen Waldbewohnern der Vulkaneifel zählen. Doch die harmlosen braunen Tiere, die mehr an Ziegen als an Schafe erinnern, fühlen sich ausgesprochen wohl. Noch eine weitere – und in der Eifel durchaus heimische Tierart – zeigt sich mit etwas Glück: Große Gruppen wilder Mufflons begeben sich auf den Waldwiesen und Feldern gerne auf Futtersuche.

Doch selbst wenn sich die Vierbeiner nicht blicken lassen – der „Heidehimmel Volkesfeld" glänzt immer wieder mit herrlicher Abwechslung. Eine davon bietet sich, kurz nachdem wir bei **Kilometer 7.6** auf einen querenden Asphaltweg gestoßen sind: Hier biegt der Traumpfad eigentlich nach rechts abwärts ab.

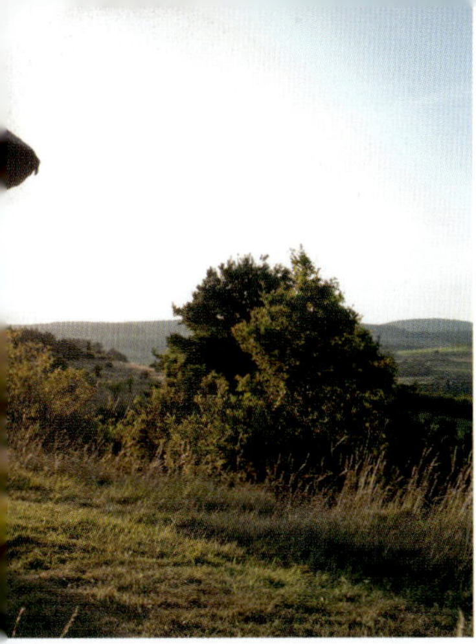

Doch wir wollen uns den Abstecher zum nahen Noorkopf nicht entgehen lassen. Die pilzförmige Schutzhütte haben wir bereits mehrfach von Weitem gesehen, nun gönnen wir uns den halben Kilometer Umweg und statten dem Berg einen Besuch ab. Dazu laufen wir – der Zuwegemarkierung folgend – noch etwas auf dem Asphaltweg abwärts und biegen dann rechts auf einen Grasweg ab. Der führt uns im Bogen langsam ansteigend hinauf auf den Noorkopf (7).

Der Abstecher lohnt sich, denn die 270-Grad-Aussicht vom Berg ist sagenhaft. Anschließend kehren wir auf gleicher Strecke zurück bis zum Abzweig des Traumpfads. Wieder auf der regulären Trasse, geht es am Rand eines Feldes deutlich abwärts. Bald treffen wir auf einen eben verlaufenden Feldweg und schwenken nach links. Nach **8.5 km** lädt uns die neue Florianshütte (8) zur Rast ein und bietet neben betörender Stille noch einmal schöne Blicke Richtung Nettetal.

Erfrischt setzen wir die Wanderung auf dem Feldweg fort und treffen bald an einer Wegkreuzung ein. Rechts erkennen wir den Feuerplatz der traditionellen Martinsfeuer. Wir halten uns am Waldrand rechts, passieren eine Bank und folgen dem Waldweg unter das schattige Blätterdach. An der nächsten Weggabelung orientieren wir uns rechts und wandern nun gemütlich mit großem Bogen abwärts. Nach **9.5 km** biegen wir, fast schon im Talgrund angelangt, scharf links ab. Nun erhaschen wir rechts erste Blicke auf die Talwiesen. Kaum haben wir einen Querweg ignoriert, stehen wir an der letzten Attraktion des Weges: Rechts sprudelt munter die Heilquelle (9) des „Sauren Buhr" Eindrucksvoll hat sich der Boden um den Ausfluss der Quelle tief orangerot gefärbt, was für den hohen Eisengehalt des Heilwassers spricht. Für eine längere Rast am gesunden Nass steht eine Schutzhütte parat.

Nach der Erfrischung wandern wir auf dem nun asphaltierten Weg geradeaus weiter, passieren wenig später das Portal des Traumpfades (2) und treffen schließlich nach Querung der L 83 bei **Tageskilometer 10** wieder am Parkplatz (1) ein.

Infos Heidehimmel Volkesfeld

Restaurant und Hotel Eifeler Seehütte, Am Waldsee, 56745 Rieden
02655/3696 www.seehuette.de
kein Ruhetag
- Vulkan Brauerei, Laacher-See-Str.2, 56743 Mendig 02652/520330 www.vulkan-brauerei.de

Hotel, Restaurant und Café Forsthaus, Nettestraße 12, 56745 Riedener Mühlen 02655/95990
- Weitere Einkehr-/Übernachtungsmöglichkeiten: www.vulkanregion-laacher-see.de

Taxi Bell 02652/935935

Info: www.vrm.info
Haltestelle:
Klinik am Waldsee (Rieden)
- Mo-Fr: Bus 820 (Mayen-Kempenich)
- Sa-So: Bus 821 (Mayen-Kempenich)

In der Umgebung von Volkesfeld kann man tiefe Einblicke in die ursprünglichen Wacholderheiden der Eifel gewinnen, die einst in dieser Region weit verbreitet waren. Besonders eindrucksvoll sind die Heiden beim Riethelkreuz

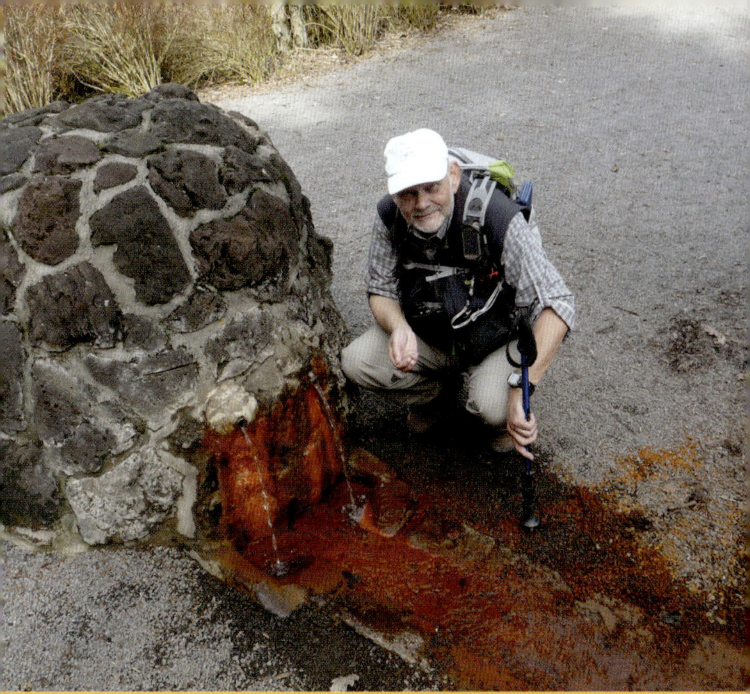

Tipp Heilquelle

Wer Volkesfeld besucht, darf auf gar keinen Fall den Besuch beim „Sauren Buhr", wie die 1968 gefasste Heilwasserquelle auch genannt wird, verpassen. Aus einer Tiefe von 35 Metern sprudelt das erfrischende Nass an die Oberfläche. Der Säuerling ist reich an Calcium, Magnesium und Eisen sowie vielen weiteren Mineralstoffen, die das Wasser beim Aufstieg aus dem Boden löst. Eigentlich erfüllt der Sauerbrunnen die Anforderungen einer staatlich anerkannten Heilwasserquelle, allerdings wurde auf eine offizielle Anerkennung verzichtet, um den ungehinderten freien Zugang zur Quelle auch weiterhin zu ermöglichen.

Das Mineralwasser soll bei Magen-, Darm- und Gallenbeschwerden helfen. Doch auch für gesunde Menschen ist ein kühler Trunk aus der Quelle eine willkommene Erfrischung – nicht nur nach der Wandertour. Die benachbarte Schutzhütte lädt zur gemütlichen Rast an der Quelle ein.

9 Bergheidenweg

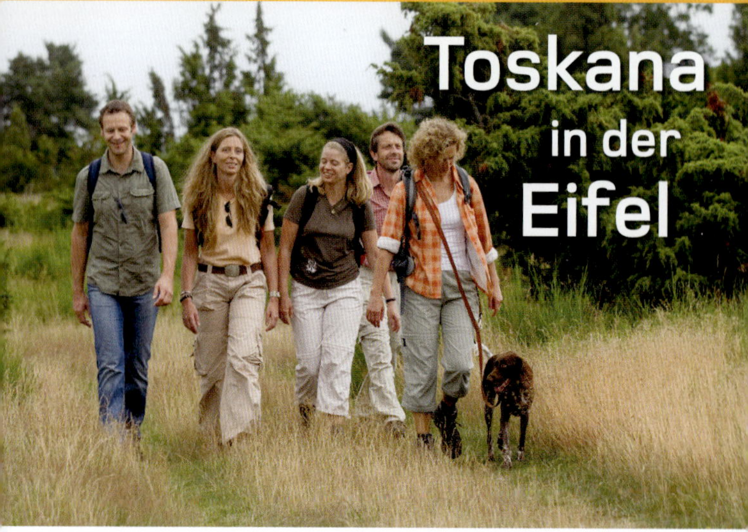

- **Start/Ziel:** Parkplatz an der Wintersportanlage bei Arft

- **Tourist-Info**
  Vordereifel, Kelberger Str. 26,
  56727 Mayen ✆ 02651/800995
  www.naturerlebnis-vordereifel.de

- **Taxi:**
- Taxi-Scherer ✆ 02691/2448

- **Anfahrt:** Über die A 61 bis Abfahrt Wehr/Nürburgring, dann über die B 412 und die L 10 nach Arft – 1 km vor Arft Parkplatz Raßberg/Wintersportanlage.

scan to go

QR-Code mit dem Smartphone scannen und Anfahrt anzeigen lassen.

- **Parkplatz in Arft:**
- Am Raßberg/Wintersportanlage
  N50° 23' 16.2'' • E7° 03' 57.3''

- **Wegpunkte:**

P1: Parkplatz Wintersportanlage bei Arft 32 U 362501 5583562
P2: Heidbüchel 32 U 363108 5584310
P3: Verbindung zum Wacholderweg 32 U 363589 5584254
P4: Netterhöfe 32 U 363980 5584627
P5: Querung Nette 32 U 363807 5584776
P6: Hütte 32 U 362456 5584925
P7: 1. Querung L 10 32 U 361164 5584183
P8: Heinrich Menke Denkmal 32 U 361719 5583551
P9: Adenauer-Denkmal 32 U 361982 5583720

10.2 km | 3h | 298 | 655 | 730 856 | TPX8T12

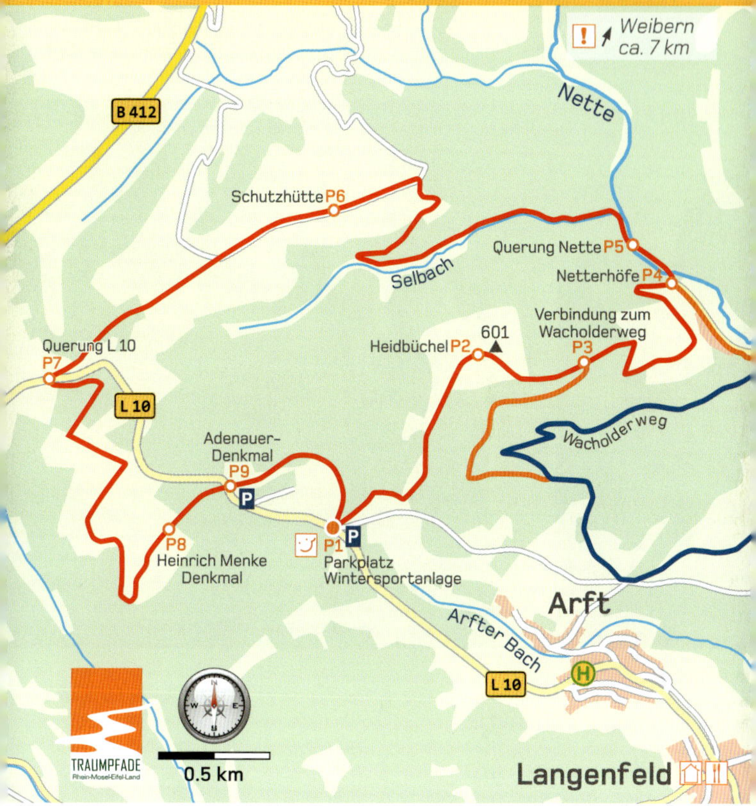

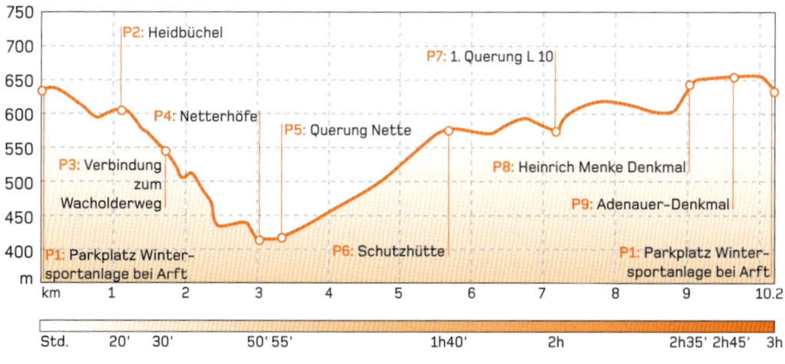

Mittelmeer-Feeling mitten in der Eifel. Der Bergheidenweg versetzt uns in fast mediterrane Umgebung und verzaubert uns mit Heidelandschaft und Eifelwald im Nettetal. Eine fantastische Mischung auf den Höhen der Vordereifel.

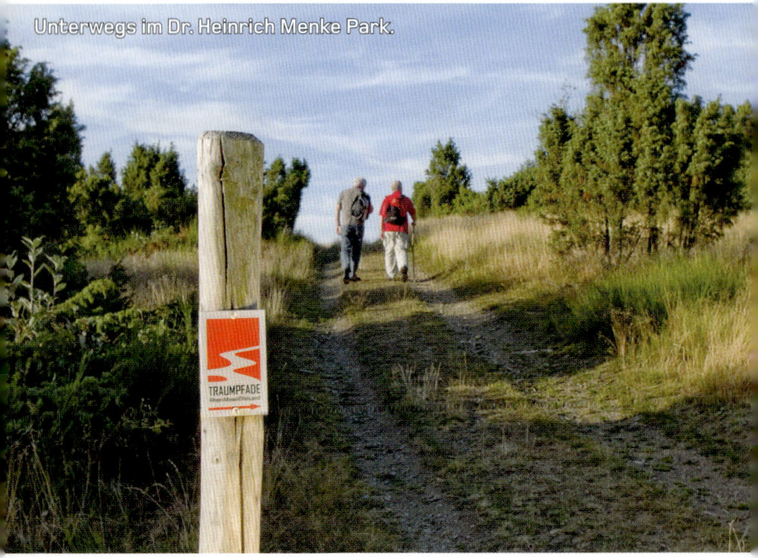

Unterwegs im Dr. Heinrich Menke Park.

Wir starten direkt neben der L 10 am Parkplatz der Wintersportanlage (1) bei Arft. Eine hölzerne Schutzhütte lassen wir gleich zu Beginn links oberhalb liegen und wenden uns auf dem weichen Naturweg nach Nordosten. Wir wandern durch eine aufgelockerte Heidelandschaft, knorrige Kiefern und erste Wacholder zeugen vom speziellen Charakter dieser Landschaft. Kurz folgen wir der Flanke des Raßbergs, bevor wir nach 200 m rechts abbiegen und über die Wiese zu einem querenden Schotterweg laufen. Dort geht es nach links, das nächste Nahziel, den Heidbüchel, haben wir bereits vor Augen. Noch ein weiterer Schlenker nach links und wir streben direkt auf das Naturschutzgebiet des knapp 600 m hohen Heidbüchels zu. Der Bergheidenweg bringt uns auf tollem Weg direkt durch das Schutzgebiet nach **1.2 km** bis auf den Gipfel (2). Wir sind begeistert von dem mediterranen Flair, das die üppigen Wacholderbüsche verströmen. Erika, Heidegras und die typische Sandflora schlagen uns schnell in ihren Bann. Vom Heidbüchel aus genießen wir den Blick nach Norden und Nordwesten, bevor unser Weg uns abwärts zurück in den Wald führt. Nach **1.7 km** gelangen wir an eine Wegkreuzung (3) und halten uns geradeaus. Rechts biegt hier der Verbindungsweg zum benachbarten Wacholderweg ab, den wir aber an einem anderen Tag ablaufen möchten. Wir wandern auf dem Waldweg nun leicht abwärts, bis wir den Waldrand erreichen. Hier biegen wir an einer großen Wiese nach rechts und folgen dem Waldrand bis zu einem Querweg. Jetzt laufen wir links bergab durch die herrlichen Brachwiesen, die uns besonders im Frühsommer mit toller Blütenpracht erfreuen. Gleichzeitig schweift unser Blick über die ungestörte Naturlandschaft der Eifel. Immer geradeaus folgen wir dem bald enger werdenden Wiesenweg, der uns stetig abwärts ins Nettetal führt. Einige Weiden bleiben links liegen, bis wir schließlich nach **2.5 km** auf nur noch 435 m Höhe knapp oberhalb der Netterhöfe nach links auf einen hangparallelen Wiesenweg abbiegen. Nach einer weiteren Wiesenpassage tauchen wir kurz in den Wald ein, passieren ein Wasserhäuschen und treffen schließlich im Nettetal ein. Wir biegen nach dem letzten Haus der Netterhöfe nach links (4) und queren fast unbemerkt die noch schmale Nette.

Idyllisch breitet sich nun das Nettetal vor uns aus! Am Waldrand wandern wir nordwärts, der Wiesenweg ist von feuchtliebenden Pflanzen

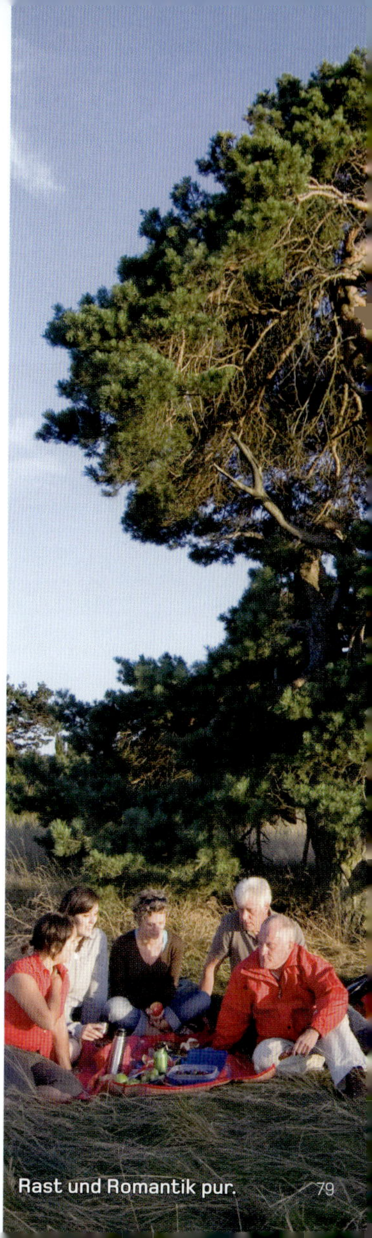

Rast und Romantik pur.

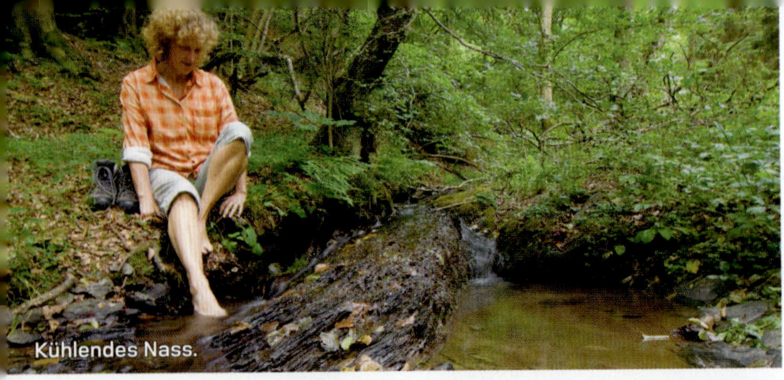
Kühlendes Nass.

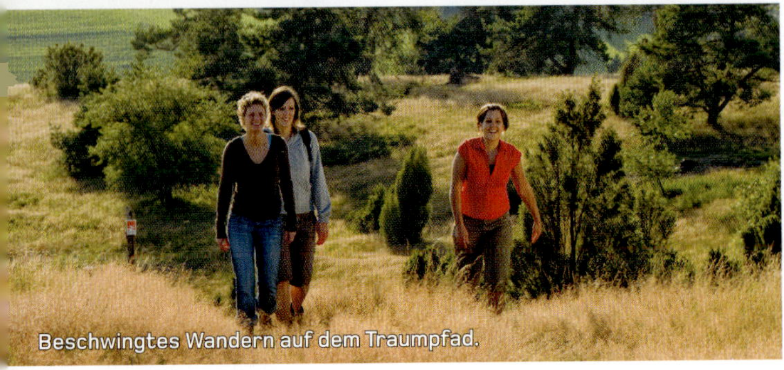
Beschwingtes Wandern auf dem Traumpfad.

gesäumt. Bei **Kilometer 3.3** können wir mit der Nette auf Tuchfühlung gehen: große Trittsteine stehen zur sicheren und in der Regel trockenen Querung des munteren Baches (5) bereit. Nur 150 m später mündet der Selbach ein, und wir verabschieden uns von der Nette. Mit einem Linksschwenk folgen wir nun dem urigen, dicht bewaldeten Tal des Selbachs aufwärts. Eindrucksvolle Felsen begrüßen uns, doch bald schon bewegen wir uns in vielfältigem Mischwald stetig bergan. Das Plätschern des Bachs wird schwächer, denn wir entfernen uns nach einer Kehre zunehmend vom Wasser und steigen zur freien Hochfläche der Wüstung Selbach. Nach **5.2 km** haben wir die offene Landschaft erreicht. Ein überwältigendes Panorama erwartet uns. Eine solide Schutzhütte (6) bietet 350 m später genau zum richtigen Zeitpunkt Gelegenheit zur Rast und zum Genießen der wunderbaren Aussicht.

Danach laufen wir auf dem zunächst geteerten Weg nach Südwesten, bald geht der Belag in Schotter über. Nach Erreichen der Anhöhe folgen wir einem Wiesenpfad hinab zur L 10, die wir in einer

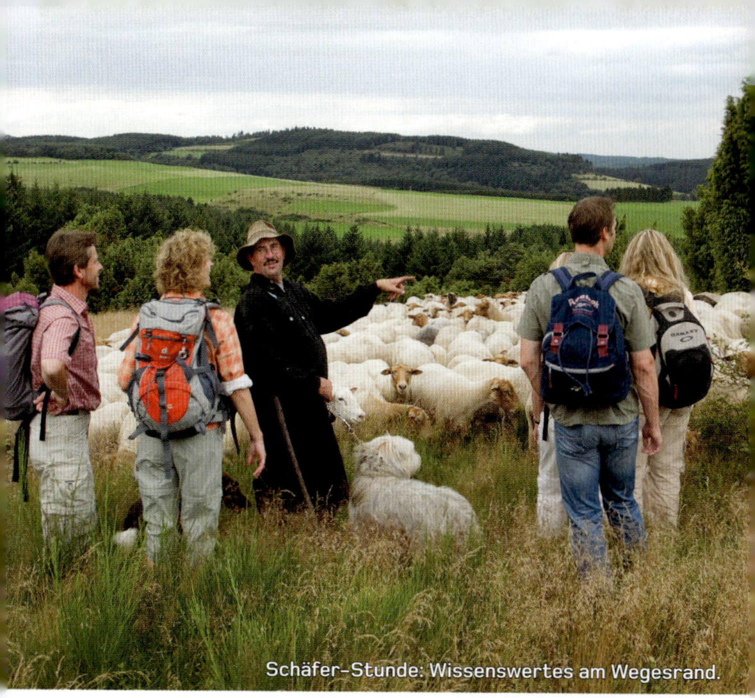

Schäfer-Stunde: Wissenswertes am Wegesrand.

Senke queren (7). Drüben geht es am Waldrand entlang bergan, bis wir uns am Ende einer Wiese nach rechts wenden. Nach zwei weiteren Richtungswechseln haben wir den Wald hinter uns gelassen und befinden uns wieder in einer herrlichen Heide. Vom Wind gekrümmte Kiefern und zerzauste Wacholder geben Zeugnis vom oft rauen Eifelklima. Doch an einem Sommertag liegt wieder der würzige Wacholderduft in der Luft, der uns vom Süden Europas träumen lässt. Wir folgen dem Bergheidenweg durch das Schutzgebiet des Dr. Heinrich Menke Parks und erreichen nach **9.1 km** auch das Denkmal für den engagierten Naturschützer (8). Atemberaubend schön ist der Ausblick, der sich uns von hier über die weiten Kuppen der Eifel bietet! Mühsam reißen wir uns von der Szenerie los und laufen, von Nadelwald flankiert, wieder zur L 10. Auf der anderen Straßenseite grüßt, in Stein gehauen, Konrad Adenauer (9). Zum Abschluss unserer Rundtour laufen wir noch um den Raßberg und genießen ein letztes Mal die fantastische Heidelandschaft, bevor wir nach **10.2 km** wieder am Parkplatz (1) eintreffen.

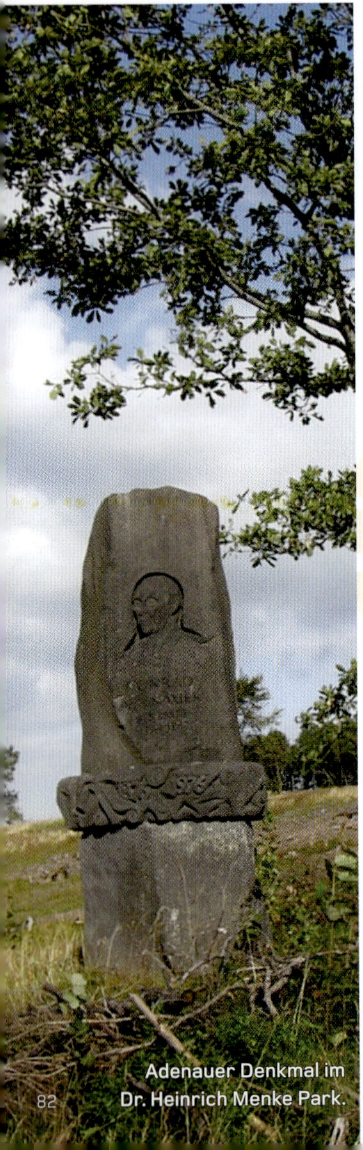
Adenauer Denkmal im Dr. Heinrich Menke Park.

Restaurant und Pension Zur Krone, Mayener Straße 9, 56729 Langenfeld ✆ 02655/769 www.eifelgasthaus-zur-krone.de

Pension Brigitte Schäfer, Auf Binsen Nück 18, 56729 Arft ✆ 02655/960400
- Gaststätte/Pension Eifelschenke, Hauptstr. 9 56729 Arft ✆ 02655/1362

Info: www.vrm.info
Haltestelle: Dorfstraße (Arft)
- Mo-Sa: Bus 340 (Mayen-Arft)

In Weibern lohnt im Steinmetzbahnhof das Tuffsteinmuseum als Abstecher. Neben einer großen Gesteinssammlung zur Eifel wird auch die kulturgeschichtliche Bedeutung des Rohstoffs Tuff aufgezeigt. Nur auf Anfrage geöffnet. Kinder unter 8 Jahren haben freien Eintritt. Tuffsteinmuseum-Steinmetzbahnhof, 56745 Weibern ✆ 02636/19433 www.weibern.de

Auch im Winter hat die Region um Arft einiges zu bieten. Besonderer Anziehungspunkt ist die Wintersportanlage. Neben einer Abfahrtspiste mit Flutlicht gibt es einen Kinderhang und 2 Lifte. Schnee-Telefon: ✆ 02655/3539. Bei ausreichend Schnee ist die Anlage Mo.-Fr. von 14–16.30 Uhr, Sa., So. von 10.30–16.30 Uhr in Betrieb. Flutlicht gibt es Mo., Mi., Fr. von 18.30–21.30 Uhr. Weitere Infos beim Wintersportverein Mayen e.V.: www.wsv-mayen.de

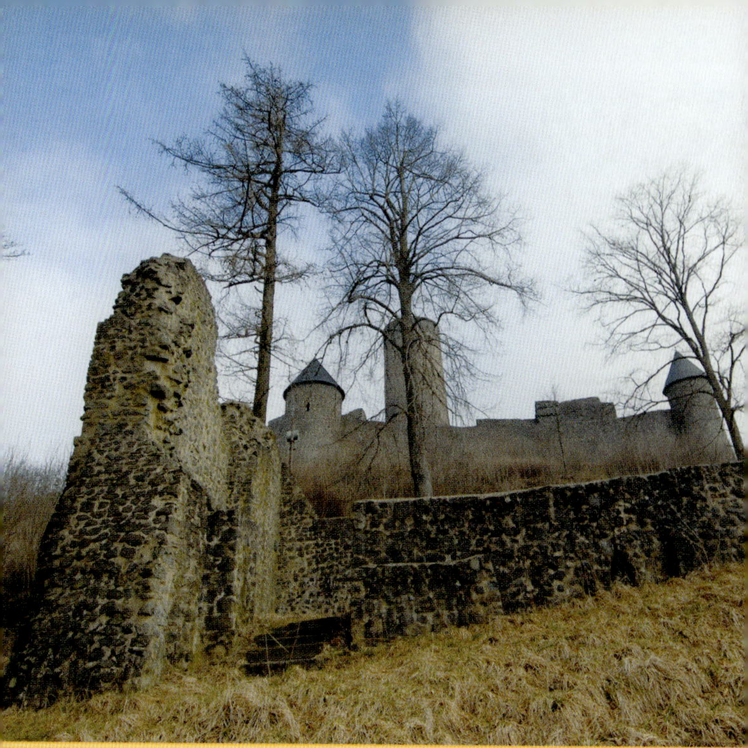

Tipp Nürburg

Wahrzeichen der Eifel und Mekka für alle Motorsportfans ist das Areal an der Nürburg, deren charakteristischer Turm sich seit dem 12. Jahrhundert weithin sichtbar über die Eifel erhebt. Die ursprünglich von den Grafen von Are erbaute Burg fiel 1290 an den Kölner Erzbischof. 1689 wurde die Nürburg in den Wirren des Dreißigjährigen Krieges durch die Franzosen zerstört und danach als Steinbruch ausgebeutet.

Umfangreiche und umsichtige Restaurierungen sorgen seit 1954 für den fast vollständigen Erhalt der Grundmauern und des Turms.

⏲ 1.4.–30.9: tgl. 9–13 Uhr und 14–18 Uhr, 1.10.–31.3.: tgl. 9–13 Uhr und 14–17 Uhr, Mo. und im Dez. geschlossen.

10 Virne-Burgweg

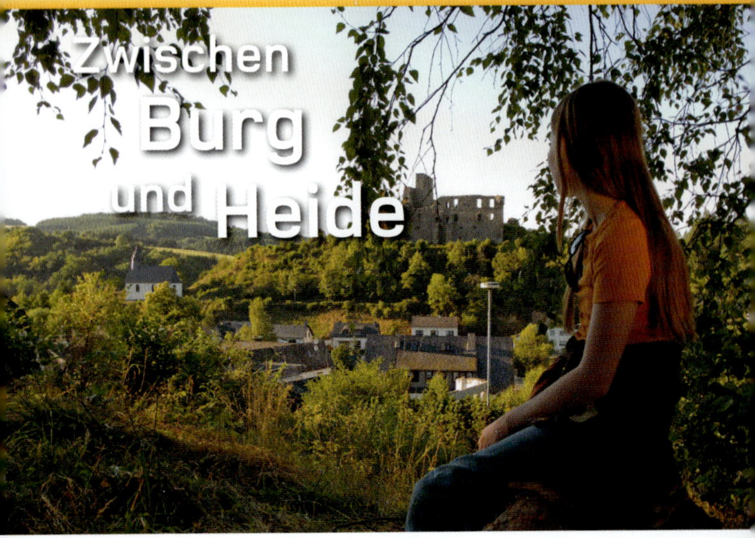

■ **Start/Ziel:** Gemeindehaus Virneburg

■ **Tourist-Info**
Vordereifel, Kelberger Str. 26,
56727 Mayen ✆ 02651/800995
ⓘ www.naturerlebnis-vordereifel.de

■ **Taxi:**
■ Heinz ✆ 02651/700999

■ **Anfahrt:** Über die B 258 ins Zentrum von Virneburg. Die Wanderung beginnt am Gemeindehaus in Virneburg.

scan to go

QR-Code mit dem Smartphone scannen und Anfahrt anzeigen lassen.

■ **Parkplätze in Virneburg:**
■ Gemeindehaus (In der Au 6)
N50° 20' 29.6'' • E7° 04' 31.5''
■ Blumenrather Heide (B 258)
N50° 20' 14.5'' • E7° 05' 37.1''

■ **Wegpunkte:**

P1: Gemeindehaus Virneburg
32 U 363170 5578407

P2: Ruine Virneburg
32 U 363320 5578537

P3: Parkplatz an Brücke
32 U 363054 5578052

P4: Aussichtsbank Schafberg
32 U 363546 5577532

P5: Querung B 258
32 U 364324 5577872

P6: Schutzhütte Virneburg
32 U 363707 5578582

P7: Aussicht 32 U 363666 5578830

P8: Rastplatz mit Aussicht
32 U 363040 5578399

10 km	2h 50min	327	521	728 854	TPX4T16

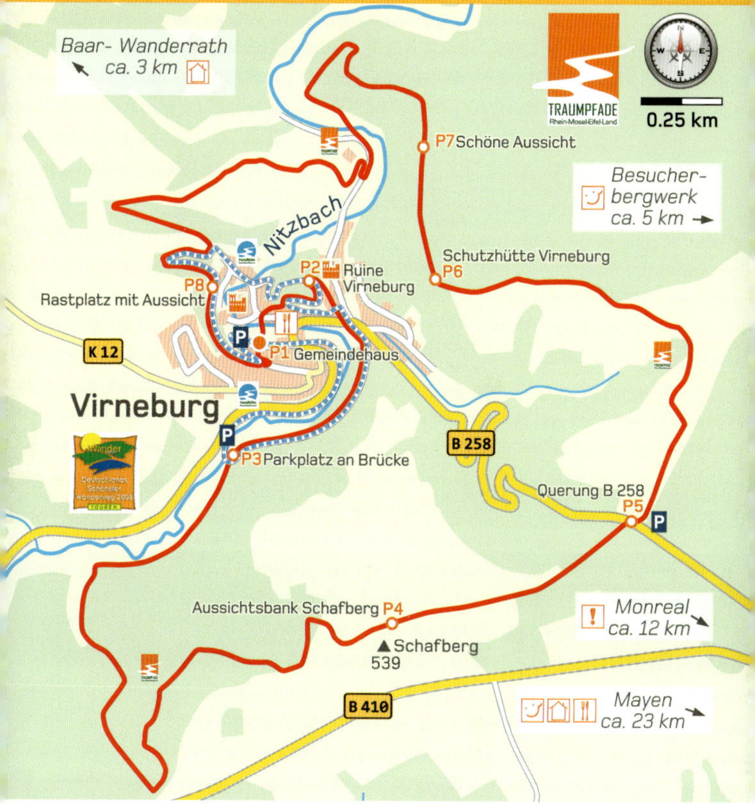

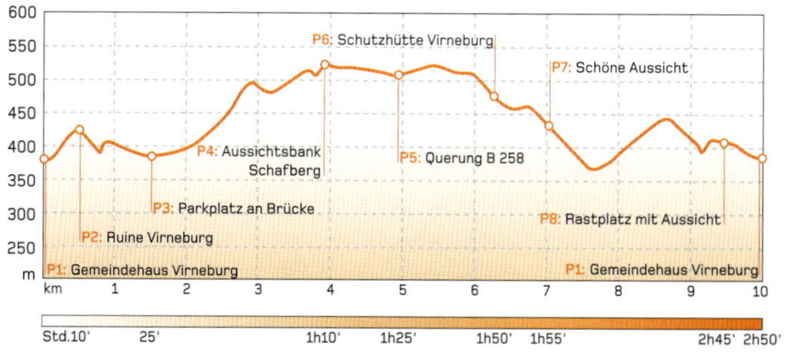

Hoch über dem Nitzbach erhebt sich die eindrucksvolle Ruine der Virneburg – ein sprichwörtlicher Höhepunkt dieser Rundtour. Neben alten Gemäuern erwartet uns heute auch eine vielfältige Natur – mit herrlichem Wald und tollen Heiden. Traumhafte Pfadpassagen krönen diese abwechslungsreiche Wanderung auf dem Weg des Jahres 2008.

Am Parkplatz beim Gemeindehaus Virneburg (1) starten wir die Runde auf dem Virne-Burg-weg, der ab und an gemeinsam mit dem Traumpfädchen Virne Burgblick verläuft. Zunächst laufen wir über den Fußweg hinab zum Nitzbach, den wir neben dem Dorfteich überqueren. Durch die engen Gassen des kleinen Ortes gelangen wir zum Wiesenpfad, der uns bergan zur kleinen Kapelle und zur Ruine der Virneburg (2) führt. Die eindrucksvollen Gemäuer der aus dem 13. Jahrhundert stammenden Burg zeugen noch heute von der machtvollen Stellung der Grafen von Virneburg. Wir bewundern von der hoch über der Gemeinde thronenden Burgruine aus die Siedlung, die uns, in das satte Grün des umgebenden Waldes eingebettet, zu Füßen liegt.

Ein Wiesenweg führt uns aus der Burg heraus abwärts zurück ins Dorf, wo wir die B 258 queren. Sogleich wenden wir uns links neben einem Haus auf schmalem Pfad bergan und treffen nach **900 m** auf den nach rechts führenden Vulk-

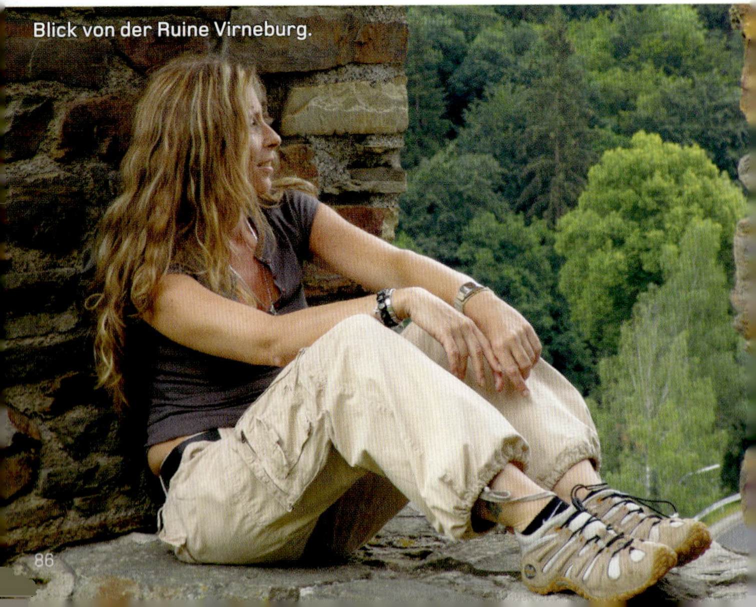

Blick von der Ruine Virneburg.

anweg. Wir folgen dem abwechslungsreichen Naturweg. Im Tal unter uns murmelt munter der Nitzbach. Langsam geht es abwärts, bis wir uns an einem Parkplatz (3) neben der Nitzbachbrücke auf Niveau des Bachs befinden. Wir laufen geradeaus weiter und verlassen erst nach **2 km** das Haupttal, indem wir links in ein Seitental abbiegen.

Auf naturbelassenem Waldweg laufen wir nun stetig bergan, passieren einen Fischteich und erreichen nach weiteren 600 m am Scheitelpunkt der Talumrundung eine Wegkreuzung. Hier wenden wir uns nach links und ersteigen den Hochwald. Gut 40 Höhenmeter weiter oben quert ein Waldweg, wir wenden uns nach links. An der folgenden Wegkreuzung bei **Kilometer 3.1** wenden wir uns nach rechts, ebenso nach weiteren 200 m. Nun wandern wir auf herrlichem Waldweg nahe dem Waldrand entlang nach Osten.

Es geht nur noch unmerklich aufwärts. Schließlich verlassen wir den Wald und laufen links am Waldrand entlang. Zunächst erahnen wir die weite Aussicht nur, nach einem neuerlichen Richtungsschwenk nach rechts aufwärts offenbart sich uns aber die Panoramasicht in voller Pracht! Wir befinden uns nun am Schafberg, wo eine Bank (4) zum Verschnaufen einlädt. Die Flora am Schafberg steht mit ihrer Heidevegetation, den duftenden Kiefern, niedrigen Eichen und Wacholdern in strengem Gegensatz zum bisherigen Mischwald. Wir genießen diesen Wechsel und die ursprüngliche

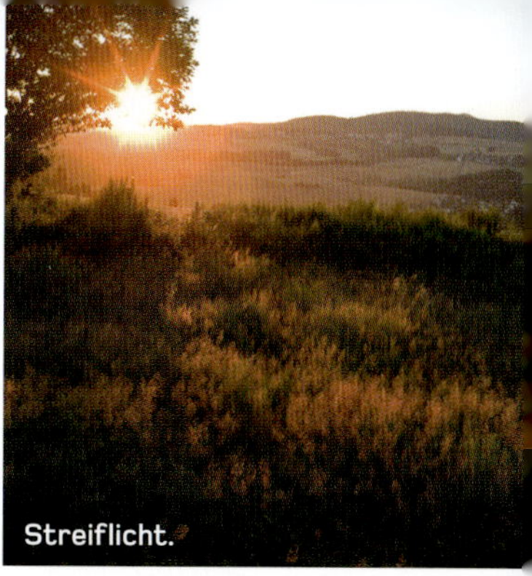

Streiflicht.

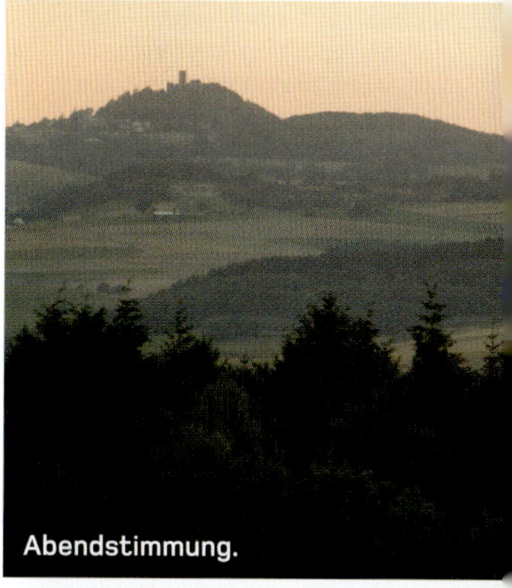

Abendstimmung.

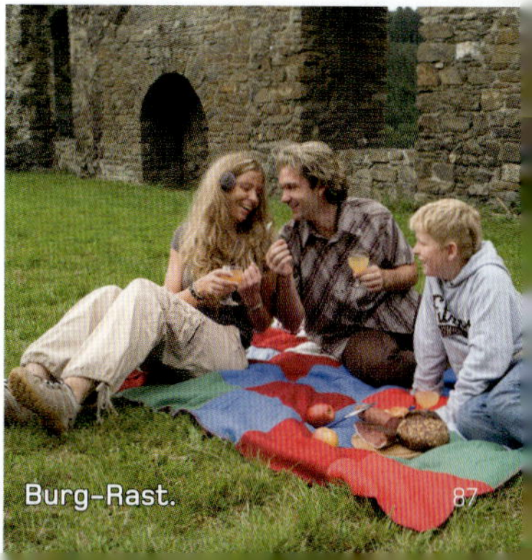

Burg-Rast.

Natur in vollen Zügen. Anschließend wandern wir zur B 258, die wir auf Höhe einer kleinen Kapelle am Waldparkplatz neben dem Sportfeld queren (5). Wir laufen geradeaus weiter und finden uns nach **5.2 km** mitten in der grandiosen Landschaft der Blumenrather Heide wieder. In diesem Schutzgebiet gedeiht die typische Wacholderheide der Eifel. Weidetiere halten die Flächen offen.

Wir folgen dem breiten Weg zwischen Wald und Heide, bis wir scharf nach links abbiegen. Wer möchte, kann zuvor einen Abstecher zur nahen Schutzhütte (200 m geradeaus) machen. Geradewegs durch die Wacholderflächen wandern wir nun westwärts und bewundern das sich uns bietende Panorama. Am Horizont zeichnet sich die Silhouette der Nürburg ab. Nach **6.6 km** treffen wir an der Schutzhütte Virneburg (6) ein.

Nun beginnt eine tolle Passage! Direkt rechts neben der Hütte startet der Bergpfad, der uns eng und gewunden an der Hangkante entlang durch den lichten Wald führt. Tolle Ausblicke wie die Schöne Aussicht (7) und exponierte Abschnitte machen diesen Teil der Wanderung zu einem echten Abenteuer. Bei **Kilometer 7.3** mündet der Pfad nach links auf einen Waldweg. Beeindruckende Felsformationen erwarten uns beim weiteren, gemächlichen Abstieg ins Tal. Dort treffen wir schließlich auf einen Teerweg, der uns links zur nahen Brücke über den Nitzbach bringt. Nur 100 m später biegen wir erst

Rast am Schafberg.

scharf rechts und gleich wieder scharf links ab. Jetzt wandern wir auf weichem Grasweg bergan. Offene Wiesenflächen und kleine Gehölze begleiten uns beim Aufstieg, der zu einem traumhaften Ausblick auf die Virneburg führt. Nach **8.7 km** biegen wir links ab und bewegen uns wieder abwärts Richtung Virneburg. Der Weg verläuft durch dichte Hecken und Gehölze, – recht unvermittelt tauchen nach 350 m die ersten Häuser der Gemeinde auf. Nur kurz währt unsere Stippvisite im Dorf, denn wir wenden uns bereits am

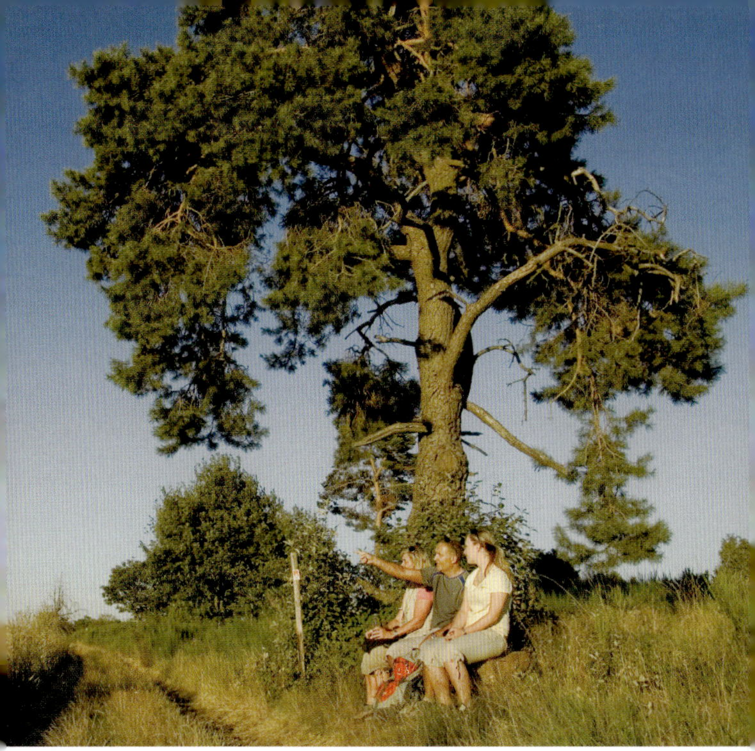

Ortsbeginn nach rechts, um uns nach Querung des Tals gleich bei erster Gelegenheit wieder rechts zurück in die Natur zu wenden. Wir folgen dem Wiesenweg leicht bergan, passieren ein Privatgrundstück und dürfen die erste Abzweigung nach links nicht verpassen. Nun laufen wir höhenparallel endgültig zurück nach Virneburg. Nach einer letzten Waldpassage wird uns der Sinn dieses Abstechers klar: An einer Sitzgruppe (8) stehen wir auf Augenhöhe mit der auf der anderen Talseite aufstrebenden Burgruine, ein majestätischer Anblick! Unser Weg führt uns nun noch an einer alten Steinbruchwand vorbei. Nach **9.8 km** haben wir den Ort wieder erreicht. Gemeinsam mit dem Traumpfädchen biegen wir links ab und laufen im Bogen zum Gemeindehaus und Parkplatz (1), wo die Tour nach **10 km** endet.

Der Virne-Burgweg wurde als Deutschlands schönster Wanderweg 2008 ausgezeichnet

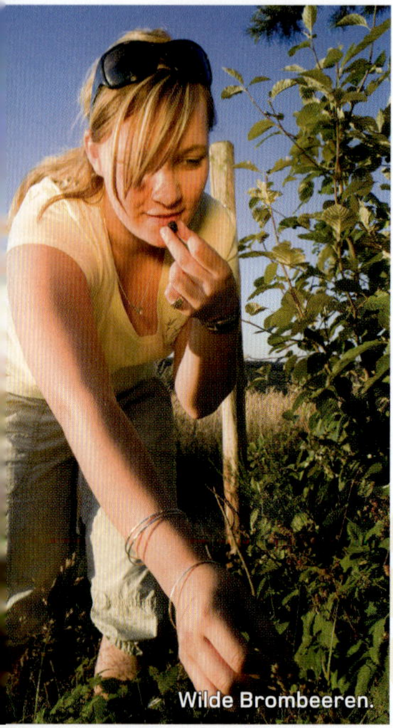
Wilde Brombeeren.

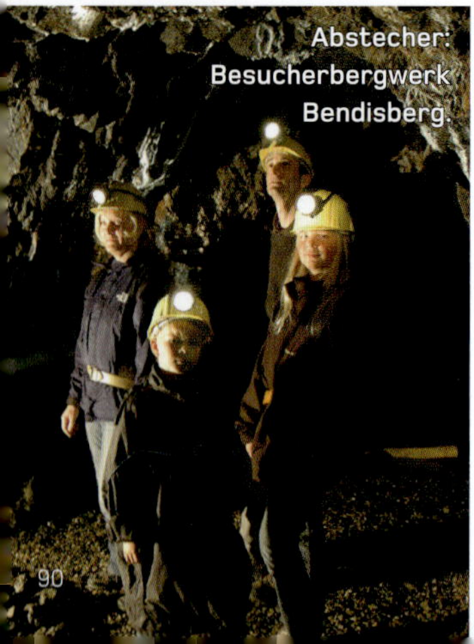
Abstecher: Besucherbergwerk Bendisberg.

Bäckerei/Café/Restaurant Zur Burg, Hauptstraße 37, 56729 Virneburg ✆ 02656/723

In Virneburg gibt es private Übernachtungsmöglichkeiten. ⓘ virneburg-eifel.de/tourismus

■ Hotel am Brünnchen, Adenauer Straße 6, 56729 Oberbaar

■ Waldhotel am Nürburgring Am Buchholz 16, 56729 Baar-Wanderath ✆ 02656/9526567 ⓘ www.waldhotel-am-nuerburgring.de

■ Hotel und Kongresszentrum Wanderath, Am Buchholz 34, 56729 Baar ✆ 02656/889-0

Info: ⓘ www.vrm.info
Haltestelle: Virneburg Brücke

■ Mo-Fr: Bus 344 (Mayen-Herresbach)

In Monreal erhebt sich über dem Städtchen die Ruine der Löwenburg. Ursprünglich gründeten die Virneburger die Burg zum Schutz der Stadt. Während des Dreißigjährigen Krieges wurde die Löwenburg 1689 von den Franzosen zerstört. Bis heute erhalten sind der markante Bergfried, Reste der Kapelle sowie die Vorburg. Die Ruine ist frei zugänglich.

Im Besucherbergwerk Bendisberg lebt der einstige Blei- und Zinkerzbergbau wieder auf. Führungen finden wahlweise auf 1 bis maximal 3 Stollen ganzjährig statt. Mo. Ruhetag; Anmeldung erforderlich: ✆ 02655/962996 ⓘ www.grube-bendisberg.de
Gaststätte: Bergmannshütte
✆ 02655/962997 ⏲ Di.–Fr. ab 14 Uhr, Sa. & So. durchgehend, Mo. Ruhetag

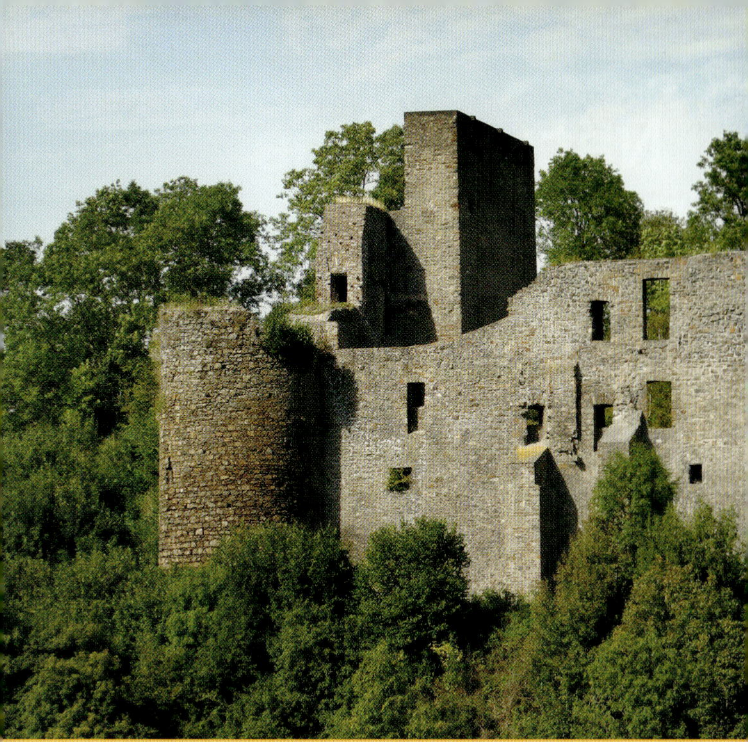

Tipp Ruine Virneburg

Die noch heute mächtige und eindrucksvolle Ruine der Virneburg beherrscht die kleine Gemeinde bereits seit dem 11. Jahrhundert. Ursprünglich im Besitz der Pfalzgrafen, ging die Lehenshoheit im 14. Jahrhundert an die Grafen von Sayn über.

Gegenseitige Besitzansprüche zwischen den Grafen von Virneburg und den Grafen von Sayn dauerten bis ins 16. Jahrhundert. Die Burg wurde 1689, wie viele Burgen zwischen Eifel und Rhein, beim Einmarsch der französischen Truppen zerstört.

Seit 1912 gehört die Ruine dem Rheinischen Verein für Denkmalpflege und Landschaftsschutz.

Naturbühne im Nettetal

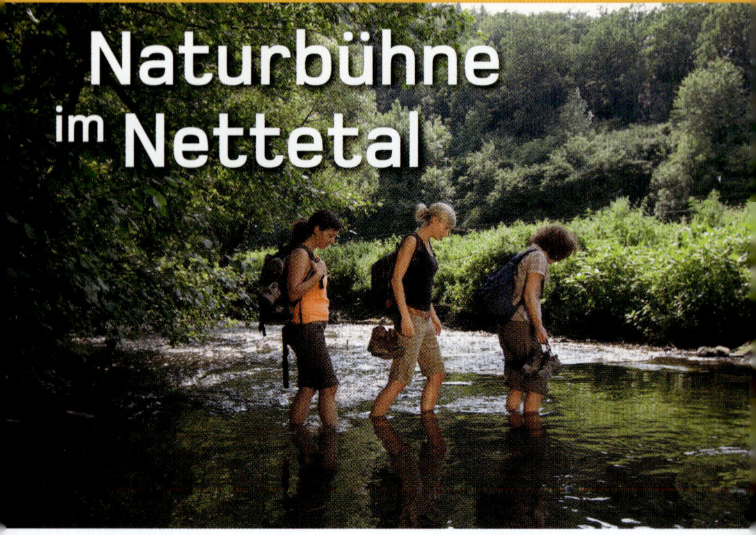

- **Start/Ziel:** Nettebrücke Trimbs

- **Tourist-Info**
  Touristik-Information Maifeld
  Münsterplatz 6, 56294 Münstermaifeld
  ✆ 02605/9615026 ⓘ www.maifeldurlaub.de

- **Taxi:**
- Loch ✆ 02625/958030

- **Anfahrt:** Über die A 48 (Abfahrt Polch) und die L 113 gelangt man nach Trimbs.

- **Parkplätze:**
- Hauptsraße 31, Trimbs
  N50° 19′ 29.9″ • E7° 18′ 02.7″

scan to go

QR-Code mit dem Smartphone scannen und Anfahrt anzeigen lassen.

- Welling, Dorfplatz
  N50° 19' 48.9'' • E7° 19' 03.4''

- **Wegpunkte:**

P1: Nettebrücke Trimbs
32 U 378944 5575895

P2: Abzweig Direktroute
32 U 379271 5575912

P3: Vereinigung beider Routen
32 U 379394 5575830

P4: „Doppelaussicht"
32 U 379385 5575933

P5: Querung L 113
32 U 379221 5576637

P6: Schieferaufschluss
32 U 379917 5576326

P7: Steg über die Nette
32 U 377588 5576096

P8: Moselschiefer-Radweg
32 U 377252 5575180

P9: Aussicht auf Trimbs
32 U 378346 5575798

9.2 km | 2h 45min | 273 ↑ ↓ | 293 | 663 778 | TPX5T15

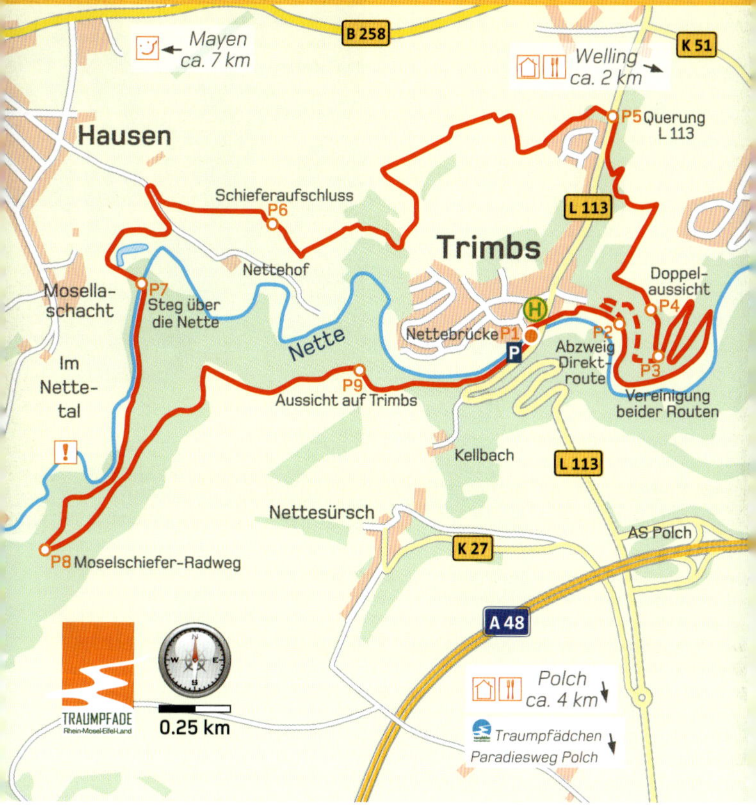

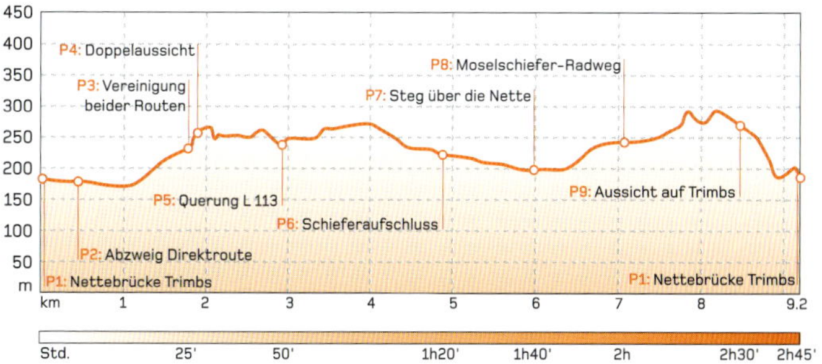

Quirlig und nass der eine, grau und hart der andere: Wasser und Fels sind die Hauptdarsteller der grandiosen Naturbühnen entlang des Nette-Schieferpfads, der Wanderer auf einer hochkarätigen Route durch die reizvolle Landschaft des Nettetals führt. Dieser Traumpfad kombiniert traumhaften Wandergenuss mit hautnahen Einblicken in eine spannende Erd- und Naturgeschichte.

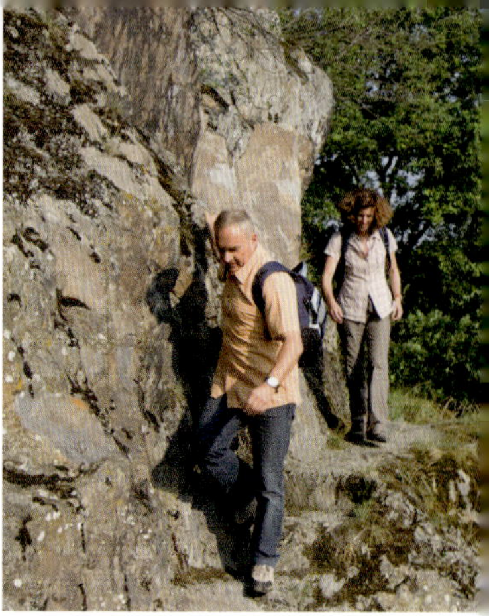

Unser Abenteuer auf dem Nette Schieferpfad beginnen wir unter der Brücke der L 113 direkt an der Nette (1). Wir laufen über die alte Steinbrücke, und schon ist die erste Attraktion erreicht: Rechts befinden sich drei markante, blaugrau schimmernde Schiefersteine. Sie sind kunstvoll graviert und erinnern an die Bedeutung des begehrten Moselschiefers, den die Firma Rathscheck Schiefer bis heute aus zwei hochmodernen Bergwerken ans Tageslicht befördert.

Nachdem wir uns so auf das Thema des Tages eingestimmt haben, biegen wir rechts in „Auf dem Reusch" ab und folgen der Nette zum Ortsrand. Dort öffnet sich eine weite Wiese, und der Weg gabelt sich. Wir wählen den linken Weg und laufen am Fuß des Hangs entlang. Nach **400 m** müssen wir uns entscheiden (2): Wer gute Kondition hat und trittsicher ist, der kann hier links auf den direkten Pfad zur Hangkante abbiegen (Diese Variante ist insgesamt 900 m kürzer und trifft bei P3 wieder auf die Hauptroute). Wer es etwas gemächlicher angehen möchte, der folgt weiter der Hauptroute auf dem Talweg. Idyllisch schlängelt er sich durch das Tal. Die Nette strömt mal rauschend, mal leise murmelnd neben uns, und wir erfreuen uns an der Vielfalt der Landschaft, die mal mit Hecken, mal mit einer Wiese und dann wieder mit Auenwald aufwartet. Nach **1.1 km** beginnt für uns der Aufstieg. Wir wenden uns mit einer Spitzkehre nach links und kehren der Nette den Rücken zu. Auf herrlich weichem Grasweg wandern wir bergan. In der nächsten Kehre bietet ein Rastplatz Gelegenheit zum Innehalten, anschließend setzen wir den Aufstieg kontinuierlich, aber nicht steil fort. Bei **Kilometer 1.5** biegen wir erneut

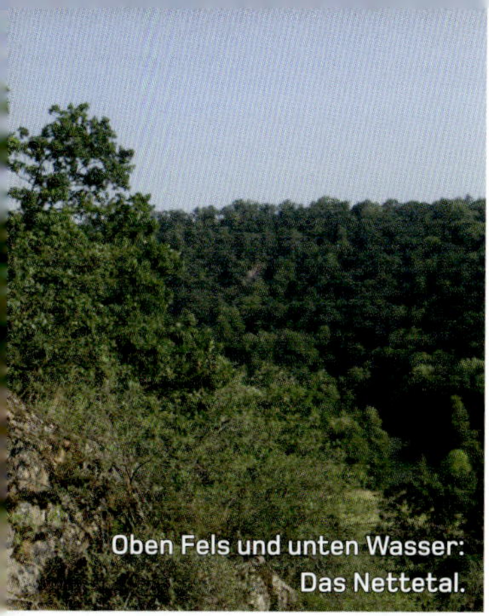

mit einer Spitzkehre nach links aufwärts ab und schon 250 m später vereinigen sich die beiden Wegvarianten wieder (3). Hier dürfen wir den gemeinsamen Abzweig nach rechts auf felsigen Pfad hinauf zum „Gipfel" nicht verpassen.

Auf der folgenden Passage über Magerwiesen mit Steinnelken und bemooste, schroffe Felsklippen kommt Abenteuerflair auf. Gekrönt werden unsere Mühen nach **1.9 km** auf einem flachen Sattel: Eine Doppelaussicht (4) macht uns die Entscheidung schwer, welche Fernsicht die schönere ist: Zum einen liegt tief unter uns das Nettetal mit Trimbs. Zum anderen dürfen wir uns aber auch die grandiose Aussicht auf Welling mit der markanten Kirche und auf die Felsen im Nettetal nicht entgehen lassen. Tief beeindruckt von so viel Ausblick, folgen wir dem Traumpfad kurzweilig nordwärts.

Zunächst werden wir links noch von üppigen und sehr dichten Hecken begleitet, bald erstreckt sich aber auch auf dieser Seite offenes Feld. Nach **2.5 km** stoßen wir auf einen querenden Feldweg und halten uns links. Vor uns öffnet sich eine neue, spannende Perspektive auf die sehr abwechslungsreiche Umgebung. An der folgenden Weggabelung schwenken wir rechts auf den schmalen Erdweg zwischen Hecken und Feldrand. Wenig später ist erhöhte Aufmerksamkeit gefordert, denn hier biegt unser Pfad am Feldrand scharf nach links ab, um wenige Meter weiter wieder einen Rechtsbogen zu machen. Wir erreichen die L 113 am Rand des Neubaugebiets (5), queren die Straße und laufen am Rand der Felder aufwärts. Bald findet sich die Möglichkeit, links auf einen breiten Grasweg abzubiegen, der uns nun oberhalb der Neubauten entlangführt. Nach **3.4 km** mündet der Grasweg auf einen Feldweg. Wir wandern nach rechts weiter und bleiben dem Feldweg über einige Richtungsänderungen hinweg treu.

Unterwegs genießen wir die Weite der uns umgebenden Felder und lassen den Blick in die Ferne schweifen. Links sehen wir das Moselschiefer-Bergwerk Margareta: Über einen einzigartigen Lkw-Tunnel in die Tiefe wurde dort eine der wertvollsten Schiefersorten der Welt ans Tageslicht geholt und zur Weiterbearbeitung an den Mayener Katzenberg gebracht. Nahe einem kleinen Wäldchen biegen wir nach links und beginnen an Höhe zu verlieren. An

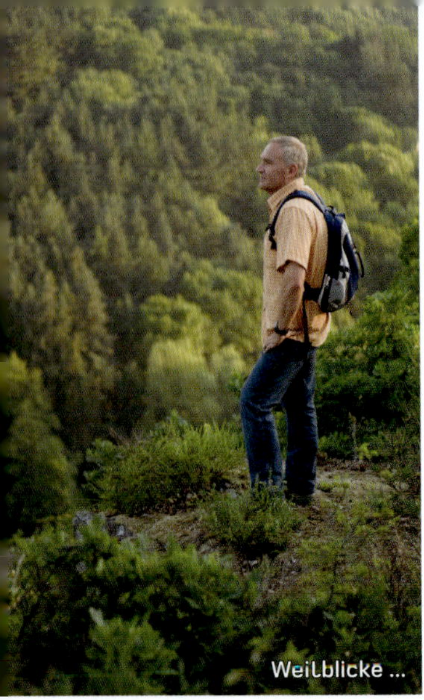

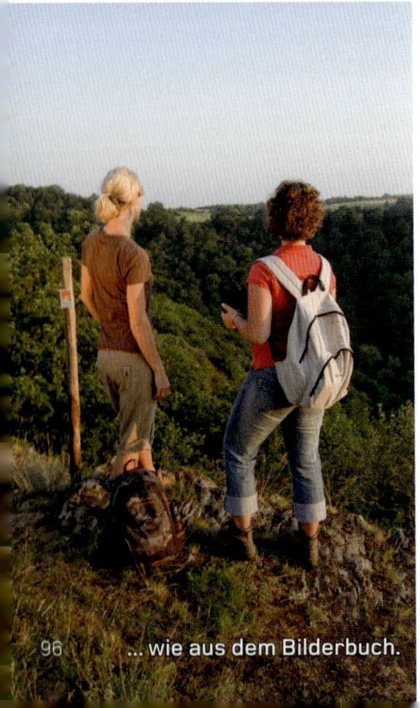

einem unauffälligen kleinen Kreuz biegen wir rechts ab. Nur wenige Meter später kann man über einen Pfad links zum nur 20 m entfernten Aussichtsplateau (mit Rastbank) laufen. Zurück auf dem Traumpfad, frönen wir ganz dem Genuss des herrlichen Pfads. Sachte geht es dabei abwärts, immer wieder geben die Hecken den Blick ins Nettetal und zum Mosellaschacht frei.

Besonders traumhaft wird der Pfad nach **4.9 km**: Steil gestellte Schieferfelsen, deren feine Schichten auch dem Laien sofort auffallen, geben uns Einblick in die Erdgeschichte. Hier können wir im wahrsten Sinn des Wortes „begreifen", warum sich Schiefer so hervorragend spalten lässt und damit ein wichtiger und begehrter Naturrohstoff ist. Mitten in diesem Felsenparadies lädt eine Bank mit Blick auf den Nettehof zur Rast ein **(6)**. Wenige Meter später zeugt ein alter Stollenmund von der traditionsreichen Bergbautätigkeit zur Gewinnung des wertvollen Dachschiefers im Raum Mayen. Nahe einem aufgelassenen Steinbruch treffen wir auf einen Querweg und laufen weiter geradeaus, bis wir auf einen asphaltierten Wirtschaftsweg zum Nettehof stoßen. Wir biegen scharf nach links auf den Asphaltweg und verlassen diesen 250 m später bei **Kilometer 5.5** mit einer Wendung nach rechts. Wieder auf einem Naturweg angelangt, umrunden wir das Areal des Angelvereins Hausen. Rechts erhebt sich über uns die kleine Siedlung rund um den Mosellaschacht. An einer Wegkreuzung laufen wir nach links und finden uns im Auenwald der Nette wieder. Wenige Meter später geht es dann per Steg (7) über die hier fast kanalartig gefasste Nette. Am anderen Ufer wandern wir direkt am Fluss nach rechts. Zwar befinden wir uns hier in der Hochwasserzone, dafür ermöglicht die ufernahe Wegführung aber das unmittelbare Erleben der Flusslandschaft.

Als unser Uferpfad auf einen Wanderweg trifft, geht es kurzweilig und ansteigend weiter. Durch das Laub können wir das Nettetal aus neuer Warte betrachten. Einen abwärts abzweigenden Pfad ignorieren wir und laufen weiter entlang der Hangflanke bergan. Wir folgen der Topografie der Hangflanke und lassen auch an der nächsten Weggabelung den rechts abbiegenden Pfad unbeachtet. Wenige Meter später treffen wir auf den asphaltierten Maifeld-Radwanderweg. Wer das Nettetal aus einer ungewohnten Perspektive betrachten möchte, kann hier einen Abstecher auf dem Radweg nach rechts einlegen: Nur 80 m entfernt, spannt sich das beeindruckende Viadukt „Hausen" über das enge Tal und bietet tolle Ein- und Ausblicke. Doch auch wer dem Traumpfad unmittelbar folgt, kommt sogleich in den Genuss eines besonderen Abenteuers: Wir stehen nämlich direkt vor dem mächtigen Portal des Tunnels „Hausen 2" (8). Der gut 250 m lange, beleuchtete Tunnel ist eine Rarität auf Wanderwegen – und entsprechend aufgekratzt kommen wir wieder ans Tageslicht. Dort erwartet uns sofort das nächste Viadukt mit tollem Blick nach Nordwesten, und gleich darauf stehen wir wieder vor einem Tunnelportal. Diesmal gehen wir aber nicht hinein, denn der Traumpfad biegt nach **7.4 km** unmittelbar vor dem Tunnel „Hausen 1" nach links auf einen Waldpfad ab. Wir wandern zu einem breiteren Weg, der zunächst eine Rechtskurve macht. Dann gabelt sich der Weg und wir laufen links steil im Wald bergan. Nach **7.8 km** haben wir die maximale Höhe der Tour überwunden, laufen steil abwärts und biegen am Waldrand rechts ab. Einen wenig später querenden Weg ignorieren wir und folgen immer weiter dem Waldrand. Wir passieren nach **8.5 km** einen Aussichtsplatz (9), von dem aus wir weite Strecken der Wanderung im Blickfeld haben. Im weiteren Verlauf können wir noch einmal ausgiebig das Moselschiefer-Bergwerk Margareta betrachten. Doch bei aller Aussicht dürfen wir es nicht verpassen, 200 m später scharf links auf einen unscheinbaren Pfad in den Wald abzubiegen. Der Pfad bringt uns zum Teil recht steil (Trittsicherheit – vor allem bei Nässe sind Stöcke hilfreich!) wieder auf das Niveau der Nette. Wir halten uns an einem Abzweig geradeaus, biegen dann rechts in ein Nebental ab, das wir nur wenige Meter später neben einer Quelle queren. Noch ein letzter kurzer Aufstieg, dann haben wir die L 113 erreicht und laufen neben der Leitplanke abwärts. Nach **9.2 km** treffen wir am Ende der unglaublich abwechslungsreichen und sehr reizvollen Wanderung wieder am Startpunkt an der Nettebrücke in Trimbs (1) ein.

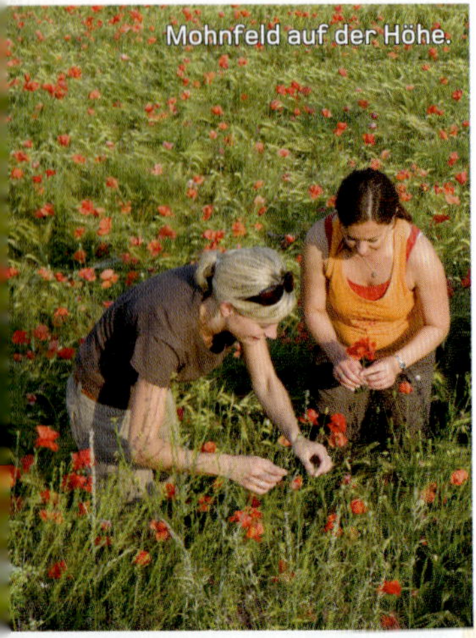

Mohnfeld auf der Höhe.

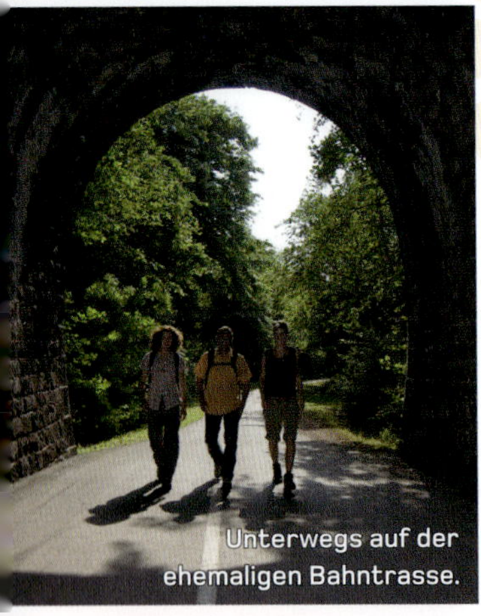

Unterwegs auf der ehemaligen Bahntrasse.

Der Nette-Schieferpfad verläuft in der Nähe des neuen Premiumspazierwanderweges „Traumpfädchen Paradiesweg Polch".

Löffels Landhaus, Obertorstr. 42, 56294 Münstermaifeld ✆ 02605/ 953 773 ⓘ www.loeffelslandhaus.de
■ Weitere Einkehrmöglichkeiten unter: ⓘ www.maifeldurlaub.de

Hotel-Restaurant Zur Post, Mayener Str. 26, 56753 Welling
ⓘ www.catering-partyservice24.de
✆ 02654/6311
■ Weitere Unterkunftsmöglichkeiten unter: ⓘ www.maifeldurlaub.de

Info: ⓘ www.vrm.info
Haltestelle: Nettebrücke (Trimbs)
■ Bus 337 (Mayen-Hatzenport)
oder **Haltestelle:** Straßburgerhof (Trimbs) + Fußweg zum Start
■ Bus 350 (Koblenz hbf. - Mayen)

Die Nette entspringt in Hohenleimbach und fließt durch die Vordereifel, das Maifeld und die Pellenz bis Weißenthurm, wo sie in den Rhein mündet. Der kleine Fluss ist Flusslandschaft des Jahres 2008/2009 und lohnendes Ziel für Ausflüge und Wanderungen.

Zu den Erlebnisstationen des Vulkanparks gehört der Katzenberg vor den Toren Mayens. Hier gibt es aber nicht nur geologisch Interessantes zu entdecken. Zwar begegneten sich hier vor Zigtausend Jahren feurige Lava und der typische Eifel-Schiefer, aber auch in jüngerer Zeit ging es heiß her. Hier am Katzenberg errichteten die Römer etwa 300 n. Chr. eine große Wehranlage. Heute kann man die zum Schutz der Grabungen errichtete Römer-Warte besichtigen. ⓘ www.vulkanpark.com

Hinweis: Bitte Hunde an der Leine führen. Zwischen Dezember und März ist der Weg witterungsbedingt streckenweise schlecht begehbar.

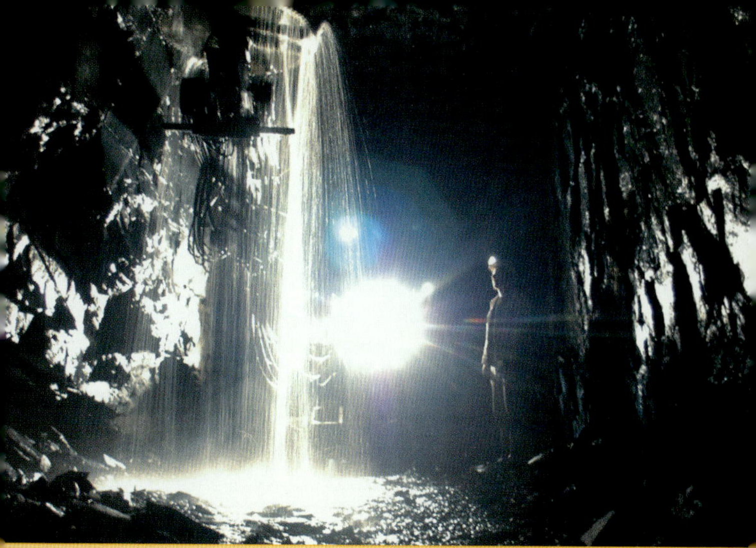

Tipp Moselschiefer

Wer glaubt, das Maifeld und die Vordereifel bestünden geologisch ausschließlich aus den Relikten der feuerspeienden Vulkane, der irrt gewaltig. Wirtschaftlich von großer Bedeutung sind bis heute die unterirdischen Schiefervorkommen bei Mayen. Die hervorragende Qualität des Moselschiefers machte das Naturprodukt weltweit zum begehrten Rohstoff für Hausdächer und Fassaden.

Doch was ist Schiefer? Vor etwa 400 Millionen Jahren entstand aus feinen Meeresablagerungen sogenannter Tonstein. Dieser verfestigte sich im Laufe der Jahrmillionen zu einem massiven Steinpaket. Infolge der Gebirgsbildung war der Tonstein dann hohen Drücken ausgesetzt und wurde so zu Schiefer umgewandelt. Je nachdem, welche geologischen Rahmenbedingungen geherrscht haben, entstand unterschiedlich gelagerter und unterschiedlich reiner Schiefer. Je weniger Einschlüsse ein Schiefervorkommen hat und je homogener die Schichtung und Schieferung, desto wertvoller ist das Vorkommen. Bis 2019 baute die Firma Rathschek den Moselschiefer bei Mayen im Bergwerk Katzenberg ab. Lohnenswert ist ein Besuch des Deutschen Schieferbergwerks unter der Genovevaburg mitten in Mayen. In einem Schieferstollen erfahren Besucher alles zum Schieferabbau gestern und heute und zur Firmengeschichte des europäischen Marktführers. Mehr Infos unter: ⓘ www.schiefer.de

12 Hochbermeler

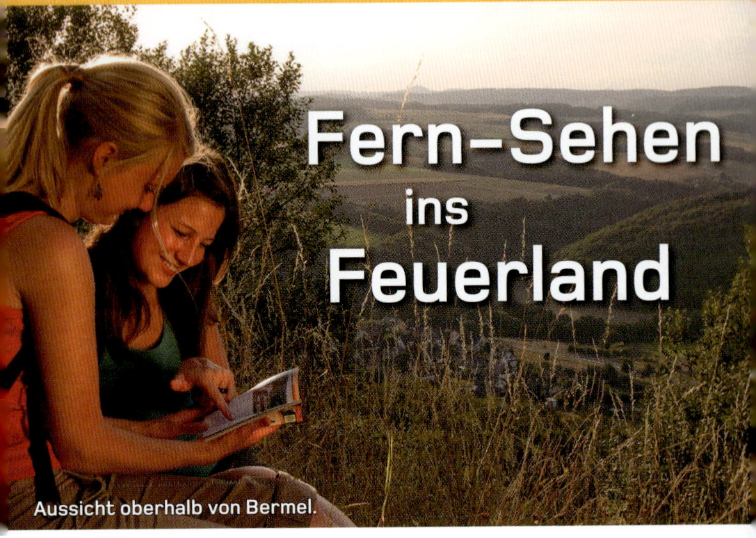

Fern-Sehen ins Feuerland

Aussicht oberhalb von Bermel.

- **Start/Ziel:** Parkplatz Sportplatz Bermel
- **Tourist-Info** Vordereifel, Kelberger Straße 26, 56727 Mayen
  ✆ 02651/800995 ⓘ www.naturerlebnis-vordereifel.de
- **Anfahrt:** Von Mayen erreicht man über die B 258 und die L 98 Monreal. Dort wechselt man auf die L 96 Richtung Bermel. In Bermel kann man am Sportplatz parken und gelangt per Zuweg zum Traumpfad.

scan to go®

QR-Code mit dem Smartphone scannen und Anfahrt anzeigen lassen.

- **Parkplatz in Bermel:**
- Sportplatz
  N50° 16' 48.3'' • E7° 05' 22.4''
- **Wegpunkte:**

P1: Parkplatz Sportplatz Bermel
32 U 363837 5571462

P2: Treffen auf Traumpfad
32 U 364023 5571484

P3: Aussicht Bermel
32 U 364177 5571752

P4: Ortsmitte Fensterseifen
32 U 364896 5572084

P5: Schälskopf
32 U 365616 5572192

P6: Abzweig Verbindungsweg Monreal
32 U 366056 5572117

P7: Köhlerhütte
32 U 364954 5570626

P8: Aussicht Hochbermel
32 U 364216 5571528

10.2	3h	344	555	756 887	
km					T2X8TX1

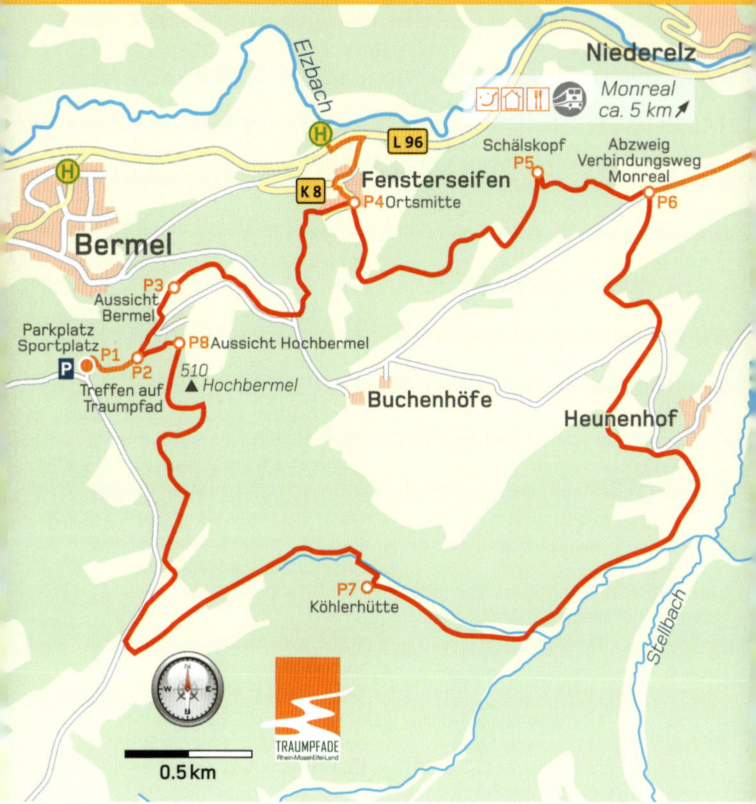

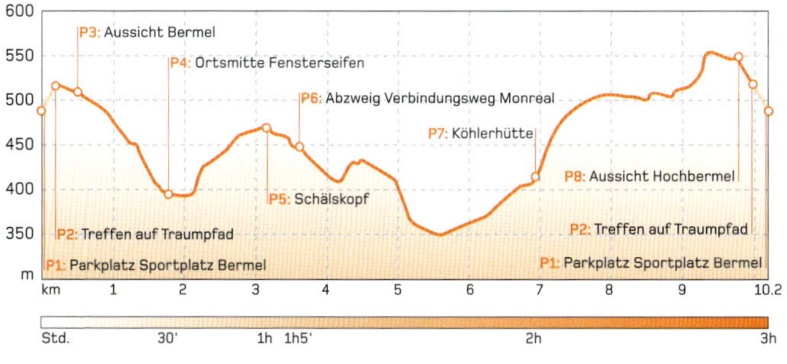

Willkommen im Feuerland: Mitten durch die sanften Höhen der inzwischen friedlichen Vulkaneifel führt uns der Hochbermeler über traumhafte Pfade, vorbei an rauschenden Bächen und durch verschwiegene Wälder. Fantastische Panoramablicke lassen die Wanderherzen höherschlagen.

Unser Ausflug ins „Feuerland" beginnt am Sportplatz in Bermel (1). Über einen Zuweg erreichen wir nach nur **200 m** den Traumpfad Hochbermeler (2), den wir im Uhrzeigersinn erkunden wollen. Also biegen wir nun links auf einen breiten Waldweg ab, der bald auf einen der Steinbruchszuwege trifft. Noch laufen wir unbeirrt geradeaus weiter. Erst einige Meter später dürfen wir den Abzweig nach links in das brachliegende, von Gräsern und Büschen in Beschlag genommene Areal einer weiteren Abbausohle nicht übersehen.

Ein enger Pfad führt uns über den holprigen Untergrund, Trittsicherheit ist hier notwendig! Doch wir werden für diese etwas mühsame Passage reich belohnt, denn an der Hangkante angelangt, sind wir sofort begeistert von der Panoramaaussicht auf Bermel (3) und Umgebung. Auch der anschließende Pfadabschnitt beeindruckt uns sehr – das ist echtes „Traumpfad-Wandern".

Viel zu schnell erreichen wir wieder den breiten Weg und schwenken nach links. Doch noch einmal gewährt uns der Hochbermeler einen Einblick in die feurige Vergangenheit: Rechts zweigt nach **0.9 km** ein Zuweg in den ehemaligen Steinbruch ab, und dort stehen wir der himmelhohen Wand des Feuerberges Hochbermel unmittelbar gegenüber.

Zurück auf dem Hauptweg, queren wir wenig später die Zufahrt zu den Buchenhöfen. Wir wandern fast geradeaus weiter und versinken im rauschenden Wald. Zwei Richtungswechsel meistern wir spielend, und nach **1.6 km** passieren wir auf unserem abschüssigen Waldweg das erste Gebäude im Wald. Danach geht es nach rechts, und wir gelangen zum Waldrand oberhalb von Fensterseifen.

Nun folgen wir dem Asphaltweg nach links, passieren eine kleine Kapelle und treffen in Fensterseifen (4) ein. Wir laufen durch den kleinen Ort und wechseln nach **1.8 km** zurück in die Natur. Zügig bringt uns der Feldweg durch Wiesen in den Wald. Nach der ersten Anhöhe verändert sich die Vegetation, hochgewachsene Buchen dominieren hier das Szenario. Unter unseren Schuhen raschelt das Laub des letzten Jahres und macht uns überdeutlich, dass ansonsten hier nichts herrscht als herrliche Ruhe. Der Anstieg wird etwas steiler, der Buchenhallenwald wird von gedrun-

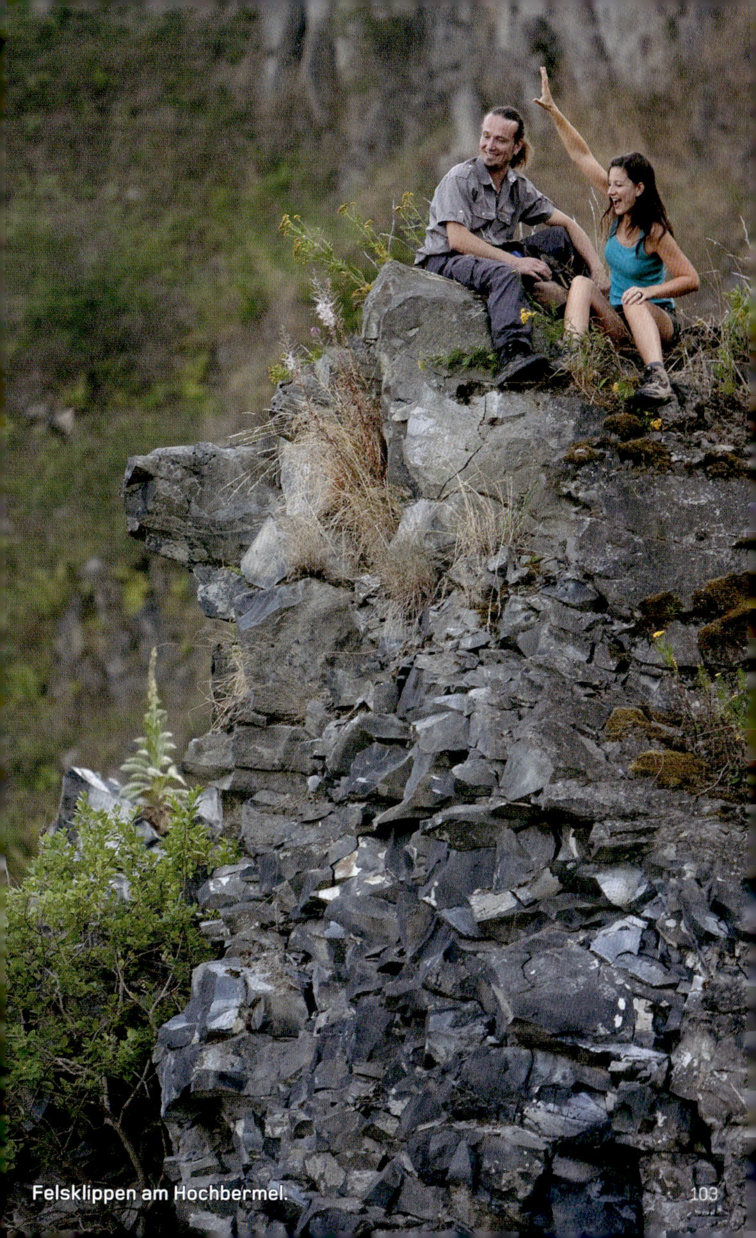

Felsklippen am Hochbermel.

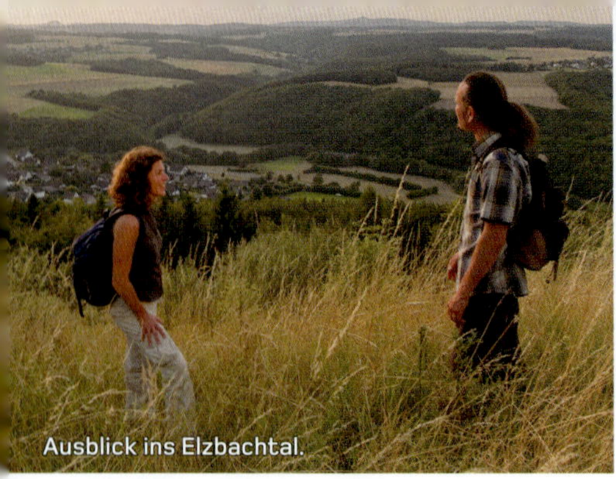
Ausblick ins Elzbachtal.

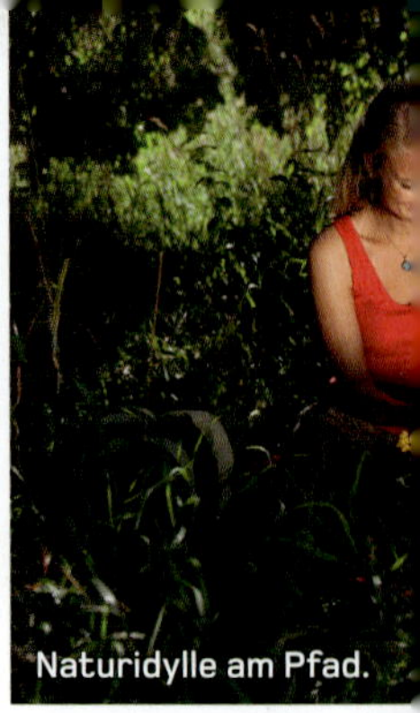
Naturidylle am Pfad.

genen Laubbäumen – darunter viele Eichen – abgelöst. Am Rande einer Tannenschonung biegen wir leicht rechts ab, und nach **2.7 km** verlassen wir den Wald, um am Rand eines Feldes zunächst nach links, dann aber bei erster Gelegenheit rechts über die offene Fläche zu laufen.

Dabei kommen wir in den Genuss eines grandiosen Ausblicks, denn unser Blick schweift rechts zum kegelförmigen Gipfel des Hochbermel. Dort werden wir am Ende der Tour auch noch vorbeikommen.

Am Waldrand wenden wir uns nach links und wandern nun mit sanfter Steigung in das nächste Waldstück. Dort steht ein kleiner Abstecher zum Schälskopf **(5)** an, einem mit Basaltbrocken übersäten „Berggipfel" mitten im Wald. Die fast schwarzen, sehr harten Gesteinsbrocken sind ein weiterer Kontakt zur feurigen Vergangenheit der Umgebung und erinnern uns daran, dass es in der Vulkaneifel einst sehr heiß herging.

Wir kehren zum breiten Forstweg zurück und laufen nun mit einigen Schlenkern langsam abwärts, bis wir schließlich wieder offenes Feld erreichen. Vor uns breitet sich die Hochfläche „Heunen" aus und ermöglicht fast grenzenloses Fern-Sehen. Nach **3.7 km** biegen wir rechts auf einen Grasweg ab **(6)**, geradeaus führt der Wirtschaftsweg zum benachbarten Traumpfad bei Monreal (▶ S. 172).

Wir wandern – beschwingt von großartigen Aussichten – über die offene Landschaft talwärts und queren in einem Wäldchen einen kleinen Bach. Klar, dass es nun wieder etwas bergan geht, aber schon nach wenigen Metern Aufstieg begeistert uns erneut die Weite des Hochplateaus.

Nach **4.5 km** treffen wir auf einen Asphaltweg und halten uns links. Schon nach wenigen Metern dürfen wir rechts auf einen Feldweg wechseln und mitten durch die Felder laufen. Einen Querweg ignorieren

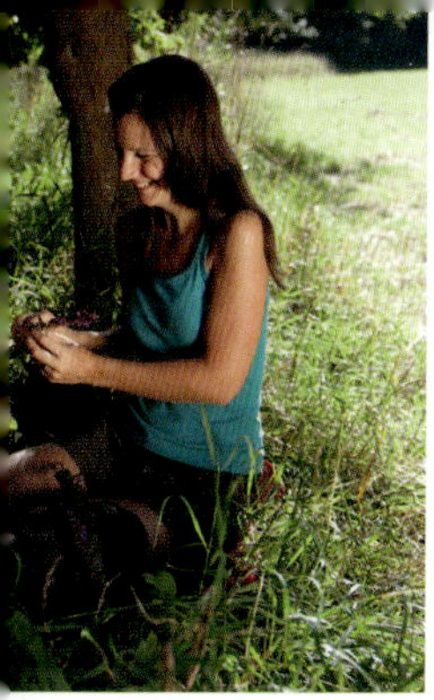

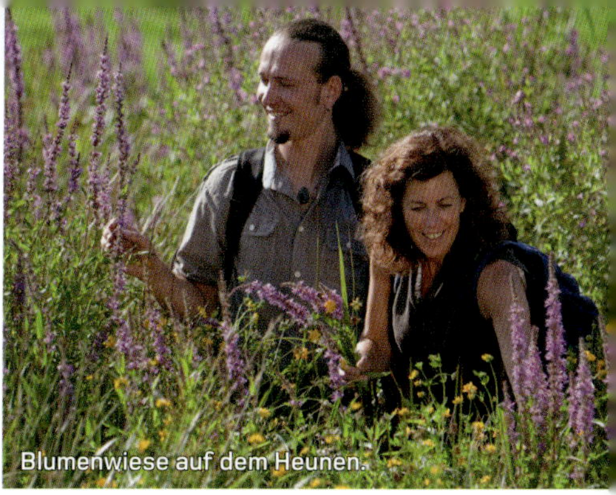

Blumenwiese auf dem Heunen.

wir, erst am Wald biegen wir links ab. Mit einigen Schlenkern wandern wir abwärts auf raschelndem Waldpfad durch den mittelhohen Jungwald. Schließlich treffen wir in Sichtweite des Heunenhofs im Thürelzbachtal ein, dessen herrliche Natur uns sofort in den Bann schlägt. Nur gelegentlich wird die Idylle vom eindringlichen Pfeifen der Züge auf der Pellenz-Eifel-Strecke unterbrochen.

Wir wenden uns nach rechts und laufen nun kurzweilig durch die Talaue. Vom Wasser selbst bekommen wir noch nicht viel mit. Das ändert sich allerdings, als wir vor einer Brücke rechts auf einen weichen Waldweg abbiegen und nun dem Kimpelbachtal aufwärts folgen. Auch an der nächsten Weggabelung bleiben wir dem Talgrund treu und erfreuen uns an der fast unberührten Natur. Sträucher und Jungbäume säumen den Weg, und links gluckert der kleine Bach, meist verdeckt durch üppige Grasbüschel. Schließlich weitet sich das Tal, und wir erkennen, dass sich rechts ein Seitental öffnet. Wir queren den Bach und wenden uns auf der anderen Seite am Waldrand nach **6.3 km** rechts in das Seitental. Zunächst noch mit freiem Blick auf den Wiesengrund, später durch hochgewachsenen Mischwald, führt uns der Traumpfad stetig bergan.

Sehr abwechslungsreich präsentiert sich der Wald, dicke Sternmoospolster verbergen Steine und Wurzeln in der Böschung. Nach einem Windbruchareal übernehmen einmal mehr die himmelhohen Buchen das Regiment. Dann fällt uns, etwas oberhalb im Hang, ein Gemäuer auf. Der Traumpfad führt uns direkt dorthin – und das Bauwerk entpuppt sich als uralter Unterstand. Einst diente die sogenannte „Köhlerhütte“ (7) den Köhlern als Zuflucht – und Schutzhütte.

Von der Köhlerhütte kehren wir schnurstracks zum breiten Weg zurück, queren diesen und wandern nun auf tollem Pfad. Wir kommen dem Bach dabei sehr nahe und dürfen ihn schließlich auf einem neuen Holzsteg queren. Am Nordufer wandern wir auf weichem Waldweg weiter aufwärts und zollen dem Wasserlauf Respekt, dessen Bett sich immer mehr zum tief eingeschnittenen Canyon wandelt. Welch immense Kräfte Wasser entwickeln kann, gerät oft zu schnell in Vergessenheit.

Allmählich weicht der Wald auf der linken Seite zurück, der Canyon flacht ab, und nach **7.4 km** finden wir uns auf einem von Buschwerk begleiteten Wiesenweg wieder. Bald bleiben auch die letzten Hecken zurück, und vor uns öffnet sich ein neues Panorama der Extraklasse: Geradeaus blicken wir auf Kalenborn mit seinen Windrädern, ansonsten breitet sich in alle Richtungen die typische Vulkaneifellandschaft vor uns aus. Wir treffen auf einen Asphaltweg und laufen rechts bergan. Schon nach 100 Metern wählen wir aber einen geradeaus führenden Feldweg und wandern nun oberhalb der Weide nach Nordosten. Achtung: Am Ende der Weide dürfen wir den scharfen Knick nach links nicht verpassen, der uns über ein Feld und durch einige Hecken zu einem querenden Waldweg bringt – und zu einer der schönsten Passagen dieses Traumpfads.

Auf weichem Boden wandern wir zunächst durch einen dichten, dunkelgrünen Tannenwald, der uns fast in besinnliche Stimmung versetzt. Wir kommen uns vor wie im Märchenland. Mit etwas Glück kann man Fuchs und Hase begegnen. Die Nadelbäume weichen zurück, und im Laubwald biegen wir nun mehrfach ab: erst links, dann rechts, dann wieder links auf einen breiten Weg. Dieser führt uns zu einer mar-

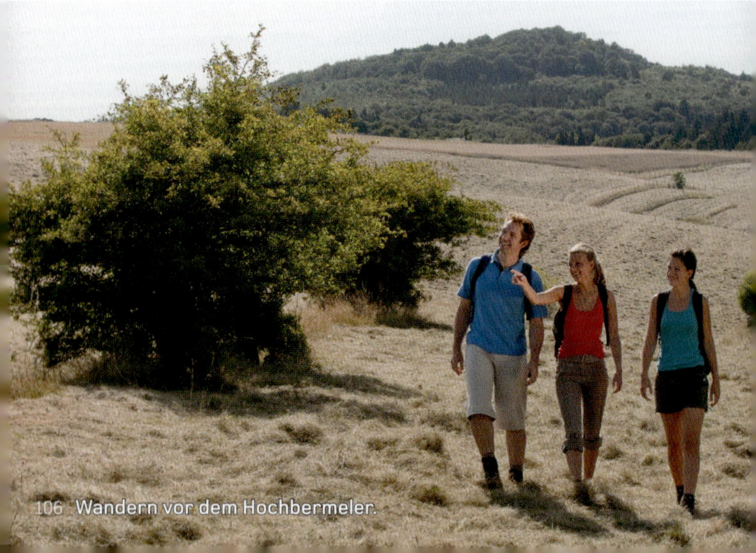

 Wandern vor dem Hochbermeler.

kanten Kreuzung am Waldrand, wir laufen hier rechts auf breitem Forstweg aufwärts. Aber schon wenig später nutzen wir rechts einen Stichweg und treffen schnell auf einen weiteren Waldweg nach rechts. Nun bewegen wir uns bereits an der Flanke des Hochbermel. Doch erst an der nächsten Weggabelung wird es anstrengend, denn wir halten uns links, nun stramm bergan. Aber lange dauert der Konditionstest nicht, 20 Höhenmeter später schicken uns die Logos links auf einen fast eben verlaufenden Weg.

Wir wandern nun knapp unterhalb des Gipfels entlang und stellen uns vor, welches Inferno der heute so harmlos wirkende Berg einst entfachte. Aber mittlerweile ist der Boden kalt, Feuer, Aschewolken und Schwefeldämpfe haben sich längst verzogen. Der Weg gabelt sich, – und wir bleiben dem obersten Weg treu, laufen nun neben der beeindruckenden Abbruchkante des ehemaligen Basaltsteinbruchs bis zu einer neuen Aussichtsplattform. Zu weit sollte man sich nicht vorwagen, denn die Sohle des Tagebaus liegt viele Meter tiefer. Vom sicheren Standpunkt aus genießen wir die großartige Aussicht vom Rand des Hochbermel (8). Nach der kurzen Pause folgen wir dem Pfad abwärts zu einem breiteren Waldweg. Wir verlieren weitere Höhenmeter und treffen nach **10 km** auf einen Querweg. Hier schließt sich der Kreis unserer Vulkanwanderung. Wir wenden uns dem bekannten Zuweg zu und treffen 200 m später wieder am Sportplatz in Bermel ein (1).

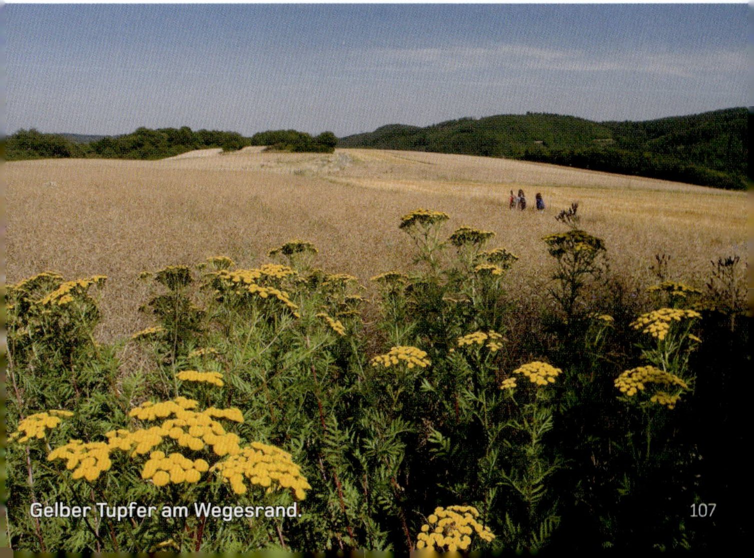

Gelber Tupfer am Wegesrand.

Infos Hochbermeler

Haus Löwenburg, Bahnhofstr. 1, 56729 Monreal ✆ 02651/71701 ⓘ www.haus-loewenburg-monreal.de
■ Restaurant „Stellwerk", Bahnhofstr. 58 56729 Monreal ✆ 02651/77767 ⓘ www.stellwerk-monreal.de
■ Cafe Plüsch, Obertorstraße 14 (Altes Pfarrhaus in Monreal), 56729 Monreal ✆ 02651/7039111 ⓘ www.cafe-plüsch-monreal.de

Pension Eifelblick, Hochstr. 21, 56729 Bermel ✆ 02657/402
■ Ferienhaus Vulkan Hochbermel, Hauptstraße 28, 56729 Bermel ✆ 02657/940225 ⓘ www.ferienhaus-vulkan-hochbermel.de

■ Weitere Einkehr-/Übernachtungsmöglichkeiten: ⓘ www.naturerlebnis-vordereifel.de

Info: ⓘ www.vrm.info
Haltestelle: Fensterseifen Abzw. Achtung: nur wenige Fahrten
■ Bus 334 (Mayen-Bermel)

Taxi Fiedler ✆ 02651/3030

Wer die Wanderstiefel mal stehen lassen möchte, dem bietet der Eifel-Schiefer-Radweg eine gute Gelegenheit, die abwechslungsreiche Vordereifel mit dem Drahtesel zu erkunden. Der anspruchsvolle Radweg beginnt und endet in Monreal.

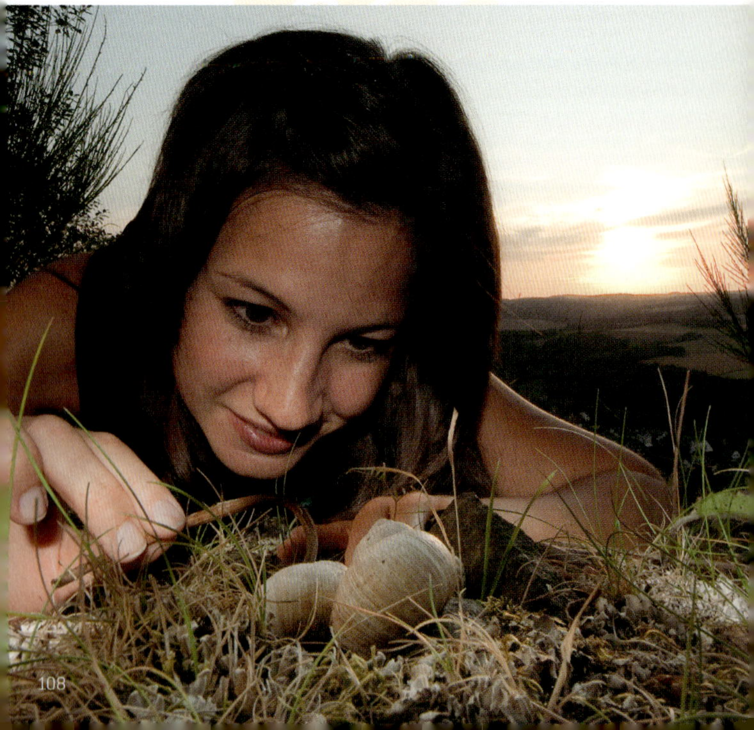

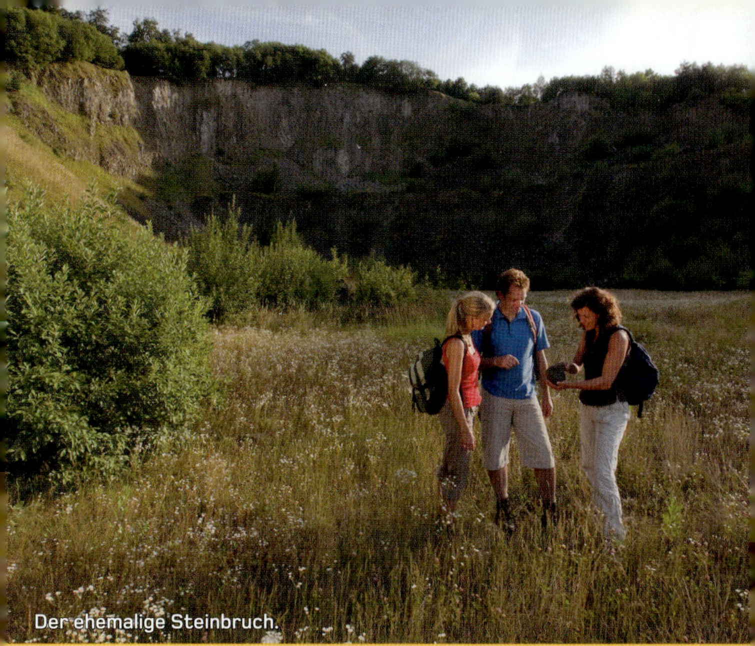

Der ehemalige Steinbruch.

Tipp Biotop Hochbermel

Mit dem Traumpfad umrunden wir den eindrucksvollen Vulkan bei Bermel, erhalten Einblicke in den Krater – und doch sollten wir dem Inneren des Feuerbergs auch heute nicht zu nahe kommen. Grund ist freilich nicht mehr die Gefahr glühender Lava, sondern der Status des Hochbermel als geschütztes Naturrefugium. Nach jahrelangem Basaltabbau konnte sich die Natur am Hochbermel und am benachbarten Kleinbermel von den Eingriffen des Menschen erholen. Aufwendig wurden Relikte der wirtschaftlichen Nutzung entfernt, Halden abgetragen und der ursprüngliche Zustand des Geländes so gut wie möglich wiederhergestellt. Diese Bemühungen haben mittlerweile Früchte getragen: Es hat sich ein artenreiches Biotop mit seltenen Tierarten etabliert.

Neben Amphibien, die in den Tümpeln und Gewässern ideale Laichplätze finden, bieten die Kraterwände verschiedenen Vogelarten geschützten Lebensraum. Aus Rücksicht auf die empfindliche Fauna und Flora sollte man sich also unbedingt an die vorgegebene Wegeinfrastruktur halten, die ein schonendes Erleben dieses Naturschutzgebietes ermöglicht.

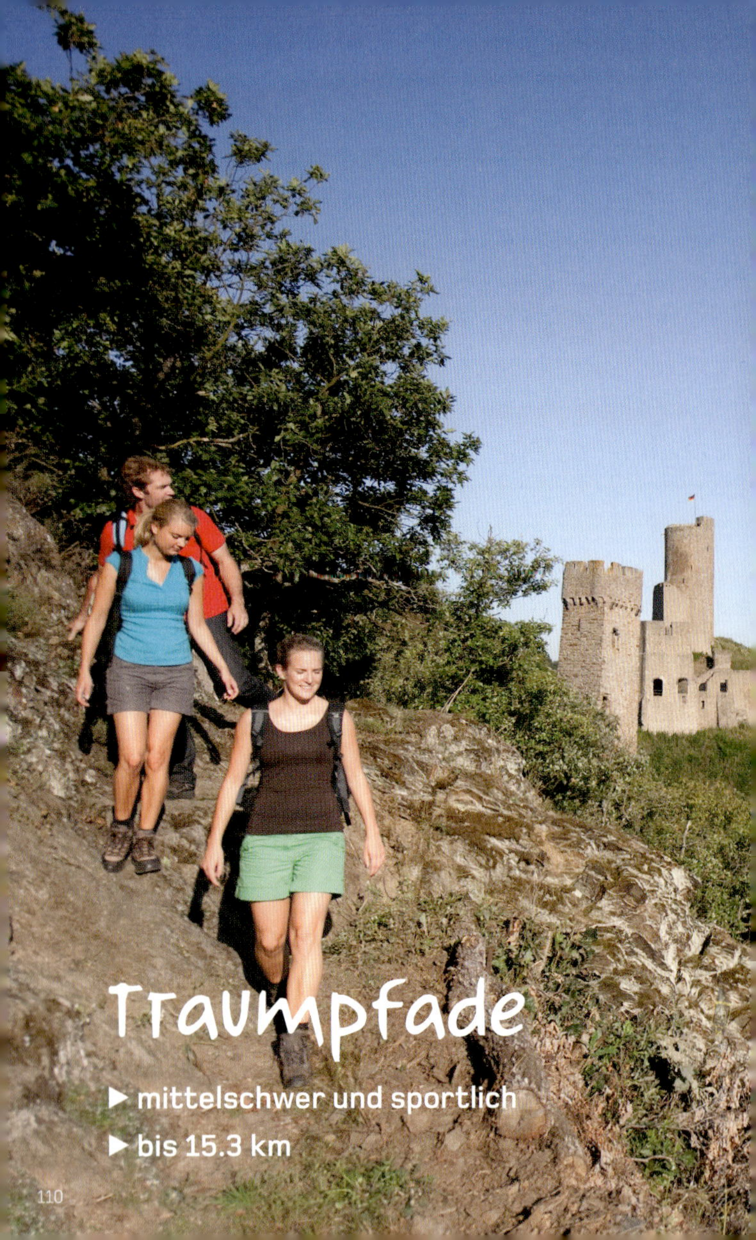

Traumpfade

- mittelschwer und sportlich
- bis 15.3 km

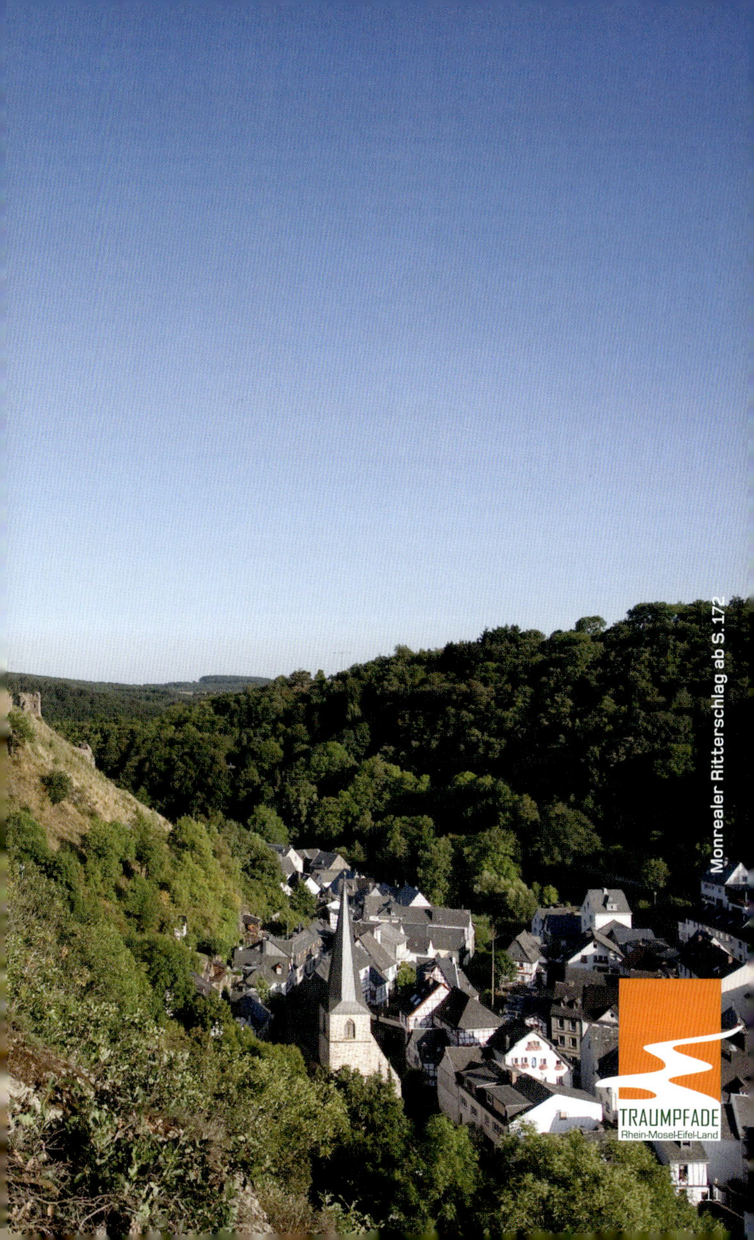

Monrealer Ritterschlag ab S. 172

13 Höhlen- und Schluchtensteig Kell

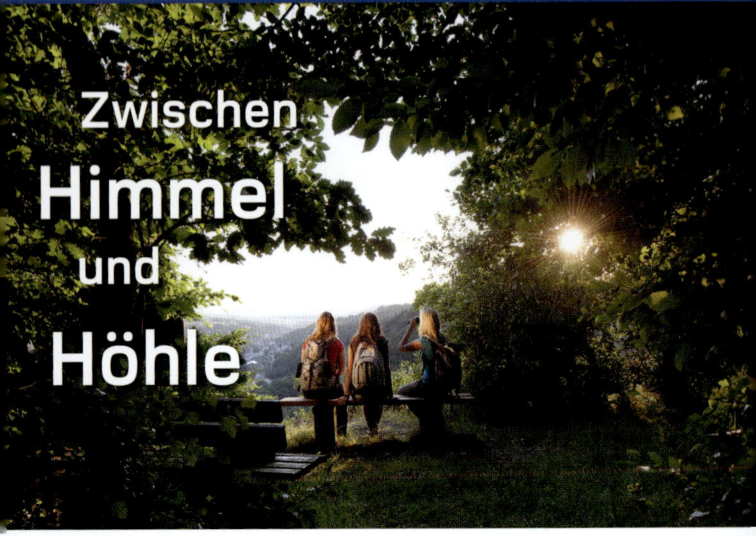

- **Start/Ziel:** Parkplatz Bergwege

- **Tourist-Information** Andernach.net, Konrad-Adenauer-Allee 40, 56626 Andernach ✆ 02632/987948-0 ⓘ www.andernach-tourismus.de

- **Anfahrt:** A 61, Abfahrt Kruft. Weiter nach Nickenich und auf der L 113 zur Abzweigung der K 57 nach Kell. Kurz nach dem Berghof befindet sich der Parkplatz links an einem Wasserhaus auf freiem Feld.

- **Parkplätze:** Bergwege (K 57) N50° 26' 13.5'' • E7° 17' 52.2''

scan to go®

QR-Code mit dem Smartphone scannen und Anfahrt anzeigen lassen.

- Bürgerhaus (Pöntertalstraße) Kell N50° 26' 49.4'' • E7° 18' 43.2''

- **Wegpunkte:**

P1: Parkplatz Bergwege
32 U 379124 5588613

P2: Pöntermühle
32 U 380660 5589717

P3: Schweppenburgblick
32 U 379826 5591185

P4: Heimatblick
32 U 379656 5591017

P5: Schöne Aussicht
32 U 379384 5590939

P6: Trasshöhlen beim Jägerheim
32 U 379087 5590974

P7: Wolfsschlucht
32 U 378929 5589684

P8: Römerbrunnen
32 U 378198 5589037

P9: Siebengebirgsblick
32 U 378981 5588745

km	Std.	↑ ↓	▲	♀ ♂	
12 km	3h 45min	322	329	854 1002	T2X2TX7

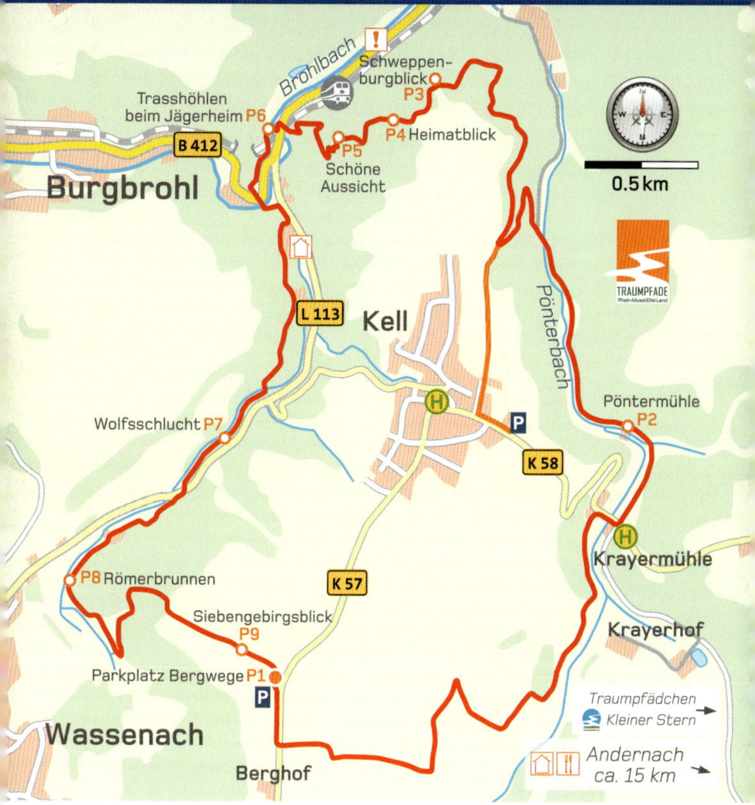

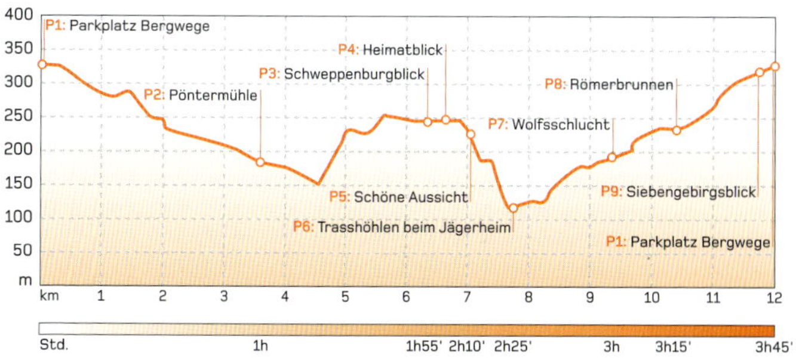

Heute sind wir auf dem Weg der Gegensätze unterwegs: Eben begleiten uns noch schier endlose Panoramablicke bis ins Siebengebirge, dann befinden wir uns in verträumten Tälern mit wogendem Schilf, herrlichen Waldpassagen und rauschenden Wassern. Die absoluten Höhepunkte erwarten uns beim Wandern durch Trasshöhlen und in der beeindruckenden Wolfsschlucht. Naturerlebnisse der Superlative.

Mitten in freier Flur, am Parkplatz Bergwege nahe der K 57 (1), starten wir die Tour auf dem Höhlen- und Schluchtensteig. Noch vor dem ersten Schritt halten wir inne und sind begeistert von der 360-Grad-Panoramasicht, die sich uns vom höchsten Punkt der Wanderung besonders bei klarem Wetter bietet.

Zunächst geht es neben der K 57 nach Süden, bis wir die Straße queren und einem Feldweg in die offene Landschaft folgen. Wir lassen den Blick umherschweifen und können dabei auch zum benachbarten Traumpfad „Pellenzer Seepfad" (▶ S. 236) blicken. Aber die Blickrichtung ändert sich bald, denn wir biegen links auf einen Wirtschaftsweg ab. Wir erfreuen uns an den Feldern und den vereinzelten, knorrigen Obstbäumen. Im Flurstück „Auf der Kehr" nehmen wir die Bezeichnung wörtlich und biegen in einer Spitzkehre scharf rechts auf einen weiteren Feldweg ab. Gemächlich geht's abwärts. Nach **1.7 km** erblicken wir vor uns eine Bank vor einem alleinstehenden Obstbaum. Doch noch bevor wir dort eintreffen, schicken uns die Traumpfad-Logos links auf einen Naturweg.

Zwischen Feld und Wiese streben wir zum nahen Waldrand, wo wir uns nach rechts abwärts wenden.

Wenig später treffen wir im Talgrund ein und wandern auf ebenem Feldweg nach links. Rechts verläuft der Krayerbach, von dem wir allerdings momentan wenig ausmachen. Dafür begeistern uns die wogenden Schilfhalme, die sich auch beim leisesten Windhauch elegant wiegen. Die Strecke durch das Tal gestaltet sich sehr abwechslungsreich und setzt einen deutlichen Kontrapunkt zu den vorherigen offenen Flurpassagen.

Nach **2.9 km** passieren wir das Areal der Krayermühle und treffen an der K 58 ein. Zum Glück gibt es neben der Straße einen Wiesenpfad, der uns das Asphaltwandern erspart. An der Bushaltestelle queren wir die Straße und laufen geradeaus weiter Richtung Tönisstein. Der breite, mit Splitt befestigte Weg führt uns durch den Talgrund, in dem sich neben dem Pönterbach auch zahlreiche Quellen befinden. Abzweigende Wege ignorieren wir und bleiben stets im Talgrund. Bei **Kilometer 3.6** befinden wir uns auf Höhe der Póntermühle (2). Der Splitt verschwindet, und auf fast naturbelassenem Weg tauchen wir nun endgültig in die Waldidylle ab. Der Bach plätschert munter, und wir erfreuen uns je nach Jahreszeit am weißen Teppich der Frühjahrsblüher, am zarten Maigrün der Buchen oder am bunten Herbstlaub. Etwas oberhalb des Weges lädt die Pöntertal-Hütte zur Rast ein. Danach unterbricht eine Wiese den Wald, die „Bank Sonnenschein" bietet ein stilles Ruheplätzchen am Waldesrand. Der Pönterbach hat sich mittlerweile tief eingeschnitten, und eine steile Böschung trennt uns vom Wasser.

Nach **4.5 km** biegen wir links Richtung Kell ab und queren über einen Steg das Wasser. Die Zeit des langsamen Abstiegs ist beendet, und wir sehen uns mit einem teils recht stramm ansteigenden Pfad konfrontiert. Ein Querweg wird ignoriert, und wir streben stetig bergan. Nach kurzem Steilstück folgt eine Linkskehre, nach der sich der Höhengewinn moderat fortsetzt. Eine Bank mitten im lauschigen Grün sorgt dafür, dass wir wieder zu Atem kommen. Wenig später macht der Höhlen- und Schluchtensteig eine weitere Spitzkehre, diesmal nach rechts. Von links trifft hier der Zuweg aus Kell auf den Traumpfad.

Wir folgen dem Hinweis zum Schützenhaus und laufen unter dem schattigen Kronendach der Buchen gemächlich weiter aufwärts. Im Spätsommer erwartet uns unter der Hochspannungstrasse ein vitaminreicher Leckerbissen, denn dann tragen die üppigen Brombeersträucher am Wegesrand leckere Früchte. Doch auch ohne solche Stärkung treffen wir nach **5.6 km** auf dem Hochplateau ein und wenden uns erst nach rechts, dann links zum nahen Schützenhaus. Am Parkplatz der Schützen wenden wir uns nach rechts und verschwinden rasch wieder im lockeren Hochwald. Auf weichem Waldweg geht es im Bogen zur Hangkante. Immer hart an der Hangkante wandern wir auf gewundenem Pfad nach Westen. Kurz bevor der Traumpfad an einem

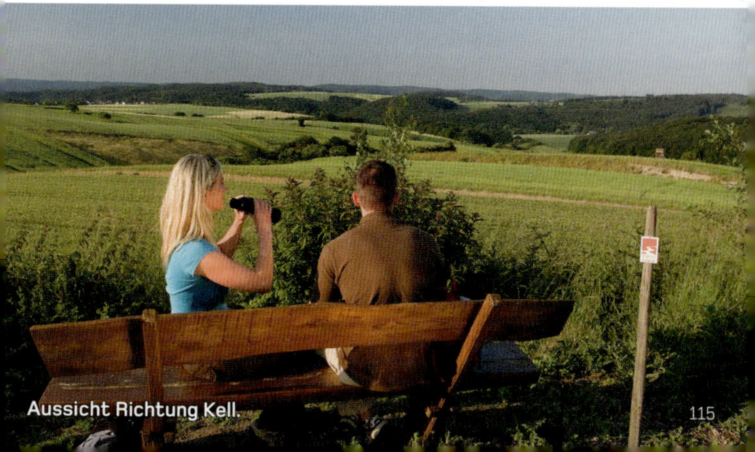

Aussicht Richtung Kell.

neuen Strommast über eine Wiese führt, bietet sich ein 50-Meter-Abstecher nach rechts an: Vom Schweppenburgblick aus (3) haben wir nicht nur die Burg fest im Blick, sondern können auch die Aussicht ins waldreiche Brohltal auskosten. Wir kehren zum Strommast zurück und lassen die Leitung schnell hinter uns. Schon eine Biegung später umfängt uns wieder die Natur mit Niederwald und Hecken. Nach **6.6 km** beglückt uns der Heimatblick (4) mit einer weiteren, sehr schönen Aussicht, eine Bank bietet zudem Gelegenheit zur Rast.

Danach verändert sich die Szenerie um uns, denn die Hecken weichen zurück, und lichter Mischwald sorgt für schattiges Ambiente. Eine unscheinbare Schutzhütte lassen wir links liegen und biegen 100 Meter später an einer Bank scharf rechts zur „Schönen Aussicht" ab. Ein Pfad führt uns mit einigen Schlenkern abwärts, bis wir nach **7 km** schließlich Bänke vor uns sehen. Wir sind sofort begeistert von der sprichwörtlich „Schönen Aussicht" (5). Das Brohltal mit der Strecke des Vulkanexpress, die Trasshöhlen und erste Ausläufer von Burgbrohl liegen wie in einer Modelllandschaft tief unter uns.

Beschwingt setzen wir die Wanderung fort und steigen dabei den Serpentinenpfad abwärts. Wir befinden uns auf dem sogenannten „Krippenweg" – weil das Wurzelmaterial am Wegesrand jedes Jahr die Krippen-Bastler magisch anzieht. Schließlich endet der Abstieg an einem breiten Waldweg. Wir wenden uns nach rechts und werden nun kurz vom Quellenweg begleitet, einem reizvollen, gut **24 km** langen Rundweg, der in Bad Breisig beginnt.

Nach einer Kurve mit guter Aussicht ins Tal verlassen wir den Quellenweg.

Bei **Tageskilometer 7.7** unterqueren wir links neben dem Jägerheim das mächtige Eisenbahnviadukt und laufen über die Wiese. Vor uns erheben sich die schmutzig-weißen Wände der Trassablagerungen, die hier bis 60 Meter Mächtigkeit erreichen. Magisch ziehen uns die Höhlen (6) an, die sich im weichen Vulkanmaterial befinden. Begeistert stellen wir unmittelbar vor der ersten Höhle fest, dass uns der Traumpfad nun nicht etwa außen entlang, sondern mitten durch die Höhlen führt. Gemeinsam mit der Georoute U gehen wir auf Entdeckertour unter Tage. Aber keine Angst, man benötigt weder Höhlenausrüstung noch Taschenlampe, denn durch die großen Öffnungen fällt genug Licht. Die geräumigen Höhlenpassagen lassen das aufrechte Durchschreiten problemlos zu, und so können wir das Abenteuer im Trass unbeschwert genießen.

Gewunden führt der Traumpfad durch das Höhlenareal – und abermals unter der Eisenbahntrasse hindurch. Von der Wiese aus hat man einen guten Blick auf die Bahnstrecke, die immer wieder von historischen Zügen befahren wird. Dann geht es noch einmal durch

eine Höhle, bevor wir über eine
weitere Wiese erneut zur B 412
absteigen. Gemeinsam mit der Geo-
route U queren wir nach **8.2 km** die
Straße und anschließend auch einen
Bach. Wir wenden uns nach links,
aufen zur nahen L 113 und biegen
dort rechts auf einen parallelen
Fußweg ab. Unmittelbar vor den Ge-
bäuden von Tönisstein wenden wir
ıns nach rechts und laufen hinter
dem Haus vorbei. An der folgenden
Weggabelung nutzen wir rechts den
Pfad aufwärts. Oberhalb des Weges
allen immer wieder die hellen Tras-
sablagerungen auf, die der Laacher
Seevulkan vor rund 13 000 Jahren
ausgespuckt hat.

Dann wird unser geologisches
Wissen erweitert, denn eine Tafel
nacht uns nach **8.8 km** auf einen
besonderen Aufschluss aufmerk-
sam: Steil stehende Schiefer aus
dem Devon (350 Millionen Jahre
alt) werden hier von den waag-
echten Bims- und Trassschich-
en (13 000 Jahre alt) überlagert.
Anschließend führt uns der Pfad
urzweilig an den Resten des Klos-
ers Tönisstein vorbei, das hier im
4. Jahrhundert gegründet wurde.

Schließlich mündet unser Pfad auf
inen Waldweg, der uns links zur
ahen Straße bringt. Doch sogleich
ürfen wir rechts auf den Pfad
n die Wolfsschlucht wechseln.
ine neue Welt eröffnet sich uns:
iligran hängen Efeuranken von
immelhohen Trasswänden herab
nd tragen zur Urwaldatmosphäre
ei. Unten im Tal rauscht der Bach
nd gräbt sich immer tiefer ins

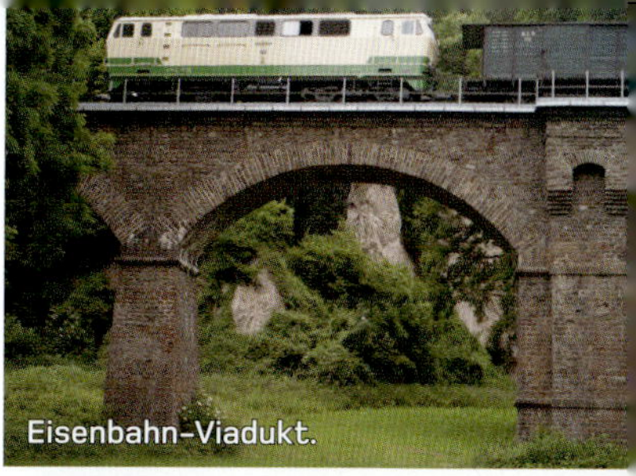
Eisenbahn-Viadukt.

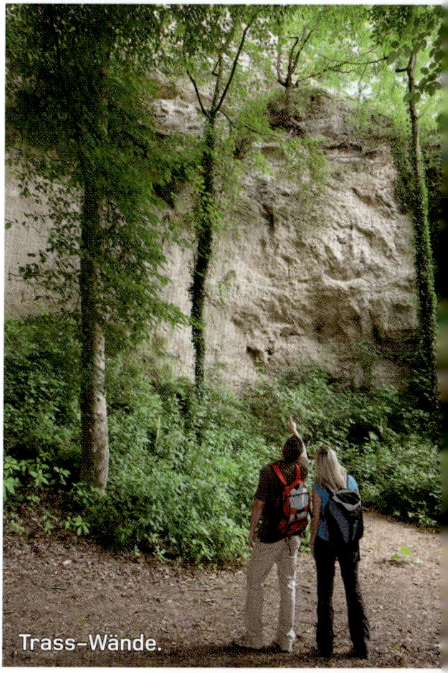
Trass-Wände.

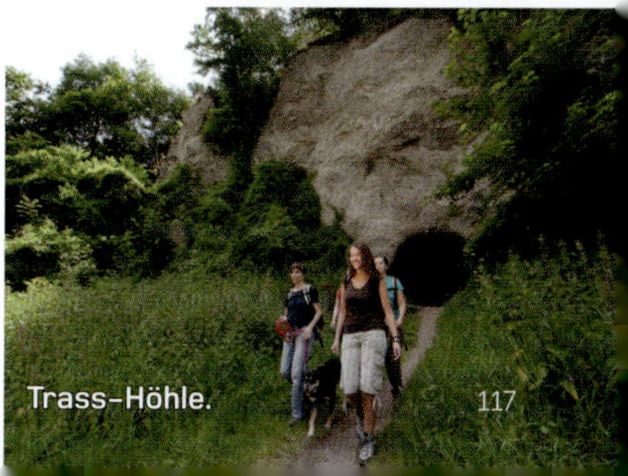
Trass-Höhle.

weiche Vulkangestein ein. Stege helfen über exponierte Stellen, und rasch kommt wieder Entdeckerlust auf. Tatsächlich gibt es hier Geologie aus nächster Nähe, denn die Landschaft verändert sich durch Wind- und Wassererosion rasant – in geologischen Zeiteinheiten gemessen **(7)** ...

Nach einer verträumten Passage queren wir den Bach und erspähen vom Steg aus rote Stellen im Bachbett. Wer genau hinschaut, wird es auch am Blubbern sehen: Hier steigt CO_2 an die Oberfläche, das noch immer aus der Magmenkammer tief unter unseren Füßen an die Oberfläche drängt. Der krönende Abschluss der Wanderung durch die Wolfsschlucht ist nach **9.8 km** sicherlich der Wasserfall, den wir vom letzten Steg aus und beim Aufstieg hinauf zur Straße bewundern können.

Oben queren wir die L 113 und setzen die Tour noch immer mit der Georoute U nach rechts fort. Am Waldrand passieren wir eine Wasserpumpstation und den vergitterten Stollen der Grube Bernhard. Danach laufen wir schnurstracks durch ein Gehöft und steuern zielstrebig die nächste Attraktion an. In der Kurve am Waldrand stehen wir dann am gefassten und stark rot gefärbten Becken der Römerquelle **(8)**. Hier strömt leicht schwefelig riechendes Wasser ans Tageslicht, und auch die schon bekannten CO_2-Blubber sind wieder deutlich zu erkennen. Trinken sollte man dieses Nass freilich keinesfalls!

Wir folgen dem Traumpfad am Waldrand entlang in das herrliche Wassenacher Tal, dessen weiter Wiesengrund sich nun vor uns öffnet. Leicht ansteigend, genießen wir nach der Enge der Wolfsschlucht nun die Weite des Tals. Nach **10.8 km** treffen wir an einer Gruppe von Bänken ein, die sich um eine weitere Mineralquelle schart. Auch hier sprudelt CO_2-reiches Wasser aus der Erde, das deutlich klarer ist als das der Römerquelle.

An dieser Stelle trennen wir uns von der Georoute U und biegen am Waldrand scharf links auf einen ansteigenden Waldweg ab. Zunächst noch mit Blick auf die Wiese, bald aber mitten durch die hohen Buchenstämme, wandern wir stetig aufwärts. Rasch erobern wir den Berg und erreichen wieder das Hochplateau. Der Wald weicht zurück, und auch die Hecken verlassen uns bald. Ein Feldweg führt uns wieder mitten durch freies Feld, und besonders an der Bank des Siebengebirgsblickes **(9)** sind wir noch einmal überwältigt vom Panorama. Jetzt sind es nur noch wenige Schritte, bis wir nach aufregenden **12 km** wieder am Parkplatz **(1)** eintreffen und die Tour auf dem Höhlen- und Schluchtensteig beenden.

Hinweis: Witterungsbedingt kann es im Bereich der Wolfsschlucht zu instabilen Böschungen und abbrüchigen Wegekanten kommen. Das Betreten erfolgt auf eigene Gefahr.

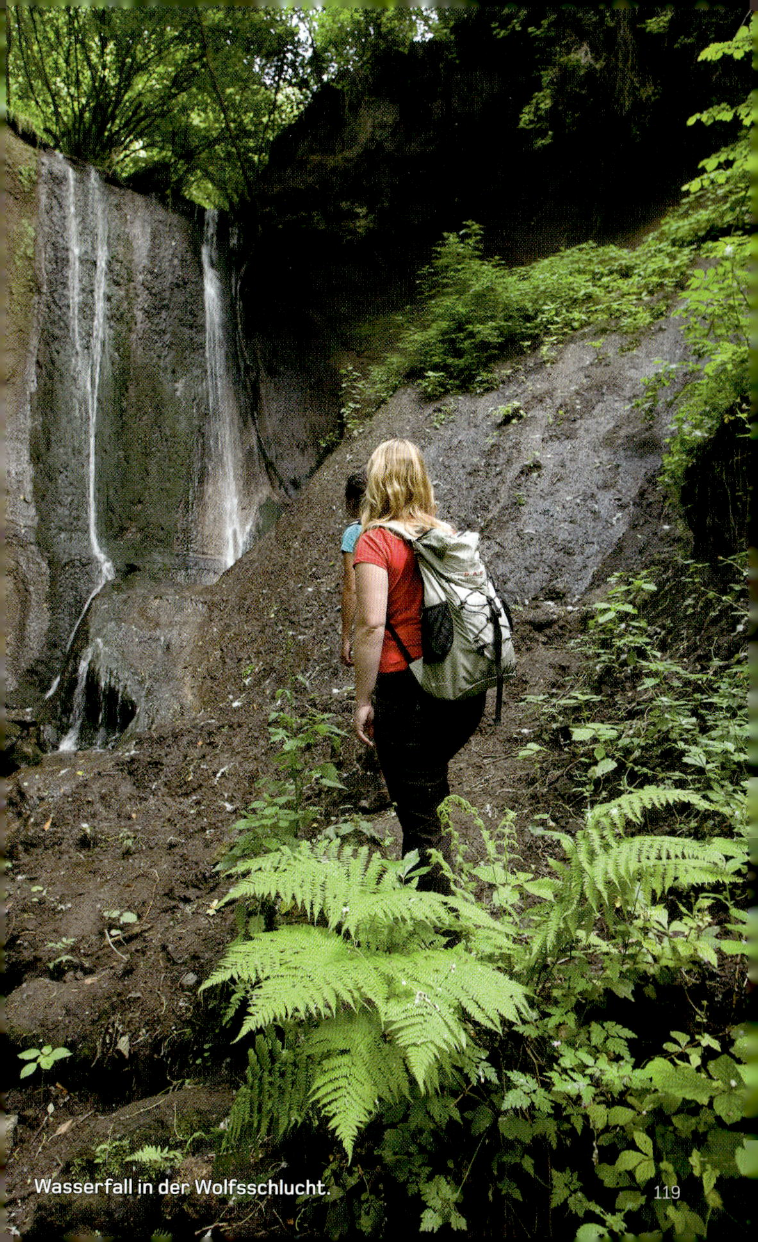
Wasserfall in der Wolfsschlucht.

Infos Höhlen- und Schluchtensteig Kell

Weinhaus Merowingerhof, Hochstraße 30, 56626 Andernach
02632/44848, Mo. Ruhetag
www.merowingerhof.de

- Kerstin's Bistro Aktuell
Auf'm Hügelchen 13, 56626 Andernach
www.bistro-aktuell.de

- Bierkeller - Cafe-Bistro-Restaurant
An der L 113, 56626 Bad Tönisstein
02636/9690412

- Yoso - Purs, Schafbachstr. 14, 56626 Andernach 02632/4998643 Mi und Do. Ruhetage
www.purs.com

Hotel am Ochsentor
Schafbachstraße 20-24,
56626 Andernach, 02632/9894060
www.hotel-ochsentor.de

- Hotel Restaurant „Villa am Rhein"
Konrad-Adenauer-Allee 3,
56626 Andernach 02632/92740
Sa. Ruhetag www.villa-am-rhein.de

- Parkhotel „Am Schänzchen" Andernach, Konrad-Adenauer-Allee 1, 56626 Andernach 02632/920500
www.parkhotel-andernach.de

- monte mare Hotel Andernach
Klingelswiese 1, 56626 Andernach
02632/987221-0
www.monte-mare.de

Info: www.vrm.info
Haltestelle: Laacher Str. (Kell)

- Mo-Sa: Bus 310 (Andernach - Maria Laach)

Taxi Marras 02632/1600

! Der Höhlen- und Schluchtensteig Kell verläuft in der Nähe des neuen Premiumspazierwanderweges „Traumpfädchen Kleiner Stern".

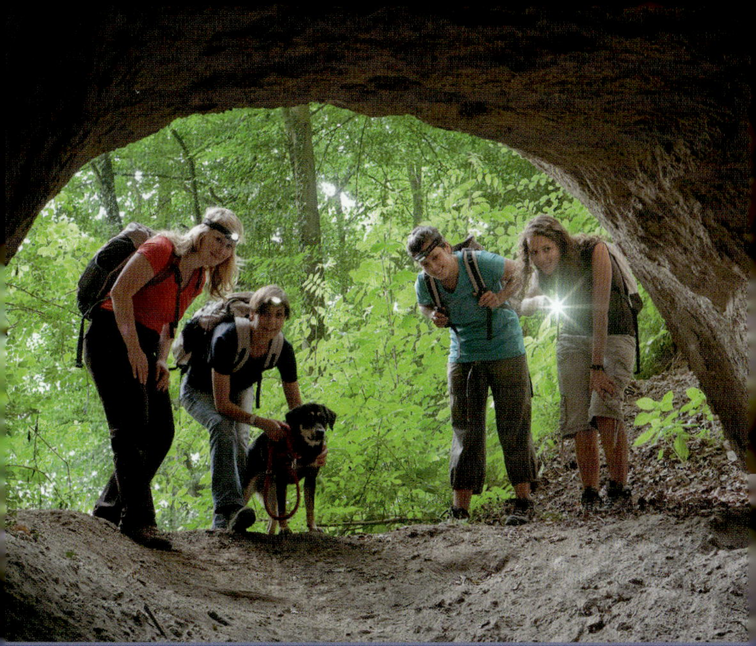

Tipp Trass – Baustoff und Zuflucht

Das untere Brohltal birgt ein besonderes Kleinod der vulkanischen Aktivitäten: Hier lagerten sich einst die bis zu 60 Meter mächtigen Ascheströme des Laacher Seevulkans ab. Heute haben sich in die beeindruckenden Trass- und Bimsschichten längst tiefe Schluchten eingegraben. Das weiche, leicht zu bearbeitende Material wurde schon von den Römern hoch geschätzt und zum Beispiel im Römerbergwerk Meurin abgebaut. Auch als Stall oder Zufluchtsstätte waren die einfach zu grabenden Trasshöhlen willkommen.

Die Naturkräfte haben leichtes Spiel mit den hellen Gesteinsschichten: Erosion durch Wind und Wasser hat bizarre Höhlen geschaffen. Besonders gut sieht man diese Erosionsprozesse in der idyllischen Wolfsschlucht bei Wassenach. Beeindruckend sind aber auch die großen Höhlen beim Jägerheim nahe Tönisstein, durch die der Trasshöhlenweg und der Höhlen- und Schluchtensteig unmittelbar hindurchführen.

Weitere Informationen: ⓘ www.vulkanregion-laacher-see.de

14 Schwalberstieg

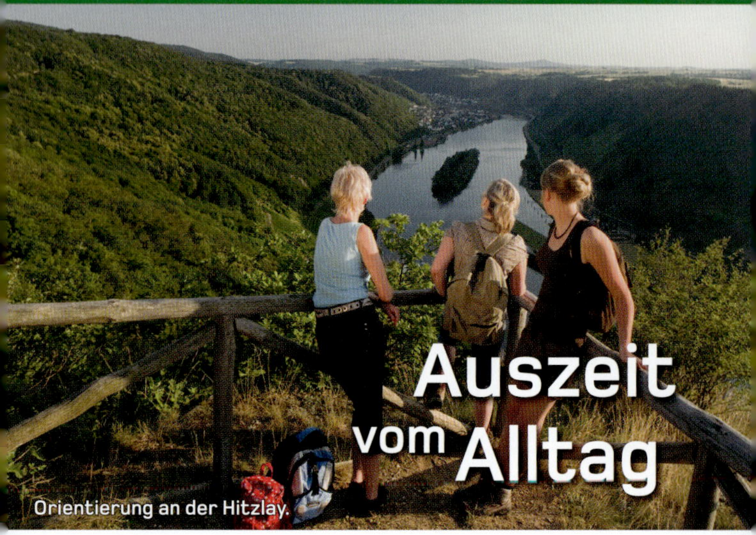

Orientierung an der Hitzlay.

- **Start/Ziel:** Niederfell, Gasthaus Zur Linke Mühle, Bachstraße 22

- **Tourist-Info**
  Sonnige Untermosel, Moselstraße 7, 56332 Alken ✆ 02605/8472736
  www.sonnige-untermosel.de

- **Taxi:** Ewald ✆ 02605/4700
- Holzmann ✆ 02607/974650

- **Anfahrt:** Über die B 49 entlang der Mosel nach Niederfell. Auch über die A 61, Abfahrt Koblenz-Dieblich, und die B 411 zur B 49 ist die Auto-Anreise möglich.

scan to go

QR-Code mit dem Smartphone scannen und Anfahrt anzeigen lassen.

- **Parkplatz in Niederfell:**
- Parkplatz entlang der B49 sowie Parkplatz hinter der Moselbrücke

- **Wegpunkte:**
  - **P1:** Portal bei der Linkemühle 32 U 390999 5572256
  - **P2:** Steg über den Schwalberbach 32 U 391937 5572183
  - **P3:** Schwalberhof 32 U 392160 5571559
  - **P4:** Zweite Bachquerung 32 U 391523 5569494
  - **P5:** Röder Kapelle 32 U 390925 5570461
  - **P6:** Hitzlay 32 U 390547 5570838
  - **P7:** Mönch-Felix-Hütte 32 U 390756 5572274

13 km | 3h 45min | 408 ↑ ↓ | 348 | 942 1105 | TPX9T11

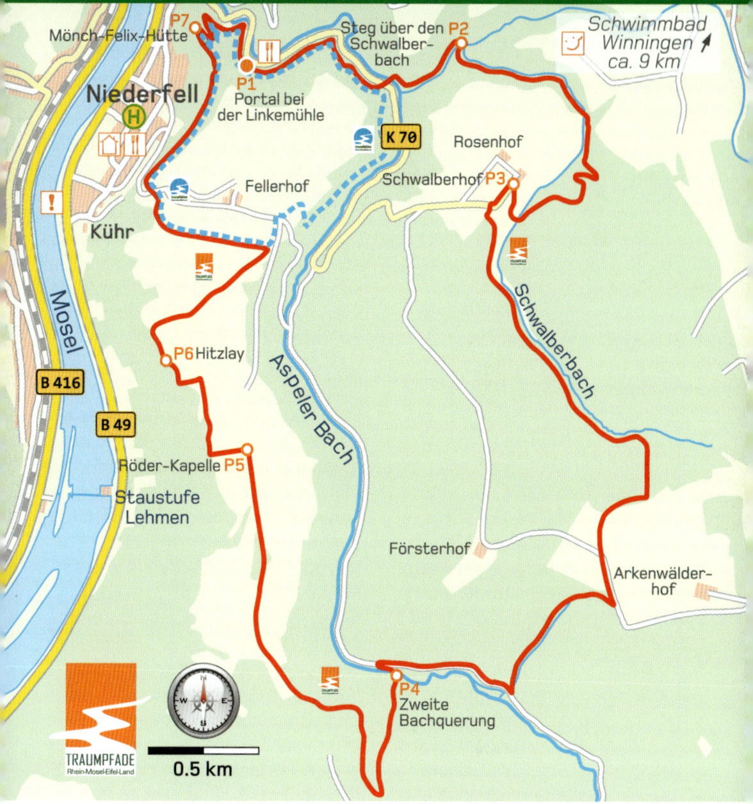

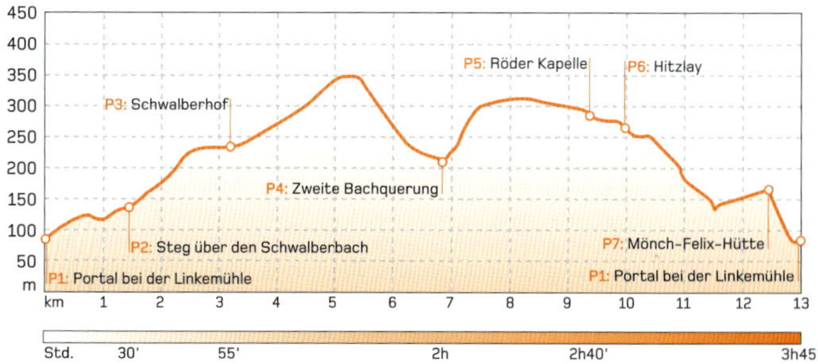

Stille, Wasser, Wald und Weitsicht(en) – das sind die prägenden Elemente des Schwalberstiegs. Der Traumpfad führt durch verwunschene Täler, teils unberührte Natur und wohltuend stille Wälder. Alltagshektik hat hier keine Chance – angesichts der grandiosen Ausblicke vom Moselplateau bietet die Tour Entspannung pur.

Im engen Tal des Aspeler Bachs beginnen wir beim Portal bei der Linkemühle (1) unsere wasser- und waldreiche Traumwanderung auf dem Schwalberstieg. Gemeinsam mit dem Traumpfächen laufen wir per Stichweg zum eigentlichen Traumpfad, auf dem wir uns nach links wenden. Leicht ansteigend wandern wir tiefer in das stille Tal hinein und erhaschen dabei immer wieder einen Blick auf den Bach und die kaum genutzte K 70. Unser Pfad windet sich kurzweilig durch den vielstufigen Wald, mal geht es aufwärts, dann senkt sich der Weg wieder etwas ab – für Abwechslung ist jederzeit gesorgt.

Nach **0.8 km** verabschiedet sich das Traumpfädchen vorerst, während wir mit dem „Nachtigallenweg", wie dieser Abschnitt auch genannt wird zur Talsohle absteigen, wo wir die K 70 queren. Auch den Aspeler Bach überwinden wir mittels einer breiten Brücke und folgen dem zunächst noch breiten Waldweg neben dem Bach nach rechts. Bald verengt sich der Waldweg wieder zum idyllischen Pfad, und wir ergötzen uns an den bemoosten und teils auch etwas krummen Bäumen, die dem Szenario ein wildromantisches Flair verleihen. Ein Holzsteg (2) bringt uns trockenen Fußes ans andere Ufer, wo sich die herrliche Pfadpassage fortsetzt. Üppige tiefgrüne Farne, Waldreben, knorrige Holunderbüsche und unterschiedlichste Laubbäume lassen den Alltag vollends vergessen. Traum-Zeit mitten im Wald. Noch einmal queren wir nach **2.1 km** den Bach, rechts ergeben sich schon erste Blicke auf die Wiesen und Weiden des nahen Schwalberhofs. An den folgenden Kreuzungen weisen uns zusätzlich zu den markanten Traumpfad-Logos auch noch Holzwegweiser die Richtung. Wir verlassen den Wald und laufen in weitem Bogen auf geschottertem Weg durch Wiesen hinauf zum Schwalberhof (3). Dort halten wir uns links und folgen der hier gesperrten K 70 bei bester Panoramaaussicht ins Moseltal und in die Vordereifel. Nur 150 m später dürfen wir die Straße hinter uns lassen und links auf einen breiten Forstweg abbiegen, der hinab ins Schwalberbachtal führt. Dort wandern wir gemächlich durch das sanft ansteigende Tal. Hochwald begleitet uns, und wir ignorieren die von rechts kommenden Wege. Nach **4.6 km** macht unser Weg eine Rechtskurve und gewinnt nun deutlich an Höhe. So gelangen wir wenig später an den Waldrand, folgen aber dem Schwalberstieg noch im Wald

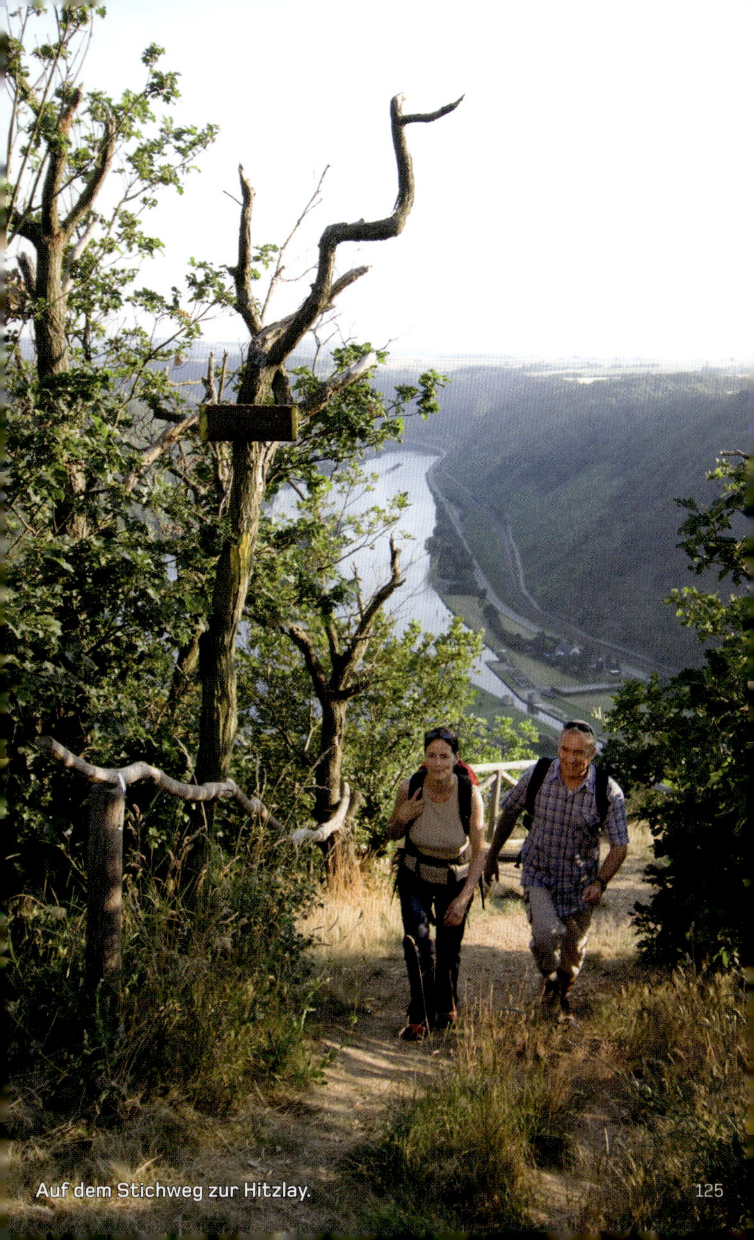

Auf dem Stichweg zur Hitzlay.

rechts zur nächsten Kreuzung. Hier trifft ein weiterer Forstweg von rechts aus dem Tal hinzu, und wir biegen links aufs freie Feld ab. Wir unterqueren eine Stromleitung und freuen uns an der offenen Weite der Felder, die eine schöne Abwechslung zur gerade bewältigten Waldpassage bietet. Linker Hand sehen wir die Gebäude des einsam gelegenen Arkerwälderhofs, während wir dem Traumpfad langsam zum nahen Waldrand folgen. Dort geht es bei **Kilometer 5.4** mit scharfer

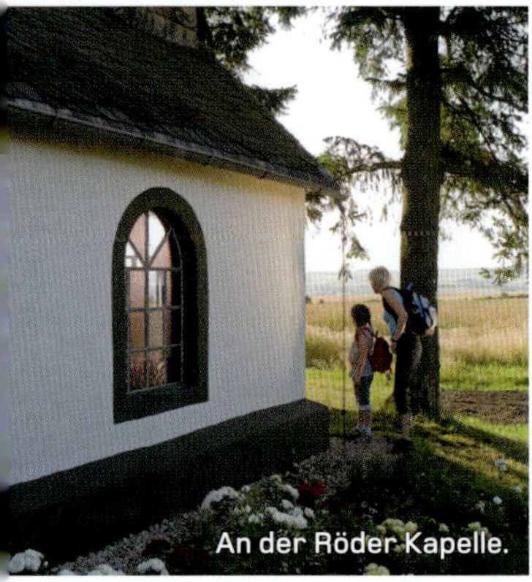

An der Röder Kapelle.

Rechtskehre abwärts in den Wald hinein. Kaum haben wir die erste Kurve beim Abstieg hinter uns gebracht, dürfen wir den Abzweig nach rechts auf einen naturbelassenen Waldweg nicht verpassen. Getrennt durch einen tief eingeschnittenen Hohlweg, streben wir nun parallel zum breiten Forstweg talwärts. Den wenig später querenden Waldweg ignorieren wir und laufen geradeaus weiter abwärts. Der Untergrund des Weges ist teilweise von groben Steinen durchsetzt, was erhöhte Aufmerksamkeit beim Gehen nötig macht. Aber dieser Abschnitt ist nur kurz, denn nach **6.3 km** treffen wir gemeinsam mit dem Forstweg wieder im Aspeler Tal ein und biegen rechts auf einen asphaltierten Wirtschaftsweg ab. Mit gutem Blick auf den munteren Aspeler Bach schöpfen wir auf dem Teerweg Kräfte für den nächsten Aufstieg. Denn der kündigt sich schon knapp 600 m später mit dem Schwenk nach links hinab zum Bach an. Wir queren an einer Furt den Aspeler Bach (4), erklimmen die Böschung und wenden uns nach links auf den breiten, ansteigenden Waldweg. Nach der Rechtskurve gewinnt der Weg nun im vor uns liegenden Tal deutlich an Höhe. An einer Weggabelung wenden wir uns nach links und sofort wieder nach rechts. Nun liegt das Tal rechts von uns, und wir steigen kontinuierlich auf dem weichen Waldweg bergan.

Nach **7.5 km** trifft unser Traumpfad in einer Kurve auf einen geschotterten Forstweg. Jetzt liegt der anstrengendste Teil des Anstiegs hinter uns, und wir wandern nun etwas weniger steil rechts weiter. Einige Kurven später passieren wir eine als Materiallager genutzte Hütte und treffen bei **Kilometer 8.2** an einer großen Wegkreuzung ein: Hier laufen wir halb rechts fast geradeaus weiter. Von links stößt die Moselerlebnisroute dazu. Wenig später verlassen wir den Wald und laufen nun durch die offene Landschaft des Moselplateaus. Um uns breiten sich Felder aus und geben Gelegenheit, den Blick weit schweifen zu lassen. Noch einmal gilt es eine kleine Waldparzelle zu durchwandern, dann liegen die markanten Kuppen der Vordereifel direkt in unserem Blickfeld. Nach **9.3 km** erreichen wir die Röder-Kapelle (5) und biegen links auf einen herrlich weichen Wiesenweg ab. Dieser bringt uns zur Hangkante, wo wir uns rechts orientieren und die Wegweiser zur Hitzlay unsere Neugierde wecken. Vorbei an dichten Hecken, die je nach Jahreszeit mit Blütenpracht oder prallen Früchten grüßen, treffen wir nach **10 km** und einigen gut markierten Schlenkern schließlich an der Aussicht Hitzlay (6) ein. Von dort liegt uns die Mosel mit der Schleuse und den wie Spielzeugdörfchen wirkenden Gemeinden zu Füßen. Auf der anderen Hangseite erkennen wir den Wegverlauf des Koberner Burgpfads (▶ Seite 204).

Wir wandern nun weiter entlang der Hangkante fort und treffen bald auf einen befestigten Weg, dem wir nach links abwärts folgen. Langsam wandelt sich die Umgebung, Streuobstwiesen und Hecken dominieren nun den Wegesrand. Kurz bevor wir auf einen Teerweg treffen, stoßen wir wieder auf das Traumpfädchen und biegen nach **10.9 km** scharf links auf einen Feldweg ab.Vorbei an Obstbäumen und Wiesen geht es stramm abwärts, tolle Blicke auf die andere Moselseite bereichern diese Passage zusätzlich. Wir ignorieren querende Wege und erreichen nach einer Rechtskurve eine kleine Teerstraße. Schnell queren wir die Straße und laufen mit kleinem Versatz nach links auf einem herrlichen Naturweg hangparallel weiter. Bänke mit großartigen Aussichten, zum Beispiel auf die markante Matthiaskapelle und die beiden Koberner Burgen, ergänzen die urwüchsige Natur, die hier sogar mit beeindruckenden, steil gestellten Felsklippen aufwartet. So gelangen wir sehr kurzweilig nach **12.4 km** zum hölzernen Aussichtsturm, der auch „Mönch-Felix-Hütte" (7) genannt wird. Der Turm gewährt neben Rastgelegenheit auch einen tollen Blick auf Kobern-Gondorf, die Burgen, die Matthiaskapelle und natürlich das

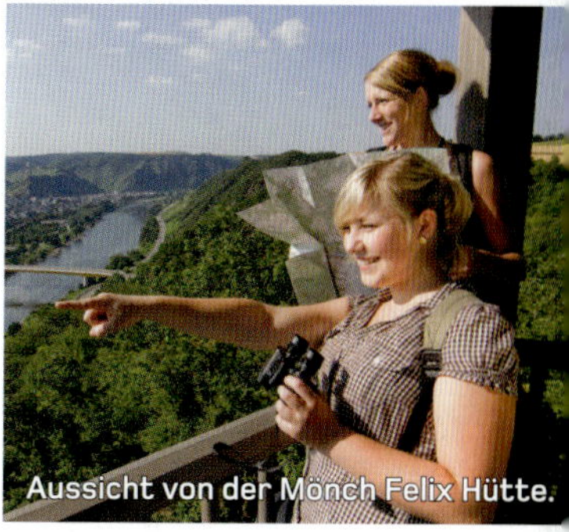

Aussicht von der Mönch Felix Hütte.

Moseltal. Der Endspurt des Schwalberstiegs erfolgt auf dem etwa 20 m östlich des Turms abzweigenden „Nachtigallenpfad". Steil und eng bringt er uns in Serpentinen ins Tal und verläuft zum Schluss knapp oberhalb der wenigen Häuser des Aspeler Tals. Nach **13 km** treffen wir schließlich, begeistert von so viel unberührter Natur und sagenhaften Ausblicken, wieder am Startpunkt beim Portal bei der Linkemühle (1) ein.

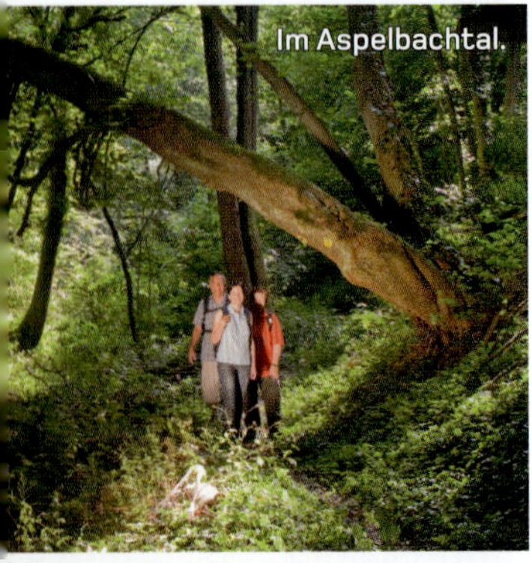

Im Aspelbachtal.

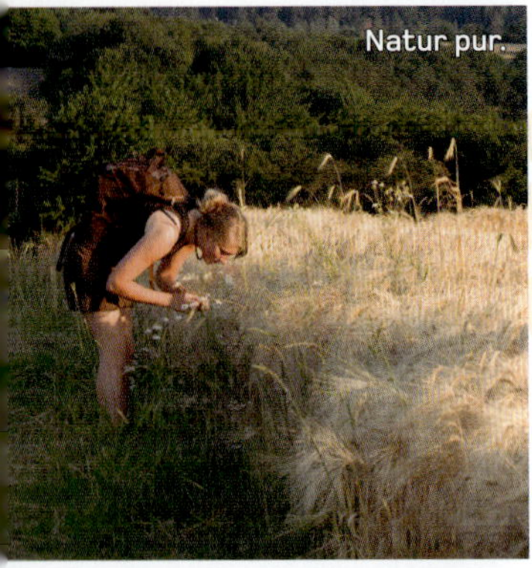

Natur pur.

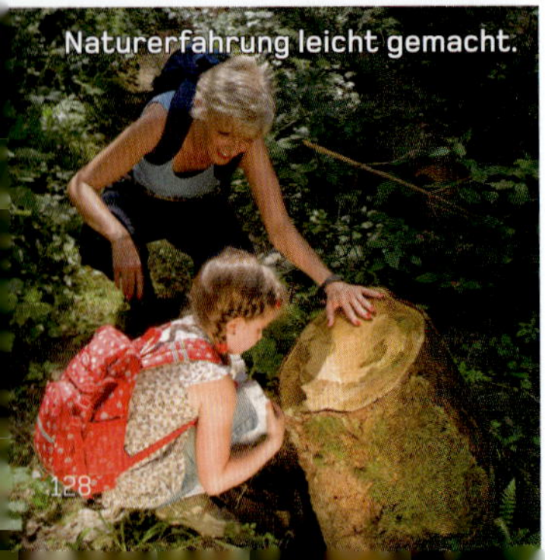

Naturerfahrung leicht gemacht.

Gasthaus Traube, Moselstrasse 27
56332 Niederfell ✆ 02607/9619292
www.traube-niederfell.com

■ Café Sander, Moselstraße 14,
56332 Niederfell ✆ 02607/8309

■ Weitere Einkehrmöglichkeiten:
www.sonnige-untermosel.de

Übernachtungsmöglichkeiten:
www.sonnige-untermosel.de

Info: www.vrm.info

Haltestelle:
Unter den Linden (Niederfell)

■ Mo-So: Bus 301 (Koblenz - Burgen)

Ganz entspannt die Mosel aus neuer Perspektive erleben – bei einer Schiffstour mit der Weißen Flotte ist das kein Problem. Anlegestellen gibt es in zahlreichen Moselorten. Die nächste Anlegestelle nahe des Schwalberstiegs ist in Alken. Infos unter: www.k-d.com www.ms-goldstueck.de

Den Sprung ins erfrischende Nass können große und kleine Wanderer in Winningen an der Mosel wagen. Das Freibad bietet neben einem Sprungturm verschiedene Schwimmbereiche. Von der großen Liegewiese können Besucher noch einmal einen traumhaften und entspannten Blick ins Moseltal genießen. Kiosk und Kinderspielplatz runden das Freibad-Erlebnis ab. www.untermosel.de

Hinweis: Von den Parkplätzen am Moselufer ist ein Zuweg von 650 Metern über die schmale Bachstrasse notwendig. Zwischen Haus Nr. 16 und 18 führt ein Pfad (Moselsteig-Markierung) bis zum Traumpfad-Wegweiser.

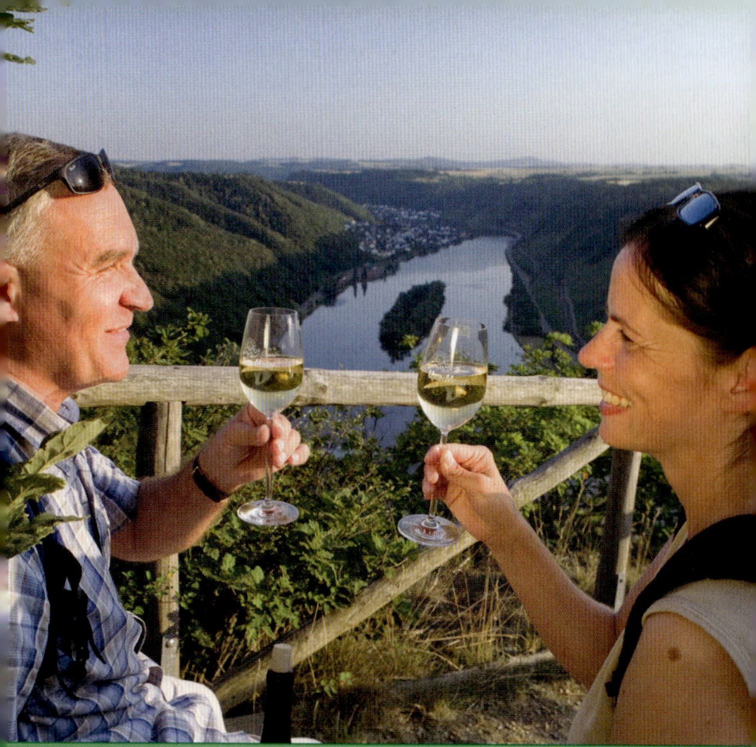

Tipp Moselwein

Was wäre ein Besuch in der Moselregion ohne eine gebührende Würdigung des Wirtschaftsfaktors Nummer 1: des Moselweins! Die „Königsrebe" an den steilen Schieferhängen der Mosel ist unumstritten der Riesling. Neben fruchtigen und edelsüßen Rieslingweinen finden auch die trocken ausgebauten Moselrieslinge große Anerkennung. Die zweitwichtigste Weißweinrebe an der Mosel ist der Müller-Thurgau (auch Rivaner). Ebenfalls zu finden sind Kerner, Elbling und Weißburgunder. Bei den Rotweinen dominieren an der Mosel der anspruchsvolle Spätburgunder (Pinot Noire) und der kräftig gefärbte Dornfelder. Wer die Mosel besucht und Interesse am Wein mitbringt, findet in jedem der zahlreichen Weinorte Gelegenheit zu Weinproben oder auch zu Kellerführungen.

Nähere Infos bei den Gemeinden oder auf www.sonnige-untermosel.de

15 Pyrmonter Felsensteig

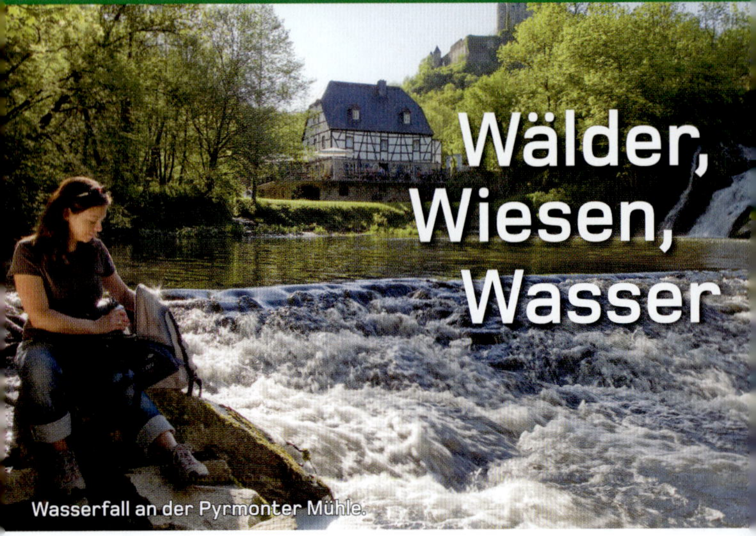

Wasserfall an der Pyrmonter Mühle.

- **Start/Ziel:** Parkplatz bei Burg Pyrmont an der K 27

- **Tourist-Info**
  Touristik-Information Maifeld
  Münsterplatz 6, 56294 Münstermaifeld
  ✆ 2605/9615026 ⓘ www.maifeldurlaub.de

- **Taxi:**
- Charly ✆ 02605/2022

- **Anfahrt:** Über die A 48 bis zur Abfahrt Kaifenheim. Weiter über die L 109 nach Roes. Auf der K 27 Richtung Burg Pyrmont dem Parkleitsystem folgen.

scan to go

QR-Code mit dem Smartphone scannen und Anfahrt anzeigen lassen.

- **Parkplatz in Roes:**
- Burg Pyrmont (K 27)
  N50° 14' 17.7'' • E7° 17' 14.3''

- **Wegpunkte:**

P1: Parkplatz an Burg Pyrmont
32 U 377918 5566512

P2: Burg Pyrmont
32 U 377788 5566462

P3: Ausblick auf Burg Pyrmont
32 U 378004 5566216

P4: Pyrmonter Mühle
32 U 378092 5566353

P5: „Drei Kreuze"
32 U 378506 5566544

P6: Sammetzkopf
32 U 377762 5568847

P7: Hütte 32 U 377254 5568272

P8: Zugang Brückenmühle
32 U 376818 5568046

P9: Teufelskammer
32 U 377359 5567314

11.5 km | 3h 25min | 403 ↑ ↓ | 348 | 865 1015 | TP1XT1X

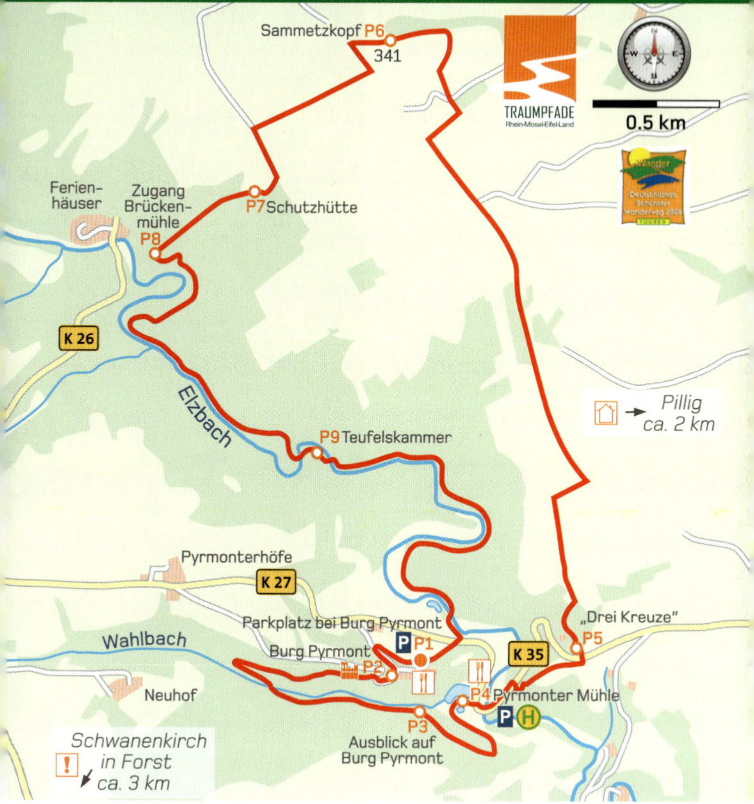

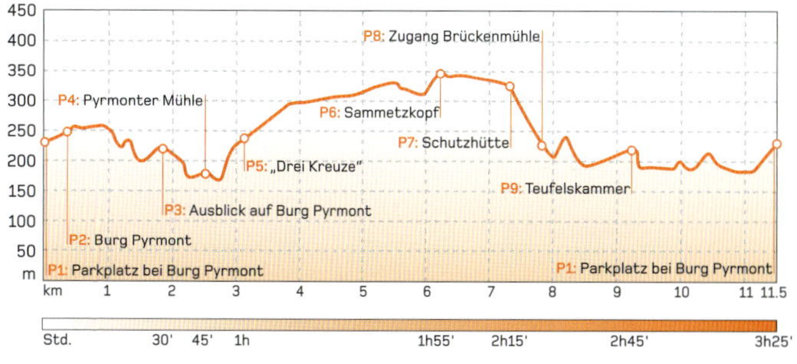

Ein Wanderweg wie aus dem Bilderbuch: ein rauschender Wasserfall, steile Felsen, ein quirliger Fluss, herrliche Aussichten, die Kammer des Teufels und eine stolze Burg. Der Pyrmonter Felsensteig verbindet auf seinen knapp 12 000 Metern Wanderspaß und Kulturgenuss.

Am großen Parkplatz (1) an der K 27 unterhalb der Burg beginnen wir die spannende Tour auf dem Pyrmonter Felsensteig. Zwar biegen einige Wanderwege bald nach links ab, aber wir lassen es gemütlicher angehen und wandern auf dem Radweg bis zur gepflasterten Zufahrt. Dieser folgen wir dann mäßig steil bergan, bis sich vor uns die beeindruckende Burg (2) erhebt.

In den Sommermonaten bietet Burg Pyrmont Gelegenheit zur Zeitreise ins Mittelalter. Man sollte also zusätzliche Zeit für einen ausführlichen Rundgang oder eine Einkehr einplanen.

Der Traumpfad folgt der Zufahrt zum oberen Parkplatz und bietet vom Fahrradparkplatz aus einen großartigen Blick auf die Burg und ein erstklassiges Fotomotiv. In der Kurve verlassen wir die Straße und laufen geradeaus auf einen herrlichen Pfad. Hier macht der Pyrmonter Felsensteig seinem Namen alle Ehre. Efeuumrankte Schieferfelsen begleiten uns, bei **Kilometer 0.6** öffnet sich gar eine Höhle im Gestein.

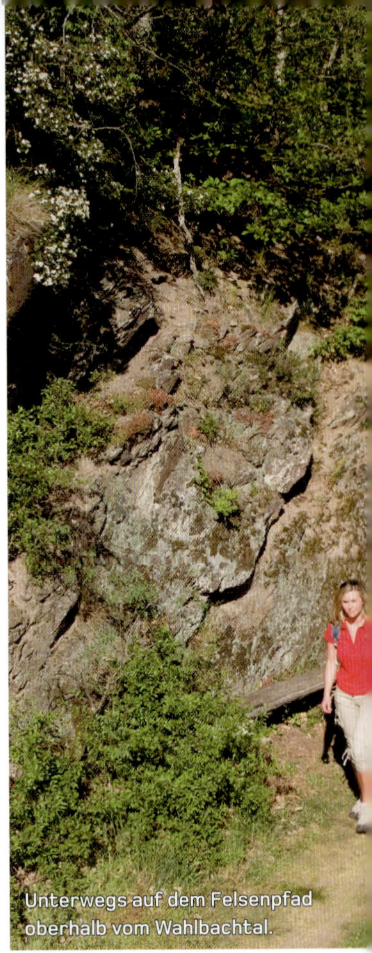

Unterwegs auf dem Felsenpfad oberhalb vom Wahlbachtal.

Nur wenige Meter weiter ragt der Schiefer als fast senkrechte Wand empor. Immer auf Tuchfühlung mit dem Grundgebirge, schlängelt sich der Pfad hoch über dem Wahlbachtal gen Westen. Natürlich bieten sich von so exponierter Stelle auch

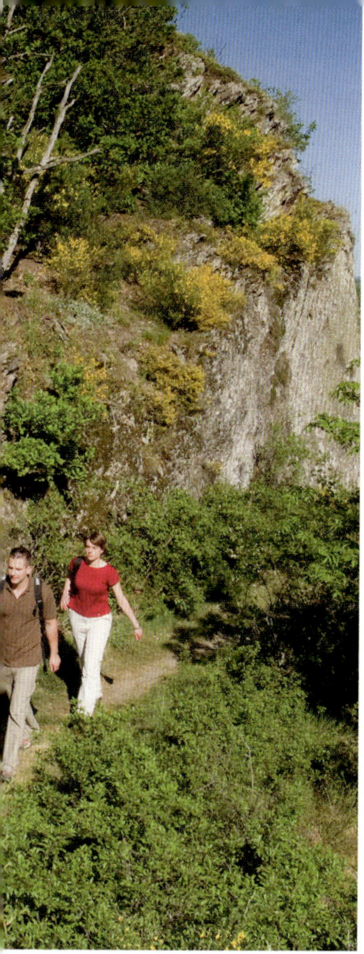

sagenhaft schöne Ausblicke auf das Tal. Viel zu schnell endet dieser spektakuläre Auftakt der Tour. An einer Weggabelung halten wir uns links, und wenig später beschreibt der Weg knapp oberhalb des Wahlbachs eine Spitzkehre.

Nun folgen wir dem kleinen Bach ostwärts. Wir queren das Bächlein und laufen auf dem Waldweg etwas aufwärts, um nach **1.8 km** einen echten Logenplatz (3) zu erreichen: Fast auf Augenhöhe grüßt von der anderen Talseite durch das Blätterwerk die trutzige Burg Pyrmont. Nun folgen wir dem talwärts führenden Weg und stoßen 200 m später auf eine Wegkreuzung: Hier halten wir uns scharf links und treffen im Tal auf einen breiten Wanderweg, der uns links zur nahen Mühle bringt.

Bevor wir diese passieren, lohnt ein kleiner Abstecher auf dem unteren Weg nach rechts, um den zweigeteilten Wasserfall, der je nach Wasserstand mal verspielt plätschert oder donnernd zu Tal rauscht, genauer in Augenschein zu nehmen. Anschließend laufen wir an der Pyrmonter Mühle (4) vorbei, und erreichen die K 35. Hier biegen wir auf einen parallelen Fußweg ab.

Nach kurzer Straßenbegleitung queren wir die Straße und steigen auf schmalem Waldweg im Zickzack durch den lichten Wald etwas bergan. Schnell haben wir die notwendige Höhe gewonnen und folgen dem Traumpfad- Logo sanft aufwärts hinaus auf freies Feld. Wir wandern zur nahen K 35 und queren die schmale Kreisstraße ein weiteres Mal. Voraus sehen wir eine eindrucksvolle Kreuzigungsgruppe. Auf erdigem Weg laufen wir zu dem aus dem 17. Jahrhundert stammenden Stationsaltar „Drei Kreuze" (5). Unmittelbar nach der

Gigantische Aussicht aus luftiger Höhe.

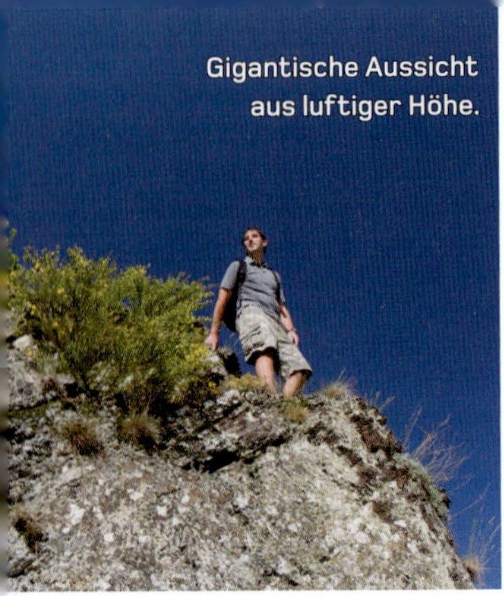

Vorbei an Schieferfelsen.

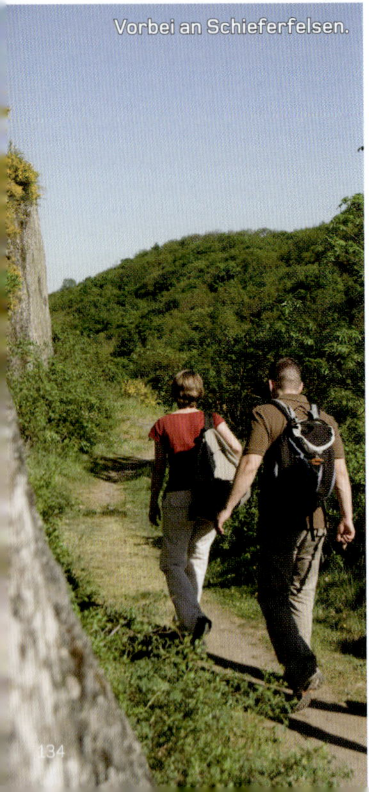

Kreuzigungsgruppe halten wir uns rechts und steigen auf weichem Wiesenweg bergan. Besonders im Frühsommer leuchtet am Wegesrand der Ginster in sattem Gelb. Nach links erhaschen wir über die Büsche hinweg tolle Blicke auf die Burg Pyrmont. Es folgt eine kurze Waldpassage, die uns schließlich an den Rand eines Feldes bringt. Hier orientieren wir uns nach links und befinden uns bald mitten in den weiten Feldern der Kolliger Höhe. Bei erster Gelegenheit biegen wir mit einem Feldweg nach rechts ab, erobern den Heidberg und wandern nun durch freie Flur.

Nach **4.5 km** passieren wir ein kleines Wäldchen und laufen weiter ansteigend nach Norden. Der erdige Weg führt auf ein weithin sichtbares Kreuz zu. Doch zunächst passieren wir ein kleines, steinernes Wegkreuz und biegen auf den nächsten Wiesenweg nach rechts ab. Vor einem Wäldchen geht es links, wir queren einen Teerweg und laufen geradeaus durch die Felder weiter.

Am nächsten Waldrand halten wir uns erneut links und gelangen mit diesem Umweg nach **6.2 km** zu dem hochaufragenden Holzkreuz (6) auf dem Sammetzkopf. Bänke laden zum Verweilen und Ausschauhalten ein. Wir verlassen diesen nördlichsten Punkt der Rundtour und biegen links auf den querenden Feldweg ab.

Doch schon die nächste Gelegenheit nach rechts ergreifen wir, unterqueren eine Stromleitung und wenden uns nur 100 m später nach links. So stehen wir rasch am Rand des Naturschutzgebiets am Juckelberg. Jetzt tauschen wir die breiten Feldwege und die offene Landschaft wieder ein gegen enge Pfade und üppige Vegetation. Wir wandern am Wäldchen nach links und dürfen nicht verpassen, an der ersten Verzweigung nach rechts zu laufen! Eng rücken Ginsterbüsche an den schmalen Pfad heran.

Kaum lichtet sich das Grün, lädt nach **7.3 km** eine Schutzhütte (7) zur Rast ein. Gestärkt setzen wir den Abstieg ins Elztal fort. Lianengleich hängen Waldreben von den knorrigen Baumveteranen, die den Niederwald und die Hecken überragen. Gut 100 Höhenmeter tiefer erreichen wir eine Weggabelung (8): Rechts geht es zur nahen Brückenmühle und zum Feriendorf. Unser Traumpfad setzt sich aber links auf tollem Waldpfad fort. Mit etwas Auf und Ab passieren wir eine alte Schieferhalde nebst Schutzhütte und genießen die wechselnden Ausblicke ins Tal. Nach **8.4 km** haben wir dann das Niveau des Flusses erreicht. Unter dem schattigen Dach der mächtigen Schwarzerlen folgen wir dem Pfad durch die Aue.

Ständig gibt es Neues zu entdecken: Mal liegt ein Baum quer über dem Fluss und sorgt für Strömungswirbel, mal sind es emsige Wasservögel bei der Nahrungssuche, die unsere Aufmerksamkeit auf sich ziehen. Der Traumpfad führt uns auf diesem Abschnitt mitten durch ein Naturidyll erster Güte. Dann geht es wieder aufwärts und imposante Felsen rücken in den Mittelpunkt. Wir erklimmen die Felsrippen der Teufelskammer (9) – vom gehörnten Fabelwesen ist nichts zu sehen ... Dafür beeindrucken uns die karge Bergvegetation und die mächtig und steil aufragenden Schieferfelsen umso mehr.

Zurück im Tal, dürfen wir nach **9.1 km** die Elz kurz hintereinander zweimal auf Stegen überqueren. Wieder folgen wir mit unserem Pfad jeder Biegung der ruhig strömenden Elz. Eine Treppe kündigt die nächste Herausforderung an. Kaum haben wir nach kurzem Aufstieg wieder den Fluss erreicht, lädt ein kurios gewachsener Baumstamm zum „Ritt an der Elz" ein.

Sehr abwechslungsreich setzen wir die Wanderung mal nah am Fluss, mal mit kurzen Aufstiegen fort. Nach **10.8 km** beschreibt die Elz eine große Biegung, und wir laufen an einer Auwiese vorbei. Wenig später trifft unser Pfad auf einen breiteren Talweg. Er bringt uns zu einem Steg, auf dem wir ans andere Ufer gelangen. Wir folgen dem Waldweg aufwärts und queren die wenig befahrene K 27. Über die Zufahrt legen wir die letzten Meter bis zum Parkplatz (1) zurück, wo nach **11.5 km** diese grandiose Traumwanderung zu rauschenden Wassern, wilden Felsen, stillen Winkeln und herrlichen Ausblicken zu Ende geht.

Der Pyrmonter Felsensteig wurde als Deutschlands schönster Wanderweg 2015 ausgezeichnet

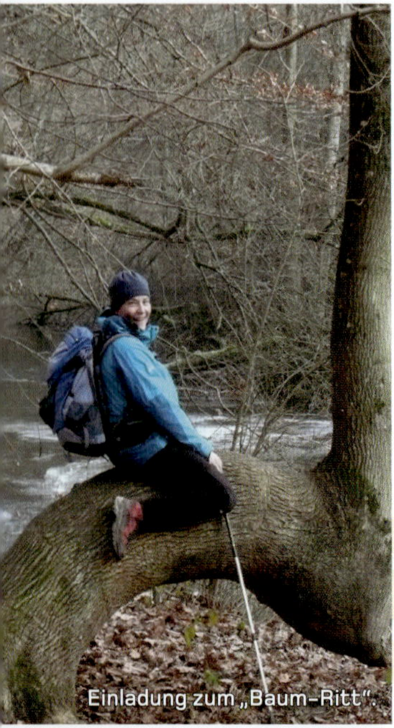

Einladung zum „Baum-Ritt“.

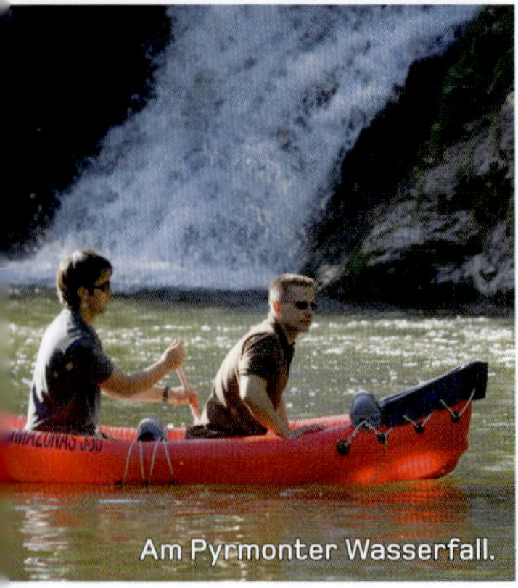

Am Pyrmonter Wasserfall.

Landgasthof Pyrmonter Mühle, Pyrmonter Mühle 1, 56754 Roes, nur Do.- So. 02672/7325 www.pyrmonter-muehle.de
- Hotel-Restaurant Gilles, Schulstraße 5, 56751 Kollig nur Mo.- Do. 02654/7510 www.hotel-gilles.de
- Die kleine Bauernschmause, St. Georgenstr. 34, 56751 Polch, 02654/6171, www.bauernschmause.de
- mehr unter www.maifeldurlaub.de

Landgasthof Pyrmonter Mühle, Pyrmonter Mühle 1, 56754 Roes, nur Do.- So. 02672/7325 www.pyrmonter-muehle.de
- Pilliger Hof, Hotel und Restaurant Hauptstr. 13, 56753 Pillig 02605/4425 www.pilliger-hof.de Di. Ruhetag
- Hotel Pastis, Elztalstrasse 1, 56753 Pillig 02605/8495727 www.hotelpastis.de
- Weitere Unterkunftsmöglichkeiten unter www.maifeldurlaub.de

Info: www.vrm.info
Haltestelle: Burg Pyrmont
- Sa & So: RB 81 (Koblenz - Treis-Karden) dann Bus 330 „Burgenbus“ (Treis-Karden - Burg Pyrmont)

Zwar handelt es sich bei der Schwanenkirche in Forst um einen Neubau aus den 1950er-Jahren, aber die Tradition dieser Wallfahrtskirche reicht bis ins Jahr 1460 zurück. Die ursprüngliche dreischiffige Hallenkirche im gotischen Stil wurde bei einem Luftangriff 1944 zerstört. Das stark beschädigte Vesperbild aus dem 15. Jahrhundert konnte restauriert werden.
Hinweis: Bei Starkregen besteht von Dezember bis März im Bereich der Elz Überschwemmungsgefahr. Dann ist der Weg nicht wanderbar.

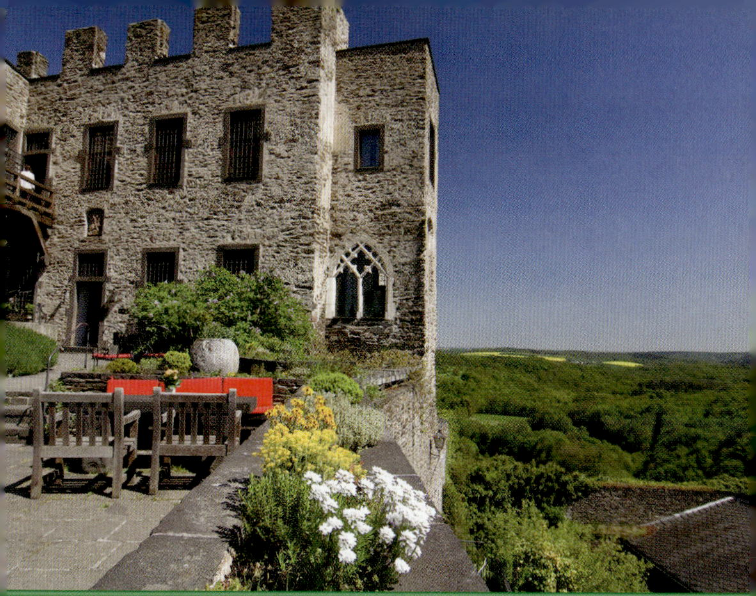

Tipp Burg Pyrmont

Beeindruckend wacht die Burg Pyrmont in luftiger Höhe über das Wahlbachtal und das Elzbachtal. Weit zurück reichen die Wurzeln der mächtigen Feste: Bereits 1225 wird die Burg zum ersten Mal urkundlich erwähnt. Im Gegensatz zu vielen Burgen am Rhein blieb die Pyrmonter Burg sowohl im pfälzischen Erbfolgekrieg 1688–1697 als auch beim Einmarsch der Franzosen 1794 unzerstört. Das Schicksal des stolzen Gemäuers wurde 1810 besiegelt, als die Burg von den Franzosen an einen Bauunternehmer versteigert wurde, der sie fortan als Steinbruch nutzte. Nach zahlreichen Besitzerwechseln begann erst 1963 die systematische Rekonstruktion der Burg.

Heute ist es bei einem Rundgang möglich, nicht nur die restaurierten Wehranlagen aus dem Mittelalter zu bestaunen, sondern auch den Ausblick vom Bergfried zu genießen. Spätestens beim Besuch der Rüstkammer, des Verlieses oder der Folterkammer fühlt sich der Besucher ins Mittelalter versetzt, und manch einer wird beim Anblick der gruseligen Gerätschaften froh sein, im zivilisierten 21. Jahrhundert zu leben. Öffungszeiten vorher prüfen!

Weitere Informationen unter: ✆ 02672/2345 ⓦ www.burg-pyrmont.de

16 Eltzer Burgpanorama

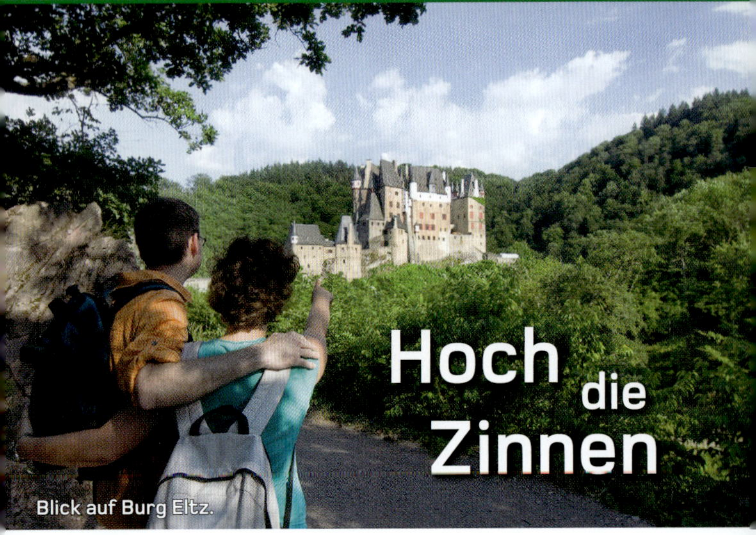

Blick auf Burg Eltz.

- **Start/Ziel:** Dorfgemeinschaftshaus Wierschem

- **Tourist-Info**
  Verbandsgemeinde Maifeld,
  Münsterplatz 6, 56294 Münstermaifeld
  ✆ 02605/9615026 ⓘ www.maifeld.de

- **Taxi:**
- Charly ✆ 02605/2022

- **Anfahrt:** Über die A 48 bis zur Abfahrt Trimbs. Nun folgt man der L 113 nach Münstermaifeld. Dort gelangt man über die K 38 (Pappestraße) nach Wierschem.

scan to go
QR-Code mit dem Smartphone scannen und Anfahrt anzeigen lassen.

- **Parkplatz in Wierschem:**
- In den Wiesen
  N50° 13' 33.9'' • E7° 20' 51.0''

- **Wegpunkte:**

P1: Dorfgemeinschaftshaus Wierschem 32 U 382139 5565022
P2: Aussicht 32 U 381508 5564709
P3: Rastplatz im Elzbachtal 32 U 380645 5563606
P4: Burg Eltz 32 U 391309 5562823
P5: Ringelsteinermühle 32 U 382595 5562284
P6: Aussichtsfelsen 32 U 382810 5562333
P7: Abzweig Tholeisterhof 32 U 382965 5563538
P8: Schutzhütte 32 U 382657 5564303

12.6 km | 3h 45min | 330 ↑ ↓ | 289 | 882 1035 | TP13TX7

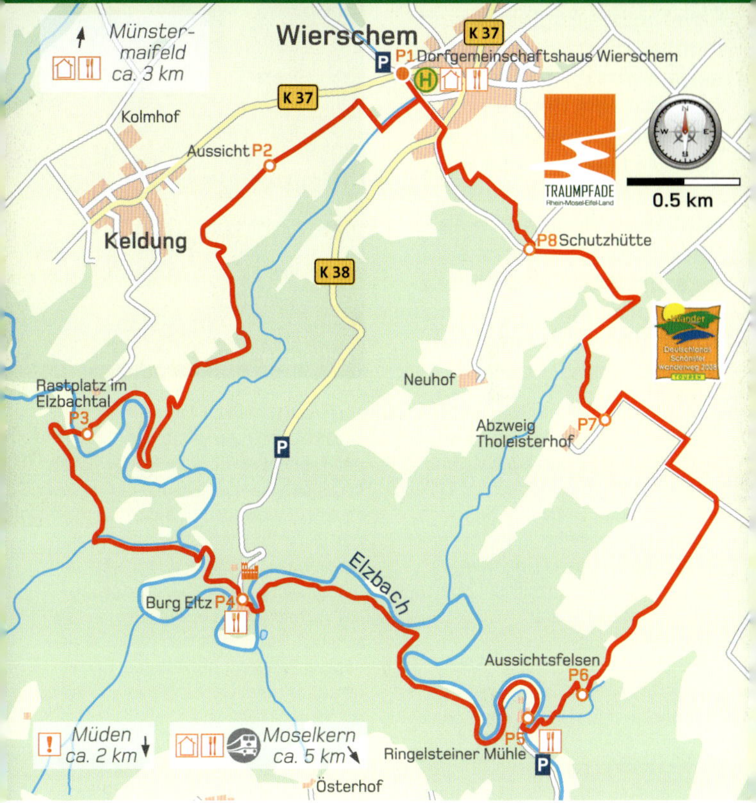

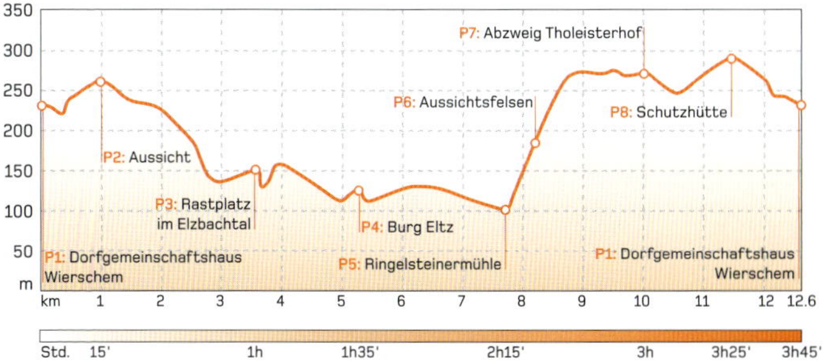

Von der Weite der Hochfläche hinab ins geheimnisvolle Elzbachtal: Begleitet vom munter murmelnden Wasser, erwartet uns auf halber Strecke eine der meistbesuchten Attraktionen aus dem Mittelalter – die Burg Eltz. Stolz ragen die Türme und Zinnen in den Himmel. Geradezu königlich präsentiert sich der gesamte Traumpfad mit anspruchsvollen Bergpassagen und fürstlichen Fernblicken.

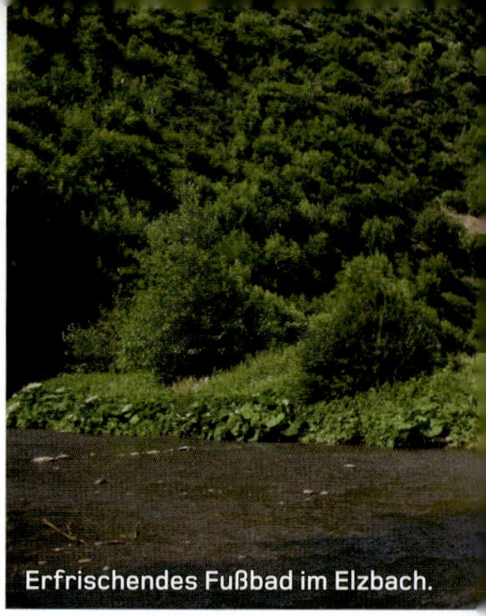
Erfrischendes Fußbad im Elzbach.

Im kleinen Wierschem starten wir zur Rundwanderung zwischen Moselplateau und Elzbachtal. Direkt am westlichen Ortsrand befindet sich das Feuerwehr- und Dorfgemeinschaftshaus (1), an dem wir das markante Traumpfad-Logo zum ersten Mal entdecken.

Wir laufen an einem Spielplatz vorbei, bis sich rechts die erste Gelegenheit zum Abzweigen anbietet. Der Feldweg bringt uns neben einem kaum erkennbaren Rinnsal zügig zur nächsten Wegkreuzung, an der wir uns rechts halten. Die ersten Höhenmeter beanspruchen uns noch nicht wirklich – und so können wir uns nach einem Schwenk nach links ganz dem Vergnügen des „Fern-Sehens" widmen. Vor allem nachdem wir nach **1 km** eine Anhöhe (2) erreicht haben, präsentiert sich uns ein atemberaubendes Panorama. Tief schneidet sich das Elzbachtal in die gewellte Landschaft des Moselplateaus, im Nordwesten erspähen wir bei gutem Wetter die trutzigen Mauern und den Turm der Burg Pyrmont. Wir passieren eine Bank und einen Jungwald, dann steht die nächste Kursänderung an: Während der Hauptweg rechts abbiegt, laufen wir auf naturbelassenem Feldweg geradeaus. Leicht abwärts geht es durch die Felder Richtung Waldrand.

Wir biegen auf einen breiteren Weg ab und erreichen nach **2 km** den Waldrand. Hier halten wir uns geradeaus und erfreuen uns nach der nächsten Kurve an dem herrlichen Waldpfad. Viel zu schnell endet diese idyllische Passage durch den Mischwald. Am Waldrand führt ein Forstweg weiter abwärts. Doch Vorsicht: Am Ende der Wiese und des Wildgeheges dürfen wir den Abzweig nach rechts nicht verpassen,

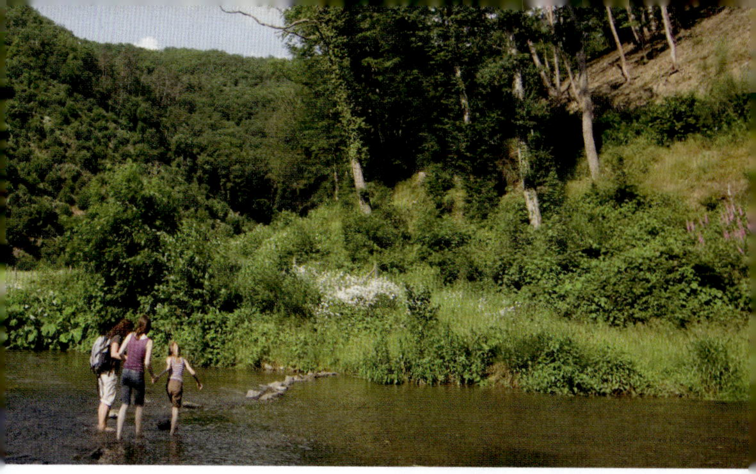

dem nur 50 m später einer nach links folgt! Nun bietet sich rechts eine Bank mit schönem Talblick zum Rasten an. Doch noch ist von Erschöpfung keine Rede.

Auf weichem Waldpfad verlieren wir kontinuierlich an Höhe und treffen im Elzbachtal auf einen querenden Wanderweg. Hier biegen wir nach rechts, denn die Mäander des Elzbachs sind viel zu schön, um auf direkter Route zur Burg zu wandern. So können wir im weiteren Verlauf des Traumpfads die engen Schleifen des Elzbachs ausgiebig erleben, denn unser Weg folgt unmittelbar dem Flusslauf.

Nach **3.5 km** gelangen wir an eine Wegkreuzung nebst Wandertafel und Rastplatz **(3)**. Die Bänke laden dazu ein, sich von der Sonne verwöhnen zu lassen und die Ruhe des Tals in vollen Zügen zu genießen.

Anschließend folgen wir dem schmalen Weg zum Steg über den Elzbach. An der folgenden Weggabelung halten wir uns links und erklimmen mit einer Linkskurve den Prallhang oberhalb des Bachs. Doch lange währt der Aufenthalt in luftiger Höhe nicht, denn der Weg senkt sich schnell wieder ab. Ein alter Steinbruch bleibt rechts liegen, und dann biegen wir links auf einen breiten Forstweg, der dem kleinen Filsenfluss Richtung Elzbach folgt.

Nach **4.9 km** treffen wir an einer großen Waldkreuzung neben der Brücke über die Elz ein. Wir queren den Fluss. Gemeinsam mit dem Moselhöhenweg laufen wir über die Auwiese des Elzbachs. Nach einem kurzen Anstieg stoßen wir auf den Wanderweg, der vom Parkplatz an der Antoniuskapelle kommt, biegen dann um eine imposante Felsklippe und bleiben unwillkürlich stehen: Vor

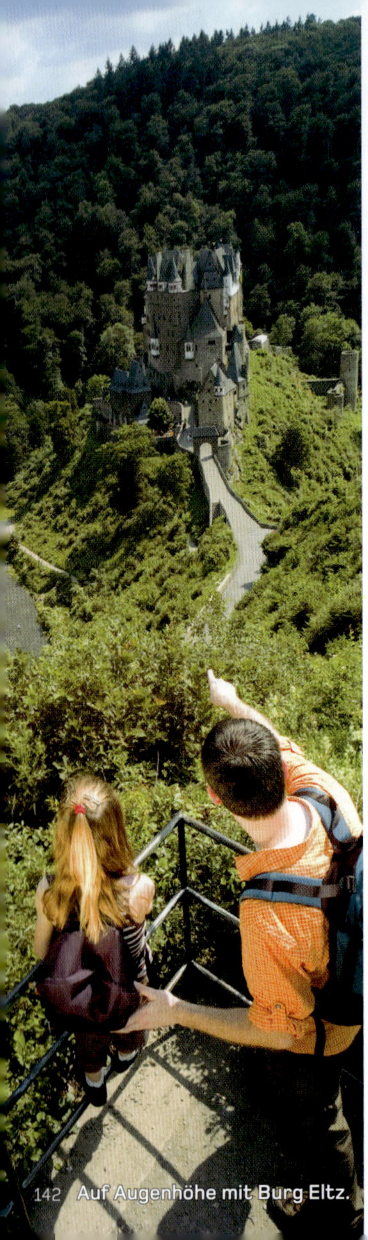

Auf Augenhöhe mit Burg Eltz.

uns ragt die mächtige Burg Eltz empor. Die kompakte Burg mit ihren markanten Türmchen und Mauern, Erkern und der trutzigen Brücke ist immer wieder ein imposanter Anblick. Natürlich lassen wir es uns nicht nehmen, die Burg (4) genauer zu erkunden – und zu sehen, wie der Adel hier lebte.

Auch beim anschließenden Abstieg zum Steg über den Fluss begleitet uns mittelalterliches Flair, denn von hier unten betrachtet, wirken die dicken Mauern der Burg noch beeindruckender und versetzen uns in die Zeit der Ritter zurück. Doch dann gehört unsere Aufmerksamkeit wieder ganz der Natur. Auf halber Hanghöhe folgen wir dem Elzbach, der sich weiterhin durch Wald und Felsen schlängelt. Steile Klippen säumen den Weg, Krüppeleichen und Mischwald begleiten uns.

Nach Passieren einer Anhöhe steigen wir auf das Niveau des Flusses ab und treffen nach **7.5 km** an der Ringelsteiner Mühle (5) ein – genau richtig für eine Einkehr. Zu deftig sollte man sich allerdings nicht stärken, denn nachdem wir ein letztes Mal den Elzbach gequert haben, beginnt der anstrengende Abschnitt der Tour.

Auf einem wunderschönen Pfad erklimmen wir nach den ersten Serpentinen recht steil den Hang. Nach knapp 100 Höhenmetern gibt es allerdings einen guten Grund zum Verschnaufen: Ein kurzer Stichweg bringt uns rechts zu einer nahen Felsenklippe mit fantastischer Aussicht auf das Tal (6). Danach setzen wir den Aufstieg etwas gemächlicher fort. Schließlich öffnet sich rechts der Wald, und wir wandern am sonnigen Waldrand entlang hinauf auf das weite Moselplateau. Vor uns breiten sich nun wieder die ausgedehnten Felder aus, die einen freien Blick in die Umgebung erlauben. Diverse Richtungswechsel stellen keine Herausforderung dar.

Vor uns erkennen wir in der Hochfläche die Einkerbung eines Tals. Langsam geht es abwärts, und kurz vor dem Tholeisterhof (7) biegen wir nach **10 km** rechts ab. Nach kurzer Waldpassage treffen wir am Ursprung des Kerner Bachs auf den Moselhöhenweg. Nun begleitet uns also auch das weiße „M". Wir halten uns rechts und laufen auf heckengesäumtem Naturweg bergan zu einem kleinen Wäldchen.

Kaum haben wir es hinter uns gelassen, biegen wir links auf einen Feldweg ab. Freie Flur umgibt uns, und links erspähen wir in der Ferne den Neuhof. Am Waldrand angekommen, stoßen wir auf die befestigte Zufahrt zum Neuhof – und eine Schutzhütte (8). Zum Glück führt uns das Traumpfad-Logo aber nicht auf den breiten Fahrweg, sondern es geht auf weichem Untergrund hinein in den Wald.

Wenig später verlassen wir das schummrige Grün des Waldes und folgen nun dem Waldrand entlang den weiten Feldern. Dabei schweift der Blick zum nahen Wierschem. Wir gehen unbeirrt am Waldrand entlang, ignorieren zwei einmündende Wege und treffen einige Schlenker später bei **Kilometer 12.1** auf den Wirtschaftsweg zwischen Neuhof und Wierschem, dem wir nach rechts zu den ersten Häusern der Gemeinde folgen.

An einem Landgasthof erreichen wir die Zufahrt zur Antoniuskapelle und wenden uns wieder nach rechts. Schon 80 m später dürfen wir die Straße verlassen und links auf „In den Wiesen" abbiegen. Nun erkennen wir die Umgebung wieder, denn die letzten Meter am Spielplatz vorbei zum Startpunkt sind wir bereits zu Beginn gewandert.

Nach **12.6 km** schließt sich am Dorfgemeinschaftshaus Wierschem (1) unser Kreis auf einer herrlichen Traumpfad-Tour zu quirligen Wassern und trutzigen Mauern!

Der Traumpfad Eltzer Burgpanorama ist Wanderweg des Jahres 2013

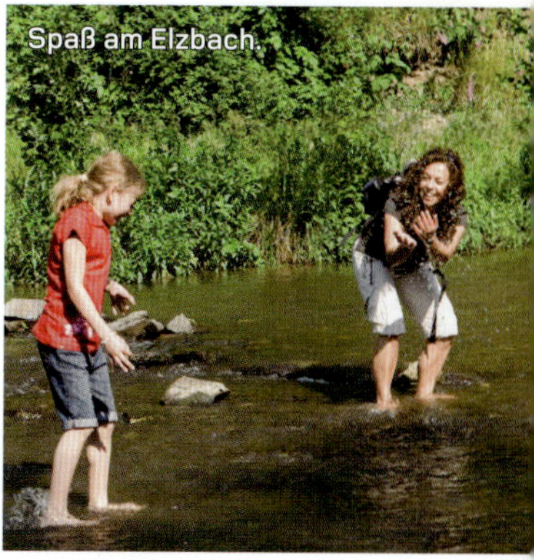
Spaß am Elzbach.

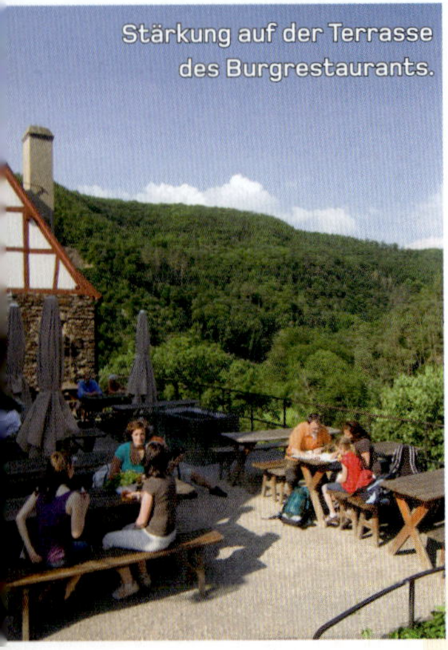

Stärkung auf der Terrasse des Burgrestaurants.

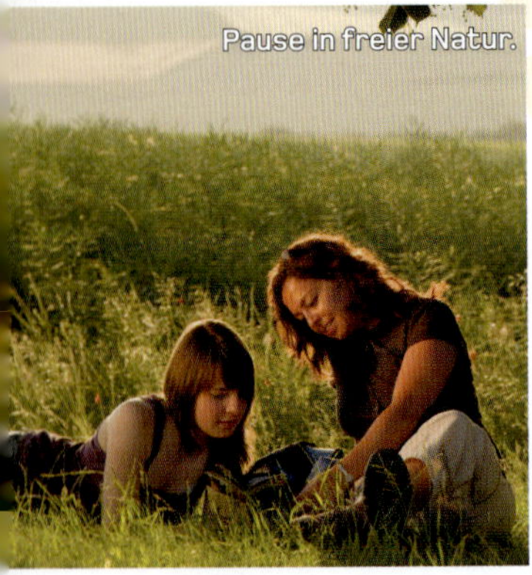

Pause in freier Natur.

Burg Eltz bietet zwei Restaurants mit Selbstbedienung ⏲ Nur während der Saison ⓘ www.burg-eltz.de
■ Landhotel Ringelsteiner Mühle, Im Elztal 94, 56254 Moselkern
✆ 02672/910201
ⓘ www.ringelsteiner-muehle.de
■ Löffel's Landhaus, Obertorstrasse 42 56294 Münstermaifeld ✆ 02605/953773
⏲ Montag und Dienstag geschlossen
ⓘ www.loeffelslandhaus.de
■ Café KOSTBAR, Hauptstraße 7, 56294 Gappenach ⏲ nur am Wochenende
ⓘ www.cafe-kostbar.com

Landhaus vor Burg Eltz, Burg-Eltz-Straße 23, 56294 Wierschem
ⓘ www.landhaus-vor-burg-eltz.de
✆ 02605/565 ⏲ Montag Ruhetag
■ Hotel und Restaurant Athen, Obertor Straße 4–6, 56294 Münstermaifeld
ⓘ www.hotel-restaurant-athen.de
✆ 02605/1715
■ Weitere Einkehr- und Unterkunftsmöglichkeiten ⓘ www.maifeldurlaub.de

Info: ⓘ www.vrm.info
Haltestelle: Wierschem Kirchgasse
■ Sa & So: RB 81 (Koblenz - Treis-Karden) dann Bus 330 „Burgenbus" (Treis-Karden - Burg Pyrmont)

Zwischen Müden und Karden befindet sich das größte wilde Verbreitungsgebiet des Buchsbaums nördlich der Alpen. Infos ⓘ www.mueden-mosel.de

Wasserwelten erwarten die Besucher im Hallen-Wellenbad des Feizeitlandes Cochem. Moritzburger Straße 1, 56812 Cochem ✆ 02671/97990
ⓘwww.moselbad.de

Hinweis: Bei Überschwemmung der Elz ist der Weg nicht begehbar.

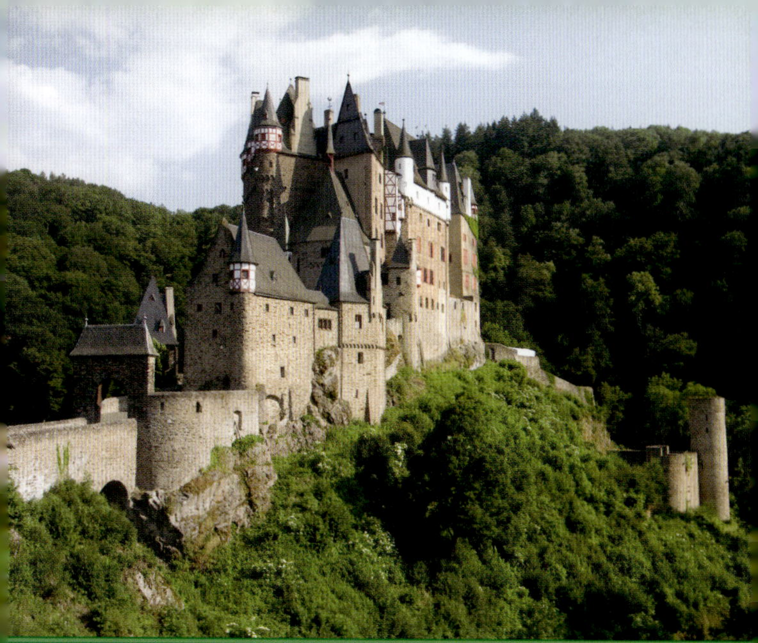

Tipp Burg Eltz

Die Burg Eltz wurde bereits 1157 erstmals in Urkunden erwähnt. Versteckt im Elzbachtal, entging die Burg nicht nur im Dreißigjährigen Krieg, sondern auch während der pfälzischen Erbfolgekriegen der Zerstörung. Somit ist das beeindruckende Gebäude eine der wenigen nie zerstörten Burgen im Rhein-Mosel-Gebiet. Bekannt wurde die Burg auch durch den 500-Mark-Schein, dessen Rückseite sie zierte.

Mittelalterliches Flair umfängt die Besucher schon beim Überschreiten der Brücke und Durchqueren des ersten Tores. Eine Besichtigungstour durch die authentisch eingerichteten Räume ist ein besonderes Erlebnis. Neben den eigentlichen Burgräumen kann auch die reichhaltige Schatzkammer besichtigt werden. Sie beherbergt eine eindrucksvolle und wertvolle Sammlung von Gold- und Silberschmuck, Waffen und feinem Porzellan.

Kastellanei Burg Eltz, 56294 Münstermaifeld ✆ 02672/950500
www.burg-eltz.de Burg: April bis Nov. tägl. 9.30–17.30 Uhr (letzter Einlass).

17 Bleidenberger Ausblicke

Blaues Blut und weißer Wein

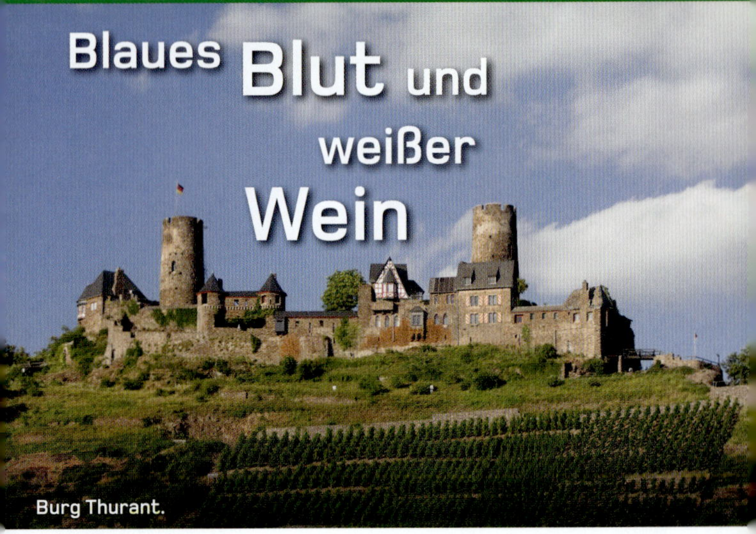

Burg Thurant.

- **Start/Ziel:** Startportal, Oberfell
- **Tourist-Info**
  Sonnige Untermosel, Moselstraße 7,
  56332 Alken ✆ 02605/8472736
  www.sonnige-untermosel.de
- **Taxi:**
  - Allard ✆ 02605/2360
- **Anfahrt:** Über die B 49 nach Oberfell oder von der A 61 bis Abfahrt Waldesch, weiter über die B 327 und die K 71.
- **Parkplatz:**
  - Oberfell N50° 15' 30.7'' • E7° 26' 47.1''

scan to go

QR-Code mit dem Smartphone scannen und Anfahrt anzeigen lassen.

- **Wegpunkte:**

P1: Startportal „Im Kirchenstück", Oberfell 32 U 389247 5568476
P2: Hütte „Auf dem Schild" 32 U 390250 5568866
P3: Hütte am Dickenberg 32 U 390658 5568112
P4: Querung K 71 32 U 392349 5567791
P5: Steinbruch im Alkener Bachtal 32 U 391656 5566897
P6: Hütte an der Link-Eiche 32 U 390903 5567038
P7: Burg Thurant 32 U 389691 5567307
P8: St. Michael 32 U 389394 5567608
P9: Wallfahrtskirche 32 U 389944 5567690
P10: Keltische Pfostenschlitzmauer 32 U 389239 5568091

12.7 km	$3^h 45^{min}$	549 ↑↓	368	1012 ♀ 1187 ♂	TP14TX6

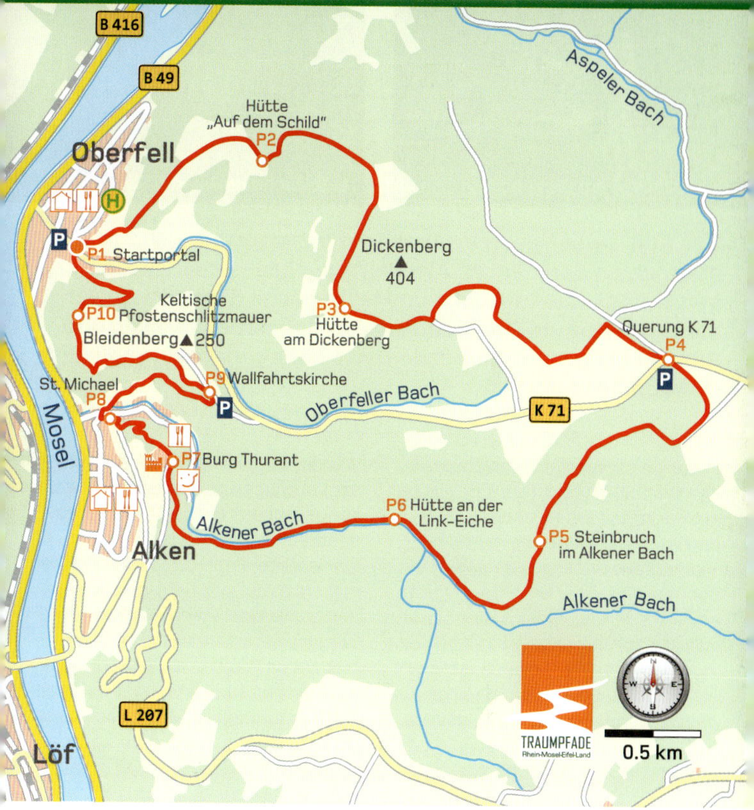

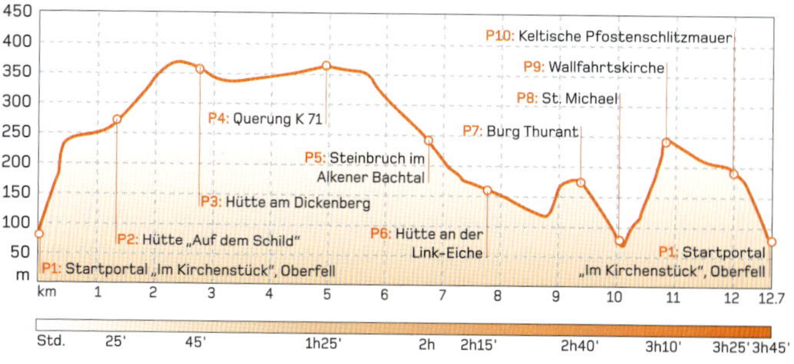

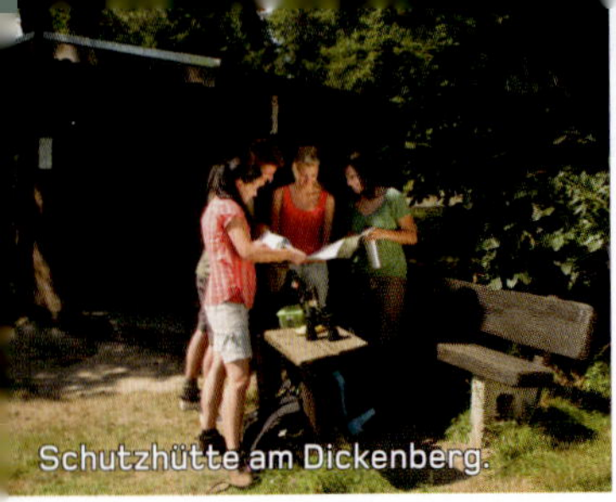
Schutzhütte am Dickenberg.

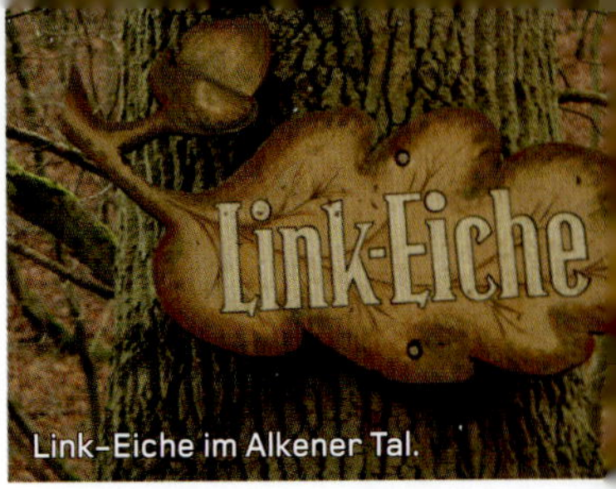

Link-Eiche im Alkener Tal.

Der Adel wusste schon immer, wo es schön ist – und so entstanden an den besten Aussichtspunkten prachtvolle Burgen. Königliche Ausblicke und historische Einblicke gewährt die Tour rund um Oberfell. Auf den Spuren von Kelten und Rittern bietet die Tour tolle Naturhöhepunkte und reichlich Abwechslung.

In der beschaulichen Moselgemeinde Oberfell, gleich hinter der Kirche am Parkplatz „Im Kirchenstück" (1), beginnen wir die aussichtsreiche Traumpfadwanderung zu den „Bleidenberger Ausblicken". Davon gibt es reichlich, und es ist daher sinnvoll, von vornherein zusätzliche Zeit zum Genießen der tollen Ausblicke einzuplanen. Doch wer von einer gemächlichen Tour entlang des Moseltals träumt, der wird schon auf den ersten Metern nach dem Start vom Gegenteil überzeugt: Steil, sogar sehr steil führt der Traumpfad neben Reben und alten Weinbergsmauern aufwärts. Doch schon von halber Hanghöhe aus bekommen wir beim kurzen Verschnaufen erste Kostproben der Ausblicke – und sind begeistert! Unser Pfad führt uns an einem kleinen Plateau nebst Schutzhütte vorbei zu einer großen Wegkreuzung: Hier quert ein breiter Wanderweg, wir aber halten uns mit dem orangen Traumpfad-Logo weiter geradeaus bergan. Der Schoppenstecherweg und die Moselerlebnisroute begleiten uns (übrigens mehrfach auf der heutigen Tour), und bunte Hecken säumen den Weg. Wir ignorieren die nach rechts abbiegenden Wege und wandern zwar noch immer aufwärts, aber deutlich flacher zum Schildberg hinauf. Links öffnet sich nach 900 m ein toller Blick zum markanten, kegelförmigen Karmelenberg und zu weiteren Vulkankegeln der Vordereifel. Vor einem Tannenwäldchen biegt der Weg nach rechts ab, und nach insgesamt **1.4 km** haben wir die Schutzhütte „Auf dem Schild" (2) erreicht. An der Kreuzung biegen wir scharf links auf einen breiten Waldweg ab. Noch immer geht es aufwärts, doch der hochgewachsene und dennoch lichte Mischwald bietet ausreichend

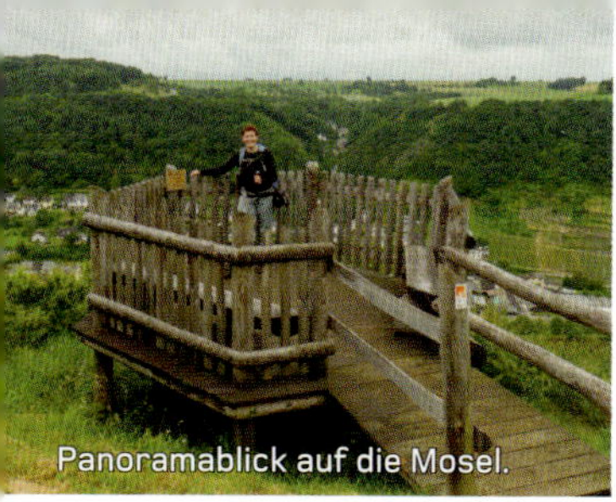
Panoramablick auf die Mosel.

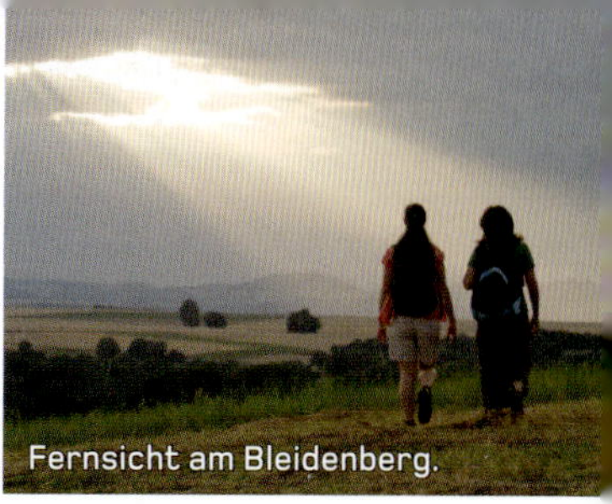
Fernsicht am Bleidenberg.

Abwechslung (und lenkt von der Anstrengung ab). Links passieren wir eine Wiese und folgen dem Traumpfad im leichten Bogen nach rechts auf die Hangflanke des Dickenbergs. Wir folgen dem Waldweg. Nach **2.7 km** erreichen wir die idyllisch an einem Wiesenrand gelegene Schutzhütte am Dickenberg (3), die mit einem Rastplatz und sagenhaften Ausblicken nach Südwesten aufwartet: Das ist Fern-Sehen pur!

Mittlerweile haben wir auch den höchsten Punkt der heutigen Wanderung überschritten und können es jetzt gemütlich angehen lassen. Nach kurzer Waldpassage treffen wir an einer weiten Wiesenfläche auf einen asphaltierten Weg. Hier biegen wir schnurstracks links auf einen weichen Wiesenweg ab und folgen ihm in weitem Rechtsbogen immer am Waldrand entlang um die ganze Offenfläche. Auch hier locken wieder traumhafte Fernsichten. Obwohl die Richtung mehrmals wechselt wandern wir unbeirrt stets am Waldrand entlang und freuen uns an den ständig neuen Perspektiven. Nach **4.9 km** treffen wir auf die wenig befahrene K 71 und queren sie auf Höhe des kleinen Parkplatzes „Oberfeller Wegweiser“ (4). Zunächst führt uns der Traumpfad außen am Wald entlang, bis wir dann auf einen Asphaltweg stoßen. Wir folgen ihm nun rechts in den herrlichen Mischwald hinein. Dort endet der Asphalt, und wir biegen an der ersten Kreuzung rechts Richtung Alken ab. Was uns dort geboten wird, haben wir so nie und nimmer erwartet: Kaum haben wir die ersten Höhenmeter des gemächlichen Abstiegs hinter uns, sehen wir rechts eine tiefe Schlucht. Wir wagen uns an die Kante und staunen über die fast senkrechte, etliche Meter tief eingeschnittene Klamm. Zwar führt sie heute nur selten Wasser, aber dennoch gehört nicht viel Fantasie dazu, sich die immensen Kräfte des Wassers vorzustellen, die für diesem Einschnitt verantwortlich waren.

Wir lassen uns von der einmaligen Natur um uns herum verzaubern und erhalten nach **6.7 km** bereits die nächste Lektion in Geologie: Links des Weges sind in einem längst aufgegebenen Steinbruch (5) sehr eindrucksvoll die steil gestellten Schichten des Grundgebirges angeschnitten. So bekommen wir quasi im Vorübergehen einen

Eindruck von den urgewaltigen Kräften der Gebirgsbildung, die den harten Fels vor Zigmillionen Jahren mühelos aufgefaltet und deformiert haben. Nach so viel beeindruckender Natur gibt uns der weitere Abstieg ins Tal Gelegenheit, die Eindrücke zu verarbeiten. Doch kaum haben wir mit einem Schwenk nach rechts den Hauptweg im Alkener Tal erreicht, fordert die mächtige „Helmut's Eiche" am Wegesrand unsere Aufmerksamkeit. Begleitet vom leisen Murmeln des Alkener Bachs, treffen wir nach **7.8 km** an der Schutzhütte neben der nicht minder beeindruckenden „Link-Eiche" (6) ein und nehmen die Gelegenheit zur Rast am idyllischen Bach gerne wahr.

Gestärkt setzen wir die Tour fort und wandern auf dem breiten Forstweg nach Westen. An einer kleinen Schutzhütte geht es über den Bach, und ein weiterer, hinter dichten Büschen versteckter Steinbruch wird passiert. Nach **8.9 km** wechseln wir links auf einen engen Pfad, der nun auch wieder unsere Kondition fordert: Der nächste Bergrücken will erklommen werden. Unterwegs gibt es ausgiebig Gelegenheit, den großen Steinbruch auf der anderen Talseite in voller Schönheit zu bewundern: Unglaublich, mit welchen Wurzel-Kräften sich einzelne Bäume mitten in der Steilwand halten können. Dann sind wir oben und folgen mit kleinem Versatz dem Pfad nach rechts. Wenig später öffnet sich nach **9.3 km** der Wald, und wir stehen am Parkplatz vor der imposanten Doppelburg Thurant (7). Ein Besuch der Burg mit den zwei Türmen lohnt sich in jedem Fall. In ihrem herrlich gepflegten Garten laden Sitznischen zum Verweilen ein. Sensationell ist der Ausblick ins Moseltal.

Zurück auf dem Weg wandern wir gemeinsam mit dem Moselsteig zwischen Weinbergen und Burgfelsen Richtung Alken. Per Pfad gelangen wir zu einem wunderbaren Aussichtsfelsen oberhalb eines weißen Kreuzes, den wir auf keinen Fall verpassen sollten. Danach wandern wir in Serpentinen abwärts (Achtung: Trittsicherheit ist hier vor allem bei feuchter Witterung unbedingt notwendig). Nach **10.1 km** liegt der abenteuerliche Pfad hinter uns, und wir haben St. Michael (8), eine kleine Kirche aus dem 11. Jahrhundert, erreicht. Die letzten Meter hinunter nach Alken sind schnell bewältigt, und vorbei an altehrwürdigen Häusern laufen wir rechts durch das alte Stadttor zur nächsten Herausforderung, dem Aufstieg zum Bleidenberg.

Schon von der Burg aus haben wir den Weg durch die Weinberge und die markanten Stationen des Kreuzwegs gesehen. Nun müssen wir den letzten Aufstieg der Tour, den „Sieben-Fußfälle-Klettersteig" bewältigen. Trittsicherheit und gutes Schuhwerk sind hier nun wirklich Pflicht, Wanderstöcke sind auf den Steilstücken ebenfalls hilfreich. Doch wir lassen uns nicht abschrecken und nehmen den Weinbergspfad unter die Füße. Einige Treppenstufen helfen uns bis zum ersten Querweg, wo es etwa 50 Meter nach rechts geht, bevor wir links per Treppe wieder auf einen Pfad gelangen. Dann setzt sich der Aufstieg entlang des Kreuzwegs fort. Unterwegs genießen wir bei kleinen Verschnaufpausen immer wieder den großartigen Ausblick auf die Burg Thurant und Alken. Das letzte Stück des Klettersteigs gibt es in zwei Schwierigkeitsstufen: Links geht es im steilen Direktaufstieg nach oben, rechts verläuft eine deutlich flachere, aber längere Variante. Nach **10.9 km** erreichen wir etwas erschöpft, aber vom Ausblick überwältigt das Ende des Pfades auf dem Plateau des Bleidenberges unweit der Dreifaltigkeitskirche **(9)**. Ein Besuch dieser von außen eher unscheinbaren, aber stark frequentierten Wallfahrtskirche aus dem 13. Jahrhundert lohnt sich in jedem Fall (▶ Tipp).

Anschließend ist „Genusswandern pur" angesagt. Auf weichem Wiesenweg folgen wir immer der Hangkante zunächst nach Westen. Grandiose Ausblicke beweisen, dass dieser Traumpfad seinen Namen zu Recht trägt. An einem Felssporn biegt der Weg nach Norden ab, und es öffnen sich neue Perspektiven. Wir passieren eine kleine Schutzhütte und erreichen nach **11.9 km** eine rekonstruierte keltische Pfostenschlitzmauer **(10)**. Etwas unterhalb deuten Stahlskulpturen einen Lagerplatz des Homo erectus nach, inklusive Waldelefant und Laubhütte. Kein Wunder also, dass uns seit der Burg Thurant der Themenweg „Zeitreise" begleitet. Nur 50 Meter nach der Pfostenschlitzmauer wenden wir uns an einer Weggabelung nach links und folgen dem Naturweg leicht abwärts nach Nordosten. Von einer Bank aus haben wir Oberfell und den ersten Anstieg der Tour im Blick. Nach **12.3 km** steht eine Spitzkehre nach links unten an. Nun folgen wir dem Kreuzweg hinab nach Oberfell, wo dieser vielfältige Traumpfad nach aufregenden **12.7 km** „Im Kirchenstück" **(1)** endet.

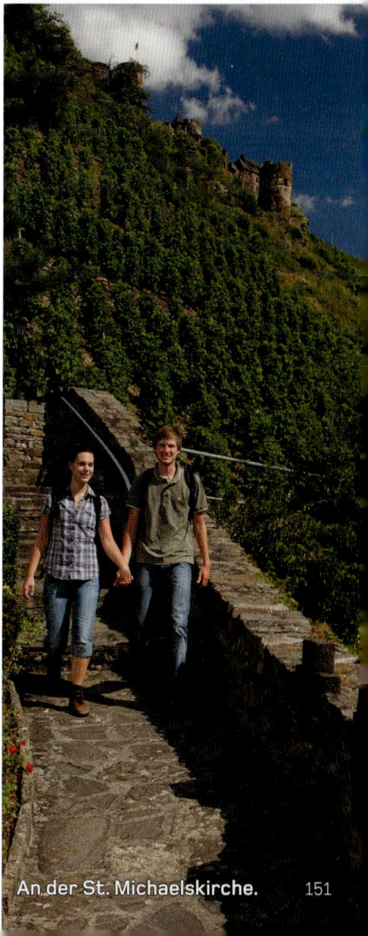

An der St. Michaelskirche.

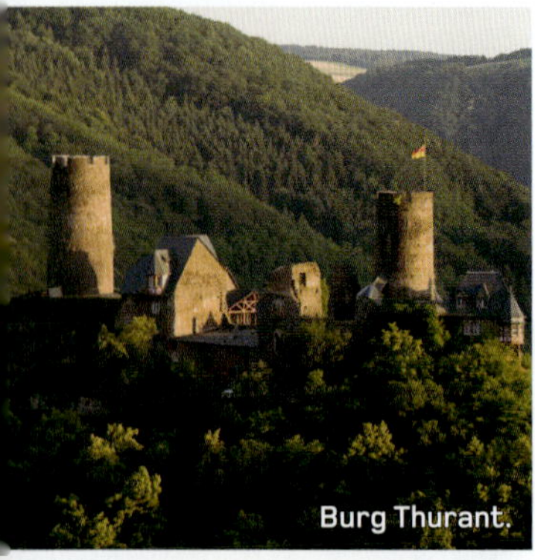
Burg Thurant.

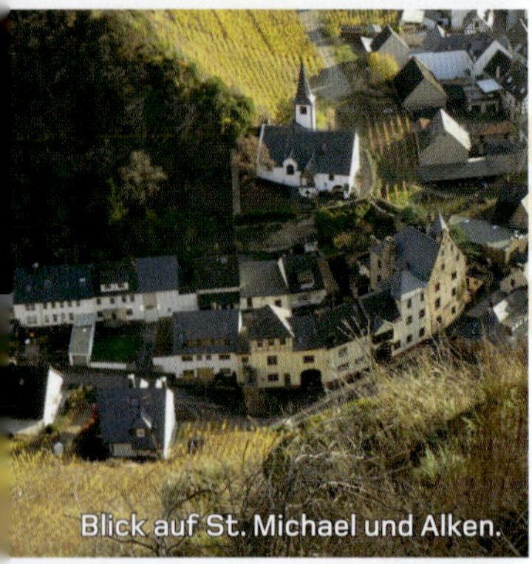
Blick auf St. Michael und Alken.

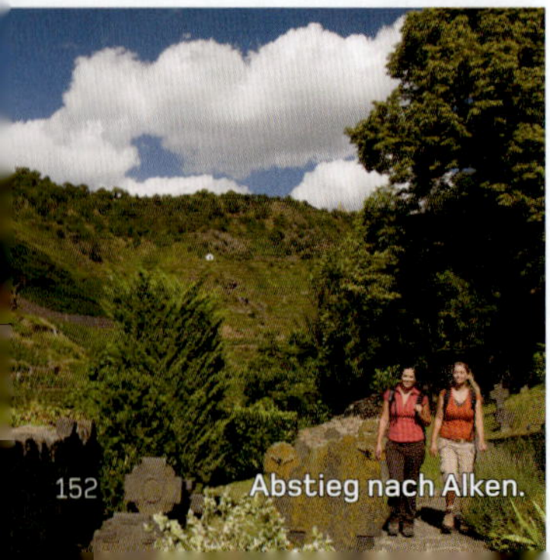
Abstieg nach Alken.

Landhaus Zimmermann,
Moselstraße 1, 56332 Alken
Montag Ruhetag 02605/3383
www.landhaus-zimmermann.com
■ Weitere Einkehrmöglichkeiten:
www.sonnige-untermosel.de

Landhaus Müller, Moselstraße 6
56332 Alken 02605 952512
www.mosel-hotel-alken.de
■ Pension Birkenhof, Hauptstraße 52
56332 Oberfell 02605/8830
www.birkenhof-mosel.de
■ Moselhotel Burg-Café, Moselstr. 11,
56332 Alken 02605/4443
www.burg-cafe.de
■ Weitere Übernachtungsmöglichkeiten:
www.sonnige-untermosel.de

Info: www.vrm.info
Haltestelle: Weinstraße Oberfell
■ Mo-So: Bus 301 (Koblenz - Burgen)

Hoch über Alken thront die Burg Thurant mit ihren markanten Doppeltürmen. Die sehr gut erhaltene Burganlage lädt zum Rundgang ein und entführt mit der authentischen Umgebung nicht nur junge Raubritter in die Welt des Mittelalters. Besonders die gepflegten Beete zwischen den historischen Mauern mit den zahlreichen verträumten Nischen begeistern auch erwachsene Besucher.
www.thurant.de

! Der Traumpfad Bleidenberger Ausblicke verläuft teilweise auf gemeinsamer Trasse mit dem Moselsteig.

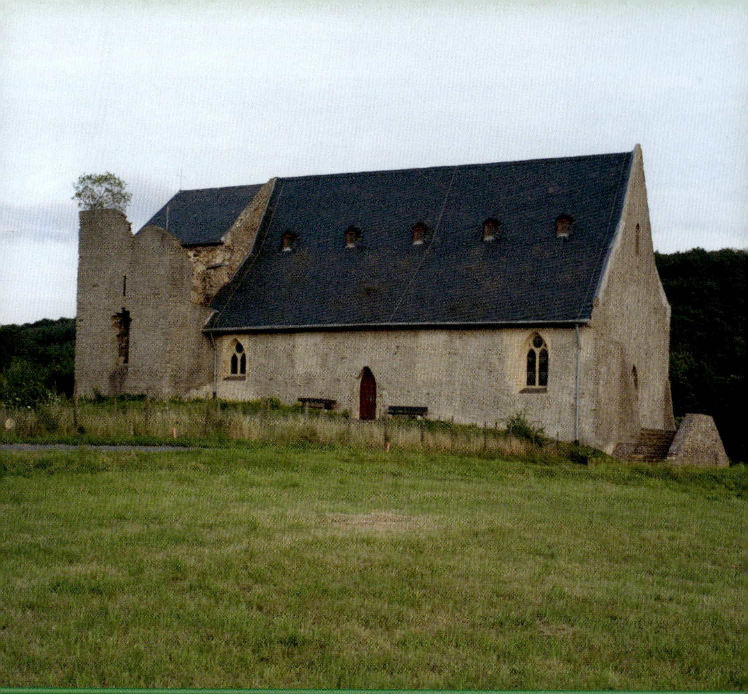

Tipp Wallfahrtskirche am Bleidenberg

Unscheinbar, grau, fast profan – so erhebt sich auf dem Bleidenberg das Gebäude der bekannten Wallfahrtskirche. Doch hinter der unauffälligen Fassade mit der Turmruine versteckt sich ein Kleinod aus dem Mittelalter. Seit dem 13. Jahrhundert ist die Dreifaltigkeitskirche Ziel von frommen Pilgern: 1250 wurde die Dreifaltigkeitsprozession von Oberfell auf den Bleidenberg erstmals urkundlich erwähnt.

Das Gewölbe der ursprünglich aus dem 10. Jahrhundert stammenden, dreischiffigen gotischen Basilika besticht durch seine Schlichtheit. Das Interieur vermittelt auch im hektischen 21. Jahrhundert Ruhe und lädt zu besinnlichen Momenten ein. Der Ursprung der Kirche wird am Marienaltar im heutigen Ostchor vermutet.

Weitere Infos unter: www.themenweg-zeitreise.de www.oberfell.de

18 Wanderather

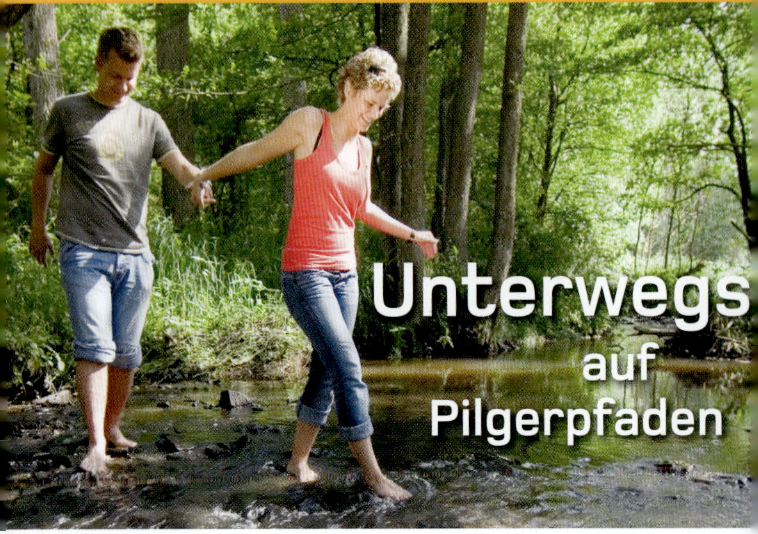

Unterwegs auf Pilgerpfaden

- **Start/Ziel:** Ortsmitte Wanderath

- **Tourist-Info**
  Vordereifel, Kelberger Str. 26,
  56727 Mayen ✆ 02651/800995
  www.naturerlebnis-vordereifel.de

- **Taxi:**
- Heinz ✆ 02651/700999

- **Anfahrt:** Über die B 258 von Mayen nach Virneburg. Von dort die K 12 und die K 11 nach Wanderath.

scan to go
QR-Code mit dem Smartphone scannen und Anfahrt anzeigen lassen.

- **Parkplätze:**
- St.Jost-Wallfahrtskapelle
  N50° 21' 25.2'' • E7° 05' 56.5''

- **Wegpunkte:**
  P1: Ortsmitte Wanderath 32 U 361246 5579760
  P2: Welschenbach 32 U 362274 5580761
  P3: Aussicht 32 U 362788 5581174
  P4: Achterbachtal 32 U 363239 5581277
  P5: Schwarze Madonna 32 U 364332 5580858
  P6: Kapelle 32 U 364714 5580049
  P7: Abzweig am Steinbruch 32 U 363141 5579845
  P8: Aussicht 32 U 362898 5579592
  P9: Querung K 12 32 U 361953 5579530

12.6 km	3h 45min	303 ↑ ↓	538	866 1016	TPX1T19

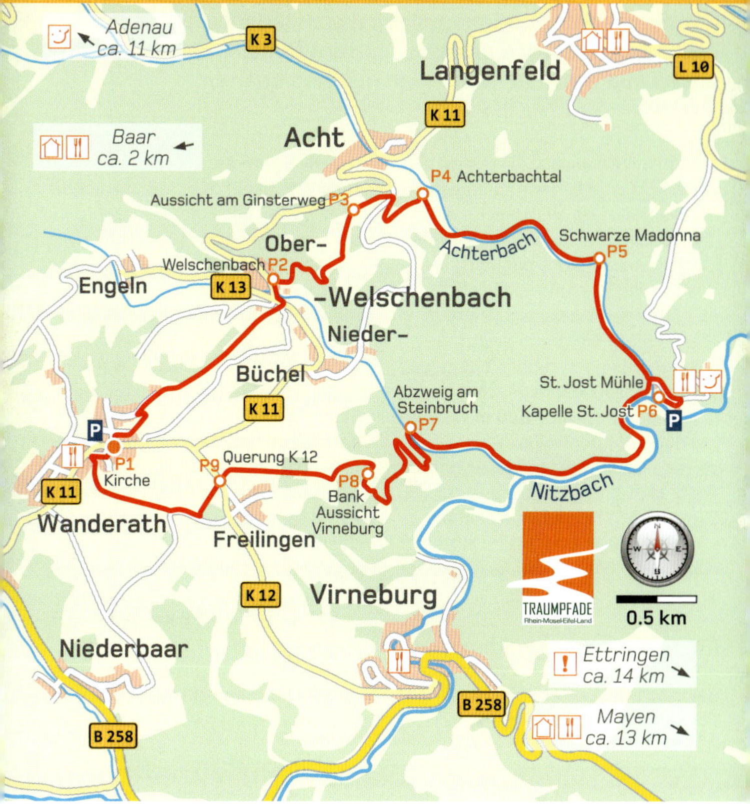

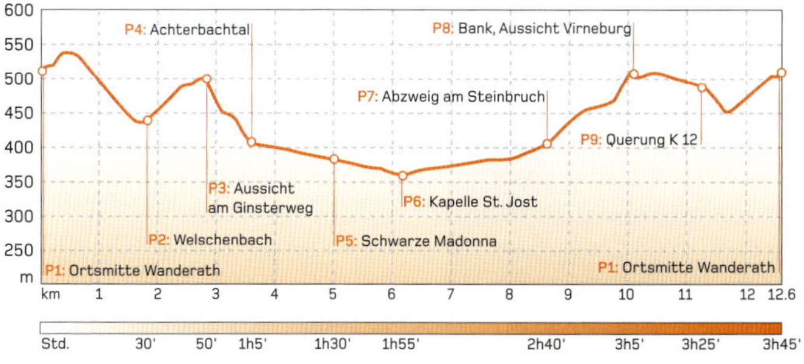

Ginster und Wacholder, Hochwald und Felsen, ein plätschernder Bach und großartige Panoramablicke – wer auf den Spuren der Jodokuspilger durch die Eifel bei Wanderath wandert, wird nicht nur innere Ruhe finden, sondern auch tolle Naturerfahrungen machen können.

Mitten in Wanderath, direkt an der Kirche (1), starten wir zu dieser Rundwanderung. Wir queren die K 11 und laufen über die Blumenstraße zum Ortsrand. Dort beginnt ein Wiesenweg, der uns leicht bergan mit einer Linkskurve zu einem Teerweg am Waldrand bringt. Wir wenden uns nach rechts und genießen den Blick über Wanderath und die Umgebung. Nach **600 m** wandern wir durch wogende Felder und Wiesen – die letzten Häuser und der Wald am Eichelsnick bleiben zurück. Exotisch zottelige Lamas schauen uns interessiert nach, und wir sind von der fantastischen Aussicht um uns herum überwältigt.

Der Wiesenweg neigt sich langsam abwärts und schon erkennen wir das nächste Zwischenziel: Welschenbach. Nach **1.7 km** stoßen wir auf die K 11, folgen ihr zur Kreuzung mit der K 13, wo wir rechts Richtung Zentrum von Welschenbach

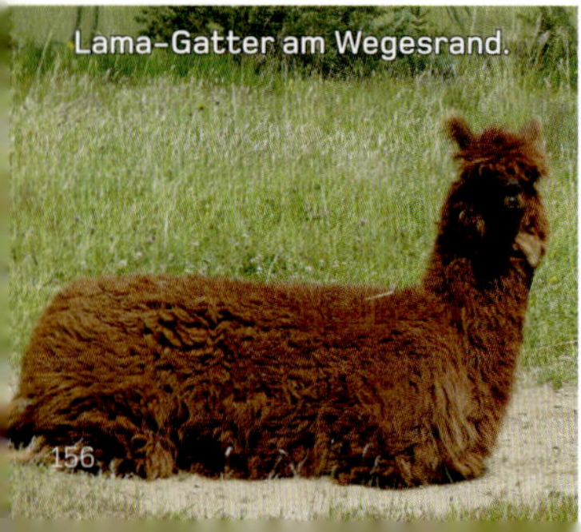
Lama-Gatter am Wegesrand.

laufen. Unser Aufenthalt im kleinen Dorf währt nur kurz, denn kaum sind wir bei den Häusern rechts bergan abgebogen (2), wenden wir uns links dem Wald zu. Wir gewinnen an Höhe und halten uns an einer markanten Kreuzung links. Wenig später verlassen wir den Wald und laufen durch freies Land: Weite Grasflächen, üppige Hecken, im Frühling leuchtend gelbe Ginsterbüsche und bizarre Wacholder prägen die Landschaft. Der weiche Grasweg rundet diese traumhafte Passage ab. So schön kann Wandern in der Eifel sein!

An einer verwitterten Holzbank gabelt sich nach **2.8 km** der Weg, und wir wenden uns nach rechts (3). Nachdem wir die grandiose Aussicht genossen haben, dürfen wir wieder durch ein Spalier von Ginstern wandern, langsam senkt sich der Weg ab. Wir passieren eine Schutzhütte und queren gleich darauf einen Schotterweg. Halb rechts setzen wir unsere Tour fort und laufen durch ein kleines Tannenwäldchen abwärts. So gelangen wir zu einigen Viehweiden und biegen links zum Achterbachtal ab. Nach **3.6 km** treffen wir auf einen Splittweg, dem wir nach rechts folgen (4). In sattem Grün präsentieren sich die Wiesen im Talgrund. Wer hier

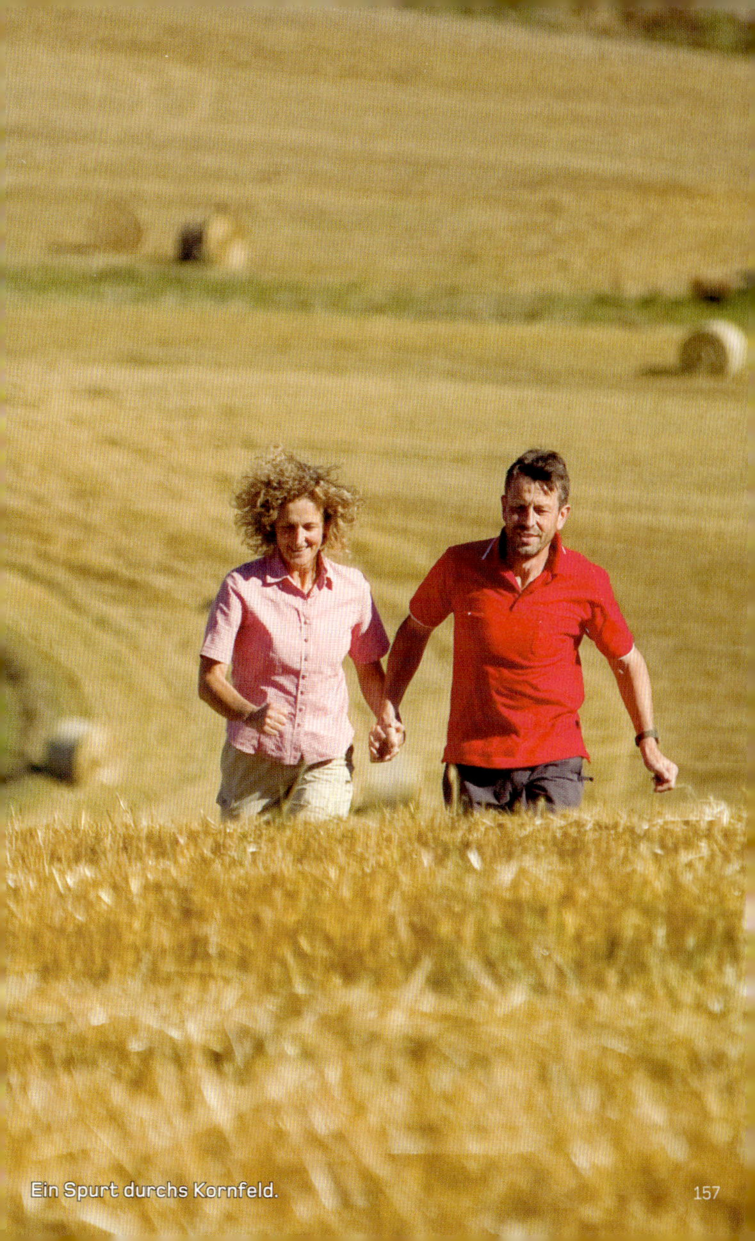

Ein Spurt durchs Kornfeld.

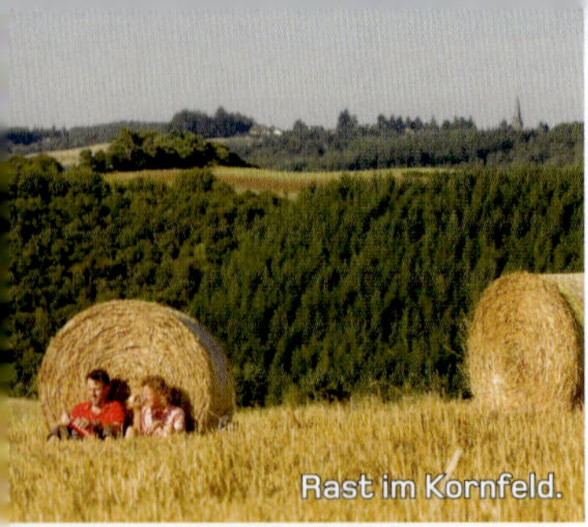
Rast im Kornfeld.

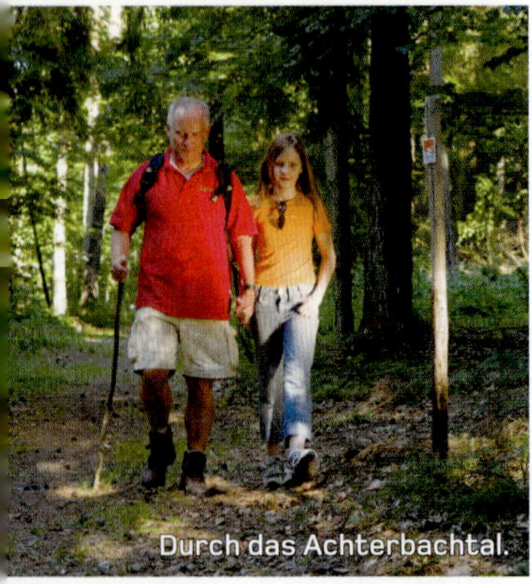
Durch das Achterbachtal.

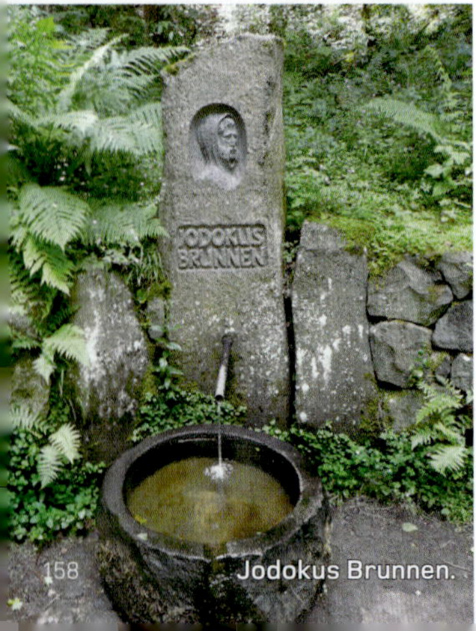

Jodokus Brunnen.

im Frühsommer wandert, wird mit leuchtender Blütenpracht begrüßt. Langsam verengt sich das Tal, bis wir schließlich den Bach queren und uns in niedrigem Wald wiederfinden. Der Achterbach begleitet uns zu einem Brunnen bei der Schwarzen Madonna (5), wo wir das Gewässer erneut queren. An einer Felswand ist hier nicht nur ein Rastplatz eingerichtet, auch eine Madonnenfigur wird liebevoll verehrt. Ein Gedenkstein weist auf die Route der Jodokuspilger hin.

Ein breiter Waldweg führt uns weiter durch das schattige und kühle Achterbachtal, Fischteiche lassen wir linker Hand unbeachtet liegen. Nach **6.2 km** erreichen wir eine Kreuzung, deren Mitte eine mächtige Eiche ziert. Hier lohnt es sich, einen Abstecher nach links zur nahen St. Jost Kapelle (6) zu unternehmen. In der nur 300 m entfernten Kapelle sind wunderschöne alte Fresken zu sehen.

Zurück an der Wegkreuzung, halten wir uns diesmal links und folgen dem Jodokuspilgerweg durch das Nitzbachtal. Unter uns rauscht der stattliche Bach, während am Wegesrand interessante Felsformationen zu bestaunen sind. Nach **7.8 km** trennen wir uns vom Nitzbach und vom Pilgerweg: Beide biegen nach links ab, während wir geradeaus einem Seitental folgen. Der Weg verengt sich und wird von urwüchsigen Farnen und Ranken flankiert. Wir behalten die Richtung bei und gewinnen langsam an Höhe, bis wir an einem alten

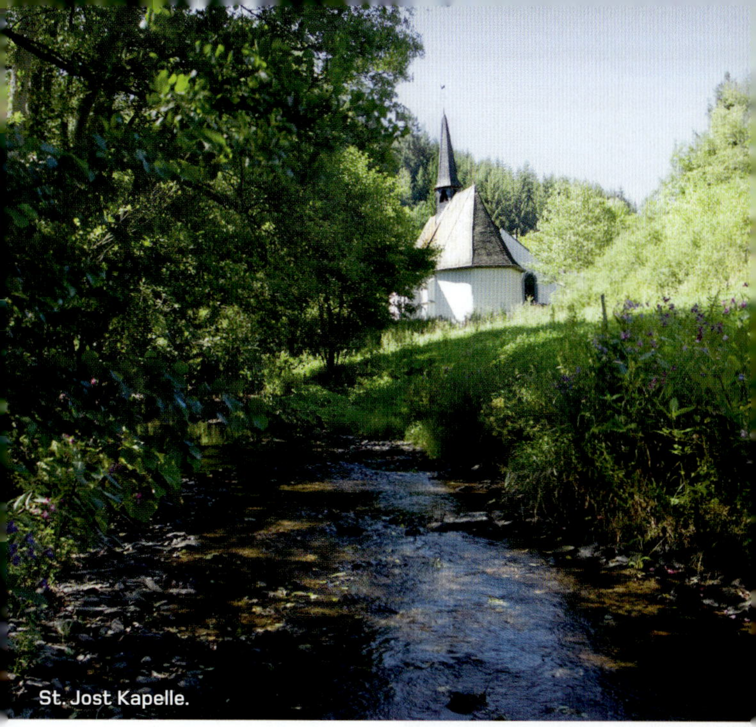

St. Jost Kapelle.

Steinbruch (7) scharf nach links abbiegen. Nach Querung des kleinen Bachs laufen wir zunächst eben nach Südosten, nach einer Kehre dann aber nordwestlich bergan. Über einige Serpentinen gewinnen wir deutlich an Höhe und erreichen so nach **9.7 km** die erste Wiese. Es folgt eine weitere Waldpassage mit Richtungswechseln, bevor wir nach einem jungen Tannenwald rechts steil über eine Wildwiese aufsteigen. Noch einmal wird die Wiesenlandschaft von einem kurzen Waldstück unterbrochen, bevor wir endgültig zum Naturschutzgebiet der Hohen Warte gelangen. Die Hohe Warte ist von einem niedrigen Wäldchen und der eifeltypischen Wacholderheide besiedelt. Unser Weg führt im weiten Rechtsbogen um den Berg und bietet gleich zu Beginn an einer Bank (8) eine tolle Aussicht Richtung Virneburg.

Nach erfolgreicher Umrundung des Berges, die uns vielfach Gelegenheit zum Bewundern des grandiosen Panoramas gibt, laufen wir geradewegs nach Westen. Vor uns sehen wir bereits Freilingen und Wanderath. Am Horizont können wir den markanten Turm der Nürburg erkennen. Zuerst auf einem Wiesen-, später auf einem Feldweg gelangen wir zur K 12 (9) und queren nach **11.3 km** die wenig befahrene Straße.

Wir laufen geradeaus zum Waldrand und steigen einige Meter hinab zum Talgrund. Dort treffen wir auf einen Teerweg und wenden uns nach rechts aufwärts. Bald biegt der Teerweg ab, und wir setzen die Wanderung geradeaus auf weichem Grasweg fort. Nur einen Kilometer später treffen wir am Ortsrand von Wanderath ein und wandern erst rechts, dann links zur Kirche (1). Hier endet nach **12.6 km** diese sehr abwechslungsreiche Rundwanderung.

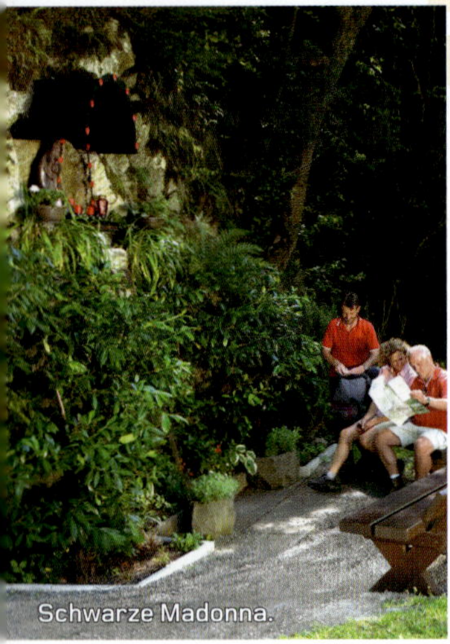

Schwarze Madonna.

Gaststätte Zum Treffpunkt, Hauptstraße 18, 56729 Wanderath
02656/9520709 Mo. Ruhetag
gaststatte-der-treffpunkt.business.site
- Landgasthaus Bendisberg, In der Eisenkaul 1, 56729 Langenfeld-St. Jost
02655/3303 Mo. - Do. geschlossen, Fr. ab 14 Uhr, Sa. - So. ab 12 Uhr

Hotel am Brünnchen, Adenauer Str. 6, 56729 Baar
02656/950412
- Waldhotel am Nürburgring Am Buchholz 16, 56729 Baar-Wanderath
02656/9526567
www.waldhotel-am-nuerburgring.de
- Speedys Gästehaus, Birkenweg 1, 56729 Baar, 02656-4070085
www.speedys-hotel.de

Info: www.vrm.info
Haltestelle: Hauptstr. (Baar)
Achtung: nur wenige Fahrten
- Mo-Fr: Bus 344 (Mayen-Herresbach)

Einblick wie Erlebnis verspricht ein Ausflug in die Ettringer Lay bei Mayen: Dort geht es zu Fuß mitten durch einen Lavastrom. Besonders beliebt sind die Basaltfelsen bei Kletterfreunden. Vor allem an Wochenenden hängen Geübte hier in den Seilen, um vom Fuß des Lavastroms die steilen Klippen zu erklimmen.

Im Besucherbergwerk Bendisberg lebt der einstige Blei- und Zinkerzbergbau wieder auf. Führungen finden ganzjährig statt. Demnächst soll das Besucherbergwerk noch durch Klettermöglichkeiten ergänzt werden..
Mo. Ruhetag; Anmeldung erforderlich:
02655/962996
www.grube-bendisberg.de

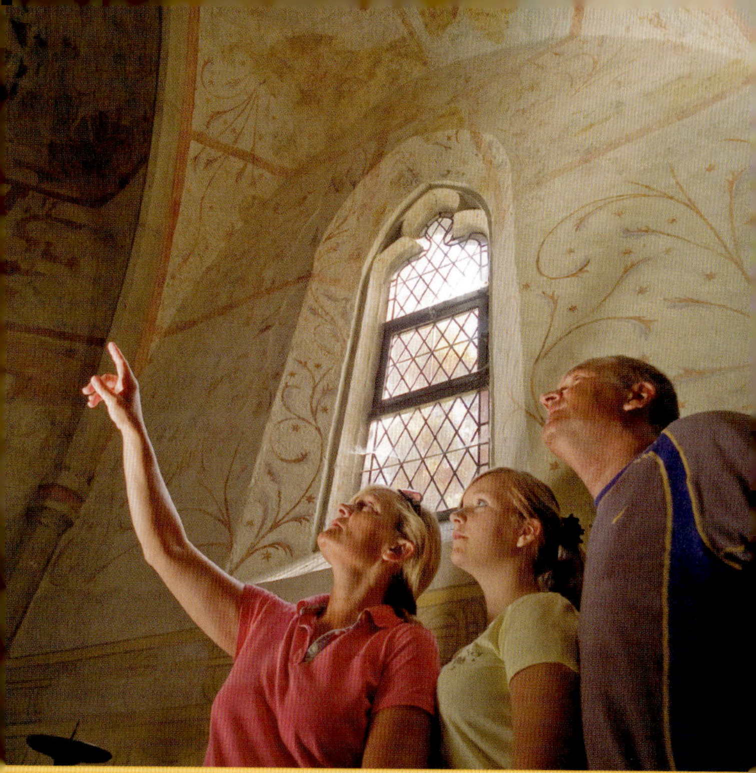

Tipp Heiliger Jodokus

Um das Jahr 640 soll ein bretonischer Prinz auf das Erbe verzichtet haben, um seiner Berufung zum Priester zu folgen. Dieser Prinz war der spätere Heilige Jodokus, der zunächst eine Einsiedelei im heutigen St-Josse-sur-Mer gründete. Noch heute werden Reliquien des frommen Mannes in diesem berühmten Wallfahrtsort verehrt.

In Deutschland war Jodokus zusammen mit Jakobus dem Älteren lange einer der am meisten verehrten Heiligen. Einer der kleineren Wallfahrtsorte, in denen bis heute des heiligen Jodokus gedacht wird, ist die Kapelle St. Jost, die nur etwa 300 m neben der Wanderroute liegt. Besonders sehenswert sind der kunstvolle Altar und die Wandfresken der kleinen Kapelle im Nitztal.

19 Waldseepfad Rieden

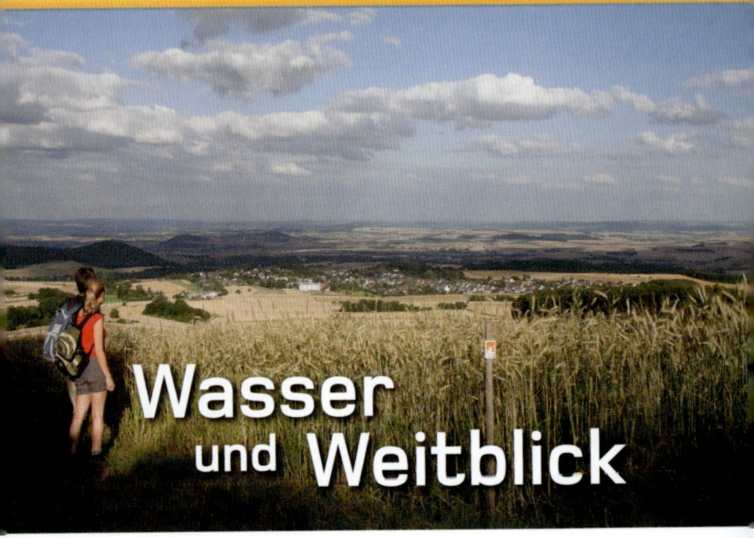

■ **Start/Ziel:** Parkplatz Waldsee, Rieden

■ **Tourist-Info** Tourist-Info Maria Laach
Maria Laach, 56653 Glees ✆ 02636/19433
www.vulkanregion-Laacher-see.de

■ **Anfahrt:** A 61 bis zur Abfahrt Wehr. Weiter über die B 412 bis zur Abzweigung nach Weibern und Rieden. Über die L 114, die K 64 und die K 19 zum Waldsee

■ **Parkplätze:**

- Waldsee Rieden
  N50° 23' 20.8'' • E7° 09' 44.3''
- Am Sauerbrunnen, Rieden
  N50° 23' 36.0'' • E7° 10' 11.1''
- Am Schützenhaus, Rieden
  N50° 23' 33.1'' • E7° 10' 58.0''
- Wanderparkplatz Gänsehals
  N50° 23' 32.5'' • E7° 12' 35.8''

scan to go®

QR-Code mit dem Smartphone scannen und Anfahrt anzeigen lassen.

■ **Wegpunkte:**

P1: Waldsee 32 U 369360 5583509
P2: Portal 32 U 369478 5583532
P3: Sauerbrunnen Rieden 32 U 369908 5583967
P4: Ausblick am Schützenhaus 32 U 370807 5583882
P5: Gänsehalsturm 32 U 372386 5584356
P6: Hütte 32 U 372731 5583917
P7: Maifeldblick 32 U 372486 5583373
P8: Ausblick 32 U 370399 5583012
P9: Ausblick & Hütte Udelsheck 32 U 370145 5583199

14.2 km | 4h 15min | 382 ↑ ↓ | 567 | 1004 1178 | T2X3TX6

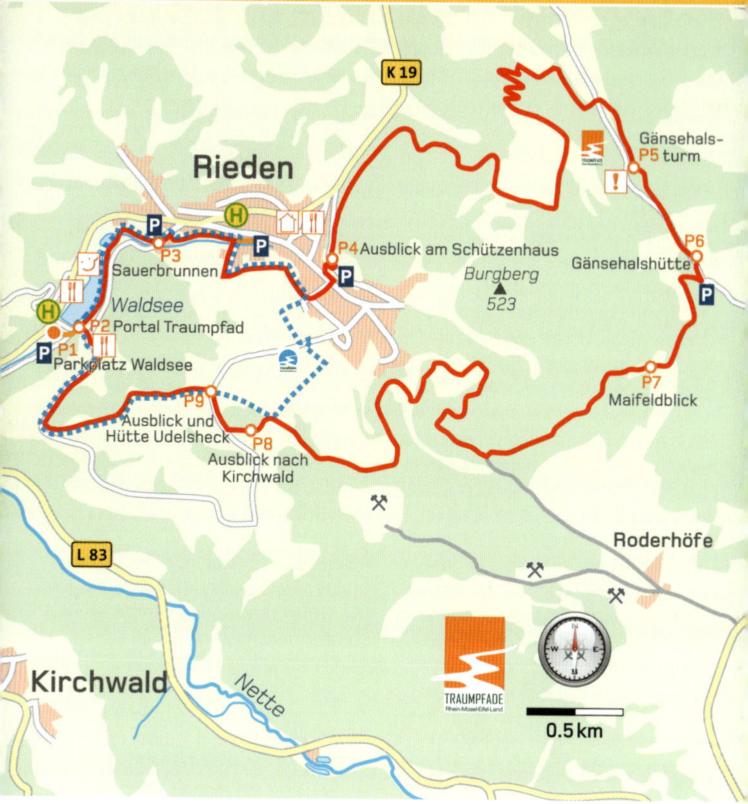

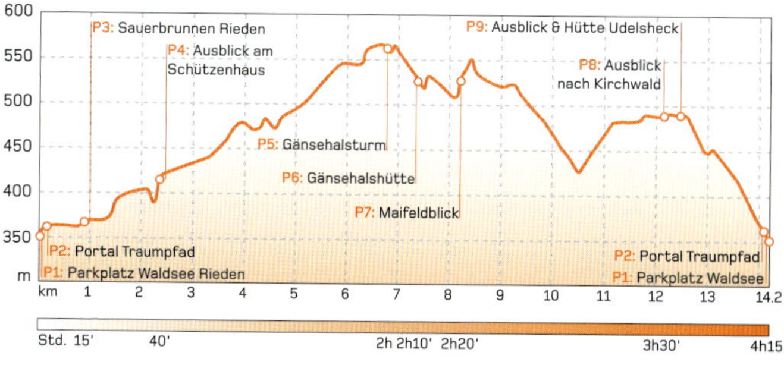

Der Waldseepfad – eine Wellness-Tour für alle Sinne: Im tiefen Wald die Blätter rauschen hören, den Duft der Fichten einatmen, kühles Nass fühlen, grandiose Aussichten genießen. Höhepunkt des Rundwegs ist die Besteigung des Gänsehals-Aussichtsturms. Von der Plattform haben Besucher ein traumhaftes 360-Grad-Panorama.

Unterhalb der Staumauer beginnen wir die Tour auf dem Waldseepfad Rieden am offiziellen Wanderparkplatz (1). Über die Zufahrt treffen wir rasch am eigentlich Startportal (2) am Ufer des Sees ein. Hier stoßen wir auch auf die Logos des Traumpfädchens Riedener Seeblick, das uns heute streckenweise Gesellschaft leisten wird. Wir nutzen den Uferpfad und lassen den Blick über die glänzende Wasseroberfläche des Sees gleiten, von der anderen Seeseite grüßt die Seehütte. Der bequeme Fußweg führt uns zügig zum oberen See, dessen Algenbewuchs gewollt ist: Es handelt sich um spezielle Algen, die zur biologischen Klärung des Wassers eingesetzt werden und für unbeschwerten Badespaß im eigentlichen See sorgen. Über einen Steg queren wir den Rehbach und wenden uns nach rechts dem Ort Rieden zu.

Von Wiesen und dem rauschenden Wasser des Bachs begleitet, treffen wir nach **900 m** am Rand der Bebauung ein. Unmittelbar am Sauerbrunnen (3) wenden wir uns nach links. Natürlich erst nachdem wir den kuriosen Brunnen genauer beäugt haben. Denn er spendet zwar herrlich kühles, klares „Säuerlingswasser", legt dabei aber mitunter lange Atempausen ein. So ist es ein verblüffendes Spiel zu erraten, wann das Mineralwasser wieder aus dem Rohr sprudelt. Vergnügt folgen wir anschließend dem Traumpfad, der schon bald die Straße verlässt und rechts auf einen Fußweg abbiegt. Weiterhin begleitet uns rechts der Rehbach, eine Kneippanlage lädt zur nächsten erfrischenden Unterbrechung ein. Schließlich endet die idyllische Talpassage an einer Querstraße.

Geradeaus bindet ein Zuweg den nahen Parkplatz am Bürgerhaus an, wir aber biegen nun rechts ab und laufen, leicht ansteigend, zum Ende der Bebauung. Nach einer Scheune halten wir uns an einer Kreuzung links und freuen uns über weichen Wiesengrund. In der nächsten Kurve bietet eine Bank Ausblick und Rastgelegenheit. Schließlich endet der Naturweg an der Straße „In der Aspel". Wir halten uns links abwärts Richtung Ortskern. Unten im Tal angelangt, biegen wir nach links und laufen auf der Dorfstraße etwa 60 Meter, bevor wir dem Ort endgültig den Rücken kehren und rechts zum Hang abbiegen. Dort erwartet uns ein neu angelegter Fußpfad, der uns mit einigen

Stufen rasch den bewaldeten Hang emporbringt. Nach **2.4 km** mündet der Pfad am Parkplatz neben dem Schützenhaus, und nur wenige Schritte weiter nach links bietet sich ein schöner Ausblick (4) über Rieden und das Rehbachtal.

Jetzt ist es Zeit, endgültig in die Natur abzutauchen. Dazu nutzen wir den rechts abbiegenden Waldweg, der, sanft ansteigend, unter das grüne Blätterdach führt. Kurzweilig präsentiert sich der Wald, der mal von Laubbäumen dominiert wird, mal von dichter gewachsenen dunklen Fichten und Tannen geprägt ist. Wir wandern kontinuierlich entlang der Flanke des Schorenbergs und genießen die Stille des Waldes. An einer Weggabelung nehmen wir den rechten Weg und finden uns bald im majestätischen Buchenhallenwald wieder. Auf einem Pfad erklimmen wir die letzten Meter bis zum Waldrand, wo wir nach **3.9 km** eintreffen.

Sogleich zieht der hoch über dem Wald aufragende Turm auf dem Gänsehals unsere Aufmerksamkeit auf sich: Da werden wir in Kürze hinaufsteigen! Zuvor dürfen wir aber gemütlich um das weite Wiesenareal herumwandern, das kernigen schottischen Hochlandrindern als Weide dient. Wir folgen stets dem Weidezaun und erreichen so bald die gegenüberliegende Wiesenseite. Dort senkt sich der Weg zunächst ab, bis wir bei **Tageskilometer 4.7** unmittelbar vor dem bewaldeten Hang des Gänsehalses stehen. Wir wenden uns auf weichem Wiesen-

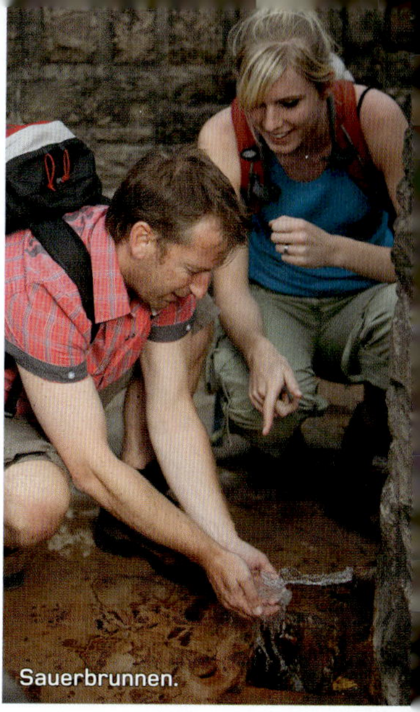
Sauerbrunnen.

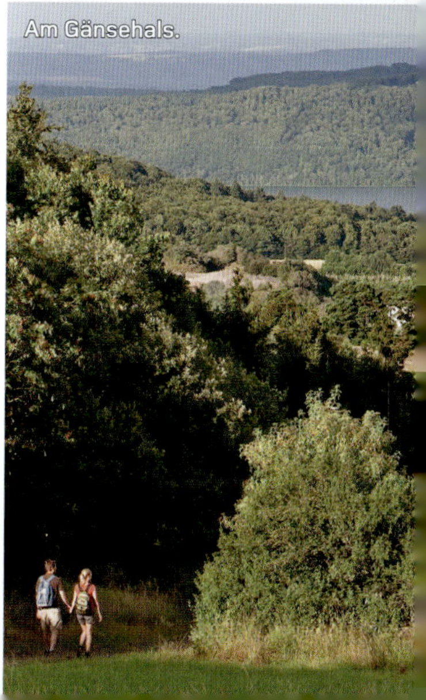
Am Gänsehals.

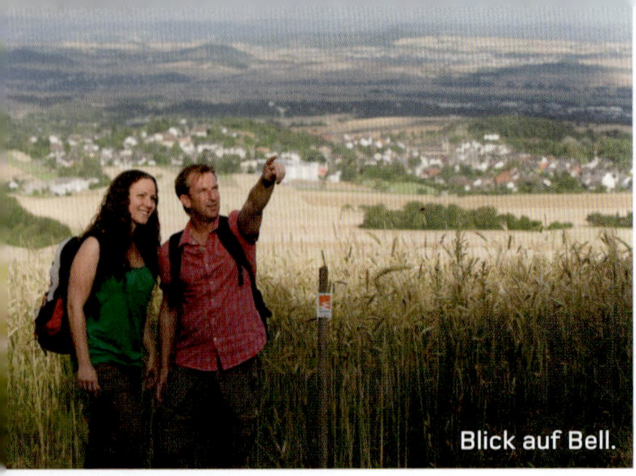

Blick auf Bell.

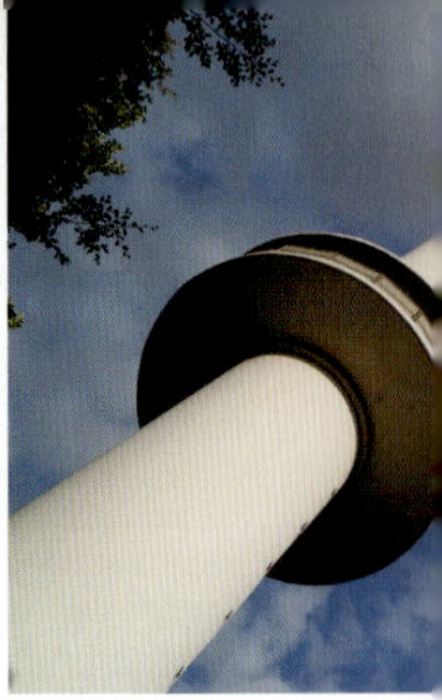

weg nach links, passieren einen Hochsitz und laufen bis zum Ende der Wiese. Im kühlen Wald werden unsere Kräfte herausgefordert, denn es gilt den steilen Hang über Serpentinen zu erobern. Durch dichten Wald streben wir aufwärts und atmen auf, als wir gut 70 Höhenmeter weiter oben aus dem Wald treten. Vor uns erstreckt sich ein offenes Feld. Wir wenden uns nach rechts und umrunden das Feld. Bald flankieren rechter Hand Nadelbäume den Weg.

Bei erster Gelegenheit biegen wir rechts ab und fühlen uns wie im Märchen: Der traumhaft weiche Nadelboden federt unsere Schritte ab, und die sanften Wedel der Bäume verleihen diesem Abschnitt eine fast zauberhafte Atmosphäre. Viel zu schnell weichen auf der rechten Seite die Bäume üppigen Hecken. Über die Zweige hinweg ergeben sich tolle Ausblicke in die Umgebung.

Am Ende dieser Passage biegen wir scharf links bergan, queren ein Wäldchen und treffen an einem asphaltierten Wirtschaftsweg ein. Wir laufen aber schnurstracks geradeaus in den Wald und finden dort einen Pfad, der sich durch den mittelhohen Mischwald weiter Richtung Gipfel windet. Dort erhebt sich der mächtige Sendeturm (▶ ! S. 170). Nach **6.8 km** ist es dann so weit: Wir stehen am Fuß des Turmes **(5)**. Der ist übrigens immer offen, und bei gutem Wetter sollte man den Aufstieg nicht auslassen.

Der Traumpfad führt uns vom Turm leicht abwärts und mit einigen Schlenkern durch den Mischwald. Wir passieren einen kleinen Gesteinsaufschluss und lassen den alten Turm rechts liegen. Schließlich treffen wir auf den asphaltierten Wirtschaftsweg und folgen ihm abwärts. Die Vegetation weicht zurück und gibt einen grandiosen Blick in die Umgebung frei. Kurz vor einem Wäldchen biegen wir links auf einen Waldweg ab, der uns nach wenigen Metern zur Gänsehalshütte **(6)** bringt. Hier muss man einfach Verweilen, denn die Panoramaaussicht,

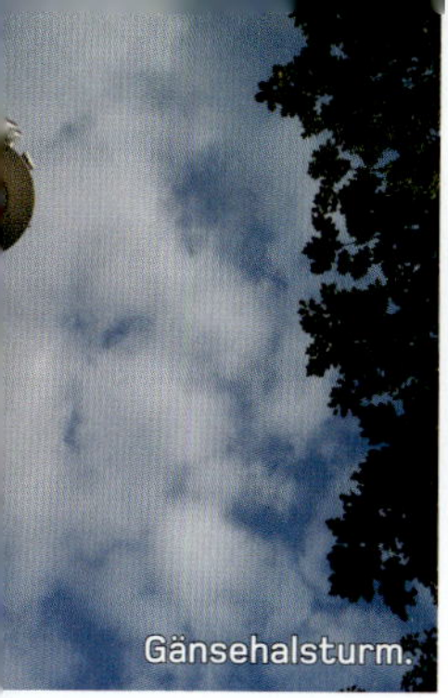

Gänsehalsturm.

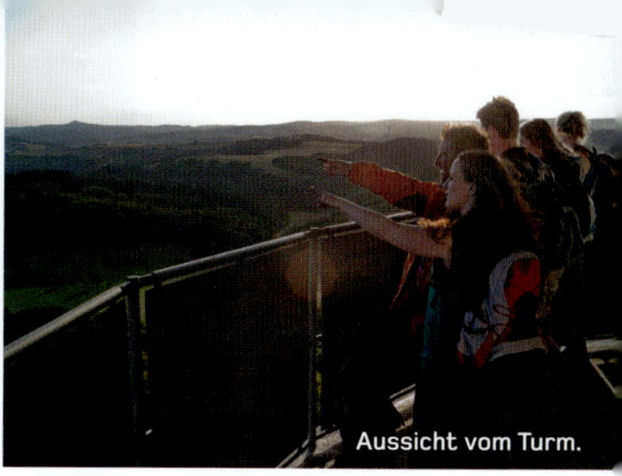

Aussicht vom Turm.

die bei klarem Wetter bis weit ins Neuwieder Becken reicht, ist sensationell. Zudem bietet die Hütte nach fast der halben Tagesstrecke eine gute Gelegenheit zur Rast. Gestärkt folgen wir den Traumpfad Logos abwärts und treffen nach **7.4 km** am Parkplatz Gänsehals auf einen weiteren Traumpfad: die Vier-Berge-Tour (▶ S. 184). Gemeinsam wenden wir uns rechts bergan und erreichen eine markante Kreuzung mit eisernem Wegweiser.

Zusammen biegen wir links ab und wandern auf breitem Forstweg abwärts. Erst an einer Wiese wechseln wir nach rechts und steigen am Waldrand wieder bergan. Der weiche Wiesenweg bringt uns zum oberen Waldrand, wo wir einen weiteren tollen Ausblick ins Maifeld (7) genießen können.

Hier nehmen wir Abschied von der Vier-Berge-Tour, die links Richtung Sulzbusch weiterführt. Wir aber laufen geradeaus und tauschen die offene Wiese wieder gegen schönschummrige Waldumgebung ein.

Schon bald erreichen wir die nächste Attraktion. Wir verlassen den breiten Waldweg und laufen rechts auf einem Pfad tiefer unters Blätterdach. Mitten im Wald fallen uns gewaltige Felsbrocken auf, die hier ein kleines Felsenmeer bilden. Der Waldseepfad windet sich durch die Felsen und verleiht diesem Abschnitt ein wenig Abenteuerflair. Nach dieser Einlage endet der Pfad bei **Kilometer 8.5** an einer Waldkreuzung.

Wir wandern nun gemütlich geradeaus durch den Mischwald und freuen uns am Rascheln der Blätter unter unseren Füßen. Einen abzweigenden Weg ignorieren wir und genießen wieder die Stille des Waldes. Schließlich endet unser Weg an einem querenden Forstweg.

Wir biegen rechts ab und erhaschen über eine kleine Waldwiese hinweg einen kurzen Fernblick. Dann schließt sich der Wald wieder um uns. Die nächste Kreuzung wartet mit einem kleinen Steinkreuz auf. Wir wenden uns hier nach links und folgen dem langsam absteigenden Waldweg sehr kurzweilig abwärts. Schöne Blicke bereichern diese Passage, die uns nach **9.9 km** an den Waldrand bringt. Kurz halten wir inne, um die herrliche Aussicht über die offenen Felder zu genießen.

Danach folgen wir dem Weg abwärts, bis wir am unteren Wiesenrand nach links schwenken. Abzweigende Wege ignorieren wir, durchqueren ein kleines Wäldchen und stoßen nach **10.6 km** auf einen Querweg. Hier wenden wir uns nach links bergan und wandern auf dem Wirtschaftsweg am Rande einer umzäunten Wiese aufwärts. Unterhalb einer Privathütte halten wir uns leicht rechts und spüren wieder weichen Naturboden unter den Sohlen. Weiden säumen den Weg, bevor wir einmal mehr den Wald betreten. Doch diesmal ist das Baumintermezzo recht kurz, denn schon bei **Kilometer 11** weichen die Bäume etwas zurück und machen einer Wiese Platz.

Schließlich räumen rechter Hand die Bäume ganz das Feld – und so können wir erneut eine schöne Aussicht Richtung Rieden genießen. Zwischen sattgrünem Nadelwald links und weiten Feldern rechts wandern wir fast eben nach Westen.

Direkt an einem kleinen Wäldchen biegen wir links ab und erklimmen vollends die Anhöhe. Oben begeistert uns eine tolle Panoramaaussicht (8) über das Nettetal und nach Kirchwald.

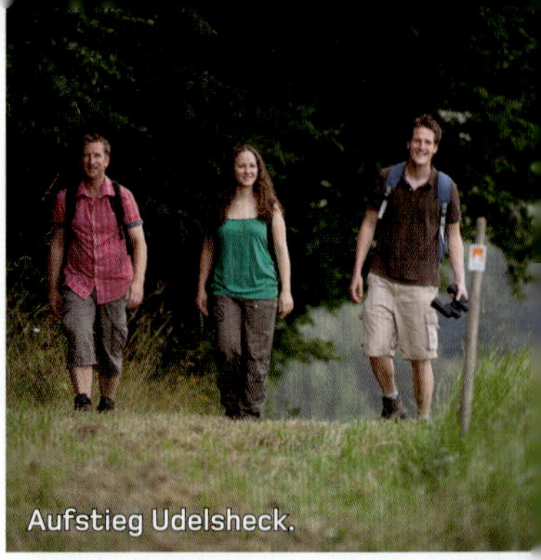
Aufstieg Udelsheck.

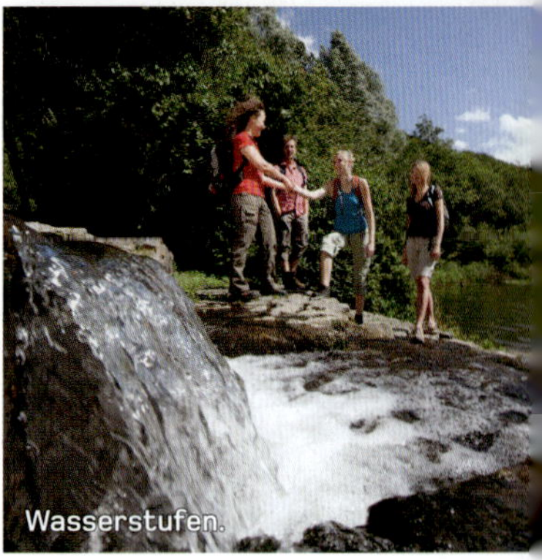
Wasserstufen.

Wir folgen einem Feldweg nach rechts und kosten dabei den Blick weiter aus. Nach **12.2 km** trifft der Feldweg auf einen asphaltierten Wirtschaftsweg. Wir laufen rechts weiter und erspähen schon bald voraus das nächste Zwischenziel. Bereits 200 Meter später kommen wir an der neuen Schutzhütte Udelsheck bei einer gemütlichen Pause in den Genuss einer weiteren herrlichen Aussicht (9).Unmittelbar nach der Hütte biegen wir scharf links auf einen Grasweg ab.

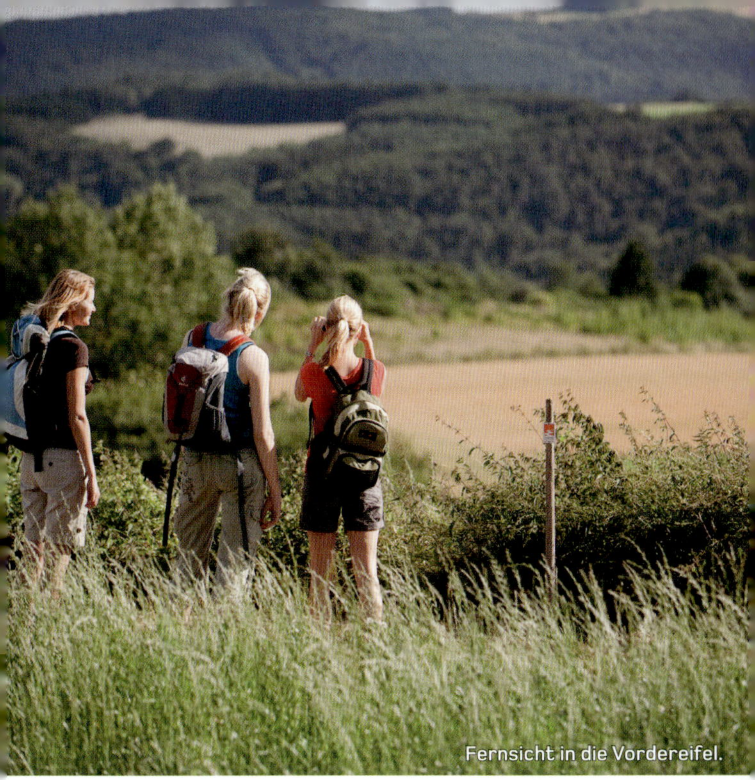

Fernsicht in die Vordereifel.

Dieser bringt uns gemächlich abwärts zu einem Waldareal. Dort laufen wir geradeaus außen entlang. Nach **13.1 km** münden von links zwei weitere Feldwege, wir lassen uns nicht beirren und wandern geradeaus weiter. Langsam verdrängen Hecken, später dann Niederwald die offenen Felder und Wiesen.

Wir passieren eine weitere Schutzhütte und stoßen, wie ein Wegstein verkündet, „Auf dem Perich" auf einen querenden Asphaltweg. Wir wenden uns nach rechts und laufen nun auf festem Untergrund bergab. Ein Gehege bleibt links liegen, vor uns sehen wir bereits die neue Ferienhaussiedlung am Waldsee. An den Häusern biegen wir links ab und treffen nach **14.1 km** wieder am Portal des Traumpfads (2) ein.

Nach weiteren 100 Metern beenden wir die abwechslungsreiche Wandertour auf dem Waldseepfad wieder am Parkplatz (1) unterhalb des Staudamms.

Infos – Waldseepfad Rieden

■ Pizzeria am Waldsee, Waldseestr. 1a, 56745 Rieden, ✆ 02655/9429796 Mo. Ruhetag

Restaurant und Hotel Eifeler Seehütte, Am Waldsee, 56745 Rieden ✆ 02655/3696 www.seehuette.de
■ Hotel, Restaurant und Café Forsthaus, Nettestraße 12, 56745 Riedener Mühlen ✆ 02655/95990 www.hotel-forsthaus.com
■ Weitere Einkehr-/Übernachtungsmöglichkeiten unter: www.vulkanregion-laacher-see.de

Info: www.vrm.info
Haltestelle: Waldsee (Rieden/Eifel)
■ Mo-So: Bus 820 (Mayen-Kempenich)
■ Sa-So: Bus 821 (Mayen-Kempenich)

Taxi Bell ✆ 02652/935935

Ein traumhaftes Panorama bietet der Gänsehalsturm. Der Sendeturm aus den 80er-Jahren ist durchgehend geöffnet und kann kostenfrei bestiegen werden.

Nach der Wanderung lockt der Waldsee Rieden zum kühlenden Bad. Wer es weniger nass möchte, kann auch Boote mieten und sich mit Muskelkraft auf dem See vergnügen.

! Der Waldseepfad Rieden verläuft teilweise parallel zum neuen Premiumspazierwanderweg „Traumpfädchen Riedener Seeblick".

Hinweis: : Der Gänsehalsturm ist vom Einsetzen Frostperiode bis Ostern geschlossen. Durch Kondensation kann sich Eis bilden und Besucher könnten auf den Stufen ausrutschen.

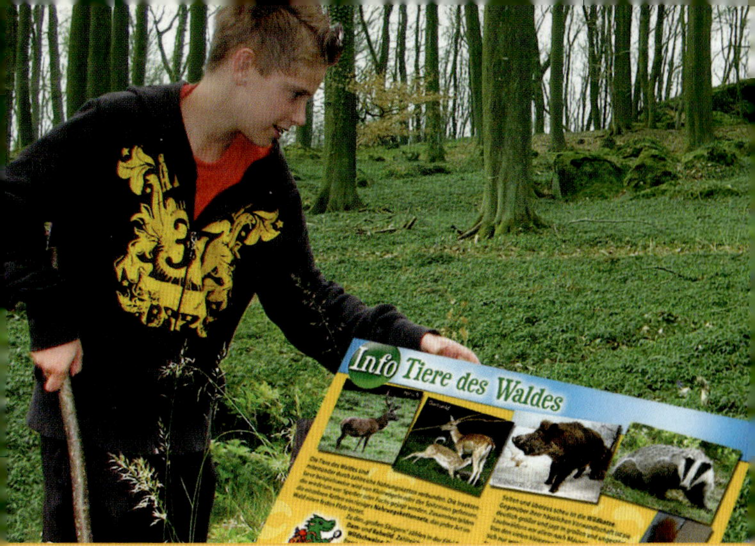

Tipp Erlebniswald Steinrausch

Der Natur-Erlebnispfad Steinrausch bei Kempenich verspricht 1.7 km Abenteuer und Spannung für Groß und Klein. Der kurzweilige Rundkurs führt vom Parkplatz aus in den Hochwald, wo unter rauschenden Baumwipfeln moosbewachsene Basalte an die feurige Vergangenheit der Region erinnern.

Der Erlebniswald Steinrausch bietet eine bunte Mischung aus Information und Action. Mal verrät eine der neun Informationstafeln Wissenswertes zu Flora, Fauna oder Geologie, mal sorgt eine der acht Mitmachstationen für Spannung. Die Aufgaben sind zum Teil schon kniffelig, denn wer weiß schon aus dem Stegreif, wie weit welches Tier springen kann? Auch beim Baumringezählen muss man ganz schön aufpassen, um sich nicht zu verzählen. Die Reise in die Baumwipfel bringt die Besucher auf Tuchfühlung mit den Bäumen und gibt Einblicke in diesen wertvollen Lebensraum. Am Ende des Rundgangs können sich Kinder auf dem Abenteuerspielplatz austoben. Wer es individuell mag, kann die Grillhütte für ein Fest mieten.

Anfahrt: B 412 von Kempenich Richtung Nürburg. Dann rechts abbiegen und der Beschilderung folgen. Infos: Tourist-Information Brohltal, Kapellenstr. 12, 56651 Niederzissen ✆ 02636/19433 ⓘ www.brohltal-tourismus.de
Für Gruppen werden auch fachkundige Führungen angeboten.

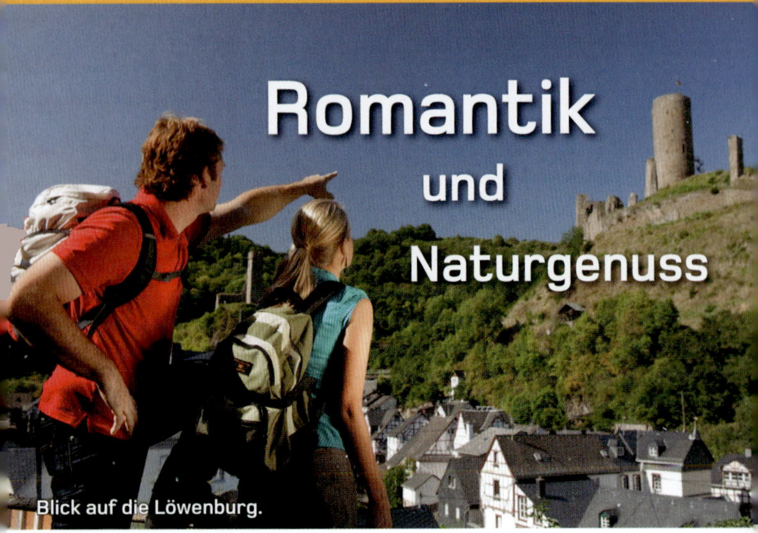

Blick auf die Löwenburg.

- **Start/Ziel:** Bahnhof Monreal
- **Tourist-Info** Vordereifel, Kelberger Straße 26, 56727 Mayen
  www.naturerlebnis-vordereifel.de
  02651/800995
- **Anfahrt:** Monreal erreicht man von Mayen über die B 258 und die L 98.
- **Parkplätze in Monreal:**
  - Bahnhof N50° 17' 47.1'' • E7° 09' 12.5''
  - Sportplatz N50° 17' 47.2'' • E7° 08' 51.6''

scan to go®

QR-Code mit dem Smartphone scannen und Anfahrt anzeigen lassen.

- **Wegpunkte:**

P1: Bahnhof Monreal
32 U 368484 5573218

P2: Portal am Pfarrhaus
32 U 368811 5573645

P3: Schnürenhof
32 U 369543 5572904

P4: Ausblick am Juckelsberg
32 U 368682 5572152

P5: Ausblick zum Hochbermel
32 U 367622 5572098

P6: Abzweig Verbindungsweg
32 U 367558 5572841

P7: Querung der L 96
32 U 367490 5573048

P8: Sportplatz Monreal
32 U 368072 5573270

P9: Felsausblick auf Burgen & Monreal
32 U 368780 5573745

P10: Abzweig zur Philippsburg
32 U 368822 5573775

P11: Löwenburg
32 U 368977 5573639

15.3 km | 4h 30min | 463 | 465 | 1104 1295 | T2X7TX2

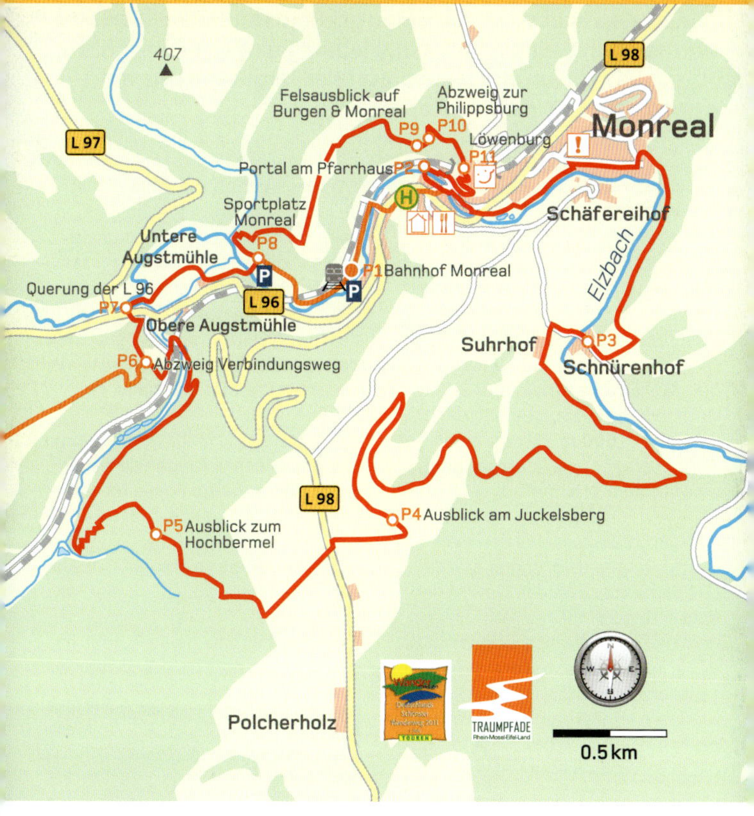

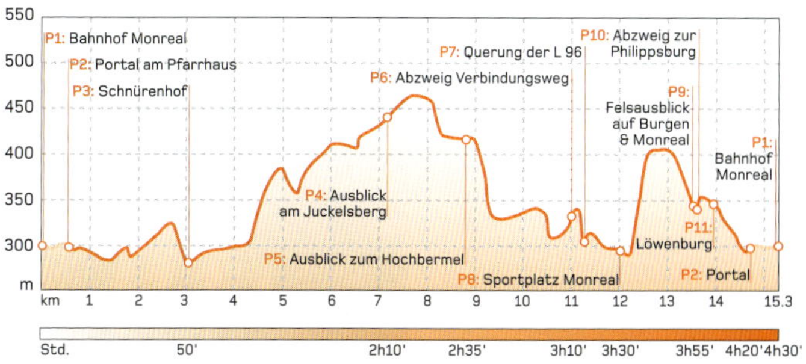

Die beiden trutzigen Mittelalterburgen hoch über Monreal dominieren die Szenerie – doch dorthin führt uns der Traumpfad erst am Ende einer grandiosen Naturtour. Abwechslung wird großgeschrieben: Feinste Fernsichten, herrliche Wälder und lauschige Täler begleiten uns auf einer Zeitreise ins Mittelalter.

Mit seinen schmalen Gassen bietet Monreal wenig freie Parkfläche – und so beginnen wir die Tour am Bahnhof (1) und folgen der Markierung des Zuwegs an der Elz entlang ins malerische Städtchen. Nach den ersten **450 m** erreichen wir die Hauptstraße und wandern links weiter ins pittoreske Ortszentrum. Hier beginnt nach insgesamt **600 m** Zuwegung an der Portaltafel (2) die Tour auf dem eigentlichen Traumpfad.

Nun vertrauen wir uns den markanten Traumpfad-Logos an, die uns perfekt durch das Gewirr der engen Gassen führen. Wir fühlen uns ins Mittelalter zurückversetzt, an jeder Ecke wetteifern aufwendig restaurierte Fachwerkhäuser um unsere Aufmerksamkeit. Tiefrote Balken setzen Farbakzente gegen die strahlend weißen Putzflächen.

Das historische Kopfsteinpflaster rundet die Szene ab und sorgt für das i-Tüpfelchen in puncto Zeitreise. Vor der eindrucksvollen Johannesbrücke mit den Löwenköpfen biegen wir rechts ab, passieren den Marktplatz und den Malerwinkel und queren mit der Unteren Schlossbrücke wieder einmal die Elz.

Wir wandern mit der Untertorstraße leicht aufwärts, biegen dann nach rechts und lassen langsam den historischen Ortskern hinter uns. Nach **0.9 km** wenden wir uns nach rechts abwärts und dürfen an der Elz auf einem engen Splittpfad zwischen Fluss und Kanal unter der Brücke der L 98 hindurchlaufen.

Auf Höhe des Friedhofs wenden wir uns nach rechts, biegen an einem Spielplatz auf eine Wiese ab und laufen nun auf weichem Gras elzabwärts. Noch einmal gelangen wir in ein Wohngebiet und biegen links in die Braunsheck ab.

Bei nächster Gelegenheit geht es dann rechts durch die Walkmühle

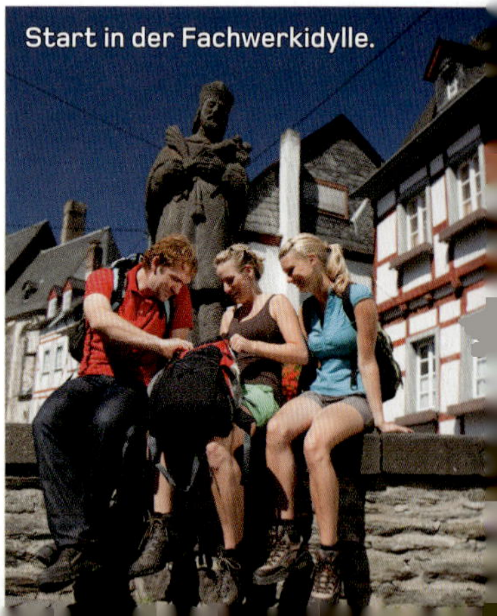
Start in der Fachwerkidylle.

endgültig zum Ortsrand. An einem Wendehammer wandern wir zunächst links, dann aber gleich wieder rechts, umgehen das Areal einer Grillhütte an der Rückseite und stehen schließlich am Beginn eines Waldpfads. Nach **1.8 km** tauchen wir ab in die Natur und nehmen den ersten Anstieg in Angriff.

Der Pfad steigt gemächlich an und gibt ausreichend Gelegenheit, uns mit der neuen Umgebung vertraut zu machen. Hoch und schlank streben die Laubbäume empor, und vom Pfad aus erhaschen wir ab und an Blicke ins Tal und zu den Burgen. Ein wenig aufpassen müssen wir auch, denn neben dem Pfad fällt der Hang steil hinab zur Elz.

Bald verlassen wir den Wald und sehen vor uns weite, offene Felder. Wir wandern geradeaus, und erst am nächsten Querweg wenden wir uns nach scharf nach rechts und wandern abwärts. Fast hohlwegartig gelangen wir zurück ins Tal und biegen nach rechts zum nah gelegenen Schnürenhof (3) ab . Wir folgen dem asphaltierten Weg über die Elz, und erst nach kurzem Anstieg dürfen wir den festen Belag nach links verlassen. Nach **3.5 km** entscheiden wir uns an einer Weggabelung für den linken Waldweg und wandern nun oberhalb des Elzbachs, der mitten durch die verträumte Talidylle plätschert. Nach einem Kilometer voller Talträume schickt uns die Markierung scharf rechts bergan.

Richtig toll wird es aber erst nach der nächsten Kreuzung: Bei **Kilometer 4.4** laufen wir geradeaus durch einen uralten, mittlerweile reaktivierten Hohlweg, der direkt aus Wilhelm Tell stammen könnte. Durch die hohle Waldgasse laufen wir stramm aufwärts, bis wir nach gut 300 Metern rechts auf einen breiten, fast eben verlaufenden Forstweg wechseln.

Bald steht bereits der nächste Richtungswechsel an: Erst rechts, gleich darauf wieder links wan-

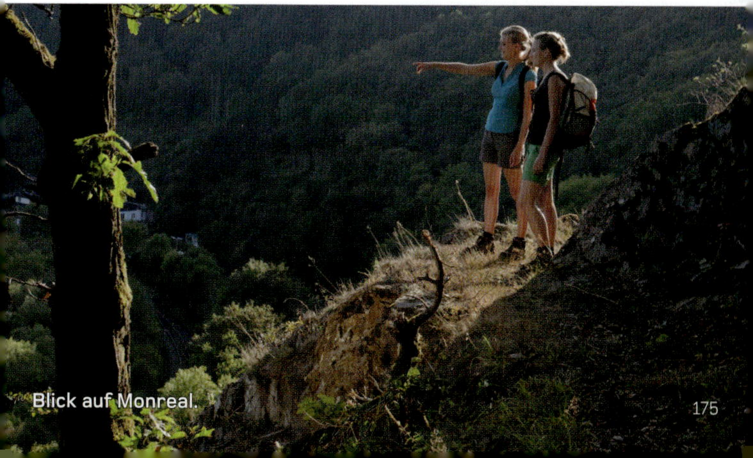

Blick auf Monreal.

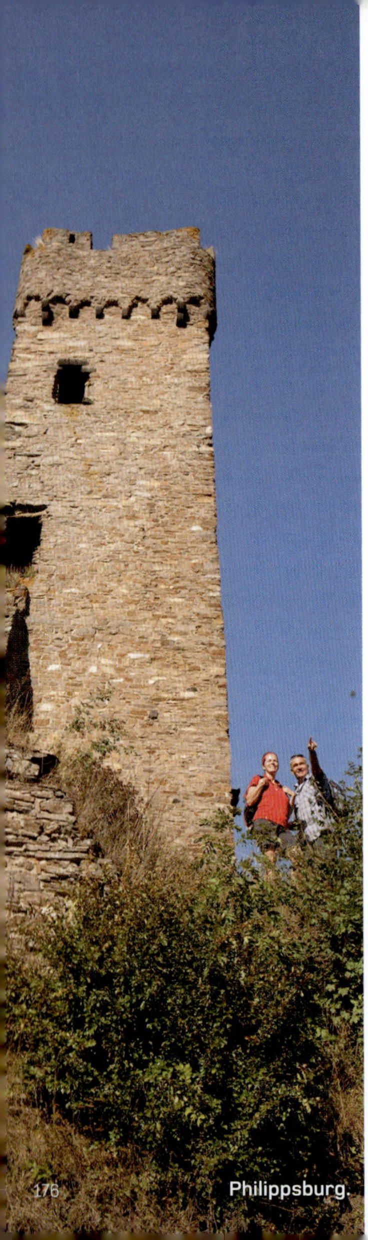

Philippsburg.

dern wir durch herrlichen und sehr abwechslungsreichen Wald. Auch dieser Weg wandelt sich bald zum Hohlweg und mündet nach kurzem Abstieg auf einen querenden Wirtschaftsweg. Nun halten wir uns links, gewinnen etwas an Höhe und bemerken, dass der Wald um uns lichter wird. Tatsächlich begleiten uns bald nur mehr Hecken und niedere Gehölze, links erahnen wir bereits freie Wiesen.

Nach **5.5 km** erwartet uns dann ein ungewöhnliches kleines Abenteuer: Wir überwinden einen Zaun und bewegen uns nun mitten durch das Areal einer Jungviehweide. Das neugierige, aber meist sehr ängstliche Jungvieh beäugt uns – und mit etwas Geduld können wir auf unmittelbare Tuchfühlung mit den Vierbeinern gehen. Etwa 600 Meter später verlassen wir die Weide wieder und laufen auf bequemem Feldweg weiter hinaus in freie Umgebung. Was für herrliche Ausblicke ergeben sich nun vor allem nach Norden und Osten! Weit lassen wir den Blick schweifen über die Kuppen der Vulkaneifel: Farbenprächtig breiten sich vor uns Felder, Wiesen und Wald aus. Schließlich schlägt unser Traumpfad eine Kehre nach links, und vorbei an einem alten Steinkreuz (mit Ruhebank) erklimmen wir endgültig die Hochfläche. Bevor wir rechts zur nahen L 98 abbiegen, lädt am Juckelsberg nochmals eine Bank zum Verweilen und Ausschauhalten (4) ein. Dann queren wir die L 98 und laufen schnurstracks zum Waldrand. Dort geht es rechts am Feld entlang, bevor wir wieder ins üppige Grün abtauchen dürfen. Unter den Wedeln der Nadelbäume geht es bis zum nächsten Querweg, dem wir rechts entlang der Hangflanke folgen. Wir genießen die Ruhe des Waldes, die nur ab und an durch die eindringlichen Pfiffe der Bahn unterbrochen wird. Nach **8.8 km** erreichen wir den nächsten, atemberaubend schönen Ausblick (5): Von einer Bank schweift der Blick hinüber zum Hochbermel und ins Thürelztal. Nahezu unberührt liegt uns das stille Tal zu Füßen, und wir bekommen Lust, bei der nächsten Tour auf dem Hochbermeler (▶ S. 100) diese Idylle näher zu erkunden. Doch zunächst wandern wir geradeaus weiter, bis uns die markanten Logos links auf einem Pfad zur Hangkante schicken. Wir steigen zwischen den dünnen Stämmen der uralten Krüppeleichen in Serpentinen den steilen Hang hinab.

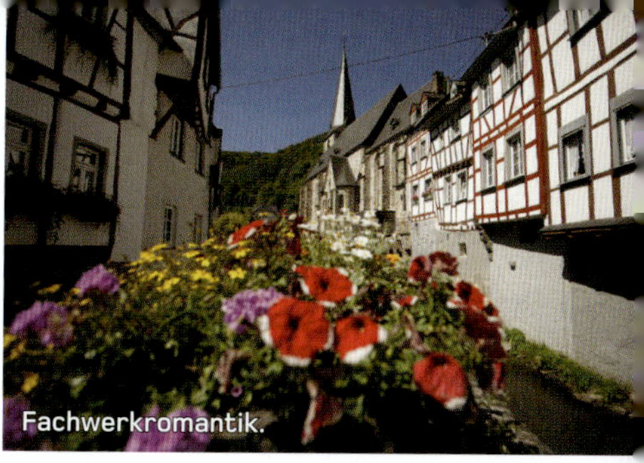
Fachwerkromantik.

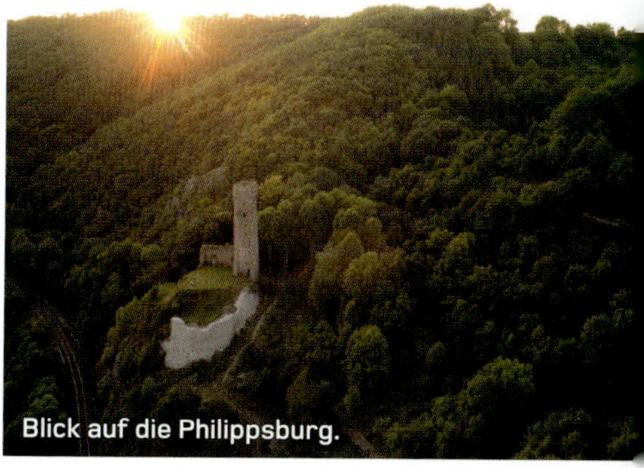
Blick auf die Philippsburg.

Im Thürelztal angelangt, wenden wir uns rechts auf einen weichen Waldweg, der uns oberhalb des eigentlichen Baches nach Norden führt. Ginster säumen den Weg und sorgen im Frühsommer für Farbenpracht. Dann umschließen uns wieder die rauschenden Kronen der Laubbäume. Nach **10.3 km** biegen wir links auf einen schmalen Pfad ab. Zunächst folgen wir ihm über einen Felsriegel, dann geht es abwärts, und wir treffen auf dem Talweg ein. Durch eine Unterführung queren wir die Bahnstrecke, danach halten wir uns sofort links und gelangen mit dem Bahndamm über die Thürelz. Wir queren den asphaltierten Zugang zum Heunenhof, erklimmen die Böschung und laufen in weitem Linksbogen am Wiesenrand entlang. Am Waldrand treffen wir schließlich auf den Verbindungsweg zum Hochbermeler (6).

Wir ignorieren diesen Abzweig und laufen zunächst auf weichem Waldweg geradeaus, bald aber auf engem Pfad bergan zum Kamm des bewaldeten Rückens.

Kurz bevor wir auf dem Felssporn über der L 96 angelangt sind, biegen wir links abwärts auf einen Pfad ab, der uns ins Tal führt. Wir queren eine Wiese und anschließend die Straße (7), wenden uns nach rechts und erklimmen den schroffen Felsriegel. Oben erwartet uns wieder eine traumhafte Pfadpassage durch den Niederwald entlang des Felsengrats, der sich zwischen Elz (links) und Thürelz (rechts) erhebt. Schließlich steigen wir nach rechts ab und queren bei der Augstmühle die Thürelz. Eine kurze Pfadpassage bringt uns zur nächsten Brücke, die bereits über die Elz führt, denn 200 Meter oberhalb mündet die Thürelz in die Elz.

Nun haben wir den Sportplatz von Monreal (8) und damit den Beginn des Zugangsweges nach Monreal erreicht. Wem die ganze Tour zu lang ist, der kann hier nach rechts abkürzen, nimmt dabei aber in Kauf, die Löwenburg, den kulturellen Höhepunkt der Tour, zu verpassen. Also wenden wir uns nach links auf den breiten Radweg. Bei **Kilometer 12.2** beginnt dann der letzte wesentliche – und recht anstrengende Aufstieg. Eigentlich sieht der Hang gar nicht so hoch aus, doch während wir uns den Serpentinenpfad emporkämpfen, werden wir eines Besseren belehrt. Fast 100 Höhenmeter weiter oben ist es dann geschafft, und wir verlassen den Wald, laufen nun mit einigen Schlenkern über offenes Wiesenland und erhaschen erste Blicke zu den Burgen.

Noch einmal geht es sanft aufwärts, bis wir von der Wiese wieder in den Wald wechseln und nun pfadig weiterwandern. Unvermittelt öffnet sich an einem Felssporn die Waldkulisse und wir sind sofort in den Bann gezogen von der sagenhaften Aussicht (9) hinab auf Monreal, das Elztal und die Burgen! Wie eine Modelllandschaft liegt der Ortskern tief unten im Tal.

Noch einmal tauchen wir in den Wald ab, erreichen eine Kreuzung, an der rechts der Zugangsweg zur Philippsburg (10) abzweigt. Wir streben ein letztes Mal bergan, biegen aber nur 50 Meter später rechts auf einen Pfad ab, der bald durch mannshohe Ginster ins Freie führt. Vor uns erheben sich nun die mächtigen Mauern der Löwenburg (11), die wir nach **13.9 km** erreichen.

Zwischen den uralten Mauern fühlen wir uns in die Zeit der Recken und Ritter, der Minnesänger und Burgfräulein versetzt. Vom hohen Turm aus haben wir das ganze Tal im Blick – und es fällt schwer, sich wieder loszureißen. Entlang den alten Mauern folgen wir bei sagenhaftem Blick auf Monreal dem Pfad abwärts. Unmittelbar nach

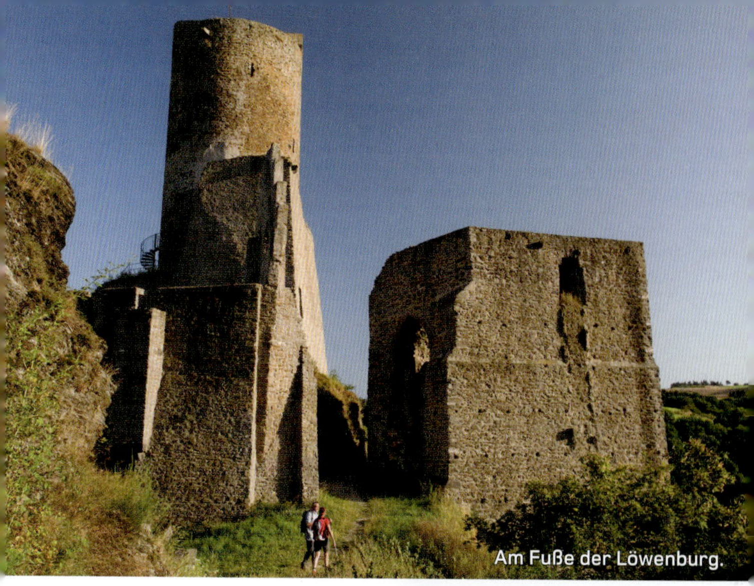

Am Fuße der Löwenburg.

der Kehre neben einer Schutzhütte verlassen wir den alten Pfad und folgen rechts einem uralten, wieder aktivierten schmalen Weg, der uns schließlich an der Kirche vorbei ins Ortszentrum bringt. Von hier sind es nur noch wenige Schritte zum Portal (2), wo sich nach **14.7 km** der Kreis dieser spannenden Zeitreise schließt. Zurück zum Bahnhof (1) folgen wir dem Zugangsweg, den wir bereits vom Beginn her kennen. Zuvor laden die verwinkelten Gassen, die kleinen Ateliers und auch die Gastronomie zu einem Besuch ein, der diese grandiose Tour zwischen Mittelalter und Naturgenuss gelungen abrundet.

Der Monrealer Ritterschlag wurde als Deutschlands schönster Wanderweg 2011 ausgezeichnet.

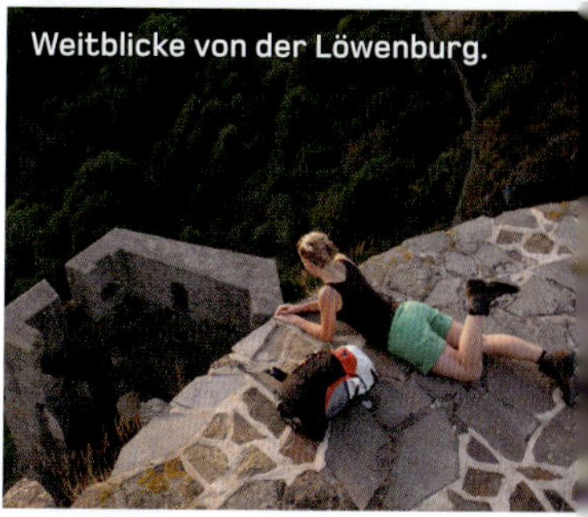

Weitblicke von der Löwenburg.

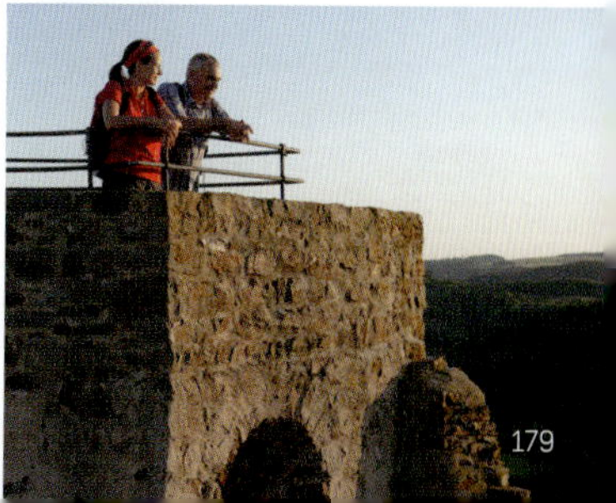

Restaurant „Stellwerk", Bahnhofstr. 58 56729 Monreal
02651/77767
www.stellwerk-monreal.de
- Altes Pfarrhaus Monreal
Kirchstraße 23, 56729 Monreal / Eifel
0176/20292187
- Cafe Plüsch, Obertorstraße 14 (Altes Pfarrhaus in Monreal), 56729 Monreal 02651/7039111
www.cafe-plüsch-monreal.de

Haus Löwenburg, Bahnhofstr. 1, 56729 Monreal 02651/71701
www.haus-loewenburg-monreal.de (auch Restaurant)
- Weitere Übernachtungsmöglichkeiten:
www.naturerlebnis-vordereifel.de

Info: www.vrm.info
Haltestelle: Grabenstr. (Monreal)
- Mo-Fr: Bus 334 (Mayen-Bermel)
oder **Haltestelle:** Monreal Bahnhof
- täglich: RB 38 (Mayen Ost-Andernach)

Taxi Fiedler 02651/3030

Lust auf eine romantische Laternenführung durch das abendliche Monreal oder auf eine Burgführung mit Rittermahl? Jörg Geisbüsch bietet unterschiedliche Erlebnisführungen durch Dorf und Burg an.
Weitere Infos: Jörg Geisbüsch, Obertorstr. 18, 56729 Monreal 02651/492300
www.am-olle.de

Ein verlockendes Abenteuer versprechen die alten Mauern der Löwenburg hoch über Monreal. Die ursprünglich von den Virneburger Grafen gegründete Burg diente dem Schutz der Stadt. Im Zuge des 30-jährigen Krieges wurde die Löwenburg 1689 von den Franzosen zerstört. Bis heute erhalten sind aber der markante Bergfried und Reste der Kapelle sowie der Vorburg. Die Ruine ist frei zugänglich.

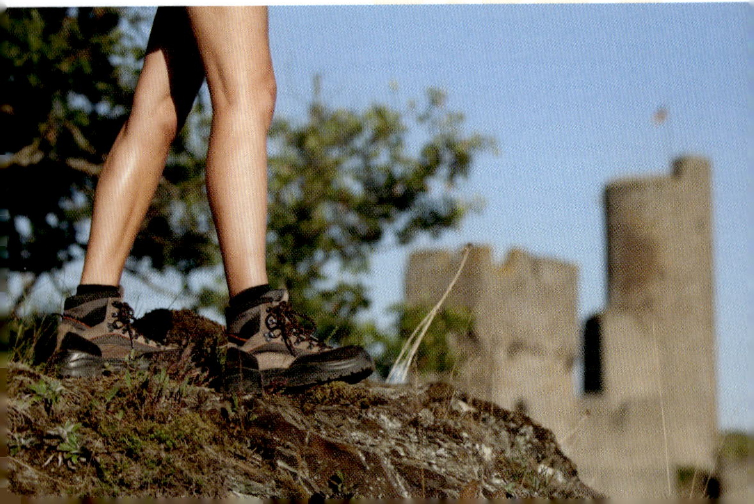

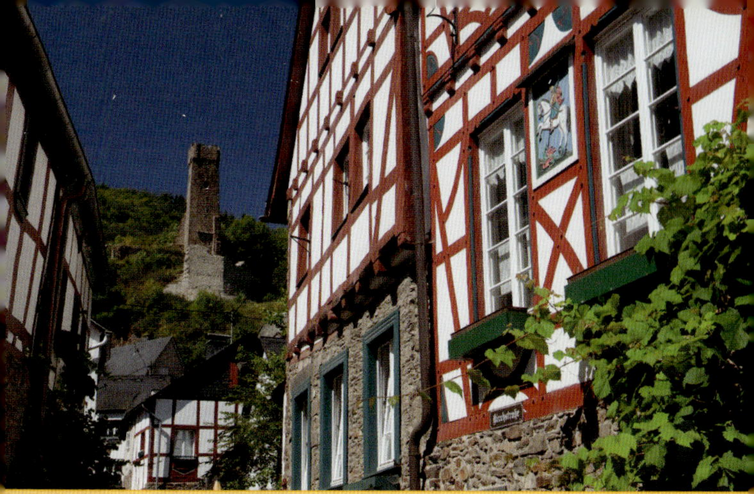

Tipp Monreal

Das kleine Städtchen duckt sich ins enge Elztal und wird vom Bergsporn herab gleich von zwei Burgen bewacht: der Löwenburg und der benachbarten Philippsburg. Monreal bietet verwinkelte Gassen und pittoreske Fachwerkhäuschen, die mit den bunten Balken einen tollen Kontrast zu den dunklen Lavasteinen bilden, aus denen beispielsweise die drei Brücken des Ortes bestehen. Die berühmteste ist die mittlere, die Nepomukbrücke mit der Statue des hl. Johannes von Nepomuk und einer einzigartigen Löwenskulptur.

Monreals Wurzeln gehen weit zurück ins Mittelalter. Bereits 1229 erwähnen Urkunden den Ort als „mons regalis" (Königsberg). Aus dieser Zeit stammt auch die trutzige Löwenburg. So geschützt, wundert es nicht, dass Monreal schon 1306 Stadtrechte eingeräumt bekam. Fast ebenso wichtig war die Verleihung des Marktrechtes, was zur raschen Etablierung als Handelszentrum führte. Nach den Wirren des 30-jährigen Krieges entwickelte sich Monreal im Schatten der zerstörten Burg Löwenstein zu einem Zentrum der Tuchindustrie. Bis zu 64 Webstühle sorgten bis zum Beginn der Industrialisierung für Wohlstand.

Doch der massenhaften Fertigung von Stoffen in modernen Fabriken war diese Tuchherstellung nicht gewachsen, Monreal verlor ab Mitte des 19. Jahrhunderts zunehmend an Bedeutung und versank im Dornröschenschlaf. Heute ist es ein beliebtes Ausflugsziel, das seine Besucher auf eine Zeitreise ins Mittelalter führt. Weitere Informationen unter: ⓘ www.monreal-eifel.de

Noch mehr Entdeckungen

- **Eifelspuren**
  18 Themen-Rundwanderungen
  im Wanderparadies Eifel
  ISBN: 978-3-942779-56-2

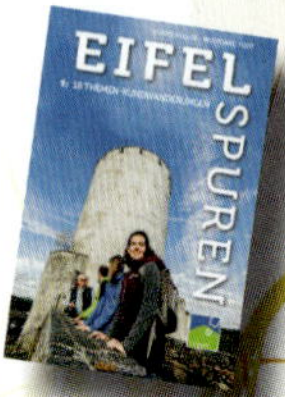

- Moselsteig | **Seitensprünge 1**
  10 Premium-Rundwanderungen
  von Trier bis Bernkastel-Kues
  ISBN: 978-3-942779-59-3

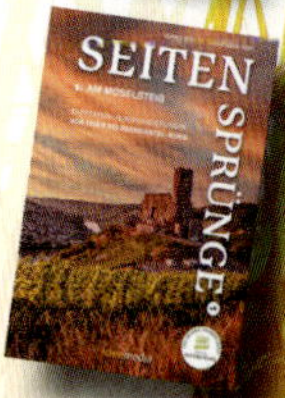

- Moselsteig | **Seitensprünge 2**
  17 Premium-Rundwanderungen
  von Bernkastel-Kues bis Koblenz
  ISBN: 978-3-942779-60-9

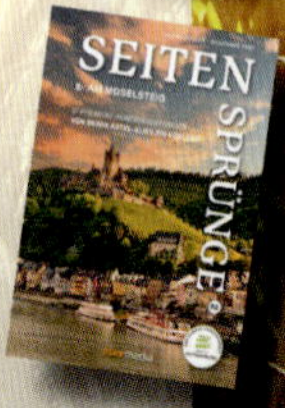

ideemediashop.de

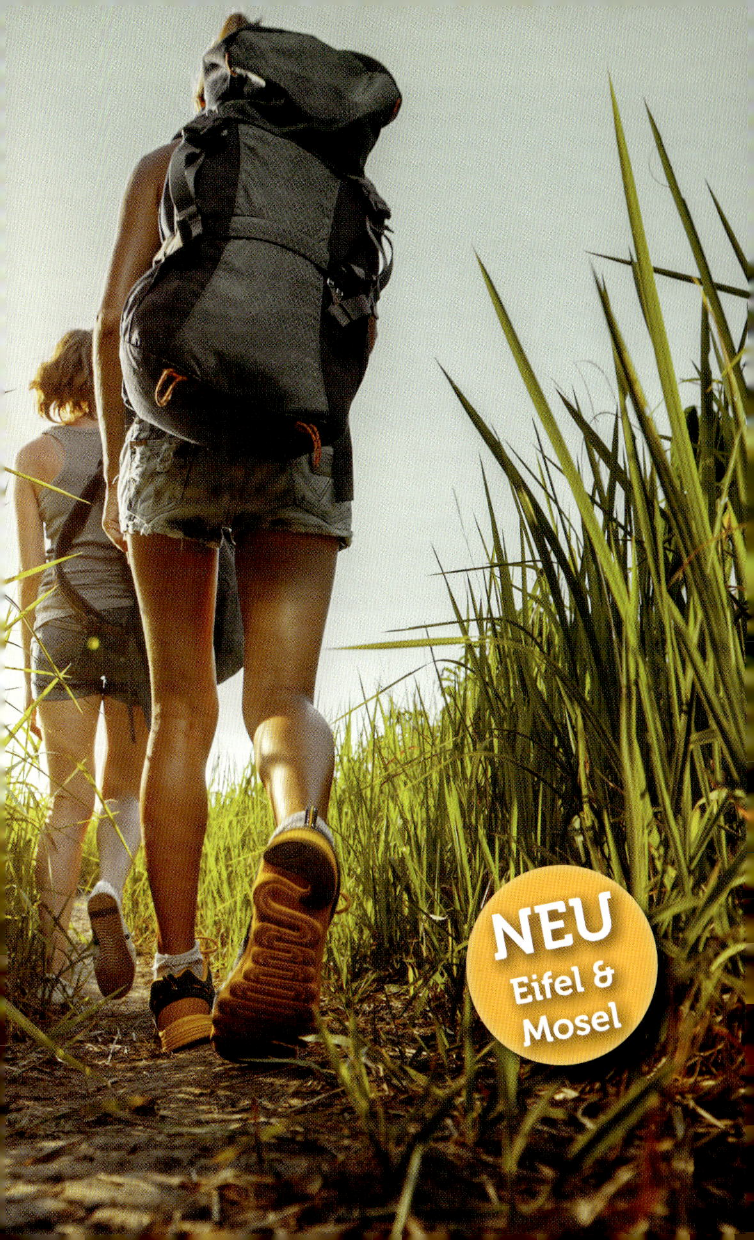
NEU
Eifel &
Mosel

21 Vier-Berge-Tour

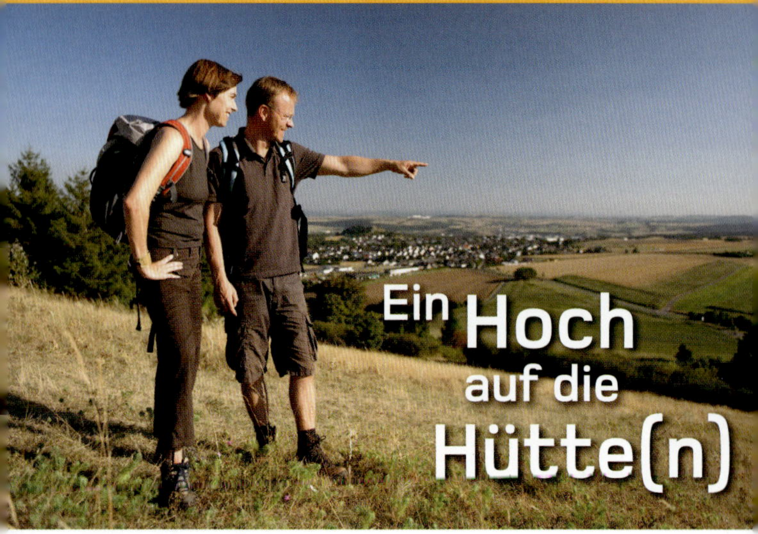

- **Start/Ziel:** Parkplatz Erlenmühle, Mendig

- **Tourist-Info** Tourist-Info Maria Laach
  Maria Laach, 56653 Glees ✆ 02636/19433
  www.vulkanregion-Laacher-see.de

- **Anfahrt:** A 61, Abfahrt Mendig. Oder über die B 262. In der Ortsmitte auf die L 20 Richtung Bell abbbiegen.

- **Parkplätze:**
  - Erlenmühle, Mendig
    N50° 22' 31.2'' • E7° 14' 26.7''
  - Wanderparkplatz Schweinsgraben
    N50° 22' 59.5'' • E7° 13' 15.3''

scan to go®

QR-Code mit dem Smartphone scannen und Anfahrt anzeigen lassen.

- **Wegpunkte:**

P1: Parkplatz Erlenmühle, Mendig
32 U 374908 5581843

P2: Portal Traumpfad am Erlenbrunnen
32 U 374336 5582242

P3: Rauhbuur 32 U 374183 5582566

P4: Abzweig/Zuweg Marxe Lay
32 U 372795 5583055

P5: Aussicht & Hütte Gänsehals
32 U 372731 5583917

P6: Trennung Waldseepfad
32 U 372489 5583374

P7: Aussicht 32 U 371611 5581666

P8: Panoramablick Hochsteinflanke
32 U 373284 5581247

P9: Genovevahöhle
32 U 373267 5581606

P10: Dicke Buche
32 U 373247 5581892

14.5	4h 45min	490	541	1102 1294	T2X4TX5
km					

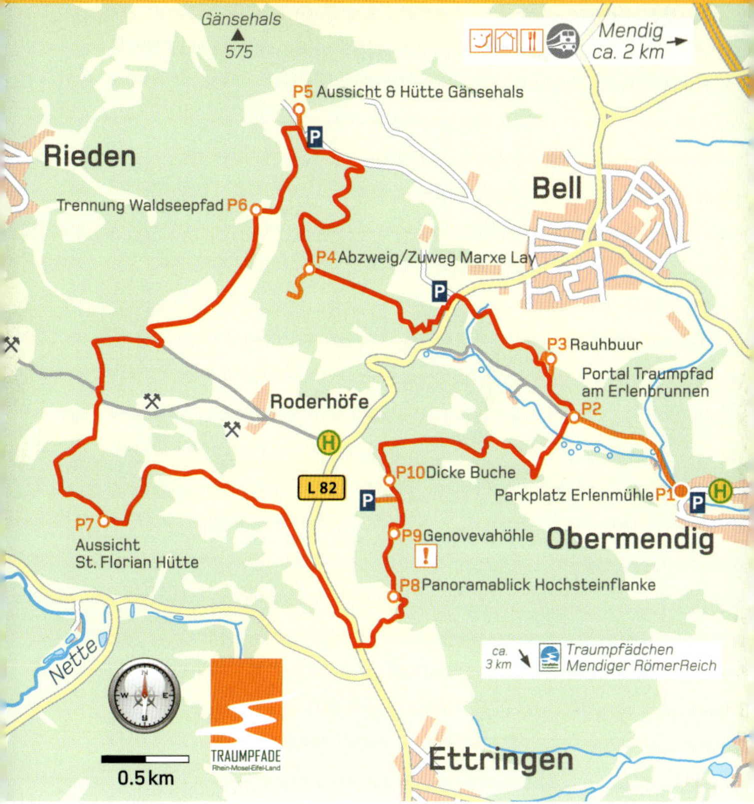

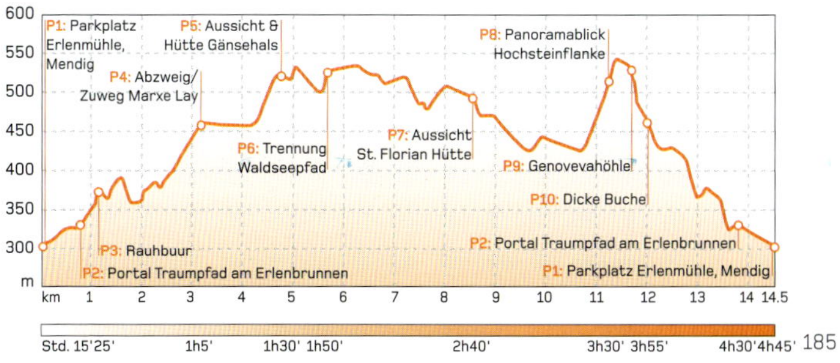

In dieser Tour ist alles drin: Idyllische Täler mit plätscherndem Nass, kühler Laubwald, beeindruckende Tuffsteinwände, genüssliche Wiesenpassagen zum Träumen und kühne Anstiege, die Kräfte fordern. Das alles wird gekrönt von sensationellen Panoramaaussichten. Ein Weg, den man gerne mehrmals geht.

Am Parkplatz „Erlenmühle" (1) am Ernteweg in Mendig beginnen wir die heutige Tour. Zunächst folgen wir dem Zuweg entlang des Kellbachs talaufwärts. Die Erlenmühle bleibt links liegen und an einer Weggabelung halten wir uns links. Gleich danach dürfen wir den befestigten Wirtschaftsweg gegen einen rechts parallel verlaufenden Pfad eintauschen. Nach **700 m** erreichen wir den Startpunkt des Traumpfads Vier-Berge-Tour am Erlenbrunnen (2).

Neben der Schutzhütte führen uns die vertrauten orangen Logos auf einem Pfad in die Hangflanke. Der schmale Weg steigt gemächlich an und bringt uns auf Tuchfühlung mit dem mittelhoch gewachsenen Wald. Kurz nach Querung eines Waldwegs müssen wir uns nach **1.1 km** entscheiden: Wer trittsicher ist, der sollte sich hier den mit Zuweglogos markierten Abstecher zum Layfelsen nicht entgehen lassen. Während der Traumpfad selbst geradeaus dem Waldweg folgt, biegen wir also zum Abstecher rechts auf einen Pfad ab. Eng führt er uns zu einer mächtigen Tuffsteinwand, die hoch im Wald aufragt (Vorsicht: Nach starken Regenfällen besteht an der Wand Steinschlaggefahr!). Hier am „Rauhbuur" (3) wurden Tuffsteine für den Backofenbau gewonnen. Uns beeindrucken die feinen Schichtungen im Tuff – und einmal mehr wird uns bewusst, dass ein Vulkanausbruch nicht nur Verwüstung bringt, sondern auch wertvolle Rohstoffe zur Verfügung stellt.

In einem Bogen bringt uns der Pfad zurück zum eigentlichen Traumpfad, der wenige Meter später rechts abbiegt. Wir gewinnen etwas an Höhe und schwenken kurz vor dem Waldrand nach links. Nun streifen wir durch den lichten Niederwald, überschreiten eine Kuppe und folgen dem Traumpfad bald talwärts. Dazu wechseln wir hinaus auf freies Feld. Im Tal treffen wir auf einen asphaltierten Wirtschaftsweg und biegen links ab. Doch schon am nahen Wasserhäuschen dürfen wir wieder auf weichen Naturgrund wechseln. Am Rande einer Feuchtwiese laufen wir aufwärts und treffen nach **2.1 km** an der L 82 ein. Zunächst geht es links auf der Böschung weiter, dann queren wir die Straße und laufen zum nahen Parkplatz Schweinsgraben. Am Rande des Parkplatzes tauchen wir mit dem Traumpfad wieder in urwüchsige Waldatmosphäre ein. Unser Blick fällt auf trutzige Tuff-

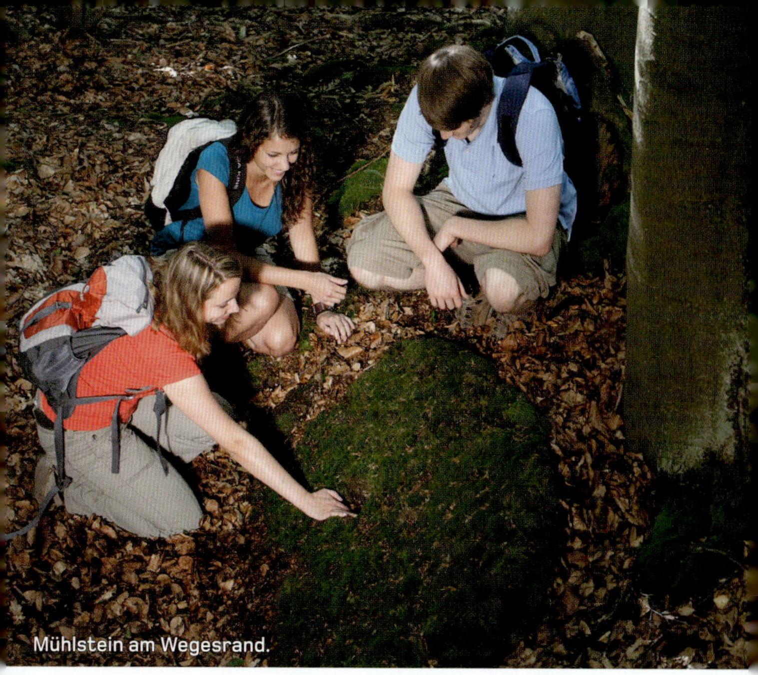
Mühlstein am Wegesrand.

steinwände, die auch hier Rohstoffe für den Ofenbau lieferten. Alte Gräben überwinden wir mithilfe von zwei Stegen, hölzerne Stufen helfen Böschungen hinauf. Die zweite Brücke im Wald dient einem besonderen Zweck: Es wird kein Hohlweg überbrückt, sondern eine stark frequentierte Ameisenstraße vor der Zerstörung bewahrt. Die großen und unter Schutz stehenden, nützlichen Waldameisen bauen in diesem Areal beeindruckende Hügel und sind in der warmen Jahreszeit emsig in großer Zahl unterwegs. Wir queren eine Waldschneise und erreichen ein von Nadelbäumen dominiertes Waldstück. Hier schwenken wir nach links und steigen unter dem schattigen Dach der Tannenwedel gemächlich bergan. Nach **3.2 km** stehen wir schließlich am Abzweig (4) eines weiteren Abstechers: Links führen Zuweglogos hinab in die Marxe Lay, ein beeindruckendes Schluchtengebiet aus vulkanischem Gestein. Die Vier-Berge-Tour selbst setzt sich rechts auf breitem Waldweg fort. Bald lösen hochgewachsene Buchen die Nadelbäume ab, und unter unseren Füßen raschelt das Laub bei jedem Schritt. Der Wald präsentiert sich abwechslungsreich, denn nach der nächsten Kurve übernehmen mittelhohe Eichen, später Misch-

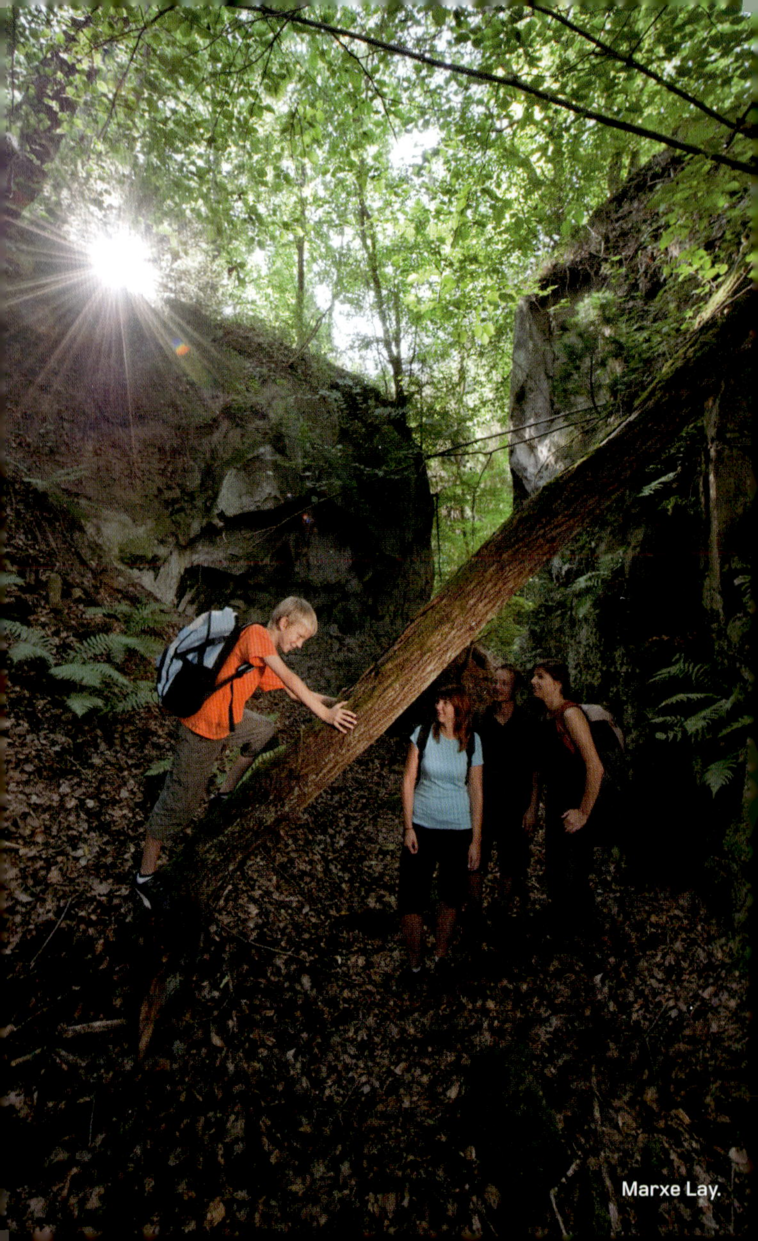

Marxe Lay.

wald die Regie. Bei **Kilometer 4.2** erwartet uns eine besondere Naturattraktion: der „A-Baum"! Direkt an der Abbiegung nach links strebt ein zweiwurzeliger Eichenbaum der Sonne entgegen. Die beiden nahtlos verwachsenen Stämme wurzeln in Form eines „A" und markieren diesen Richtungswechsel auf einmalige Art und Weise.

Nun wird es anstrengend, denn die Flanke des ersten Berges, des Gänsehalses, möchte erobert werden. Auf weichem Waldpfad gewinnen wir an Höhe und können bei kurzer Waldrandberührung mit tollem Blick zum Laacher See verschnaufen. Der Aufstieg setzt sich fort, bis wir auf 517 Meter Höhe den Parkplatz Gänsehals erreichen. Hier verläuft der Traumpfad geradeaus bergan auf einem Forstweg. Wir aber lassen uns zum nächsten Abstecher verführen: Wir laufen rechts aus dem Wald heraus und folgen den Hinweisschildern zur nur 100 Meter entfernten Schutzhütte Gänsehals. Hier schwelgen wir nach **4.8 km** in einer phänomenalen Aussicht **(5)** über die Vulkaneifel, zum Laacher See und bis weit ins Neuwieder Becken. Dieses traumhafte Panorama darf man einfach nicht verpassen! Wir sollten uns übrigens nicht wundern, dass an der Hütte Traumpfadlogos zu finden sind: Die gehören zum Waldseepfad (▶ S. 162), der sich hier mit der Vier-Berge-Tour verzahnt.

Nach ausreichend „Fern-Sehen" kehren wir zurück zum Parkplatz und nehmen dort die Spur der Vier-Berge-Tour wieder auf. Wir steigen gemeinsam mit dem Waldseepfad auf einem Waldweg bergan und treffen schließlich an einer markanten Kreuzung ein. Gemeinsam wenden wir uns nach links und folgen dem breiten Forstweg leicht abwärts. Dann öffnet sich rechter Hand eine Wiese, und wir steigen mit beiden Traumpfaden rechts bergan. Am oberen Wiesenrand verabschiedet sich der Waldseepfad **(6)**, der geradeaus führt. Wir aber lassen den zweiten Berg des Tages, den Schmitzkopf, endgültig hinter uns und laufen links am Waldrand entlang weiter.

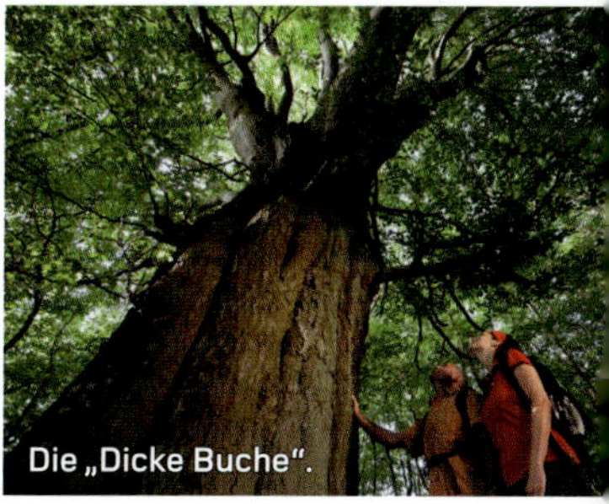

Die „Dicke Buche".

Üppige Hecken begleiten uns, dann ergeben sich wieder herrliche Ausblicke über freies Feld. Wir treffen am Wald ein, biegen links ab, dürfen aber nach **6.8 km** rechts in den Wald wechseln. Auf weichen Waldwegen wandern wir abwechslungsreich und mit einigen Schlenkern abwärts, bis wir schließlich am Hasenborn die schützenden Bäume verlassen. Wir queren die offene Wiese und sehen vor uns den dritten Berg, den Sulzbusch. Doch auch hier begnügt sich die Vier-Berge-

Tour mit der Umrundung unterhalb des Gipfels. Wir wenden uns nach rechts und folgen dem idyllischen Waldweg im Bogen um den Berg. Mit etwas Glück leisten uns dabei wilde Mufflons Gesellschaft.

Nach **8.5 km** treffen wir an der Schutzhütte St. Florian (7) ein und nehmen die Gelegenheit zur Rast gerne wahr. Von der Hütte aus genießen wir den sagenhaften Ausblick ins Nettetal und hinüber bis Kürrenberg, wo mit dem Förstersteig (▶ S. 228) ein weiterer Traumpfad herrliches Wandervergnügen verspricht. Gestärkt setzen wir die Wanderung fort, die uns nun zunächst wieder abwärts führt. Nach dem Hochwald setzt die bald erreichte Heckenlandschaft einen neuen Akzent, und wir können über die Hecken am Wegesrand bereits den vierten Berg der Tour ausmachen: den Hochstein. Aus der Entfernung sieht er ganz harmlos aus, doch wir werden noch eines Besseren belehrt werden.

Zuvor genießen wir den langsam abfallenden Feldweg, der uns nach **9.7 km** ins Tal bringt. Sogleich steigt der Feldweg wieder an, aber die Steigung hinauf zu einem querenden Wirtschaftsweg ist schnell überwunden. Wir laufen nach rechts und treffen bei **Kilometer 10.5** beim Moto-Cross-Gelände ein. Hier finden dreimal im Jahr Wettkämpfe statt, bei denen man die waghalsigen Sprünge der Motorradfahrer aus nächster Nähe bestaunen kann. Am Ende des Areals queren wir die L 82 und stehen an kleinen Höhlen, die einst die Bewohner der Umgebung in den weichen Stein gegraben haben, um Schutz vor Fliegerangriffen zu finden.

Wir folgen dem grasigen Wiesenweg und sehen uns endgültig mit dem Hochstein konfrontiert. Was nun folgt, ist eine echte Herausforderung, denn steil erklimmt die Vier-Berge-Tour den Vulkankegel. Der Pfad verläuft hier mitten durch ein Naturschutzgebiet, weil die Magerrasen mittlerweile stark bedroht sind. Wir achten darauf, den Weg nicht zu verlassen, und krabbeln den Berg empor. Nach gut drei Viertel des Aufstiegs bietet dankenswerterweise eine Bank Gelegenheit zum Atemschöpfen ... Eine kurze Pause sollte man sich in jedem Fall gönnen, denn der Ausblick (8) von hier oben ist sensationell. Was die Mühen des Aufstiegs betrifft, so darf man sich aber nicht zu früh freuen, denn nach der Bank setzt sich der Anstieg im Wald noch einmal gut 30 Höhenmeter fort. Nach **11.4 km** ist es aber dann endgültig geschafft, und wir dürfen im Wald links auf einen breiten und vor allem ebenen Waldweg abbiegen.

Bald geht es sogar abwärts, und wir sehen vor uns Felsen über die Wipfel ragen. Über eine Leiter erklimmen wir den Fels und genießen die Aussicht vom Hochstein zum Laacher See in vollen Zügen. Danach folgen wir dem Pfad weiter abwärts und stehen vor der zweiten Attraktion dieses Berges, der Genovevahöhle (9), in der einst Gräfin Genoveva Zuflucht gefunden haben soll

Wir setzen die Wanderung weiter abwärts fort, wechseln dabei, immer gut markiert, von Pfaden auf breitere Wege und wieder auf enge Trails. Den Zuweg zum Parkplatz Hochstein lassen wir links liegen und folgen dem Weg pfadig hinab zur eindrucksvollen „Dicken Buche" **(10)**, die inmitten schlanker Bäume den Wald dominiert.

Wenig später treffen wir auf einen Forstweg und genießen im weiteren Verlauf die ruhige Waldumgebung. Noch einmal wird es spannend, nachdem wir auf engem Serpentinenpfad, unterstützt von Stufen, einen steilen Hang abgestiegen sind. Denn kaum laufen wir eine Etage tiefer wieder eben durch den Wald, ziehen nach **13.1 km** helle Tuffsteinwände unsere Aufmerksamkeit auf sich.

Schließlich lichtet sich der Wald, und wir treffen auf eine Mehrfachkreuzung. Hier biegen wir scharf links ab und laufen pfadig über eine Wiese mit Ausblick ins Kellbachtal. Die Behausung der „Ritter vom Hochstein" bleibt links liegen, und wir steigen vorsichtig weiter hinab zum Kellbach. Wir überqueren das Nass auf einem Steg, um anschließend die oft recht feuchte Wiese mithilfe von Trittsteinen zu passieren. Dann ist es so weit: Vor uns befindet sich das steinerne Rund des Erlenbrunnens, dessen kühles Mineralwasser herrlich erfrischt. Der Säuerling ist recht eisenhaltig, wovon die intensive rote Farbe des Beckens zeugt. Hier schließt sich nach **13.8 km** der Kreis der

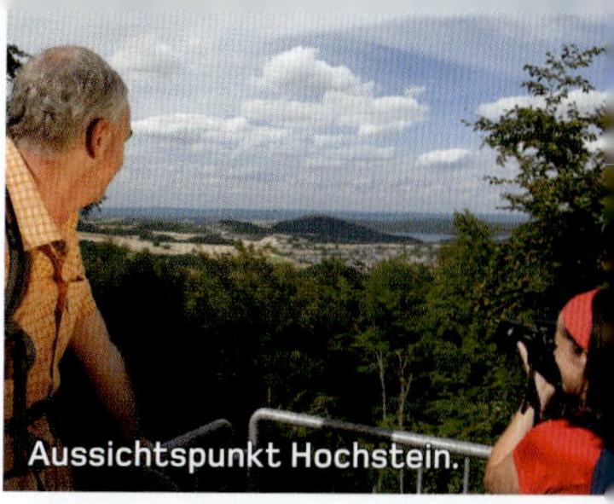
Aussichtspunkt Hochstein.

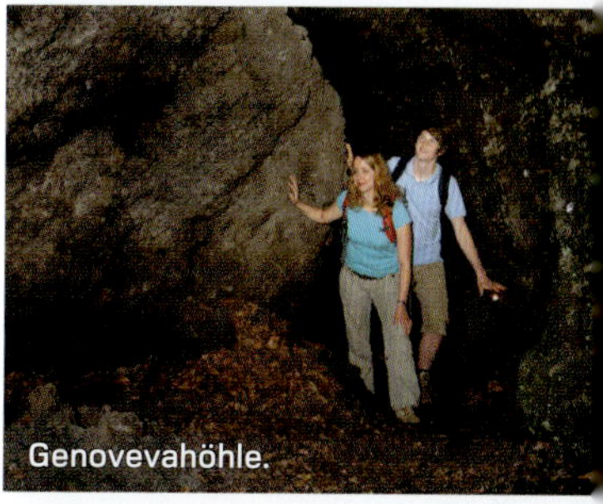
Genovevahöhle.

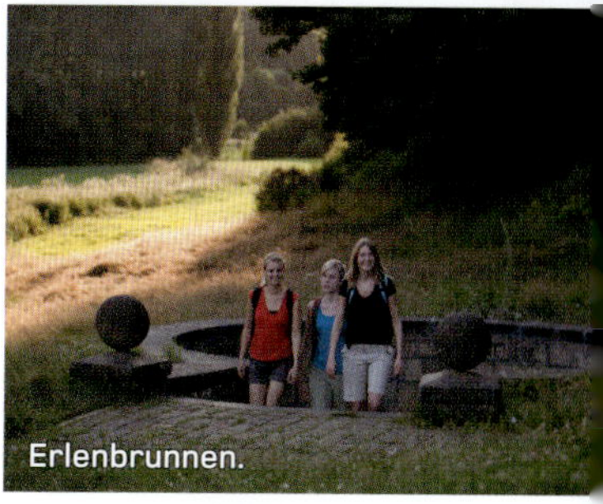
Erlenbrunnen.

Vier-Berge-Tour **(2)**. Um zurück zum Start zu gelangen, folgen wir wieder dem Zuweg durch den idyllischen Talgrund und beenden diese sehr abwechslungs- und aussichtsreiche Traumpfadtour nach **14.5 km** am Parkplatz Erlenmühle **(1)**.

Infos Vier-Berge-Tour

Vulkan Brauhaus, Laacher-See-Str. 2, 56743 Mendig
✆ 02652/520330 ◷ tgl. 11–23 Uhr (Küche: 11.30–22 Uhr)
Ⓘ www.vulkan-brauhaus.de
■ Weitere Einkehrmöglichkeiten:
Ⓘ www.vulkanregion-laacher-see.de

Hotel Felsenkeller, Bahnstraße 35, 56743 Mendig ✆ 02652/97060
Ⓘ www.hotel-felsenkeller.de
■ Hotel Hansa, Laacher-See-Straße 11, 56743 Mendig ✆ 02652/97080
Ⓘ www.mendighansahotel.de
■ Seehotel Maria Laach, Am Laacher See, 56653 Maria Laach ✆ 02652/5840
Ⓘ www.seehotel-maria-laach.de
■ Hotel Laacher Lay, Bahnstraße 66, 56743 Mendig ✆ 02652/93647001
Ⓘ www.hotel-laacher-lay.de

Info: Ⓘ www.vrm.info
Haltestelle: Neustr. (Bell/Eifel)
■ Mo-Sa: Bus 320 (Mayen-Mendig) oder **Haltestelle:** Im Brühl (Mendig) + Fußweg zum Start (ca. 3 km)
■ täglich: Bus 335 (Neuwied-Mayen)

Taxi Bell ✆ 02652/935935

Unter dem Aussichtsfels des Hochsteins befindet sich die Genovevahöhle. Einst soll sich in der Höhle im Vulkangestein die Pfalzgräfin Genoveva mit ihrem Kind verborgen ha-ben, nachdem der verräterische Golo sie verleumdet hatte. Der Sage nach teilte eine weiße Hirschkuh das Schicksal der zu Unrecht Vertriebenen und sorgte schlussendlich auch für eine besonders glückliche Familienzusammenführung von Pfalzgräfin Genoveva, deren Sohn und Pfalzgraf Siegfried. Der untreue Golo bezahlte seine Untat mit dem Leben.

Abkühlung gefällig? Dann bietet das Vulkanbad in Mendig das Richtige! Vulkanbad Mendig, Laachgraben, 56743 Mendig.

Hinweis: Der Gänsehalsturm ist vom Einsetzen der Frostperiode bis Ostern geschlossen. Durch Kondensation kann sich Eis bilden und Besucher könnten auf den Stufen ausrutschen."

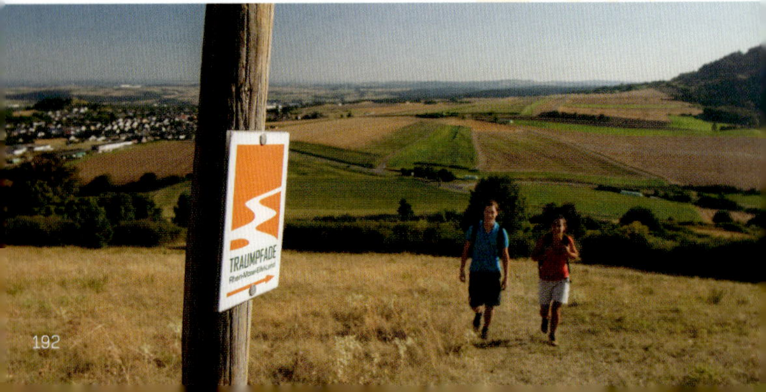

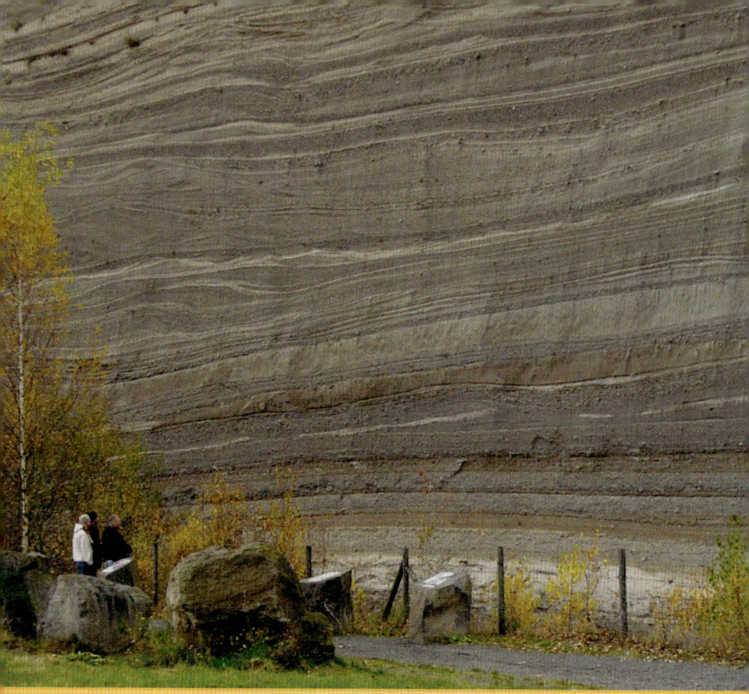

Tipp Wingertsbergwand bei Mendig

Einen geologischen Leckerbissen für Laien und Profis stellt die stets frei zugängliche, bei Geologen berühmte Wingertsbergwand bei Mendig dar. Nahe der Autobahn wurde die beeindruckende Wand im Zuge des Rohstoffabbaus angeschnitten und steht mittlerweile unter Schutz. Denn die Wand offenbart einmalige Einblicke in die Erdgeschichte: Schicht für Schicht erkennt auch der Laie die Ablagerungen der heftigen Vulkanausbrüche, die einst das Land mit Feuer und Asche überzogen. Gerade mal 13.000 Jahre ist es her, dass der Laacher Seevulkan diese unfassbaren Massen an Asche und Bims ausgespuckt hat.

Anschauliche Informationstafeln auf Basaltsäulen geben Aufschluss über die geologischen Zusammenhänge und runden den Besuch dieses Naturdenkmals ab. Weitere Informationen für einen unvergesslichen Ausflug in die feurige Erdgeschichte der Vulkaneifel unter: www.vulkanpark.com

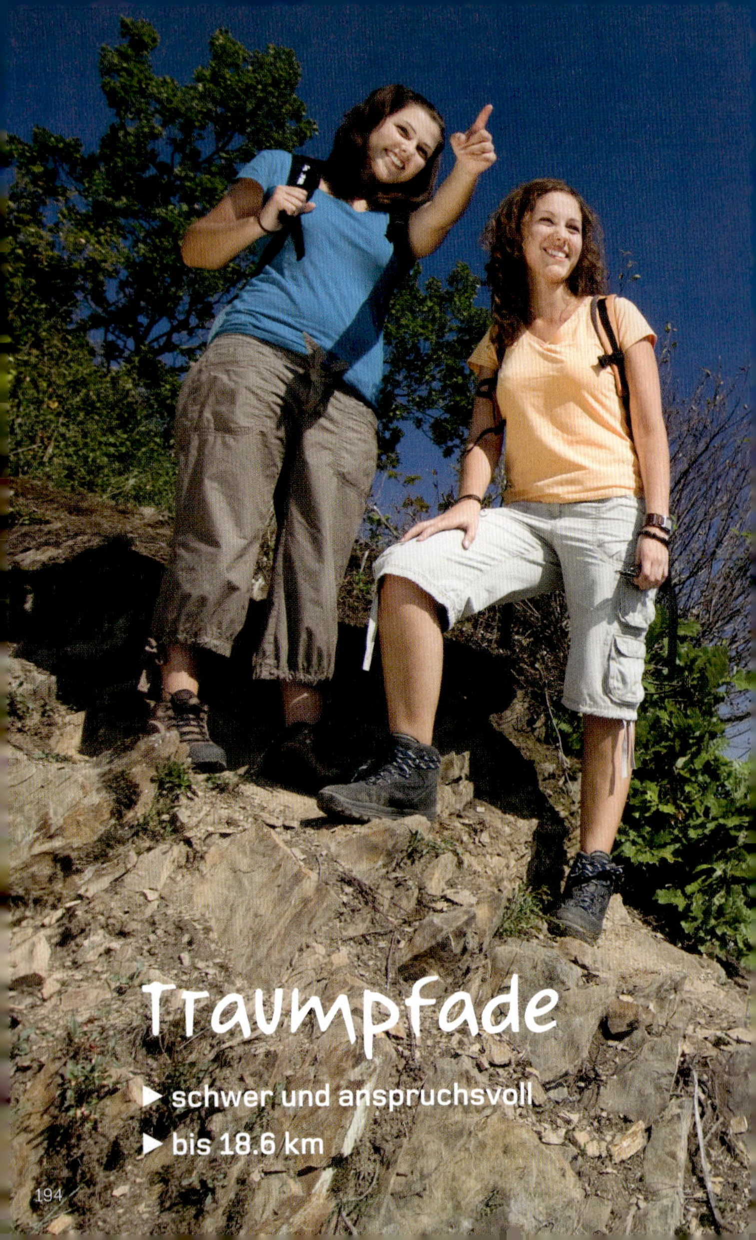

Traumpfade

- schwer und anspruchsvoll
- bis 18.6 km

Hatzenporter Laysteig S. 212

22 Saynsteig

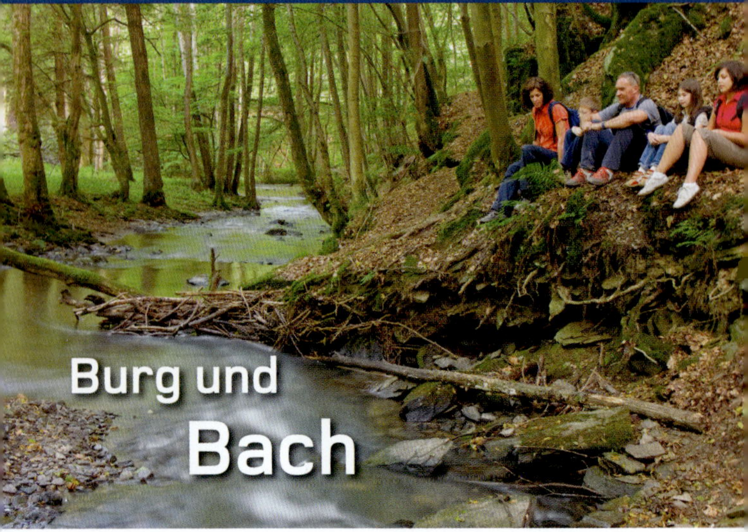

- **Start/Ziel:** Parkplatz Koblenz-Olper-Straße 176 (B 413), Sayn

- **Tourist-Info**
  Tourist-Information Bendorf, In der Sayner Hütte 8, 56170 Bendorf-Sayn
  ✆ 02622/902913 ⓘ www.bendorf.de

- **Taxi:**
- Taxi Engerser Pünktchen ✆ 02622/4444
- Taxi Kurier ✆ 02631/55555

- **Anfahrt:** Sayn erreicht man vom Rheintal aus über die B 413.

scan to go

QR-Code mit dem Smartphone scannen und Anfahrt anzeigen lassen.

- **Parkplätze:**
- B 413 N50° 26′ 25.1″ • E7° 34′ 34.9″
- Sayn, Alte Abtei (Gebühr!)
  N50° 26′ 17.7″ • E7° 35′ 01.9″

- **Wegpunkte:**

P1: Parkplatz Koblenz-Olper-Str. 32 U 398981 5588522
P2: Burg Sayn 32 U 399158 5588435
P3: Oskarhöhe 32 U 399896 5588622
P4: Stromberg Ortsmitte 32 U 400734 5590583
P5: Rastplatz 32 U 401360 5590321
P6: Sinnesbank Brexbachtal 32 U 401201 5589687
P7: Römerturm 32 U 400468 5588721
P8: Meisenhof 32 U 400552 5588170
P9: Burgblick 32 U 399085 5588140
P10: Hein's Mühle 32 U 399136 5588222

15.6	5h	487	331	1156 1357	
km					TP18TX2

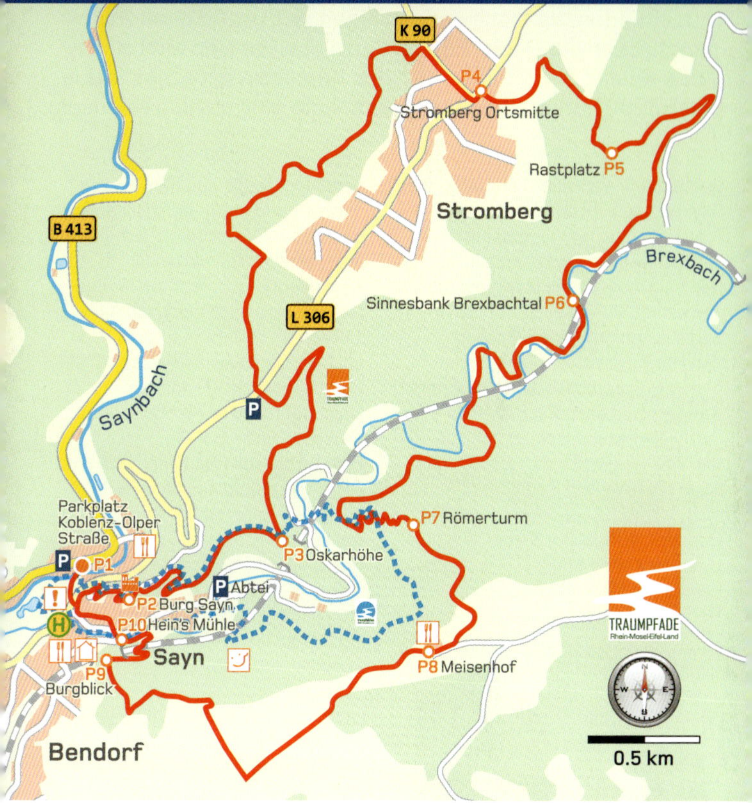

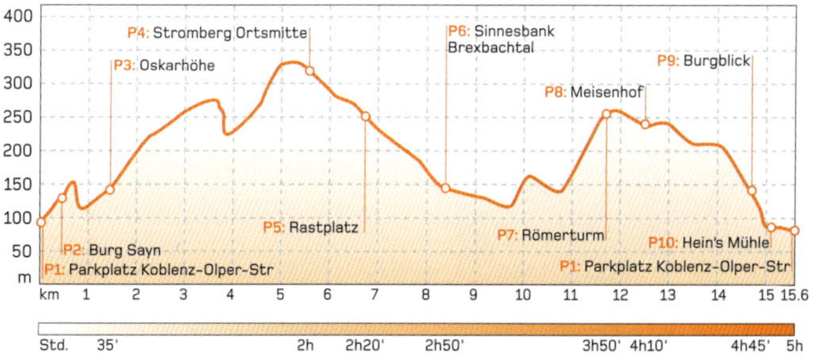

Der Saynsteig entführt uns auf hohem Niveau ins idyllische Brexbachtal und in die Weiten des Rheinplateaus. Er führt zu rauschenden Wassern und beflügelt mit grandiosen Panoramablicken die Seele. Eine ordentliche Portion Mittelalter gibt's an der Burg Sayn – und der Römerturm versetzt uns glatt 2000 Jahre zurück. Abwechslung gibt es also reichlich.

Gemeinsam mit dem Traumpfädchen Sayner Aussichten, welches den Traumpfad ab und an begleitet, starten wir am Parkplatz an der B413 (1), queren die Sayn und laufen zur nahen L306. Auf der anderen Seite folgen wir einem Pfad in den Hang, nun auch geführt vom orangen Traumpfad-Logo. Stramm wandern wir bergan, passieren alte Turmrelikte und steigen schließlich mithilfe einiger Stufen zur Burg Sayn (2) hinauf.

Das weitläufige Burgareal lädt zum Umherstreifen ein und bietet einen herrlichen Blick über das Neuwieder Becken. Wir inspizieren die Reste der Burgkapelle aus dem 12. Jahrhundert und zollen dem Bergfried unseren Respekt, bevor wir die Burg auf breitem Weg verlassen. In einer Senke laufen wir über ein Wildgatter und biegen direkt nach dem Tor scharf rechts auf einen Pfad ab. Der führt uns an Felsen vorbei durch den dicht gewachsenen Laubwald. Nach **700 m** verabschiedet sich der bisher parallel verlaufende Rheinsteig vorerst nach links. Wir folgen an dieser Stelle dem Saynsteig auf einen abschüssigen Pfad nach rechts. Schnell verlieren wir an Höhe, schwenken nach rechts und biegen schließlich an einem Querweg scharf links ab. Wenig später erreichen wir eine Weggabelung und wandern links weiter.

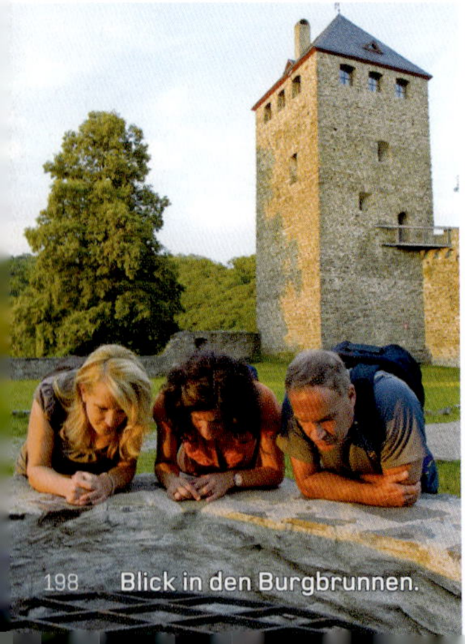

Blick in den Burgbrunnen.

Jetzt führen uns die Logos wieder bergan, und bald öffnet sich um uns ein Sturmwurfareal. Wir genießen den schönen Ausblick ins Brexbachtal, wo sich der Turm der Abtei Sayn in den Himmel reckt. Meter um Meter kämpfen wir uns zum Sattel an der Oskarhöhe empor. Hier lohnt der kleine Abstecher nach rechts auf die dort befindliche Felsrippe mit einer Hütte (3), die zum Rasten und Genießen des Ausblicks einlädt. Zurück am Tripelpunkt von lokalen Wegen, Rheinsteig und Saynsteig, wandern wir fast geradeaus auf einem Waldweg bergan. Leicht ansteigend, erobern wir die Flanke des Burgberges und erfreuen uns am tollen Buchenhochwald. An einer großen Waldkreuzung trennen wir uns wieder vom Rheinsteig und wandern mit dem Traumpfad leicht rechts weiter aufwärts.

Die Buchen stehen schlank und hoch Spalier. Besonders im Frühsommer und im Herbst erfreut uns eine intensive Farbenpracht aus hellgrünem Junggrün oder prächtigen Herbstfarben. Der Weg macht eine Kehre und bringt uns nach **3 km** zum Parkplatz an der L 306. Wir queren die Straße und gelangen über einen Stichpfad zu einem Waldweg. Auf diesem wandern wir rechts durch den Mischwald, bis sich vor uns eine Wiese öffnet und wir voraus die ersten Häuser von Stromberg erblicken.

Wir laufen am Waldrand abwärts, bis uns im Wald ein Wegweiser scharf rechts auf einen steilen Pfad talabwärts schickt, der gute Trittsicherheit erfordert. Etliche Höhenmeter tiefer empfängt uns ein bequemer Waldweg, dem wir nach rechts folgen. Über die Büsche am Wegesrand hinweg erhaschen wir Blicke ins bewaldete Sayntal. Wieder im schummrigen Grün, führt der Traumpfad stetig bergan an Felsklippen vorbei, mal durch Nadelwald, mal durch Laubwald.

Nach **4.7 km** ist unsere Kondition gefragt, denn der Saynsteig verlässt den breiten Weg und biegt rechts auf einen steilen Naturweg

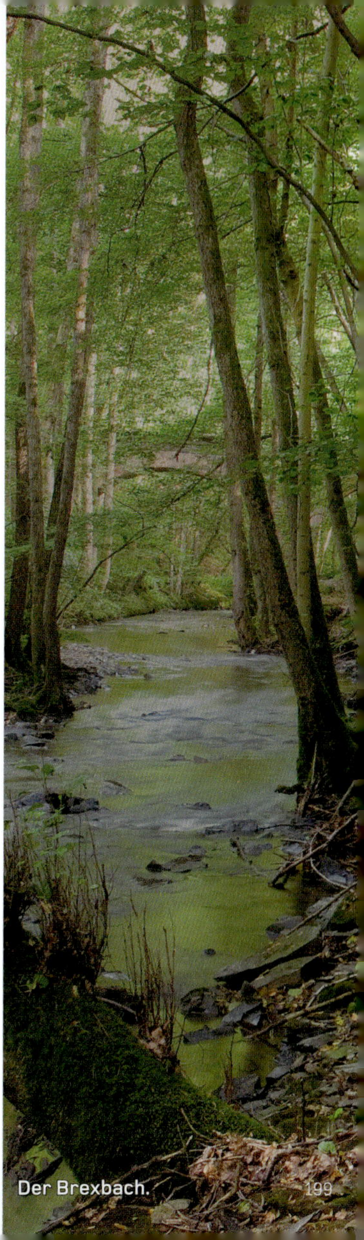

Der Brexbach.

ab. Unter den Wedeln der Fichten und Tannen kämpfen wir uns bergan zu einem Querweg, an dem es leicht links sanfter weitergeht. Üppiger Jungwald begleitet uns zu den Tennisplätzen. An einem Wasserwerk verlassen wir den Wald und folgen der Isenburger Straße rechts abwärts zur Ortsmitte von Stromberg (4). Nach **5.7 km** queren wir mit kleinem Versatz nach links die Westerwaldstraße. Über den Bornweg gelangen wir an den Ortsrand, wo wir einem Wirtschaftsweg links in den Wald folgen.

Verschlungen schraubt sich der Weg ins Tal und bringt uns nach **6.7 km** zu einem idyllischen Rastplatz (5) am Rand eines Windbruchs. Unterhalb des Rastplatzes biegen wir nach links und treffen wenig später am rauschenden Nauorter Floß ein. Munter sprudelt der Bach talwärts, und wir biegen rechts auf einen weichen Waldweg ab. Den Bach stets im Blick, passieren wir eine Felsklippe mit imposanter Falte. Wenig später biegt der Saynsteig links auf einen schmalen Pfad ab, der uns steil hinunter ins Brexbachtal führt.

Wir wenden uns unmittelbar an den Gleisen nach rechts und wandern durch das enge, üppig bewachsene Tal. Hier wird der Traumpfad seinem Namen absolut gerecht, denn begleitet vom mal leise glucksenden, mal keck plätschernden Brexbach windet sich der Pfad um schroffe Felsen oder durch stille Talauen. Immer wieder zieht die Strecke der Brexbachtalbahn mit ihren zahlreichen Viadukten unsere Aufmerksamkeit auf sich. Unmittelbar vor einem Viadukt lädt nach **8.6 km** eine Sinnesbank (6) zum Verweilen ein. Als wir den Bach schließlich per Steg queren, wandelt sich die Umgebung: Nun säumen Talwiesen und Hecken den Weg durchs enge Tal, dessen Flanken steil ansteigen. Auf den Wiesen herrscht reges Treiben, wenn im Sommer die Pfadfinder campieren. Nach **9.8 km** heißt es Abschied nehmen vom Brexbach, denn der Saynsteig biegt an einer Furt links auf einen Waldpfad ab. Der bringt uns, stetig ansteigend, durch ein Tannenwäldchen zu einem Forstweg. Hier biegen wir rechts ab und wandern auf halber Hanghöhe hoch über dem Tal durch abwechslungsreichen Mischwald. Auf der ebenen Strecke ist kaum Kondition gefragt.

Erst als wir wieder auf den Rheinsteig treffen, wird es anstrengend. Denn der kommt auf engem Pfad aus dem Tal herauf. Und auch unser Saynsteig schwingt sich nun zum Rheinplateau auf. Gemeinsam wandern wir auf steilem Serpentinenpfad durch den Wald bergan, streifen durch Farne und Hecken. Plötzlich ragt eine Holzpalisade vor uns auf. Kein Zweifel: Wir haben den Römerturm (7) auf dem Pulverberg erreicht. Ein Rastplatz bietet Gelegenheit zum Verschnaufen, während die Gedanken in die Römerzeit reisen ...

Wir kehren dem Turm den Rücken und folgen dem fast ebenen Waldweg zum Waldrand. Die Weite der Felder und Wiesen bietet nach den engräumigen Waldpassagen eine willkommene Abwechslung.

Wir stoßen auf die Zufahrtsstraße zum nahen Meisenhof (8), der nach **12.5 km** zur zünftigen Einkehr lockt. Nach dem Meisenhof schlängeln sich Rheinsteig und Saynsteig mal durch Wald, mal durch freies Feld. Dabei ergeben sich fantastische Aussichten über das Neuwieder Becken zum Rheintal und bis in die Vulkaneifel. An einer üppigen Brombeerhecke nehmen wir letztmals Abschied vom Rheinsteig und biegen rechts auf einen Grasweg ab. Der führt uns zwischen den Feldern hindurch zum Waldrand und eröffnet unterwegs tolle Aussichten zum Rhein. Pfadig treten wir in den Wald ein, wo sich der Saynsteig zunehmend steiler abwärts windet und uns nach **14.7 km** zu einem Querweg bringt. Bevor wir den Logos nach rechts folgen, lassen wir uns die grandiose Aussicht auf Sayn (9) und die Burg nicht entgehen.

Anschließend führt uns der Waldweg in ein vom Sturm gerodetes Areal, und wir können die Burg Sayn noch einmal aus neuer Perspektive bewundern. An einem Wegweiser wandern wir scharf links steil hinunter zu den Gleisen, die wir in Sichtweite eines Tunnels queren.

Am Bach wenden wir uns nach links und erreichen nach **15.2 km** das restaurierte Gebäude von Hein's Mühle (10), in dem heute ein Mühlenmuseum untergebracht ist. Wir queren den Bach und wandern erst links, dann mit der Burggasse rechts hinauf ins alte Ortszentrum. Nun sind es nur noch wenige Schritte, bis wir vor der schmucken Fassade des Fürstlichen Schlosses eintreffen.

Ein Wegweiser weist nun rechts auf den Gehweg neben der L306, die wir auf Höhe des Parkplatzs „Schloss" queren sollen. Einfacher (und schöner) ist es jedoch an dieser Stelle die L306 per Zebrastreifen zu queren und durch den idyllischen Schlosspark zur Brücke über die Sayn zum Parkplatz an der Koblenz-Olper-Straße zu laufen, (1), wo die Tour nach **15.6 km** endet.

Hinweis: Via QR-Codes wird die Wanderung zum digitalen Erlebnis.

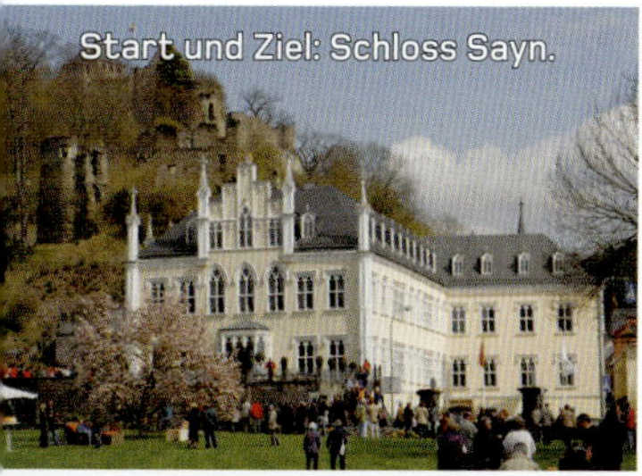

Start und Ziel: Schloss Sayn.

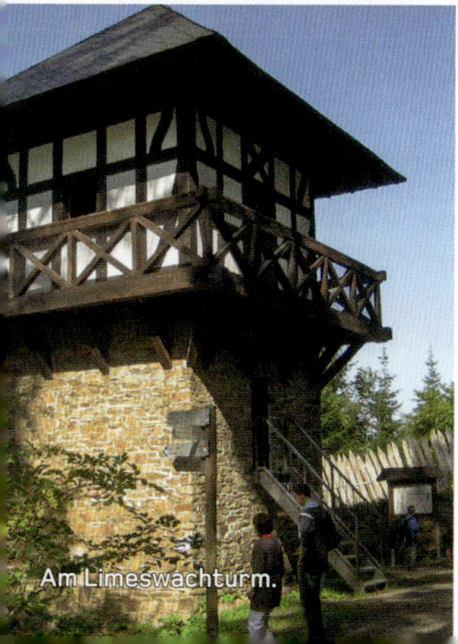

Am Limeswachturm.

Infos Saynsteig

Meisenhof, Meisenhofweg 55, 56170 Bendorf ✆ 02622/3101 ⏲ Di. Ruhetag. ⓘ www.meisenhof.com

■ Sayner Scheune, Koblenz-Olper-Straße 165, 56170 Bendorf/Sayn, ✆ 026 22/9062018 ⓘ sayner-scheune.de

Gästehaus der Abtei Sayn, Abteistraße 130, 56170 Bendorf-Sayn ✆ 2622/5410

■ Romantik Hotel /Villa Sayn, Koblenz-Olper-Str. 111, 56170 Bendorf ✆ 02622/94490ⓘ www.villasayn.com

Info: ⓘ www.vrm.info
Haltestelle: Schloss Sayn

■ Mo-So: Bus 8 (KO-Zentrum - Sayn)

Ein besonderes Erlebnis ist der Besuch im Garten der Schmetterlinge. Die filigranen Exoten fühlen sich im eigens erbauten Schmetterlingshaus im Schlosspark von Sayn sichtlich wohl und umschwirren den Besucher beim Rundgang im gut geheizten Haus. Erstmalig können Besucher wechselnde Sonderausstellungen bekannter Künstler zu den Themen Natur und Kunst erleben. Ein Kombiticket ermöglicht den Eintritt in das Schloss Sayn und das Denkmalareal Sayner Hütte. Infos: ⓘ www.sayn.de

Kletterwald Sayn, Brexbachtal, 56170 Bendorf/Sayn
✆ 0176/80054013
ⓘ www.kletterwald-sayn.de

! Der Saynsteig verläuft teilweise parallel zum neuen Premiumspazierwanderweg „Traumpfädchen Sayner Aussichten".

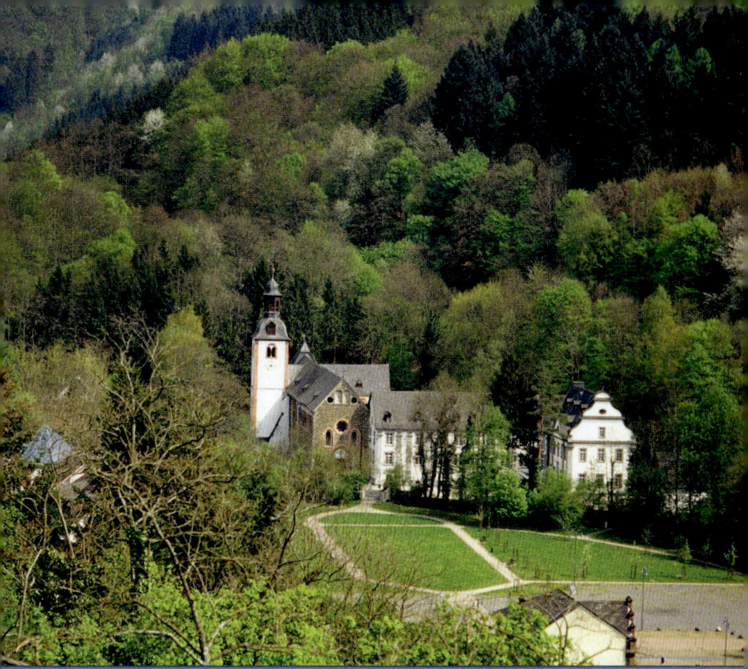

Tipp Abtei Sayn

Im 12. Jahrhundert gründete Graf Heinrich II. von Sayn im Brexbachtal eine Prämonstratenserabtei. Schon 1202 konnte die Kirche geweiht werden. 1206 erhielt die Abtei die Armreliquie des heiligen Apostels Simon, was Kirche und Kloster zum beliebten Wallfahrtsziel aufsteigen ließ.

Wer heute die Abtei besucht, sollte sich die Fresken an der Nordwand der Kirche nicht entgehen lassen. Sehenswert sind auch der in bunten Farben gehaltene Kreuzgang und das Brunnenhaus. Zwar wurde die Abtei 1803 säkularisiert, aber im Frühjahr 2007 genehmigte der Trierer Bischof die Einrichtung der Prämonstratenser-Tertiaren Gemeinschaft Abtei Sayn. Die Gemeinschaft ist ein Zusammenschluss von Klerikern und Laien, die sich dem aktiven kirchlichen Dienst verpflichten. Besonders sehens- wie hörenswert ist die restaurierte Stumm-Orgel.

Abtei Sayn, Abteistr. 130, 56170 Sayn ✆ 02622/885639 ✆ www.abtei-sayn.de

23 Koberner Burgpfad

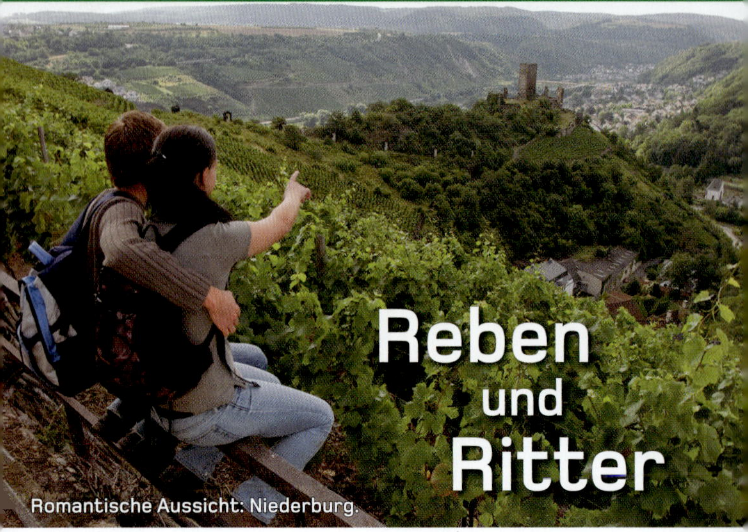

Reben und Ritter

Romantische Aussicht: Niederburg.

- **Start/Ziel:** Kobern, Friedhof

- **Tourist-Info**
  Sonnige Untermosel, Moselstraße 7,
  56332 Alken ✆ 02605/8472736
  www.sonnige-untermosel.de

- **Taxi:**
  - Henzgen ✆ 02607/4727
    Pilcher ✆ 02607/4562
    Gigi's ✆ 02607/960304

- **Anfahrt:** Über die B 416 entlang der Mosel nach Kobern-Gondorf. Anreise per Bahn zum Bahnhof Kobern-Gondorf.

scan to go

QR-Code mit dem Smartphone scannen und Anfahrt anzeigen lassen.

- **Parkplatz in Kobern-Gondorf:**
  - Pfarrhaus N 50° 18' 33.3'' • E7° 27' 19.6''

- **Wegpunkte:**
  P1: Friedhof 32 U 389977 5574205
  P2: Hütte 32 U 389943 5574040
  P3: Gerlachsmühle: Keverbachtal 32 U 389350 5572497
  P4: Querung L 117 32 U 388577 5574749
  P5: Abzweig zum Goloring 32 U 389139 5577137
  P6: Abzweig „Eiserne Hand" 32 U 389721 5577456
  P7: Aussicht 32 U 390239 5576946
  P8: Sauerbrunnen 32 U 389809 5575723
  P9: Quidoborn 32 U 389705 5575531
  P10: Matthiaskapelle & Oberburg 32 U 389922 5574704
  P11: Abzweig Niederburg 32 U 390023 5574401

16.7 km	5h	521 ↑ ↓	296	1218 ♀ 1430 ♂	TP11TX9

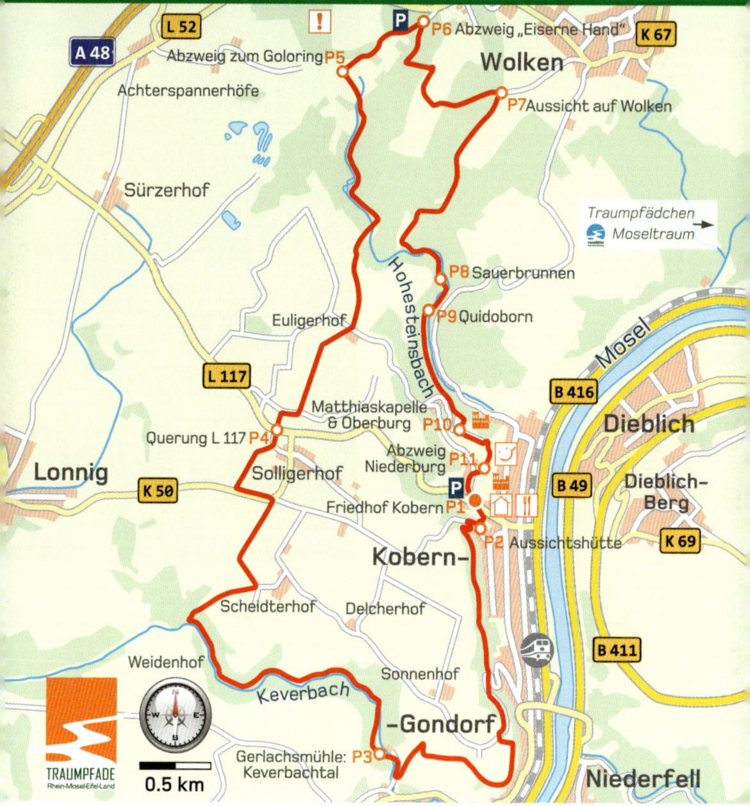

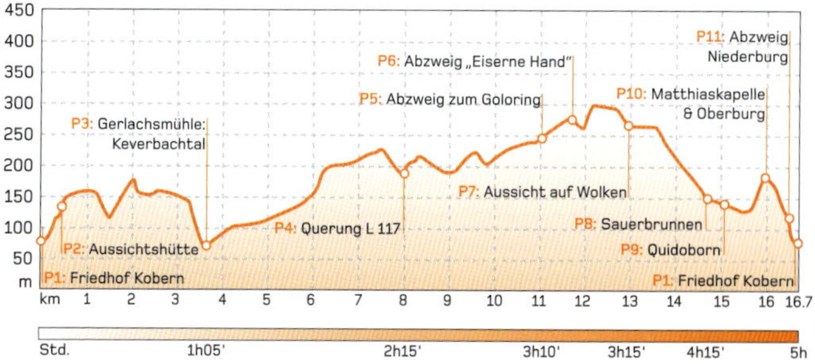

Taiga-Träume und Ritter-Romantik, grandiose Weitblicke und lauschige Bachtäler: Vom keltischen Goloring bis zur spätromanischen Matthiaskapelle verspricht der Koberner Burgpfad eine sprichwörtlich märchenhafte Tour auf fantastischen 16 700 Metern.

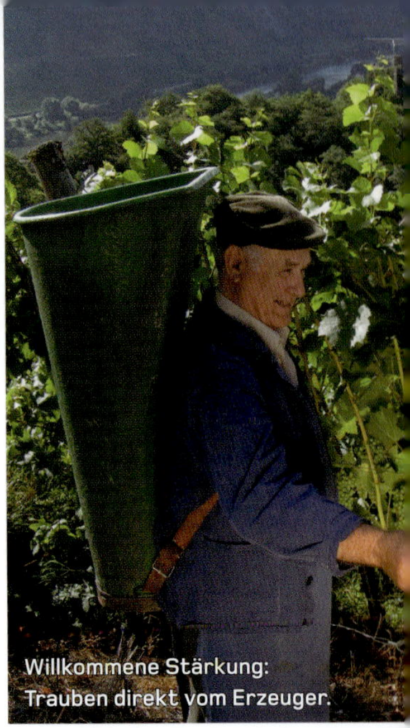

Willkommene Stärkung: Trauben direkt vom Erzeuger.

Im Ortsteil Kobern, direkt am Friedhof (1) legen wir los zur großen Rundtour auf keltischen Spuren. Der Einstieg gestaltet sich etwas unvermutet, steigen wir doch zunächst die Stufen zum Pfarrhaus empor, bevor es links auf engem Pfad weitergeht. Wir queren eine Wiese und schon beginnt im Wald auf einem Serpentinenpfad der erste Aufstieg des Tages. Wir passieren die „Schutzmantel Madonna“ und werden nach **470 m** an einer Schutzhütte (2) hoch über der Mosel mit einem herrlichen Ausblick für die ersten Höhenmeter belohnt. Während Kobern tief unter uns liegt, grüßen die beiden Koberner Burgen und die eindrucksvolle Matthiaskapelle fast auf Augenhöhe vom benachbarten Felssporn. Bis wir dort kurz vor dem Zieleinlauf tatsächlich eintreffen, liegen aber noch fantastische 16 Kilometer vor uns.

Wir genießen noch einmal die Aussicht – und folgen dem (bald deutlich flacher verlaufenden) Pfad nach Süden. Immer wieder ergeben sich Blicke ins malerische Moseltal. Unterwegs begeistern uns nicht nur die zahlreichen Rastgelegenheiten, sondern vor allem die urwüchsige Natur des steilen Moselhangs. Schroffe Felsklippen mit den typischen Eichen wechseln mit üppigem Mischwald und Dschungel-Atmosphäre, wo Waldreben wie Lianen am Wegrand schwingen. Hier sind wir tatsächlich auf einem Traumpfad, wie wir ihn sonst nur aus dem Märchenbuch kennen.

Nach **1.6 km** endet der Pfad an einer asphaltierten Straße. Wir wenden uns, dem Logo folgend, rechts bergan. Nur 400 m später sind wir auf der Hochfläche angelangt, verlassen den Teerweg beim Abzweig nach links und

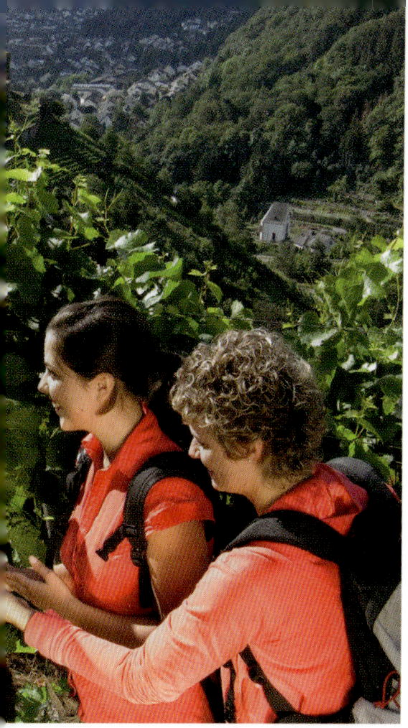

biegen auf einen naturbelassenen Feldweg ab. Entlang der Hangkante geht es – mit immer neuen Aussichten – nach Westen. Dabei haben wir Gelegenheit, die Besonderheiten des Moselweinbaus genauer zu studieren: Lastenbahnen auf Schienen oder Rebenzucht am Hochstamm – alles können wir live erleben. Auch die Technik hat diesen sonnenverwöhnten Standort längst für sich entdeckt – das verdeutlicht ein großes Solarfeld am Wegesrand. Wir folgen unbeirrt der Hangkante und biegen am Ende eines Weinbergs halb links in einen von Hecken dicht umwachsenen Feldweg ab. Einige Meter tiefer gelangen wir nach **3.3 km** an eine Wegkreuzung und halten uns scharf links talwärts. (Der felsige Untergrund des Weges verlangt vor allem bei Nässe gute Trittsicherheit!) Im Tal angelangt, biegen wir nach rechts ab und erreichen die Gerlachsmühle (3). Sie beherbergt heute ein Weingut. Unmittelbar bei den Gebäuden überspringt der Traumpfad nach **3.7 km** den munteren Keverbach und wir sind gespannt, was uns in dem langsam enger werdenden Tal erwartet.

Kaum hat sich der Wald um uns geschlossen, sind wir mitten in einer neuen Traumlandschaft! Idyllisch plätschert der Keverbach mal schnell und gerade, mal in Mäandern verschlungen durch das Tal. Stege (Vorsicht, bei feuchtem Wetter rutschig!) helfen uns mehrfach über das kühle Nass, und wir geben uns ganz dem Naturgenuss hin. Keine störende Zivilisation, herrliche Stille und eine sehr abwechslungsreiche Flora machen die Passage durch das Keverbachtal zu einem wirklichen Höhepunkt. Viel zu schnell gelangen wir, an eindrucksvollen Klippen und selten gewordenem Erlenwald vorbei, zu einer großen Wegkreuzung. Hier biegen wir nach **5.9 km** rechts ab und kehren dem Keverbach endgültig den Rücken. Stramm geht es mal wieder aufwärts, doch oben belohnt uns die weite Sicht über das freie Feld für die Anstrengung.

Wir laufen zum nahen Gehöft des Scheidterhofs, biegen aber kurz davor nach links auf freies Feld ab. Am ersten Feldweg schwenken wir wieder nach rechts und laufen schnurstracks bis zur Wegkreuzung

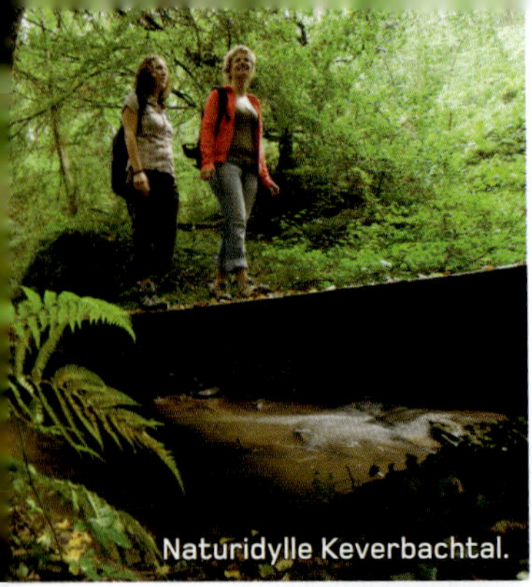

Naturidylle Keverbachtal.

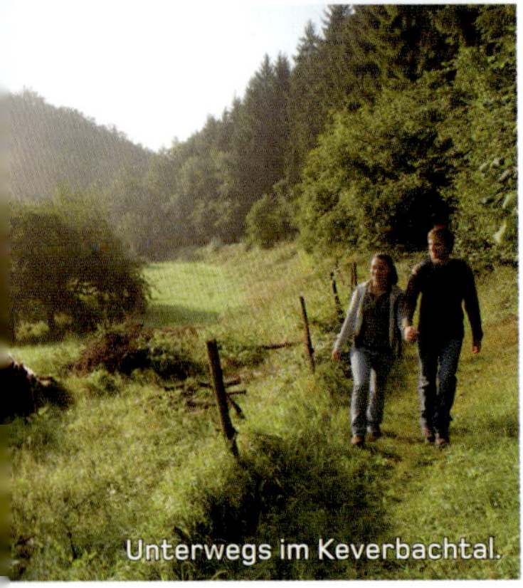

Unterwegs im Keverbachtal.

an der Straße. Hier bleibt uns der Asphalt erspart, denn wir dürfen links auf einem weichen Wiesenweg neben der K 50 entlanglaufen. Bei **Kilometer 7.3** queren wir die K 50 und folgen dem vor uns liegenden Feldweg durch die offene Flur. So stoßen wir am Rand der Siedlung Solligerhof auf eine Anliegerstraße, die uns zügig nach links zur L 117 bringt **(4)**. Ein weiterer Wiesenweg führt uns bergan zum nächsten Querweg, der sich als asphaltierter Wirtschaftsweg entpuppt. Wir laufen nach rechts, doch schon 150 m später nehmen wir den ersten Feldweg nach links und spüren wieder weichen Boden unter den Füßen. Von der bald erreichten Anhöhe aus genießen wir eine großartige Panoramaaussicht, deren Mittelpunkt die Matthiaskapelle markiert. Das Auf und Ab setzt sich fort, und nach **9 km** treffen wir am einsam gelegenen Euligerhof ein.

Wir behalten die Hauptrichtung bei, lassen die Weide rechts liegen und wandern bei gutem Blick auf die Umgebung an den bunten Hecken nordwärts. Langsam gewinnen wir an Höhe und biegen nach **9.5 km** an einem Hochsitz erst links, 20 m später aber rechts in den nahen Wald ab. Es geht abwärts, ein leise murmelndes Rinnsal queren wir – und stehen im Hochwald an der nächsten Kreuzung. Hier halten wir uns links, ignorieren den 50 m später abzweigenden Moselhöhenweg und laufen an der Orientierungstafel nach links auf breitem Waldweg noch immer nach Norden. Zahlreiche Traumpfad-Logos weisen uns den Weg, und so ist Verirren quasi unmöglich. Wir passieren einige im Wald verborgene Teiche, lassen ein paar nach rechts abzweigende Wege unbeachtet und finden uns nach **10.9 km** auf freiem Feld wieder. Fast unter der Trasse einer Stromleitung halten wir uns an einer Kreuzung rechts. Geradeaus zweigt hier der Zuweg zum Goloring **(5)** ab. Wir streben dem nahen Wald zu, wo die Schleife vom Goloring wieder mündet. Im Hochwald führt uns der Traumpfad auf bequemem Weg bergan, bis wir nach **11.7 km** per Spitzkehre nach rechts laufen. Geradeaus befindet sich, etwa 100 m entfernt, der Parkplatz „Eiserne Hand" **(6)**.

Je weiter wir dem Traumpfad durch den Hochwald nach Südosten folgen, desto leiser werden die Geräusche der nahen A 48. Spätestens beim nächsten radikalen Richtungswechsel nach links lassen wir uns aber nicht mehr ablenken und freuen uns wieder über Natur pur. Der weiche Waldweg fordert Kondition, denn es gilt knapp 40 Höhenmeter zu überwinden. Kaum biegt der Koberner Burgpfad aber schließlich nach rechts, sind die Mühen vergessen, denn vor uns öffnet sich ein vollkommen neues Szenario: Fast wie in der Taiga erstreckt sich vor uns ein Birkenwald, durch den wir nun auf dem Damm eines längst verlandeten Schlammteiches wandern dürfen. Mitten durch das Naturschutzgebiet führt uns der Pfad im Bogen zu einer weiten Schneise, wo wir uns links halten. Wenig später geht es nach rechts wieder in „normalem" Mischwald weiter. Die folgenden Richtungswechsel sind dank perfekter Markierung kein Problem, und so erreichen wir nach **13 km** den Waldrand – und eine tolle Aussicht auf Wolken **(7)** und Umgebung. Übrigens: Wer hier 200 m nach links läuft, trifft auf den Rheinburgenweg, der auf gut 200 km von Bingen bis zum Rolandsbogen die Höhepunkte des linksrheinischen Mittelrheintals erschließt. Wir wenden uns am Waldrand nach rechts und laufen gemächlich abwärts.

Nach 500 m folgen wir dem linken Weg in den Wald und entspannen uns beim gemütlichen Abstieg auf breitem Weg. Eine besondere Erfrischung hält der Traumpfad nach **14.7 km** am Sauerbrunnen **(8)** bereit: Am Rastplatz kann man direkt aus dem Brunnen kühles Mineralwasser kosten – auf eigene Gefahr ... Wer hier auf den Geschmack gekommen ist, der erhält, kaum haben wir den breiten Weg an einer weiteren Orientierungstafel nach rechts über den Bach verlassen, eine zweite Gelegenheit: Bei **Kilometer 15.1** können am Quidoborn **(9)** die Trinkflaschen ebenfalls gefüllt werden.

Nun wandern wir auf herrlichem Pfad fast ohne Höhenunterschied durch den Hang. Etwas unterhalb begleitet uns ein kleiner Wasserzulaufgraben. Und dann kommt, was wir längst befürchtet haben: der Schlussanstieg! Doch alles ist halb so wild, und nach knapp **16 km** stehen wir an der beeindruckenden Matthiaskapelle und der Oberburg **(10)**.

Neben diesem kulturellen Höhepunkt lockt auch noch eine Superaussicht. Der Endspurt des Koberner Burgpfads ist wirklich spektakulär und führt uns von der Oberburg über den Kreuzweg abwärts. Die Ruine der Niederburg kann über einen Stichweg von der ersten Kreuzweg-Station aus erreicht werden **(11)**. Der eigentliche Traumpfad folgt aber dem Serpentinenpfad hinunter ins Mühltal. Hier passieren wir die Parkplätze und treffen nach sehr ereignis- und abwechslungsreichen **16.7 km** wieder am Startpunkt in Kobern **(1)** ein.

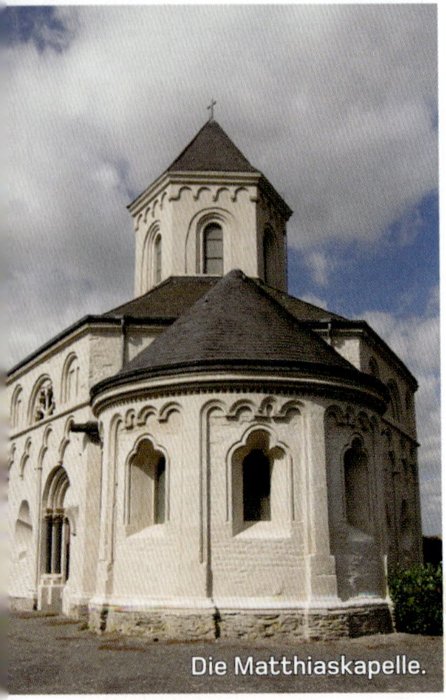

Die Matthiaskapelle.

Der Kobener Burgpfad verläuft streckenweise auf gemeinsamer Trasse mit dem Moselsteig. In der Nähe liegt der neue Premiumspazierwanderweg „Traumpfädchen Moseltraum“.

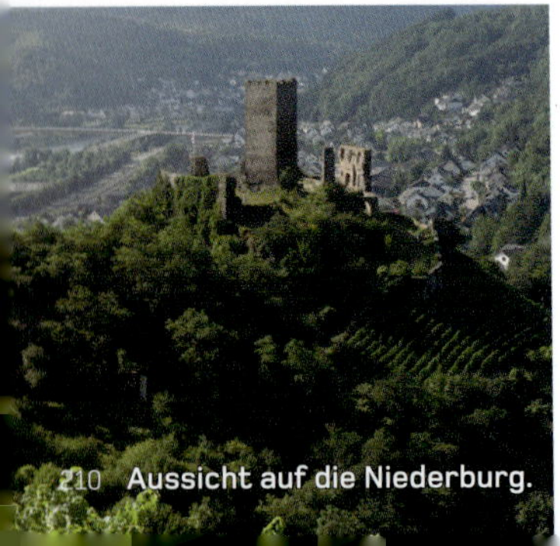

Aussicht auf die Niederburg.

Winzerhaus am Brunnen, Marktplatz 13-15, 56330 Kobern-Gondorf
www.winzerhaus-am-brunnen.de
02607 9733505
■ Restaurant am Markt, Marktpl. 8, 56330 Kobern-Gondorf 02607/973762
■ Alte Mühle Höreth, Mühlental 17, 56330 Kobern-Gondorf 02607/6474
■ Weinrestaurant Klein's Fronhof, Fronstr. 2, 56333 Winningen, 02606/435 kleins-fronhof.eatbu.com

Landgasthaus Zur Kupferkanne, Lutzstr. 20, 56330 Kobern-Gondorf 02607/342
www.zur-kupferkanne.de
■ Hotel Haupt, Marktstr. 12, 56330 Kobern 02607/9630350
www.hotelhaupt.de
■ Hotel Moselblick, An der B416 56333 Winningen 02606/920810
www.hotel-moselblick.de
■ Weingasthaus Zum Fährhof, Fährstr. 16, 56333 Winningen 02606/92010
www.faehrhof-winningen.de

Info: www.vrm.info
Haltestelle: Kobern-Gondorf Bf.
■ Mo-So: RE 1/ RB 1 (Koblenz - Trier)

Der Goloring, die vielleicht bedeutendste keltische Kultstätte auf dem europäischen Festland, findet sich unweit der „Eisernen Hand“ an der L 52. Sie ähnelt den bekannten Relikten wie Stonehenge und ist gleichzeitig eine riesige Sonnenuhr. Der Goloring ist derzeit leider nicht zugänglich.

Jederzeit zugänglich sind in Kobern die altehrwürdigen Mauern der eindrucksvollen Ruine der Niederburg. Nach Herzenslust können hier kleine Ritter und Burgfräulein auf Entdeckertour gehen.

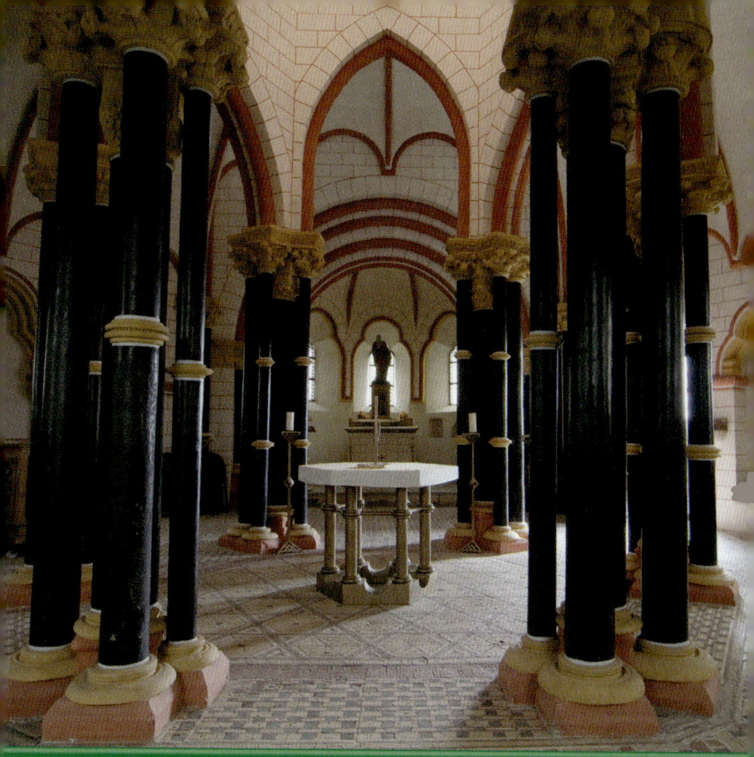

Tipp Matthiaskapelle

Sie thront, flankiert von den Resten der Oberburg, hoch über dem Moseltal und dem Ortsteil Kobern: die aus dem 13. Jahrhundert stammende Matthiaskapelle. Die spätromanische, gedrungene Kapelle zählt zu den bedeutendsten Sakralbauten an der Untermosel. Unter dem Eindruck der Templerkirche Tomar hatte Heinrich I. von Kobern nach der Rückkehr vom Kreuzzug die Matthiaskapelle zur Aufbewahrung einer Reliquie erbauen lassen. Das Haupt des Apostels Matthias fand für immerhin 150 Jahre in der teilweise etwas orientalisch anmutenden Kirche einen gebührenden Ehrenplatz.

Die Kirche kann von Palmsonntag bis Alllerheiligen immer sonntags und an Feiertagen von 11–17 Uhr besichtigt werden. Kostenpflichtige Führungen sind nach Voranmeldung (Tourist-Info: 02607/19433) jederzeit möglich.

24 Hatzenporter Laysteig

Wein und Weitblick

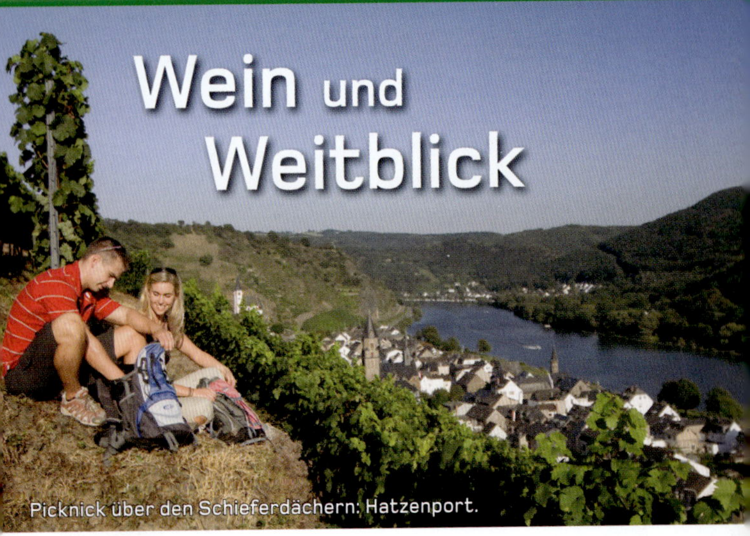

Picknick über den Schieferdächern: Hatzenport.

- **Start/Ziel:** Hatzenport, Portal

- **Tourist-Info**
  Sonnige Untermosel, Moselstraße 7,
  56332 Alken ✆ 02605/8472736
  www.sonnige-untermosel.de

- **Taxi:**
  - Ewald ✆ 02605/4700

- **Anfahrt:** Über die B 416 entlang der Mosel nach Hatzenport. Parkmöglichkeit unweit des Fährturms an der Moselstraße. Anreise mit der Bahn zum Bahnhof Hatzenport.

scan to go

QR-Code mit dem Smartphone scannen und Anfahrt anzeigen lassen.

- **Parkplätze in Hatzenport:**
  - Bahnhof N50° 13' 38.9'' • E7° 24' 47.4''
  - Fährturm N50° 13' 35.5'' • E7° 24' 46.2''

- **Wegpunkte:**

P1: Hatzenport, Portal am Bahnhof
32 U 386784 5565133

P2: Wetterstation
32 U 386870 5565252

P3: Winzerhütte
32 U 387466 5565379

P4: Rabenlay
32 U 387999 5565200

P5: Kreuzlay 32 U 386951 5565359

P6: Schrumpftal an K 40
32 U 386050 5565805

P7: Westlicher Wendepunkt
32 U 384888 5564227

P8: Einstieg Klettersteig
32 U 386333 5565117

11.9	3h 30min	442	252	906 1063	TP12TX8
km		↑ ↓			

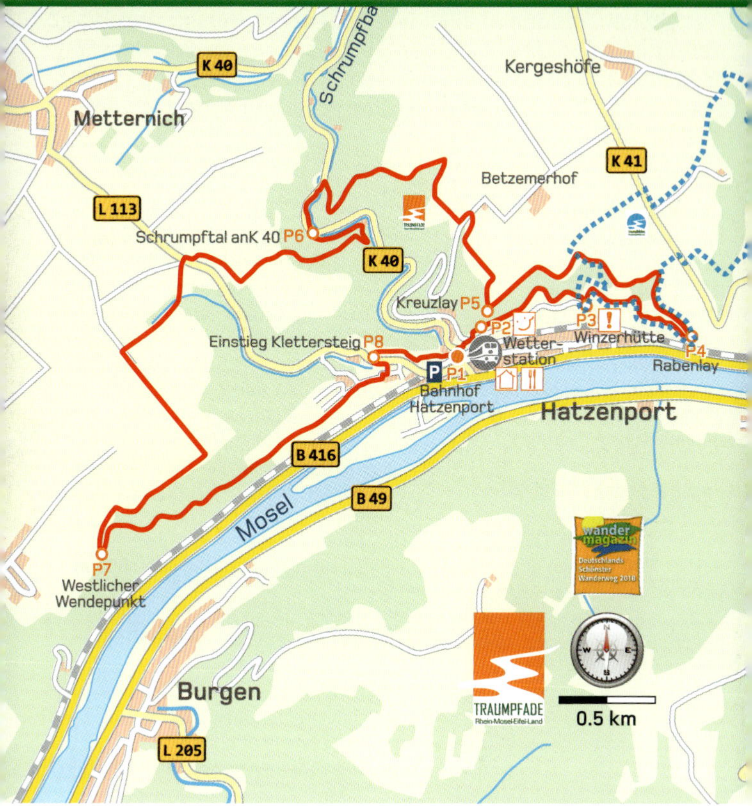

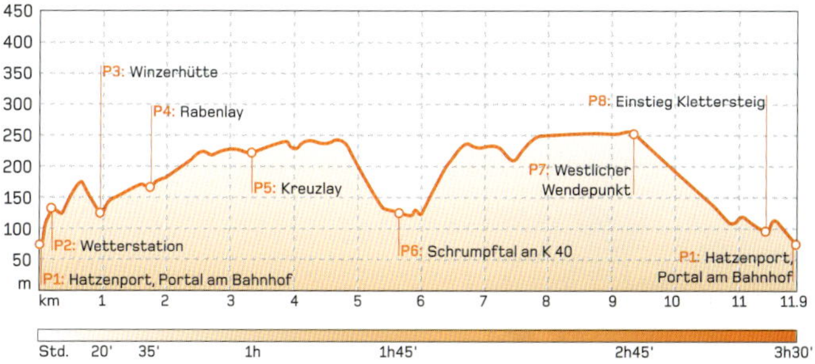

Welch eine grandiose Kombination: Der Hatzenporter Laysteig vereint spielerisch Weinkultur und sagenhafte Ausblicke. Von den steilen wie schroffen Felsen der Moselhänge geht es auf dieser Genuss-Tour zu den sanften Weiten des Höhenplateaus und durch verträumte Waldabschnitte. Sportliche Kür (aber keine Pflicht!) ist der Klettersteig am Dolling.

Direkt am Fahrkartenautomat neben dem Bahnhof Hatzenport (1) nehmen wir die Spur des „Hatzenporter Laysteigs" auf. Wir unterqueren die Bahntrasse, und schon geht es richtig los: Nicht gemütlich entlang der Straße, wie es der Moselhöhenweg macht, sondern steil, pfadig und aufregend führt uns das markante Traumpfad-Logo den Hang auf einem neuen, den Felsen abgerungenen Steig empor.

So haben wir schon nach den ersten **200 Metern** einen Vorgeschmack auf diesen streckenweise recht anspruchsvollen Traumpfad bekommen. Doch kaum haben wir neben einer Bank den querenden Teerweg erreicht, belohnt uns die erste schöne Aussicht auf das Moseltal und macht Lust auf mehr. Wir wenden uns nach rechts und verlassen den Wirtschaftsweg gemeinsam mit dem „Wein-Wetter-Weg" 80 m später. Links führt eine Treppe hinauf zur Wetterstation (2), an der uns eine Tafel Wissenswertes zum Klima vermittelt. Zum Greifen nah kommen wir anschließend mit dem Weinbau in Kontakt: Der Traumpfad führt uns direkt durch die Rebenzeilen nach Osten. Noch einmal berühren wir fast den asphaltierten Weg, doch unmittelbar davor folgen wir wieder dem Pfad durch den frisch ausgeputzten, längst aufgelassenen Weinberg. Wir gewinnen an Höhe und queren nach **600 m** den Naafgraben. An der nächsten Weggabelung halten wir uns rechts und wandern wenig später durch urwüchsige Natur – Felsklippen und Krüppeleichen dominieren hier seit Jahrhunderten den Steilhang. Viel zu schnell haben wir diese herrliche Passage hinter uns gebracht und erreichen am Ende des Wirtschaftsweges eine Wegkreuzung an der das Traumpfädchen Löfer Rabenlaypfad zu uns stößt. Bevor wir nun also in Gesellschaft dem unteren Pfad nach links folgen, lohnt sich ein 50m kurzer Abstecher zur Winzerhütte (3) an der Hangkante. Hier bietet sich nach **1 km** neben der Gelegenheit zur Rast auch ein grandioser Ausblick auf die Mosel,

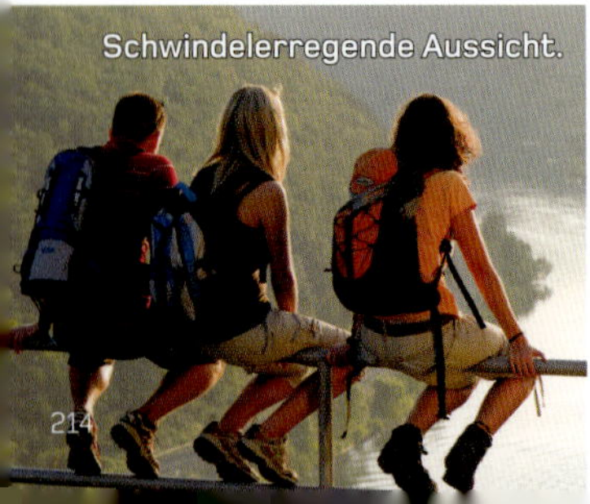
Schwindelerregende Aussicht.

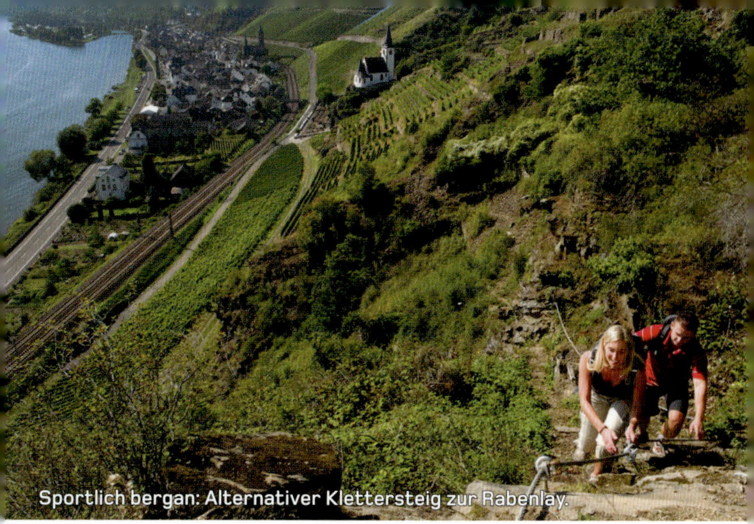
Sportlich bergan: Alternativer Klettersteig zur Rabenlay.

Hatzenport und die Alte Kirche. Frisch gestärkt, wandern wir weiter auf meist schmalem Pfad durch Niederwald. Auch bei den folgenden Abzweigungen behalten wir Richtung und Höhe bei und gelangen bald wieder in freies Weinbergsgelände. Immens steil fallen die Hänge nach Süden ab – und wir bekommen eine Vorstellung, wie hart die Winzer für jeden Tropfen Rebensaft arbeiten müssen. Nach **1.8 km** treffen wir am östlichsten Punkt der Tour, der Rabenlay (4), ein. Hier mündet an einer Schutzhütte auch ein anspruchsvoller, mit Leitern versehener Klettersteig. Nach ausgiebigem Genuss der Aussicht wenden wir uns nun von der Hangkante ab nach Nordwesten.

Am Feldrand begleiten uns üppige Hecken. Mit einigen Richtungswechseln folgen wir immer der Hangkante, bis sich an einer Wegkreuzung das Traumpfädchen verabschiedet. Die folgenden Verzweigungen mit lokalen Wanderwegen lassen wir unbeachtet, und auch die Gebäude des einsam in freier Flur liegenden Betzemerhofs sind für uns nicht von Bedeutung. Nach **3.3 km** treffen wir an der Kreuzlay (5) ein, die mit dem markanten weißen Kreuz und der Fahne bereits vom Start aus zu sehen war. Eine Bank lädt zum Verweilen ein, und wir schwelgen in der fantastischen Aussicht, die uns von der hohen Felsklippe aus geboten wird. Es bleibt nicht der einzige Höhepunkt des Hatzenporter Laysteigs. Wir folgen den weichen Wiesenwegen meist unmittelbar neben den Hecken der Hangkante. Nach **3.9 km** stößt der Wiesenweg auf einen asphaltierten Weg. Hier biegen wir nach links und laufen etwa 150 m abwärts, bevor wir mit einem Schwenk nach rechts wieder Naturbelag unter den Füßen haben und zwischen den Feldern an Höhe gewinnen. Wir nähern uns nun dem Schrumpftal. Natürlich bringt das auch wieder einen Wechsel in der Vegetation mit sich: Kaum senkt sich der Weg ab, treten wir in den Wald ein. Niedrig gewachsene Eichen – uralt und durch den kargen Boden kleinwüchsig geblieben – begleiten uns abwärts. Felsklippen lassen sich erahnen und geben diesem Abschnitt einen verträumten Charakter.

Bei **Kilometer 5.4** treffen wir im idyllischen Schrumpftal ein und wenden uns nach links. In Sichtweite des kleinen Bachs verlieren wir weiter an Höhe. Das Murmeln des Schrumpfbaches begleitet uns zur Querung der K 40 (6). Auf der anderen Seite geht es zunächst noch ohne größere Höhenunterschiede auf weichem Waldpfad bis zur Probstmühle. Wir lassen sie links liegen und dürfen etwa 100 m hinter der Mühle die scharfe Kehre nach rechts aufwärts nicht verpassen. Nun ist Kondition gefordert, denn die beim Abstieg verlorenen Höhenmeter wollen wieder erklommen werden.

Kurzweilig geht es durch den herrlichen Hochwald, bis wir den Waldrand erreichen und uns nach **6.7 km** wieder auf freiem Feld befinden. An einem Querweg halten wir uns geradeaus und wandern nun bei freier Rundumsicht durch die leicht gewellte Landschaft. Nach Querung der L 113 biegen wir sofort links auf einen Feldweg ab. Dieser bringt uns ins nahe Tal hinab, wo wir einen nur noch zu erahnenden Bach queren.

Ein kleiner Richtungswechsel nach rechts und vorbei an Schafweiden geht es wieder bergan. Auf der Anhöhe des Rothenbergs treffen wir nach **7.8 km** auf einen asphaltierten Weg und schwenken nach links. Nur 100 m später endet der Asphalt, und wir laufen geradeaus (nun auch mit dem Moselhöhenweg, weißes M) auf Naturweg weiter. Wir genießen die Weite des Plateaus und wandern, an der Hangkante angelangt, rechts nach Südwesten. Schnell erreichen wir entlang den Hecken den westlichen Umkehrpunkt des Traumpfads (7): Mit einer scharfen Wendung nach links knickt der Hatzenporter Laysteig nach **9.4 km** mit M und weiteren Wegen auf einen idyllischen Pfad durch den Niederwald ab.

Der Pfad schlängelt sich durch den steilen Hang, und bald öffnet sich das dichte Blattwerk: Wir haben die ersten Weinberge erreicht und können von dem kleinen Aussichtsplateau das Moseltal und Hatzenport aus neuer Perspektive in Augenschein nehmen. Gemächlich verlieren wir an Höhe und nähern uns den ersten Häusern. Gemeinsam mit Moselsteig M, Jakobsweg und Wein-Wetter-Weg passieren wir das ruhige Neubaugebiet und folgen dem Fußweg hinab ins Tal und zur L 113. Doch Achtung: Wer das Finale auf dem Klettersteig nicht verpassen will, der darf nicht bis zur Straße an der Bushaltestelle laufen (von dort geht es mit „M" neben der Straße zum Bahnhof), sondern muss bei **Kilometer 11.3** links über die Wiese zur Straße hin abbiegen. Hier geht es gut 50 m neben der Leitplanke links bergan, bis wir die Straße queren und dann den Einstieg in den Klettersteig (8) nutzen. Eine Warntafel weist darauf hin, dass nur geübte Wanderer mit guter Trittsicherheit und Schwindelfreiheit diese Route nehmen sollen.

Der Dolling Klettersteig stellt eine Schlüsselstelle auf diesem Traumpfad dar, und liegt in der Schwierigkeit deutlich über dem Rest der ansonsten mittelschweren Strecke. Daher sind Trittsicherheit und festes Schuhwerk wirklich absolut notwendig, und auch Schwindelfreiheit sollte man mitbringen, um die exponierten Abstiege und die Leitern problemlos zu meistern.
Dennoch gehört dieser Klettersteig noch zu den einfacheren Steigen und darf nicht mit dem Klettersteig Boppard oder dem Calmont Klettersteig verglichen werden, die beide deutlich anspruchsvoller sind.

Zunächst führt uns der Dolling sanft durch die Rebzeilen, dann verengt sich der Weg zum Pfad. Hart am Hang schlängelt sich der Pfad, überwindet einige Absätze und findet seinen Kletter-Höhepunkt schließlich an zwei Leitern. Unten angelangt, geht es neben den Gleisen nach Osten, und nach **11.9 km** erreichen wir nach großartigen Erlebnissen und voller Eindrücke das Startportal in Hatzenport (1).

Der Hatzenporter Laysteig errang 2018 den 3. Platz beim Wettbewerb „Wanderweg des Jahres“. Streckenweise führt der „Moselsteig“ über die Trasse.

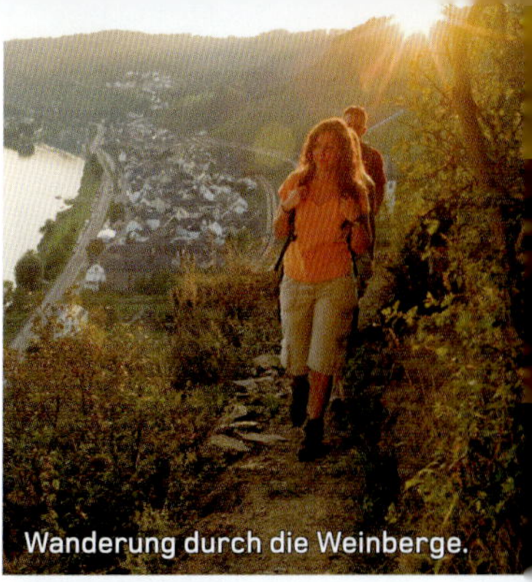
Wanderung durch die Weinberge.

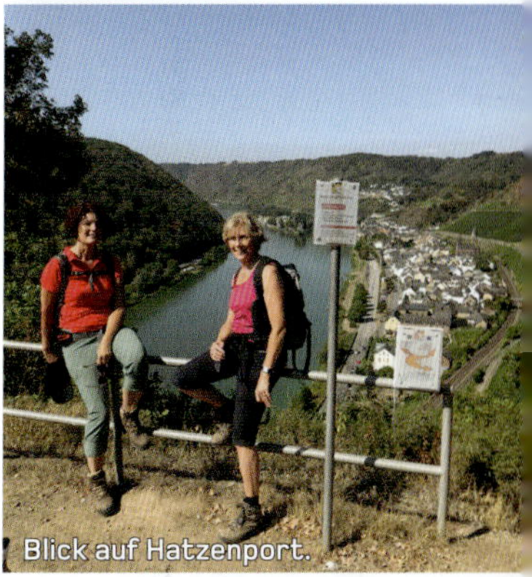
Blick auf Hatzenport.

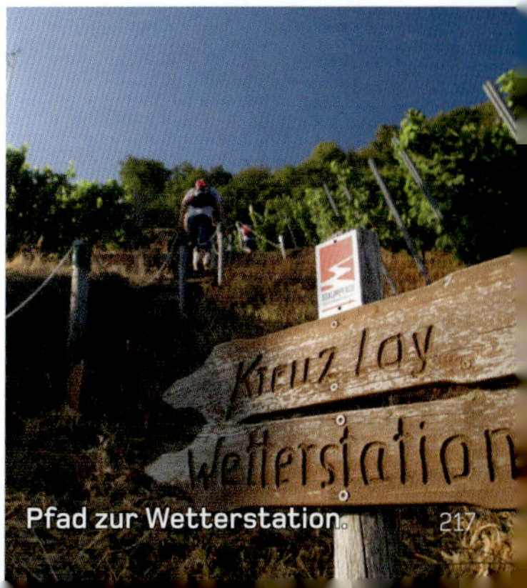

Pfad zur Wetterstation.

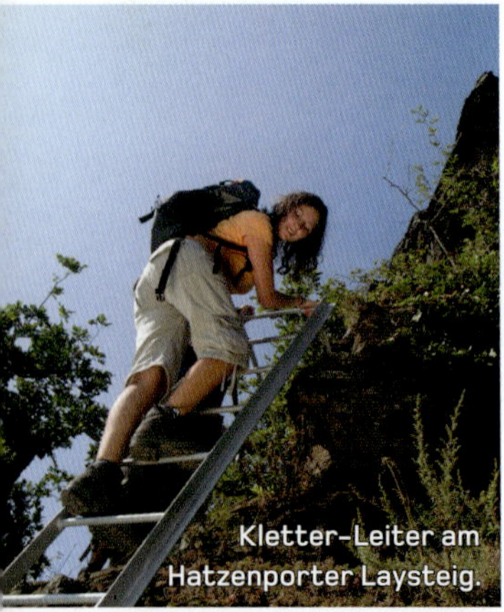

Kletter-Leiter am Hatzenporter Laysteig.

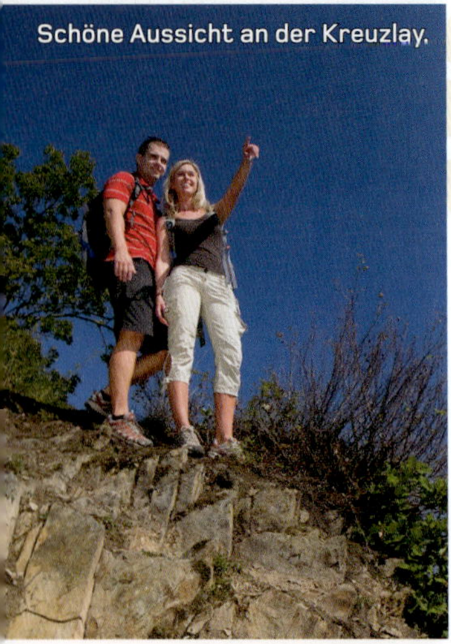

Schöne Aussicht an der Kreuzlay.

! Der Hatzenporter Laysteig verläuft teilweise parallel zum neuen Premiumspazierwanderweg „Traumpfädchen Löfer Rabenlaypfad".

Weinhaus Ibald, Moselstraße 34
56332 Hatzenport ✆ 02605/2043
ⓘ www.weinhaus-ibald.de
■ Zur Traube, Moselstr. 7,
56332 Hatzenport ✆ 02605/777
■ Winzerhof Gietzen, Moselstr. 70,
56332 Hatzenport ✆ 02605/952371
ⓘ www.winzerhof-gietzen.de
■ Weitere Einkehrmöglichkeiten:
ⓘ www.sonnige-untermosel.de

Brunnenhof, Moselstraße 58
56332 Hatzenport
ⓘ www.brunnenhof-hatzenport.de
✆ 02605/952485
■ Winzerhof Gietzen, Moselstr. 70,
56332 Hatzenport ✆ 02605/952371
ⓘ www.winzerhof-gietzen.de
■ Weitere Übernachtungsmöglichkeiten:
ⓘ www.sonnige-untermosel.de

Info: ⓘ www.vrm.info
Haltestelle: Bf. Hatzenport
■ Mo-So: RB 81 (Koblenz - Trier)

Auch als „Alte Kirche" ausgeschildert, gilt die St. Johannes-Kirche von Hatzenport als Kleinod der Spätromanik. In den Weinbergen gelegen, ist vor allem das Fenster des linken Nebenaltars sehenswert. Es zeigt die Kreuzigung Christi und ist um 1480 entstanden. Das Uhrwerk wurde Ende des 16. oder Anfang des 17. Jahrhunderts gefertigt und funktioniert bis heute.

Teilweise folgt der Hatzenporter Laysteig dem Wein-Wetter-Wanderweg zwischen Hatzenport, Löf und der Burg Bischofstein. Es lohnt sich dem Logo des Kulturwegs zu folgen und unterwegs Interessantes zu Themen wie Wein, Wetter und Trockenmauern im Moseltal zu erfahren. ⓘ www.weinwetterweg.de

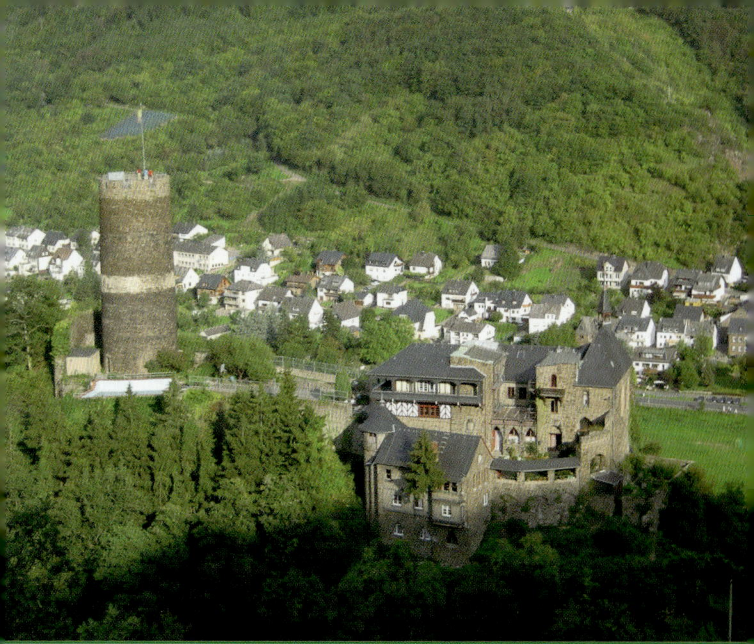

Tipp Burg Bischofstein

Auf steiler Felsklippe erbaut, beherrscht die Burg Bischofstein seit dem 13. Jahrhundert das Moseltal aus luftiger Höhe. Angeblich existierte an dieser Stelle bereits im 6. Jahrhundert n. Chr. eine Befestigungsanlage, die erstmals um 1169 zur Burg ausgebaut wurde. 1259 befahl Erzbischof Arnold von Trier dann den Bau der Burg Bischofstein. Strategisch sehr gut gelegen, konnte sie zahlreichen Angriffen und Belagerungen standhalten, fiel aber dann wie fast alle Burgen im Rhein-Mosel-Land gegen 1689 der Zerstörung durch französische Truppen zum Opfer. Lediglich der mächtige Bergfried überstand die stürmischen Zeiten und war lange ein weithin sichtbares Wahrzeichen hoch über der Mosel.

Mitte des 20. Jahrhunderts wurde die Burg restauriert und umgebaut. Heute dient sie als Schullandheim, ist aber ebenso wie die Burgkapelle für die Öffentlichkeit zugängig.

Ⓒ www.burgenwelt.de/bischofstein

25 Bergschluchtenpfad Ehrenburg

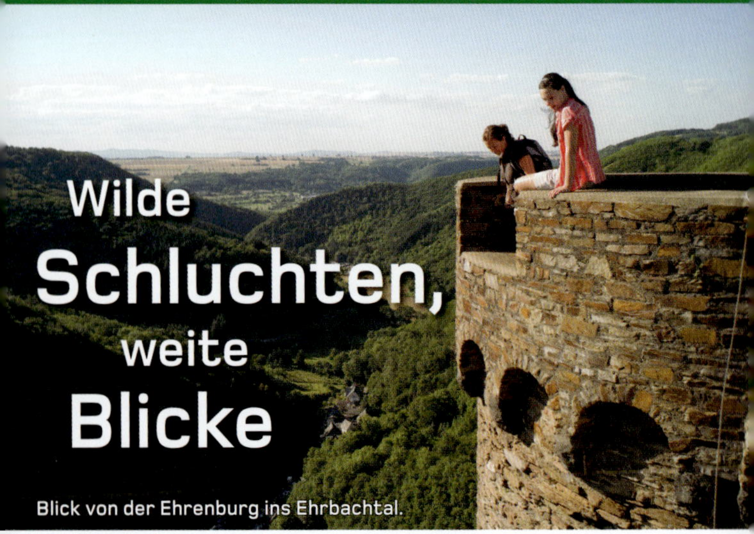

Blick von der Ehrenburg ins Ehrbachtal.

- **Start/Ziel:** Brodenbach

- **Tourist-Info**
  Sonnige Untermosel, Moselstraße 7,
  56332 Alken ✆ 02605/8472736
  ⓘ www.sonnige-untermosel.de

- **Taxi:**
- Ewald ✆ 02605/4700

- **Anfahrt:** Über die B 49 entlang der Mosel nach Brodenbach. Von der A 61 Abfahrt Waldesch, weiter über die L 207 an die Mosel. Ein weiterer Einstiegspunkt ist die Ehrenburg.

scan to go

QR-Code mit dem Smartphone scannen und Anfahrt anzeigen lassen.

- **Parkplatz in Brodenbach:**
- Moselufer N50° 13' 42.0'' • E7° 26' 45.5''

- **Wegpunkte:**

P1: Brodenbach Parkplatz
32 U 389052 5564918
P2: Steg Niederbachstraße
32 U 389469 5565271
P3: Schutzhütte Teufelslay
32 U 389482 5565766
P4: 2. Querung L 207
32 U 390583 5566009
P5: Aussicht 32 U 391527 5565141
P6: Hütte 32 U 390618 5564435
P7: Schutzhütte Brodenbachtal
32 U 389961 5564731
P8: Donnerloch 32 U 390614 5564034
P9: Ehrenburg 32 U 389836 5563175
P10: Campingplatz: Gasthaus
32 U 389152 5564397
P11: Aussicht 32 U 388799 5564323
P12: Ehrenmal 32 U 388912 5564682

18.6 km | 5h 30min | 749 ↑ ↓ | 380 | 1451 1702 | TP15TX5

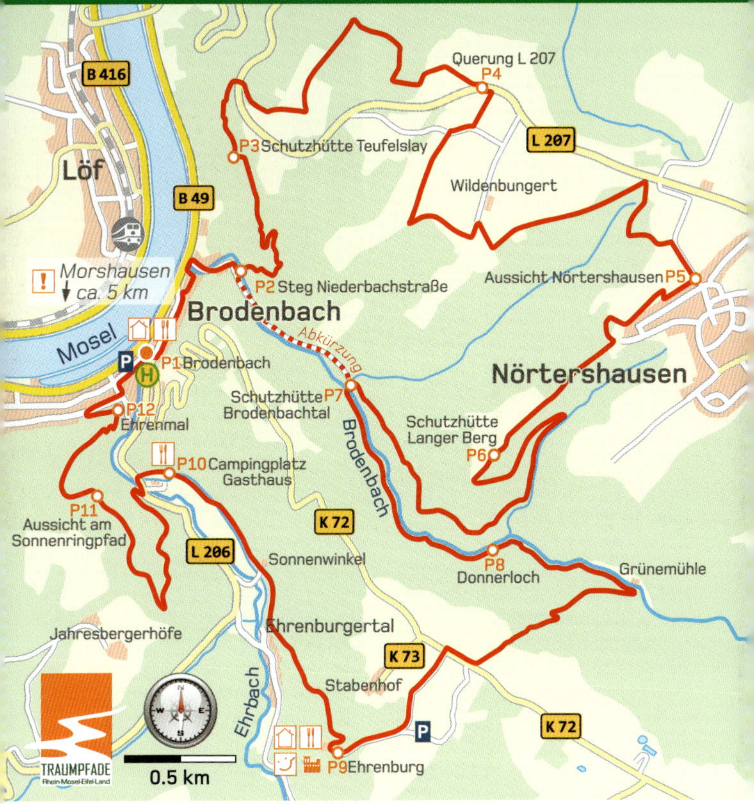

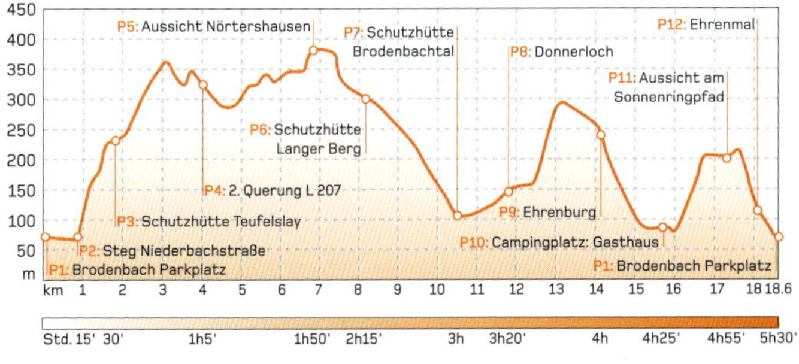

Sportliche Herausforderung, Romantik, Naturgenuss und Spannung auf hohem Niveau: Der Bergschluchtenpfad bietet grandiose Landschaften, steile Moselhänge und sensationelle Fernsichten.

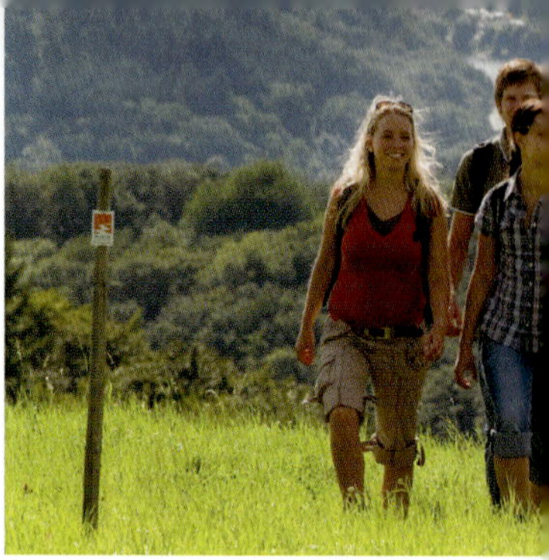

Mitten in Brodenbach (1) beginnen wir am Parkplatz zwischen B 49, Salzwiese und der Rhein-Mosel-Straße die anspruchsvolle Tour auf dem „Bergschluchtenpfad Ehrenburg". Zunächst halten wir uns am Kaufhaus rechts und folgen dann links der ruhigen Rhein-Mosel-Straße an zahlreichen Lokalen vorbei nach Nordosten. Nach der Passage durch die ruhigen Gassen treffen wir an der Brücke über den Brodenbach an der B 49 ein. Doch sogleich dürfen wir an der Polizeistation rechts auf „Niederbach" abbiegen. Schnell ebbt die Hektik des Moseltals ab, und der schmale Asphaltweg führt uns in den lichten Wald des Brodenbachtals. Nach **800 m** geht es dann richtig los: Wir queren gemeinsam mit dem M des Moselhöhenwegs per Steg (2) den kleinen Bach, danach ein altes Steinbruchareal und wenden uns dann dem steil ansteigenden Pfad zu.

Der Traumpfad macht hier seinem Namen alle Ehre: Es geht auf herrlichem Pfad das schluchtenartige, sehr steile Tal bergan. Schnell wird uns klar, dass diese Tour ganz schön kräftezehrend werden wird. Doch wir wären nicht bald auf einem Traumpfad unterwegs, wenn nicht die erste Belohnung in Form einer fantastischen Aussicht von exponiertem Felssporn aus erreicht wäre. So können wir, immerhin schon auf 180 Meter Höhe angelangt, an dieser ersten Bank wieder zu Atem kommen und dabei das Moseltal aus der Vogelperspektive bewundern.

Der Pfad setzt sich zum Teil recht eng im Steilhang fort und gewinnt weiter an Höhe. Trittsicherheit ist heute wirklich vonnöten, und ohne festes Schuhwerk und eventuell auch einen Wanderstock sollte man diese Wanderung erst gar nicht beginnen. Nach **1.8 km** flacht der tolle Pfad etwas ab, und wir können von der Schutzhütte Teufelslay (3) wieder eine großartige Aussicht genießen. Neben der Sicht begeistert uns aber auch die typische Vegetation der Steilhänge mit niedrigen Krüppeleichen und sogar Erika, die auf dem kargen Felsboden ihr Dasein fristen. 200 m später gelangen wir an eine Weggabelung und trennen uns vom Moselhöhenweg: Während dieser geradeaus nach Alken führt, biegen wir, dem orangen

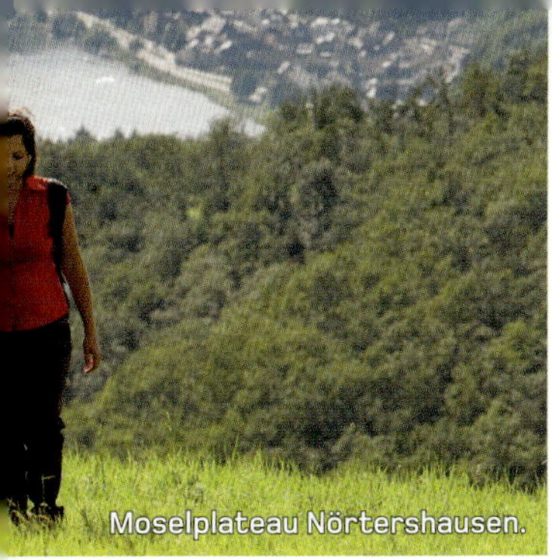
Moselplateau Nörtershausen.

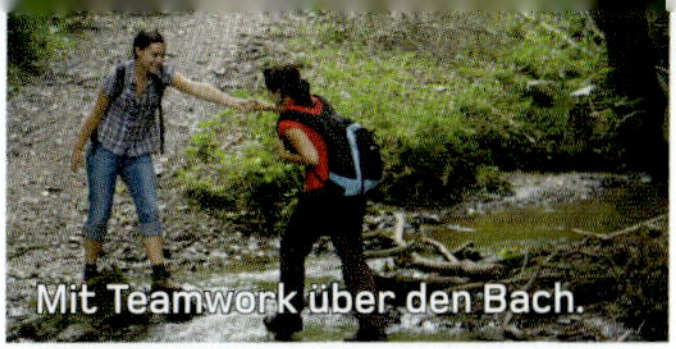
Mit Teamwork über den Bach.

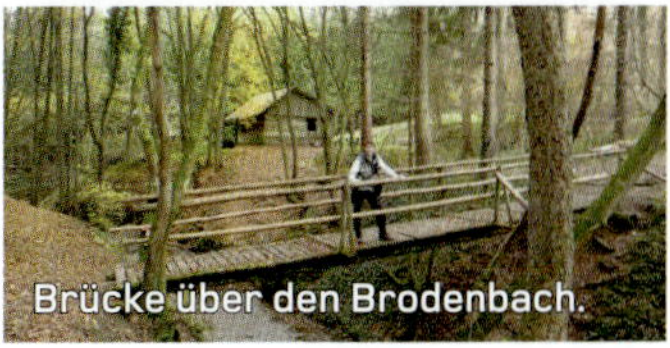
Brücke über den Brodenbach.

Traumpfadlogo auf der Spur, nach rechts aufwärts ab. Wenig später stehen wir an der L 207 und queren die Straße ein erstes Mal.

Auf der anderen Seite folgen wir dem alten Waldweg nach rechts und machen weitere Höhenmeter gut. Wir laufen so bis zu einer Wiesenquerung und stoßen bald auf einen geschotterten Wirtschaftsweg, der uns links hinauf zum Schafberg bringt. Dort geht es auf weichen Waldwegen einmal um die Kuppe herum, bevor wir absteigen und eine kleine Hütte mitten im Wald passieren. Schon hören wir wieder die L 207, doch bevor wir dort anlangen, biegen wir links ab und stoßen nach **3.6 km** am Waldrand auf einen Feldweg. Wir laufen nach links, um nur 100 m später rechts per Wiesenweg über die offene Flur zu wandern. Weit schweift der Blick über die Felder, und wir können die bevorstehenden Richtungswechsel gut verfolgen. Bei **Kilometer 4** queren wir zum zweiten Mal die L 207 (4), laufen kurz nach links, um dann rechts auf den ersten Feldweg zu schwenken. Wir wandern leicht abwärts, treffen auf einen Asphaltweg und wenden uns nach rechts. Doch schon nach 150 m dürfen wir wieder links auf weichem Feldweg die Route fortsetzen.

Nun stehen uns zahlreiche Richtungsänderungen bevor, die wir aber dank der sehr guten Markierung und Wegweisung alle problemlos meistern. Wir passieren einige Viehweiden, und auch das Gehöft „Wildenbungert" bleibt links liegen. Dann folgen wir der Hangkante und sind fast wieder an der L 207 angelangt. Hier biegen wir halb rechts ab und laufen auf breitem Waldweg im Bogen um ein Kerbtal herum, bevor es am Feldrand neben einem Fichtenbestand bergan zum Rand von Nörtershausen geht. Von einer Ruhebank können wir die phänomenale Aussicht (5) über die Felder zum Moseltal und bis in die Vordereifel so richtig genießen! Unmittelbar am Zaun des ersten Hauses biegen wir rechts auf den weichen Grasweg ab und laufen nun immer am Rand der Anwesen nach Südwesten. Nach **7.2 km** müssen wir einen kleinen Bogen nach rechts zu einer Tannenbaumplantage machen, stoßen aber mit dem links abzweigenden Weg wieder an den Ortsrand. In Sichtweite des rund 100 m vor uns liegenden Friedhofes biegen wir an einem Holzkreuz rechts auf einen Waldwirtschaftsweg ab und laufen jetzt gemächlich bergab. Bald weicht der Wald zurück, und wieder können wir die herrliche Fernsicht auskosten. Nach **8.1 km** erreichen wir eine Schutzhütte **(6)**, die zur Rast einlädt.

Anschließend folgen wir dem breiten Weg in großem Bogen um den Rücken des „Langen Berges" und tauchen wieder vollkommen ein in den hochgewachsenen Mischwald. An der Wegböschung tritt der felsige Untergrund eindrucksvoll zu Tage, und so gestaltet sich der Abstieg Richtung Tal sehr kurzweilig. Unmittelbar nach der nächsten Wegschleife gabelt sich der Weg, und wir halten uns rechts. Wir durchlaufen die Ostflanke des Brodenbachtals, verlieren kontinuierlich an Höhe und erfreuen uns am spektakulären Seitencanyon und den schroffen Felsklippen am Wegesrand. Schließlich stößt unser Weg im Tal auf einen breiten Forstweg, und wir laufen weiter geradeaus. Vor uns sehen wir schon die Schutzhütte **(7)**, an der wir nach **10.5 km** links zum Steg über den Brodenbach abbiegen. Nun wird es wildromantisch! Auf engem Pfad erklimmen wir die Schlucht des Brodenbachs, lauschen dem Plätschern des Wassers und sind vom Wegverlauf sehr angetan.

Besonders am Donnerloch **(8)**, bei **Kilometer 11.7**, zieht uns die urwüchsige Natur mit dem tief in die Schlucht eingegrabenen Wasserlauf, den grandiosen Felsen und der sehr artenreichen Flora in ihren Bann! Begeistert laufen wir durch das nahezu unberührte Tal. An einer Weggabelung halten wir uns mit dem Bach rechts. Auf Höhe der Grünemühle holt uns der anstrengende Teil des Traumpfades wieder ein: Nach **12.4 km** beginnt mit einer Spitzkehre nach rechts der sehr steile Aufstieg zurück zum Hochplateau. Kurz, aber heftig geht es gute 120 Höhenmeter aufwärts. Doch oben angelangt, bietet am Waldrand ein Rastplatz Gelegenheit zum Verschnaufen.

Danach wandern wir zur nahen K 72, die wir auf Höhe der Zufahrt zum Parkplatz der Ehrenburg queren. Als Fußgänger folgen wir der Straße 50 m nach rechts, bevor wir links auf einen geschotterten Feldweg wechseln. Höhenparallel wandern wir abwechslungsreich zum Waldrand und stoßen dort auf die asphaltierte (aber gesperrte) Zufahrt zur Burg. Nun folgen wir der Teerstraße und können nach einer Biegung schon den ersten Blick auf die mächtige Burg werfen. Hoch über dem Tal beherrscht die Ehrenburg mit trutzigen Mauern und eindrucksvollem Turm die ganze Umgebung. Authentisches Mittelalterflair kommt auf, fast schon meinen wir, den Hufschlag eines Ritters hoch zu Ross zu vernehmen. Und tatsächlich ist in der Sommersaison auf der Ehrenburg mächtig was los in puncto

Rittertum und Mittelalter (▶ Tipp). Nach **13.3 km** stehen wir schließlich an der Brücke zur Burg (9). Der Traumpfad führt an der Brücke links auf schmalem Pfad abwärts, wendet sich dann unter der Brücke hindurch kurz nach Osten, bevor er mit einem weiteren Bogen nordwestwärts ins Ehrbachtal absteigt. Unterwegs werden uns grandiose Blicke hinauf zur Burg geboten.

Bei **Kilometer 15.1** treffen wir am Sonnenwinkel auf den Weg der Ehrbachklamm und laufen nach rechts Richtung Campingplatz und Gasthaus Vogelsang (10) weiter. Auf der Waldseite passieren wir das Areal und erreichen schließlich die L 206. Kurz geht es links über die Brücke, dann queren wir die Straße und laufen auf breitem Weg einmal mehr bergan. Abzweigende Wege ignorieren wir und folgen dem Wanderweg über einige Windungen stetig bergan. Erst nach **16.7 km** auf einer Höhe von 205 m geht es mit einer sehr scharfen Kehre nach rechts auf den „Sonnenringpfad".

Sehr kurzweilig und mit Auf und Ab folgt der Traumpfad diesem alten Wanderweg durch den abwechslungsreichen Wald. Auch hier ist wieder Trittsicherheit notwendig, denn der Hang fällt neben dem Pfad teilweise sehr steil ab. Um die herrliche Aussicht von den Felsklippen (11) bei **Kilometer 17.3** zu genießen, sollte man daher hier auch unbedingt verweilen. Schließlich ist es geschafft: Der Traumpfad beginnt nun deutlich an Höhe zu verlieren. An der Schutzhütte „Tempelchen" biegen wir rechts auf einen engen Pfad ab, der zum Teil unter der Stromleitung talwärts verläuft. Eine Kehre nach rechts dürfen wir nach dem ersten Drittel nicht verpassen. So gelangen wir nach **18.1 km** schließlich ans Ehrenmal (12), das uns einen guten Blick auf Brodenbach und die Mosel gewährt. Ab jetzt klingt der Traumpfad gemütlich aus. Wir laufen am Ehrenmal nach links, stoßen nach einer letzten Wendung auf den asphaltierten Weg „Im Moorkamp" und erreichen an der Kirche die „Salzwiese". Hier wenden wir uns nach links, folgen der Salzwiese an der nächsten Kreuzung nach rechts, lassen den Wohnmobilstellplatz rechts liegen und treffen nach **18.6 km** etwas müde, aber dafür umso begeisterter von diesem großartigen Wandertag wieder am Startpunkt in Brodenbach (1) ein.

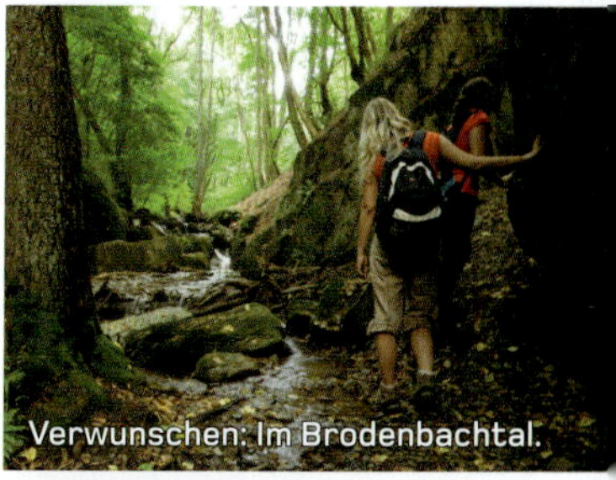
Verwunschen: Im Brodenbachtal.

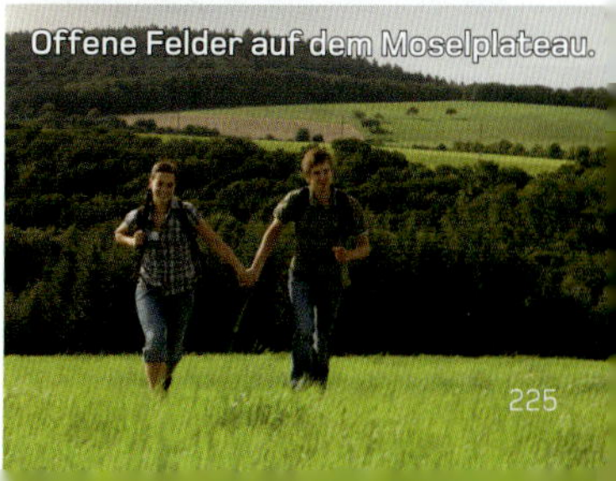
Offene Felder auf dem Moselplateau.

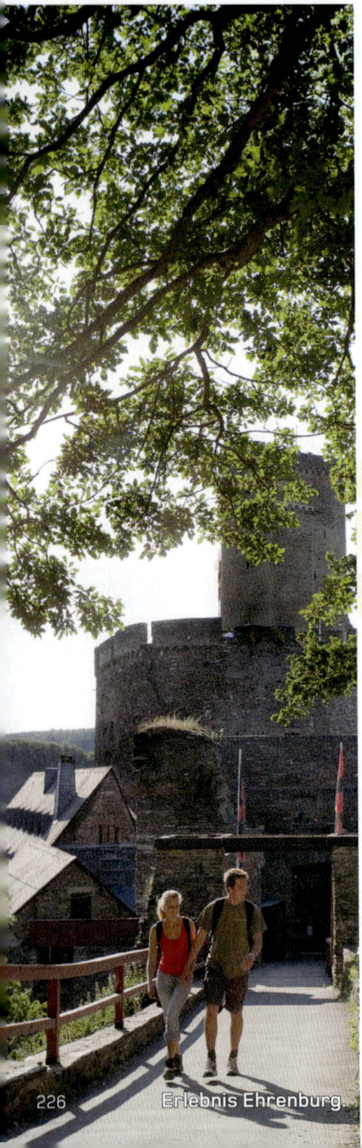

Erlebnis Ehrenburg.

Historische Mühle Vogelsang, Rhein-Mosel-Str. 63, 56332 Brodenbach 02605/1437 Di. Ruhetag
■ Restaurant Alter Moselgarten, Moselufer 18, 56332 Brodenbach
■ Weitere Einkehrmöglichkeiten: www.sonnige-untermosel.de

Hotel Peifer, Moselufer 43, 56332 Brodenbach 02605/756
■ Burghotel Ehrenburg, 56332 Brodenbach 02605/3077
■ Weitere Übernachtungsmöglichkeiten: www.sonnige-untermosel.de

Info: www.vrm.info
Haltestelle:
Niederbach (Brodenbach)
■ Mo-So: Bus 301 (Koblenz - Burgen)

Noch mehr Wanderspass bietet zwischen Morshausen und dem Baybachtal die Traumschleife „Murscher Eselsche". Diese 10.5 km lange, mittelschwere Premiumrundtour besticht mit toller Wegführung, klasse Ruheplätzen und einer Einkehr auf halber Strecke. Infos: www.saar-hunsrueck-steig.de

Ritterabenteuer, Mittelaltertage und Spektakel – rund ums Rittertum wird auf der Ehrenburg jede Menge Abenteuer und Spaß geboten. Für einen Besuch sollte man in jedem Fall genug Zeit einplanen! Infos zum Erlebnisprogramm www.ehrenburg.de

Der Bergschluchtenpfd Ehrenburg kann auch in 2 Runden absolviert werden: Zwischen P7 und P2 gibt es eine Abkürzungsstrecke.

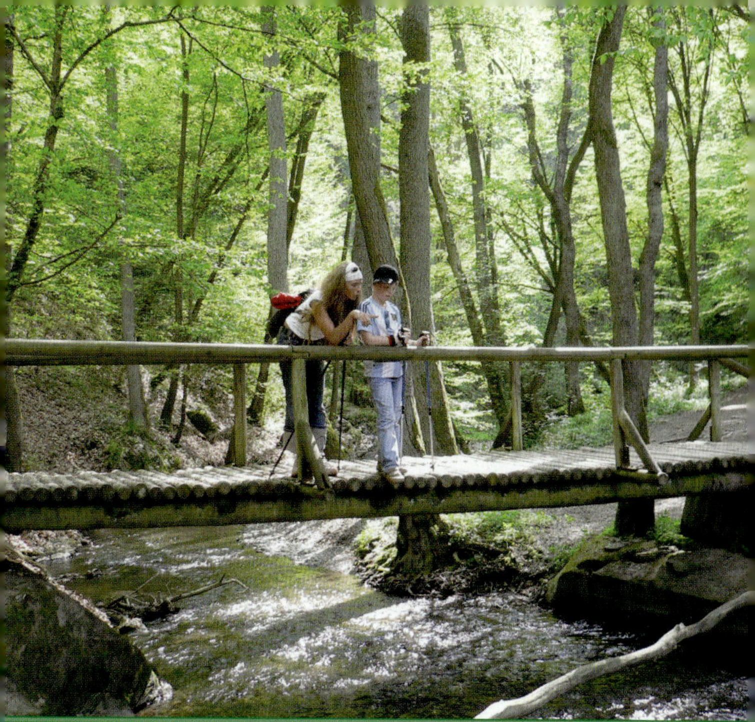

Tipp Ehrbachklamm

Hart und mächtig ist er, der blaugraue Schiefer – und dennoch hat das leise murmelnde Wasser des Ehrbachs eine tiefe Schlucht in das uralte Gestein geschnitten. Das Ergebnis ist die Ehrbachklamm, ein echtes Wanderparadies zwischen Hunsrückhöhen und Moseltal. Wer die Schlucht des Ehrbachs zu Fuß erkunden will, der sollte eine Wanderung auf dem Premiumrundweg „Traumschleife Ehrbachklamm" unternehmen. Die Tour startet in Oppenhausen und erschließt die schönsten Abschnitte in und rund um die Ehrbachklamm auf insgesamt 8.4 km. Dem Fels abgerungen, windet sich der Pfad talwärts. Berührungsängste mit dem Wasser sind schnell abgebaut, und auf Holzstegen und Steintritten erlebt man bis zur Eckmühle eine zauberhafte, urwüchsige Natur. Ein bequemer Wanderweg bringt die Wanderer dann entlang des Ehrbachs zum Ziel nach Brodenbach. Weitere Infos: ⓘ www.rhein-mosel-dreieck.de

26 Förstersteig

Drei auf einen Streich

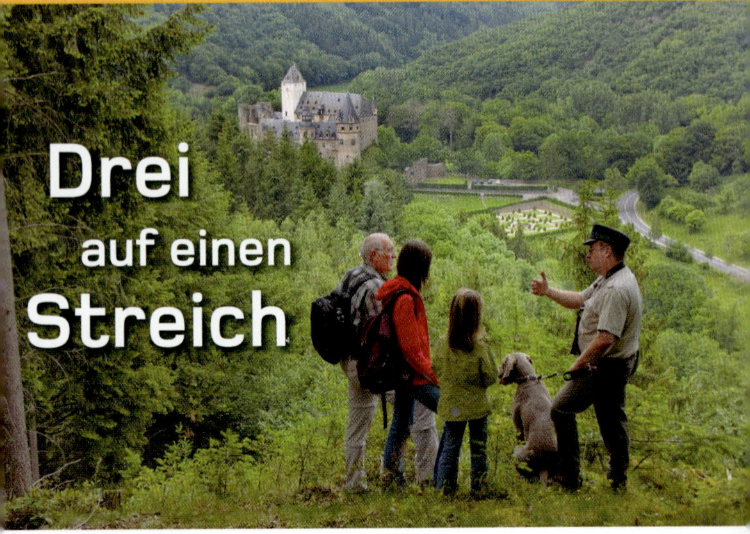

■ **Start/Ziel:** Parkplatz an der B 254

■ **Tourist-Info**
Tourist-Info Mayen Theodore-Dreiser-Haus, Boemundring 6, 56727 Mayen
✆ 02651/903004 ⓘ www.mayenzeit.de

■ **Taxi:**
■ Josef Schäfer ✆ 02652/1695

■ **Anfahrt:** A 48 Abfahrt Mayen/Mendig Über die B 258 zum Wanderparkplatz (Schild: Eifel Adventure Forest). Über einen Zuweg gelangt man nach 700 m zum Waldportal.

scan to go
QR-Code mit dem Smartphone scannen und Anfahrt anzeigen lassen.

■ **Parkplatz in Mayen-Kürrenberg:**
■ Am Leichenweg
N50° 19' 56.5'' • E7° 10' 13.2''

■ **Wegpunkte:**
P1: Parkplatz 32 U 369772 5577198
P2: Waldportal Oberes Ruppental 32 U 369768 5577788
P3: Eiterbachweiher 32 U 371266 5577278
P4: Hütte 32 U 372092 5577755
P5: Altener Tempelchen 32 U 372489 5577954
P6: Fünfkantstein 32 U 370726 5577813
P7: Nettetalblick 32 U 370431 5578769
P8: Hammesmühle 32 U 370688 5579051
P9: Aussicht 32 U 368951 5578726
P10: Scheidkopf 32 U 369442 5578076

16.9 km	5h	509 ↑ ↓	528	1219 1431	TPX6T14

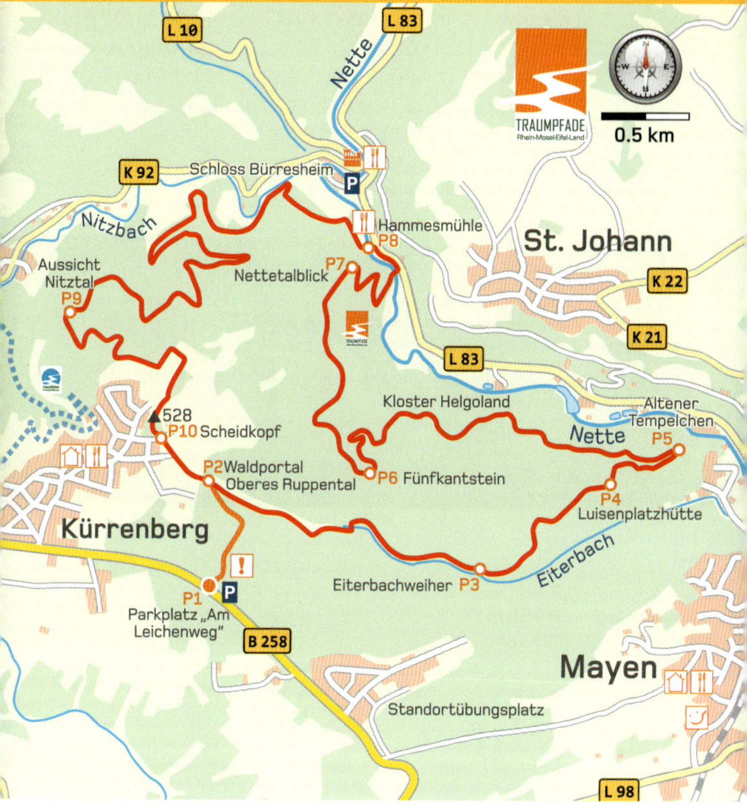

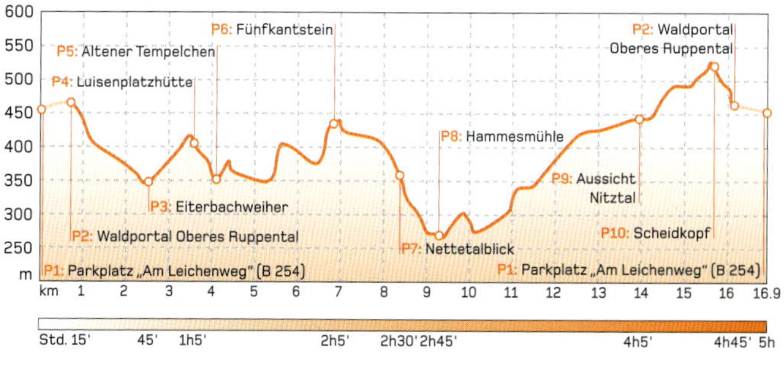

Wald und Wasser: Diese beiden Elemente beherrschen die Rundtour durch den Mayener Vorderwald. Auf den knapp 17 km erwarten uns weiche Wald- und Graswege, aber auch urwüchsige Pfadabschnitte, die zu herausragenden Ausblicken führen. So liegt uns von der Luisenplatzhütte aus Mayen zu Füßen, während wir am Nettetalblick Aug' in Aug' mit Schloss Bürresheim stehen. Und gleich dreimal bekommen wir Gelegenheit, mit dem kühlen Nass von Eifelflüsschen auf Tuchfühlung zu gehen!

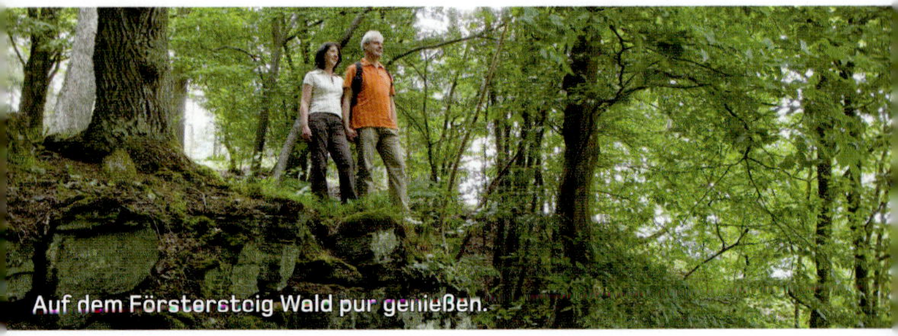
Auf dem Försterstcig Wald pur genießen.

Wir beginnen diese Tour am Parkplatz „Am Leichenweg" (1) an der B 254. Ein Zuweg bringt uns durch den Hochwald nach **750 m** zum Startportal des Förstersteigs am Oberen Ruppental (2). Wir folgen einem schönen Naturweg abwärts durch das Ruppental. Nach links erhaschen wir immer wieder Blicke auf den Wiesengrund, bis unser Waldweg nach **1.4 km** auf einen Forstweg mündet, dem wir nach links um die Waldwiese herum folgen. Nun begleitet uns der zunächst noch unscheinbare Eiterbach. An einer großen Waldkreuzung wechseln wir auf die linke Bachseite und laufen durch den herrlichen Mischwald abwärts. Einige Querwege ignorieren wir und treffen nach **2.5 km** am Eiterbachweiher (3) nebst Rastplatz und Schutzhütte ein. Nach kurzem Aufenthalt dürfen wir auf einem fantastischen Grasweg bergan wandern. Gemütlich schlängelt sich dieser aufwärts und wandelt sich bald zum Pfad! Nach **3.4 km** mündet er nach rechts auf einen breiteren Waldweg. Diesem folgen wir und treffen nach weiteren 150 m an der Luisenplatzhütte (4) ein. An diesem Logenplatz laden Schutzhütte und Sitzbänke zum Verweilen ein. Unser Blick schweift über das weite Umland von Mayen, und auch das schmucke Eifelstädtchen selbst liegt im Blickfeld. Bei gutem Wetter reicht die Panoramasicht sogar bis ins Rheintal.

Nach dem Genießen der Aussicht setzen wir die Wanderung auf

dem Forstweg fort. Jetzt geht es abwärts, an der nächsten Kreuzung biegen wir halb rechts ab und folgen den hölzernen Wegweisern zum Altener Tempelchen. Dieses erreichen wir nach einigen Richtungswechseln über einen, in einer Spitzkehre geradeaus verlaufenden, Pfad. Nach **4.1 km** stehen wir an der Schutzhütte (5) und können die gegenüberliegende mächtige Felswand des Basaltsteinbruchs bewundern. Über einen schönen Waldpfad geht es zurück zur Spitzkehre. Hier halten wir uns rechts und verlieren im Folgenden langsam an Höhe. Weitere tolle Aussichten auf die gegenüberliegende Talseite mit ihren Basaltsteinbrüchen begleiten uns, bis wir uns im dichter gewordenen Wald links auf einen ansteigenden Pfad wenden. Auf diesem Abschnitt heißt es nun stramm bergan wandern und einige Richtungswechsel überstehen. Doch gut geleitet durch das Logo, treffen wir nach **6.8 km** am Fünfkantstein (6) und der gleichnamigen Schutzhütte ein. An dieser großen Kreuzung stoßen nicht nur zahlreiche Wege aufeinander, sondern auch fünf historische Territorien, die hier ihren gemeinsamen Berührungspunkt haben. Wir halten uns vom Stein aus rechts und biegen nach wenigen Metern erneut rechts auf einen alten Hohlweg ab. Leicht bergan queren wir einen weiteren Weg, laufen über die Waldkuppe und folgen dem Pfad abwärts durch den Hochwald. Nach 250 m erreichen wir einen breiten, aber schönen Waldweg, auf den wir links abbiegen. Nur unwesentlich geht es bis zum

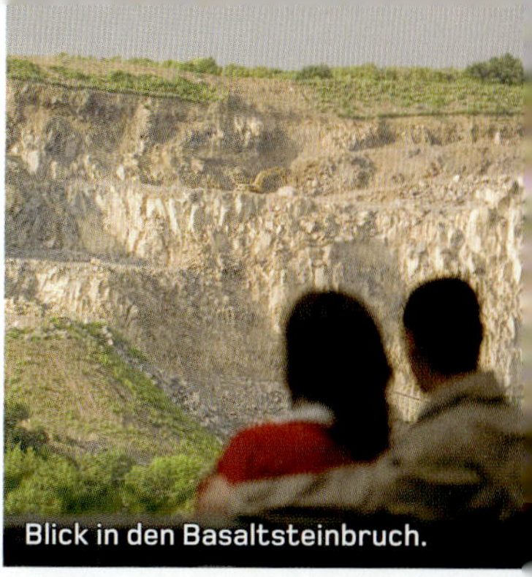
Blick in den Basaltsteinbruch.

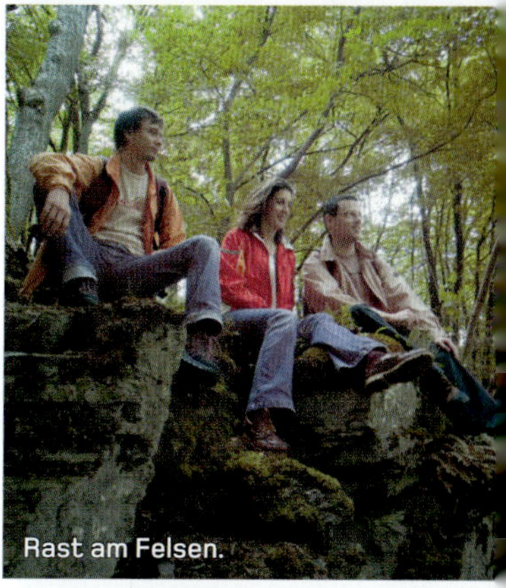
Rast am Felsen.

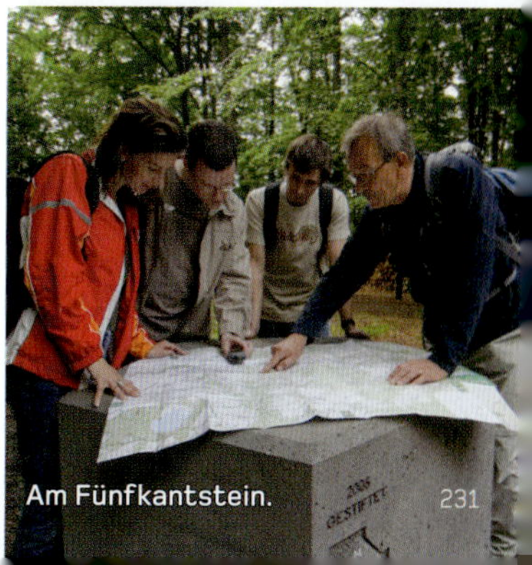
Am Fünfkantstein.

Abzweig zum Nettetalblick bergab. Kaum haben wir nach **8.4 km** diesen hervorragenden Aussichtspunkt (7) auf Schloss Bürresheim erreicht, beginnt ein steiler Abstieg ins Nettetal. Serpentinenpfad und zur nahen historischen Hammesmühle (8), die nach **9.3 km** zur Einkehr lädt. Wer das sehenswerte Schloss Bürresheim besichtigen möchte, folgt dem Gehweg weiter zum nahen Schlossparkplatz.

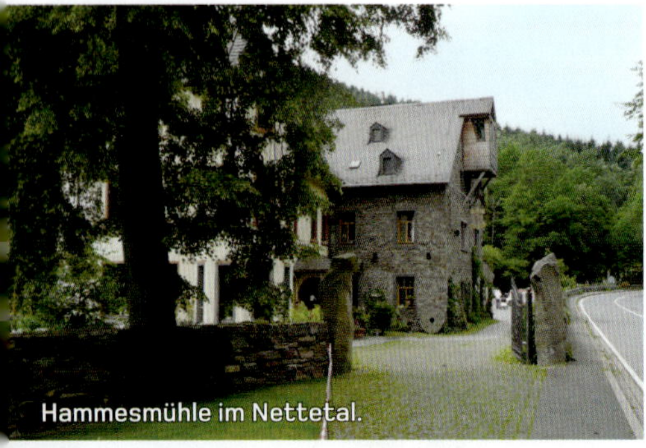
Hammesmühle im Nettetal.

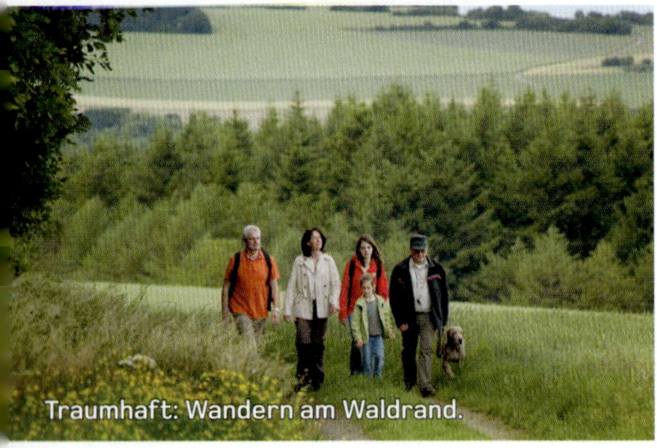
Traumhaft: Wandern am Waldrand.

Zur Fortsetzung der Tour biegen wir nach der Hammesmühle links über die Nette ab und laufen auf einem Waldweg bergan. Bald geht es rechts auf einen Pfad, der uns in weitem Bogen um das Schloss führt. Wir erreichen das Nitzbachtal und wenden uns weg vom Schloss, nach links. Nach **10.9 km** dürfen wir in einer Kurve den Abzweig nach links nicht verpassen. Unser Traumpfad verläuft hier steil bergan auf dem Kamm des kleinen Bergrückens und bringt uns auf den eine Etage höher verlaufenden Waldweg.

Waldwege bringen uns sicher hinab, weitere Ausblicke bescheren immer neue Perspektiven auf das dekorative Schloss.

Schließlich treffen wir im Nettetal ein und laufen etwa 150 m auf dem Gehweg neben der L 83 nach links

Wir wandern nach rechts, erreichen nach 350 m einen Taleinschnitt und wenden uns scharf nach links. Stetig gewinnen wir an Höhe, während wir an einzelnen Felsklippen vorbei durch den üppigen Wald laufen. Nach **14 km** offenbart sich nach rechts ein toller Blick auf das Nitzbachtal (9).

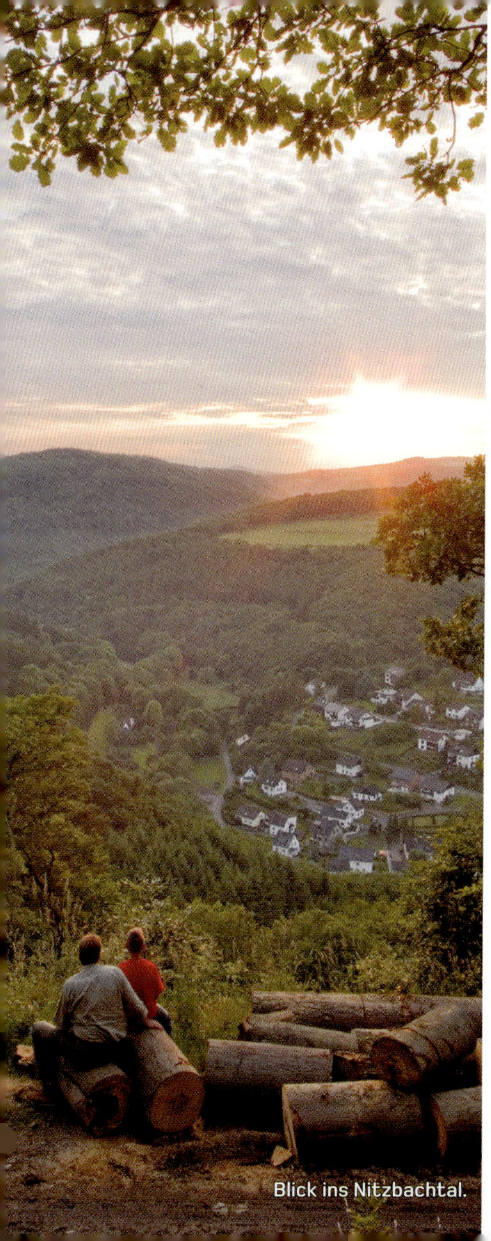

Blick ins Nitzbachtal.

Als Nächstes steht die Umrundung des Schafskopfs an, wo eine Bank zur Rast lockt. Durch lichten Eichenkrüppelwald gelangen wir an den Abzweig eines steilen Serpentinenpfads. Beim Aufstieg nach links bewegen wir uns genau zwischen Laub- und Nadelwald. Der Bergpfad führt uns zu einem Querweg, der uns rechts zum Waldrand führt. Hier laufen wir links am Feldrand entlang, biegen nach **15.2 km** rechts ab und steigen durch die Wiesen zum Scheidkopf auf.

Beim Aufstieg zum Gipfelwäldchen genießen wir die phänomenal schönen Aussichten auf die Eifel **(10)**! Nach dem Überschreiten des Scheidkopfs dürfen wir bei grandioser Sicht abwärts durch die wogenden Wiesen und Felder wandern. Nach **16 km** erreichen wir den Waldrand, wo uns ein kurzer Serpentinenweg zurück zum Startportal **(2)** bringt. Über den bereits bekannten Zuweg kehren wir zurück zum Parkplatz **(1)**, wo diese spektakuläre Tour nach **16.9 km** endet.

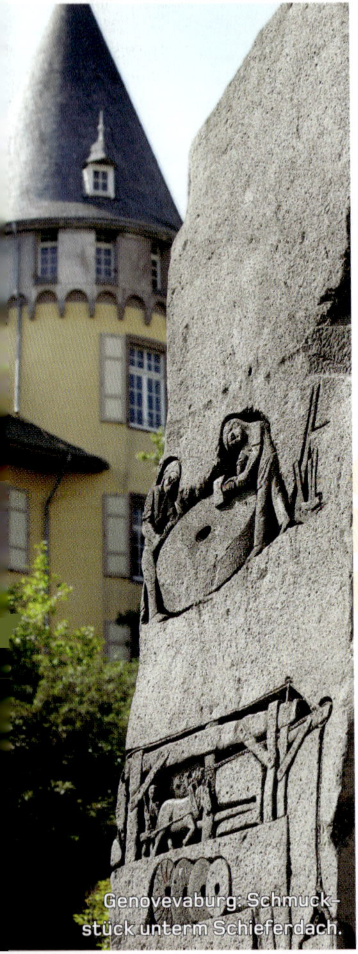

Cafe Bistro Dajöh, Marktplatz 43 56727 Mayen 02651/1405 www.dajöh-mayen.de

- Hotel Restaurant Jägerhof, Ostbahnhofstr. 33, 56727 Mayen 02651/43293, www.hotel-jaegerhof-mayen.de

Hotel garni Weinhaus Eifeler Hof Koblenzer Str. 15, 56727 Mayen 02651/4980880 www.eifeler-hof-mayen.de/

- Pension Willebuhr, Laachstr. 26, 56727 Mayen-Kürrenberg, 02651/705980
- Vulkanpark Jugendherberge, Am Knüppchen 5, 56727 Mayen 02651/2355

Info: www.vrm.info
Haltestelle:
Grundschule (Kürrenberg)

- Mo-Fr: Bus 344 (Mayen-Herresbach)
- Mo-Fr: Bus 343 (Mayen-Boos)

Direkt am Startparkplatz an der B 258 lockt der Kletterwald Mayen mit Nervenkitzel pur! Während der Sommersaison können sich Jung und Alt je nach Können und Mut auf unterschiedlich schwierigen Parcours vergnügen. Nähere Infos unter: www.move-up-gmbh.de, Eifel Adventure Forest, Kletterwald Mayen, An der B 258, 56727 Mayen-Kürrenberg 02651/7041570

Vielfältig und abenteuerlich ist ein Besuch im Deutschen Schieferbergwerk in der Genovevaburg in Mayen. Allein die simulierte Lohrenfahrt verspricht Abenteuer pur, und spätestens beim Rundgang durch die Stollen bricht das Entdeckerfieber aus. Genovevaburg, 56727 Mayen Di.–Fr. (u. feiertags) 10–17 Uhr, Sa., So. 10–18 Uhr 02651/498508 www.mayenzeit.de

! Der Förstersteig verläuft ganz in der Nähe des neuen Premiumspazierwanderweges „Traumpfädchen Eifeltraum“.

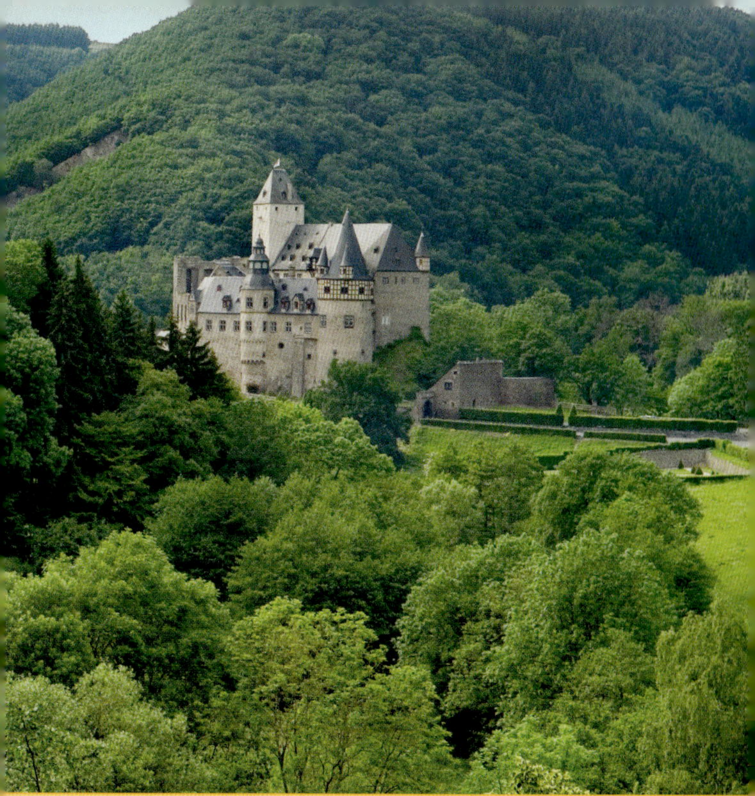

Tipp Schloss Bürresheim

Etwa zur Hälfte der Strecke bietet sich ein Besuch von Schloss Bürresheim an. Das einzigartige Ensemble gibt Einblick in das Leben des Adels zwischen dem 15. und dem 20. Jahrhundert. Die Burg wurde nie zerstört und präsentiert die verschiedenen Bauphasen vom Wehrturm bis zum Schloss im Originalzustand. Interessant ist auch der Unterschied der Kölner Burg aus dem 14. Jahrhundert im Vergleich zu der mehr schlossartigen Ostburg, deren Ausbau im 15. und 17. Jahrhundert erfolgte.

April–Sep.: 9–18 Uhr, Okt.–Nov., Jan.–März: 9–17 Uhr, Dez. geschlossen. Besichtigung nur mit Führung 02651/76440.

27 Pellenzer Seepfad

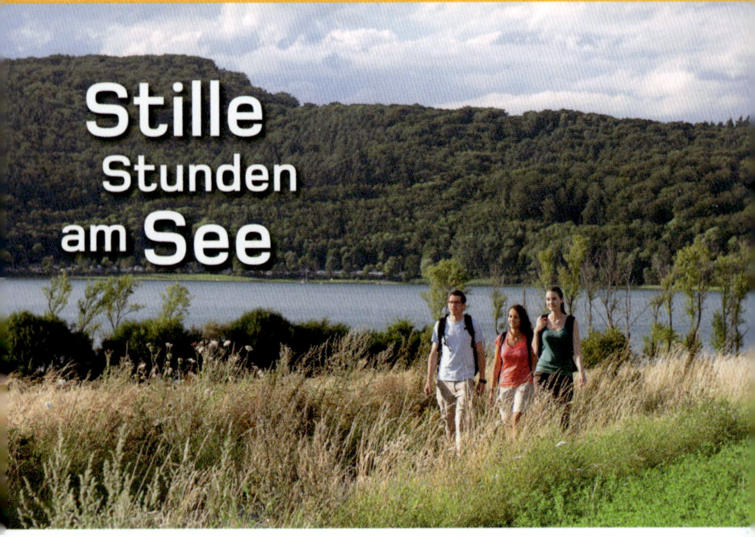

- **Start/Ziel:** Nickenich, Parkplatz am Tumulus

- **Tourist-Info** Tourist-Info Maria Laach Maria Laach, 56653 Glees ✆ 02636/19433 ⓘ www.vulkanregion-Laacher-see.de

- **Anfahrt:** A 61 bis Abfahrt Kruft, und dann auf der B 256 nach Kruft. Dort weiter auf die L 119 nach Nickenich.

- **Parkplätze:**
  - Am Tumulus, Nickenich N50° 24' 48.0'' • E7° 18' 52.6''
  - Am Waldsee, Kruft N50° 25' 31.6'' • E7° 17' 26.1''

scan to go®

QR-Code mit dem Smartphone scannen und Anfahrt anzeigen lassen.

- **Wegpunkte:**

P1: Start 32 U 380256 5585947
P2: Beginn 32 U 370195 5586008
P3: Aschewand & Ausblick 32 U 380354 5585707
P4: Aussicht an Hermann-Hütte 32 U 380502 5585330
P5: Aussicht Eppelsberg 32 U 380457 5585132
P6: Waldsee 32 U 379700 5584083
P7: Ausblick 32 U 378875 5584559
P8: Hütte 32 U 378755 5584451
P9: Klosterblick 32 U 377577 5584703
P10: Infotafel CO_2 32 U 378212 5585908
P11: Siebengebirgsblick 32 U 379131 5587263
P12: Pellenzblick 32 U 380530 5587130

16.3	5h	486	419	1183 1388	
km		↑ ↓		♀ ♂	T2X5TX4

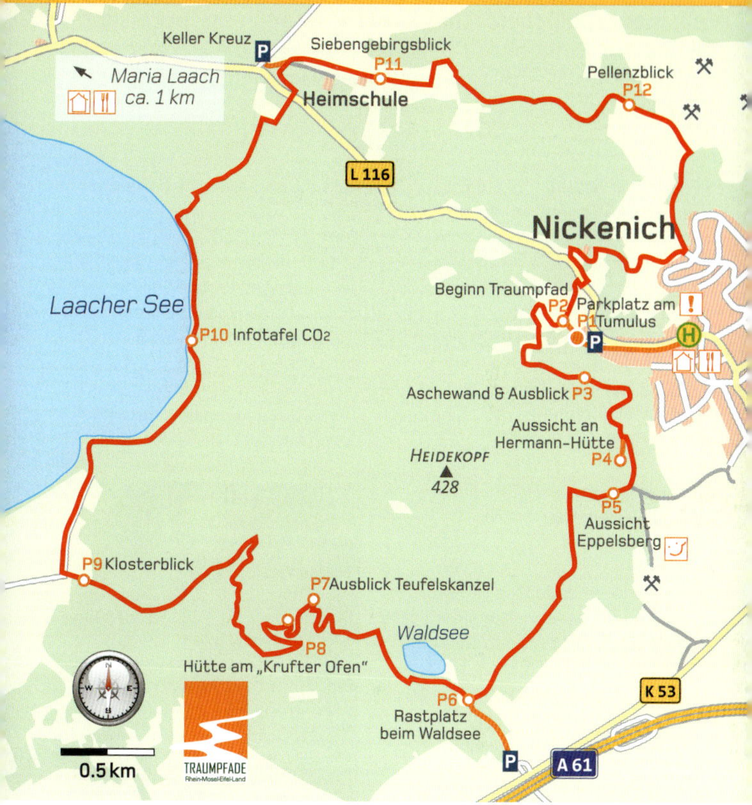

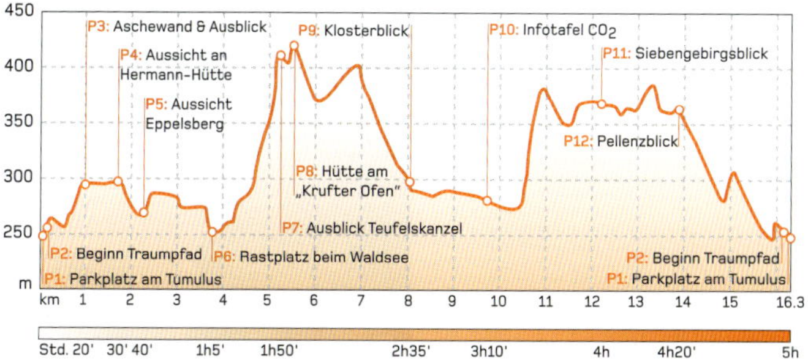

Wasser, Wiesen und Wälder – und dazu wunderbare Weitblicke: Der Pellenzer Seepfad führt zu beeindruckenden Vulkanaufschlüssen, zum „Krufter Ofen", zur Teufelskanzel und zur Einkehr am Laacher See. Wer die Badehose im Rucksack hat, kann sich unterwegs im Krufter Waldsee abkühlen.

Unmittelbar am Wanderparkplatz in Nickenich (1) geht es gleich geschichtsträchtig los: Ein römischer Grabtumulus erregt unsere Aufmerksamkeit. Nach der kurzen Stippvisite bei den Römern widmen wir uns dem eigentlichen Ziel des Tages: Nur 100 m vom Parkplatz entfernt, befindet sich an der Zufahrt zur Schießanlage der Einstieg zum Pellenzer Seepfad (2).

Während wir den schilfgesäumten Biotopsee der „Sauren Wiese" links liegen lassen, folgen wir den markanten orangen Traumpfad-Logos auf dem Waldpfad geradewegs leicht bergan. Nach nur wenigen Schritten öffnet sich links ein kleines Tal. Wir wandern bis zur Weggabelung am Waldrand und orientieren uns dort erneut nach links. Der breite Forstweg führt uns an der Wiese vorbei und durch lichten Baumbestand, bis wir nach **500 m** auf einen Querweg stoßen. Der Wegweiser nennt unser nächstes Zwischenziel – den Eppelsberg. Wir schwenken nach rechts und erreichen über den breiten Weg schon wenig später die nächste Kreuzung. Diesmal schicken uns Logos und Wegweiser nach links. Am Waldrand treffen wir auf die ersten vulkanischen Spuren der Tour: Im kleinen Aufschluss zeigen sich deutlich die grau gefärbten Bimsfragmente, die der Laacher Seevulkan vor zuletzt 13 000 Jahren ausgespuckt hat. An der nächsten Weggabelung wenden wir uns nach links und lassen uns von der einladenden Bank nicht aufhalten …

Ein kurzes Waldstück ist schnell durchwandert, denn auf dem

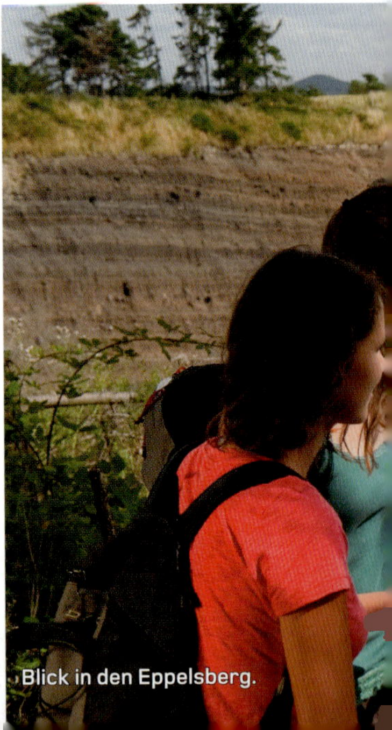

Blick in den Eppelsberg.

breiten Weg kommen wir gut voran. Wir überschreiten eine Kuppe und genießen den ersten Ausblick auf Nickenich – und einen noch tieferen Einblick in die Eifel-Geologie: Rechts erhebt sich eine eindrucksvolle mächtige Wand aus unterschiedlich gefärbten Ascheschichten (3), die ebenfalls von der feurigen Vergangenheit der Region erzählen.

Hin- und hergerissen zwischen Aussicht und Geologie marschieren wir weiter und erobern dabei einige Höhenmeter. Der kurvige Weg führt uns etwas tiefer in den aufstrebenden Jungwald. Einige Abzweigungen ignorieren wir und bleiben stets dem Traumpfad treu. Nach **1.6 km** wird es Zeit für einen kurzen Abstecher: Eigentlich biegt der Traumpfad gleich nach der Wegverzweigung auf einen Pfad nach links ab. Doch wir wählen den obersten Wirtschaftsweg und werden nach nur 100 Metern an der Hermann-Hütte mit einem grandiosen Blick belohnt (4): Schier grenzenlos breitet sich – abhängig von der Wetterlage – die Aussicht über die Pellenz vor uns aus. Ganz nebenbei bietet die Hütte auch eine gute Gelegenheit zur Pause. Einziger Wermutstropfen ist der Verkehrslärm, der von der relativ nahen A 61 heraufschallt. Anschließend kehren wir zum Pfadeinstieg zurück und gelangen nach kurzer Passage auf einen weiteren breiten Wirtschaftsweg, dem wir nun nach rechts abwärts

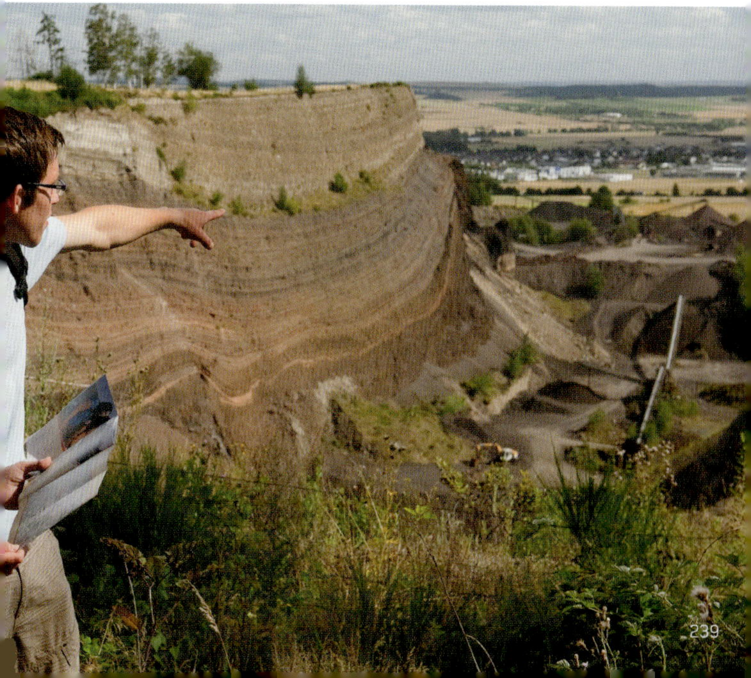

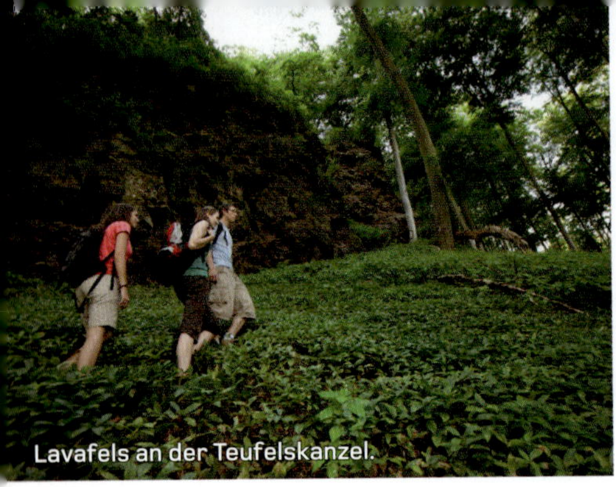

Lavafels an der Teufelskanzel.

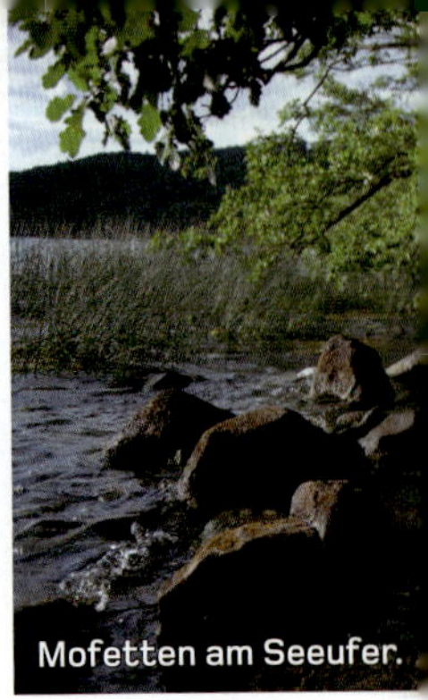

Mofetten am Seeufer.

folgen. Der Abstieg währt nur kurz, denn schon nach **2.1 km** treffen wir an der großen Kreuzung an der „Barbara Bank" ein. Hier laufen wir fast geradeaus weiter. Links klafft, von den hohen Fichten nur halb verdeckt, ein großes Loch in der Erde: Wir haben den aktiven Tagebau am Eppelsberg erreicht. Kurz bevor wir an der nächsten Abzweigung geradeaus Richtung Waldsee Kruft weiterwandern, bietet eine Aussichtsplattform (5) Gelegenheit, einen Blick in den eindrucksvollen Steinbruch zu werfen: In geschwungener Linie verlaufen, scharf abgegrenzt, die Ascheschichten, die heute wertvolle Rohstoffe für die Bauindustrie liefern. Wer mehr über die Geheimnisse des Eppelsbergs erfahren möchte, sollte auch den geologischen Lehrpfad (▶ S. 246) besuchen.

Doch zunächst ist wieder Wandern angesagt, denn der Pellenzer Seepfad führt uns nun, leicht ansteigend, durch eine herrliche Baumallee mitten im Wald. Auch nach dem nächsten Schwenk nach links begleiten uns weiterhin die himmelhohen, schlanken Bäume. Aufmerksamen Wanderern entgehen auf dem Abschnitt zwischen dem Eppelsberg und dem Waldsee sicherlich nicht die insgesamt neun Holzskulpturen, die für einen Hauch von Kunstausstellung mitten im Wald sorgen.

Weitere Richtungswechsel, die uns stets auf breite, gut begehbare Forstwege bringen, überstehen wir problemlos und können dabei die Vielfalt des Waldes genießen: Denn nicht nur unterschiedliche Laubbäume haben hier ihr Revier – Fichten, Kiefern und Lärchen setzen weitere Farbakzente. Schließlich senkt sich der Weg etwas ab, und wir passieren ein Steinkreuz, das fünf Meter links vom Weg steht. Birken begleiten uns die letzten Meter hinab zu einer großen Waldlichtung nebst Rastplatz (6). Hier trifft nach **3.8 km** von links der Zugangsweg vom Parkplatz Waldsee auf unseren Traumpfad. Nach

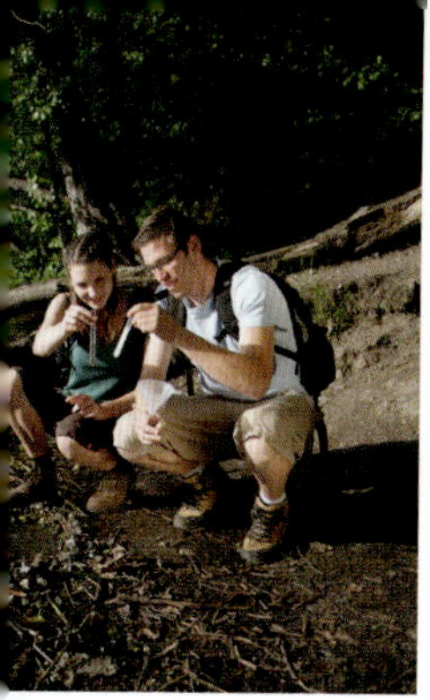

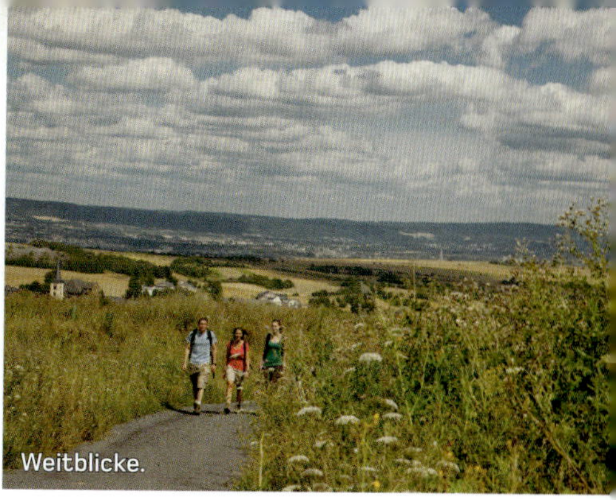

Weitblicke.

kurzer Rast setzen wir die Tour fort und biegen zum nahen Waldsee ab. Während der Sommermonate ist das umzäunte Areal geöffnet, der Waldsee lockt dann zum kühlenden Badespaß.

Doch für den Moment lässt uns diese Aussicht kalt, und wir laufen links auf weichem Waldweg außen am Zaun entlang. Durch die dichten Bäume erhaschen wir nur ab und an einen Blick auf die glitzernde Seeoberfläche. Dann schickt uns der Traumpfad unvermittelt weg vom See nach links, um bei erster Gelegenheit wieder nach rechts abzuknicken. Durch dichten Jungwald wandern wir gemütlich weiter. Bald öffnet sich eine Wiese, die uns einen ersten Blick zum nächsten Etappenziel beschert: Hoch ragt vor uns der „Krufter Ofen" auf.

Uns schwant, dass dieser Anstieg kräftezehrend werden könnte, doch noch verläuft der Traumpfad nur leicht bergan. Das bleibt vorerst auch nach der nächsten Weggabelung so, was uns Gelegenheit gibt, die gegenüberliegende Aschewand genau in Augenschein zu nehmen. Dann widmen wir uns ganz dem herrlichen Waldweg, der durch aufstrebenden jungen Mischwald führt.

Doch nach **4.7 km** ist es dann so weit: Wir biegen links ab, und auf weichem Weg geht es nun spürbar aufwärts. Eine letzte Gnadenfrist gibt es nach dem Abzweig auf einen breiten Forstweg, der uns endgültig in hohen Buchenhallenwald bringt.

Nur etwa 150 Meter später dürfen wir die Spitzkehre nach links nicht verpassen. Der Waldweg steigt deutlich an und bringt uns immer näher an die eindrucksvoll aufragenden Felsen. Richtig anstrengend wird es unmittelbar am Fuß des steinigen Brockens: Ab hier erklimmt der Traumpfad auf engem und sehr steilem Pfad die Teufelskanzel. Trittsicher und einigermaßen schwindelfrei sollte man hier schon sein, und auch Wanderstöcke sind hilfreich. Wer es beschaulicher angehen möchte, wählt hier die ausgeschilderte Alternativroute, die weniger steil verläuft.Schließlich stehen wir unmittelbar vor dem Fels, fühlen den rauen Vulkanstein mit eigenen Händen. Hier biegen wir nach links ab, überschreiten eine kleine Schwelle und finden uns vor einer Felsnische wieder. Nach kurzer Verschnaufpause setzen wir den noch immer fast alpinen Aufstieg fort. Bei **Kilometer 5.2** haben wir es dann geschafft und können von der exponierten Teufelskanzel eine grandiose Aussicht (7) auf den Waldsee, Kruft – und bei gutem Wetter auch bis weit ins Neuwieder Becken genießen. Auf einer Alternativroute kann der Bereich bei (vor allem bei Nässe) umgangen werden!

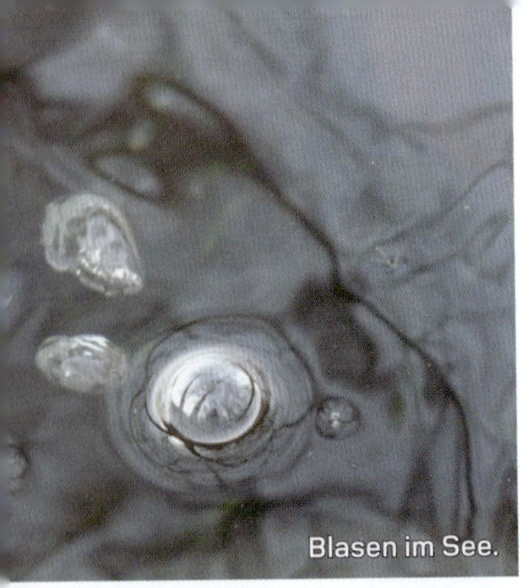
Blasen im See.

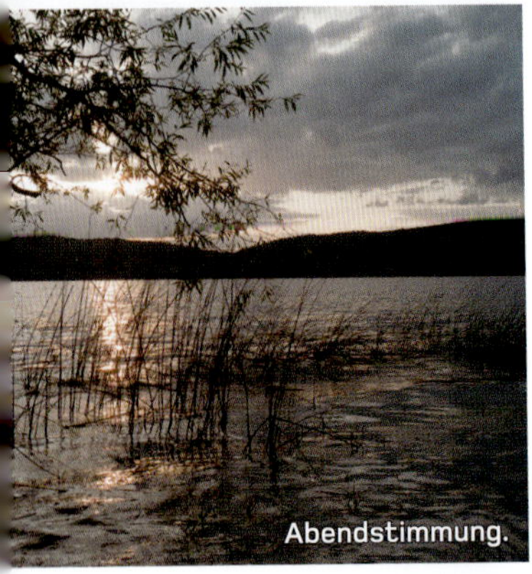
Abendstimmung.

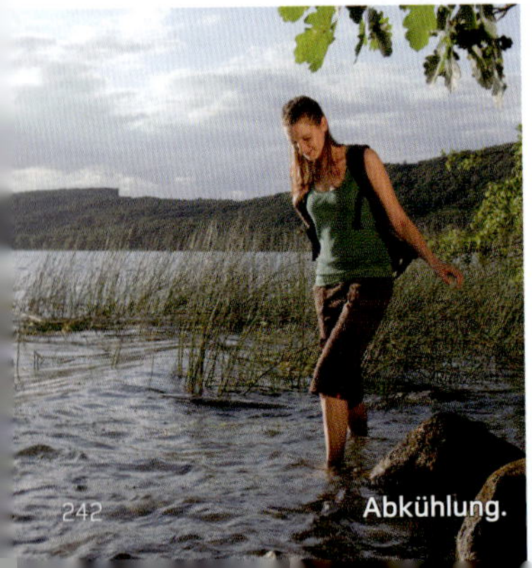
Abkühlung.

Den Aufstieg bis zum Gipfel des „Krufter Ofen" erspart uns der Pellenzer Seepfad und führt uns stattdessen auf fast ebenem Höhenweg nach links. Wir passieren eine weitere herrliche Aussicht auf Kruft und Umgebung und gelangen schließlich zu einem Pfadabzweig: Rechts führt uns der schmale Weg zur etwas oberhalb gelegenen Schutzhütte „Am Krufter Ofen" (8). Die Rastgelegenheit nehmen wir gerne wahr.

Anschließend geht es gemütlich weiter. Unter dem schattigen Blätterdach der hohen Buchen laufen wir, bis wir eine Spitzkehre erreichen und dort links auf einen absteigenden Weg kommen. In der nächsten Kurve präsentiert sich ein weiterer Panoramablick – mit solchen Premiumaussichten ist der Pellenzer Seepfad wirklich reich gesegnet. Mit lockerem Auf und Ab wandern wir in den majestätischen Hochwald, dessen mächtige Buchen uns immer wieder zum Staunen bringen. Nach **6.9 km** treffen wir mitten im Hochwald auf einen asphaltierten Forstweg und biegen nach links ab. Wir verlieren an Höhe, und bald wandelt sich der Asphalt zum befestigten Forstweg. Schließlich ist es dann so weit: Bei **Kilometer 8** erreichen wir freies Feld und erhaschen nach wenigen Metern den ersten Blick (9) auf die imposante Silhouette des Klosters Maria Laach.

Die Szenerie um uns präsentiert sich vollkommen verwandelt, unser Blick schweift über offene Felder und wird magisch angezogen von der glitzernden Oberfläche des Sees. Wir erreichen eine Wegkreuzung und wenden uns nach rechts. Ein asphaltierter Wirtschaftsweg führt uns nun schnurstracks zum nahen Waldrand und Richtung See. Am Wald angelangt, stößt von links die Georoute L zu uns. Kaum haben wir die ersten Schritte unter dem Laubdach des lockeren Uferwaldes absolviert, stehen wir auch schon an einer der Informationstafeln dieses geologischen Wanderwegs.

Doch wir wollen nun zum sagenumwobenen See, der, aus Feuer geboren, noch heute Zeichen der vulkanischen Tätigkeit offenbart. Zwar verläuft der Traumpfad auf dem breiten Seerundweg etwas oberhalb des Ufers, doch nach **9.2 km** bietet sich für trittsichere Wanderer als Alternative der Wechsel auf den unterhalb parallel und ufernah verlaufenden Seepfad an. Nutzt man diese alternative Strecke, dann hat man die Chance, am Rand des Schilffeldes etwas blubbern zu sehen, manchmal hört man sogar ein leises Zischen. Was steckt bloß dahinter? Die Ursache für die ungewöhnlichen Vorgänge liegt in der Magmenkammer unter dem Laacher Seegebiet. Aus dieser Kammer treten mal mehr, mal weniger Gase aus, die dann in Form von Bläschen an der Seeoberfläche zu beobachten sind. Bei dem Gas handelt es sich um CO_2, das am Ostufer an mehreren Stellen an die Oberfläche gelangt. Genau erklärt wird dieses Phänomen nach **9.8 km** an einer weiteren Tafel (10) der Georoute L. Diese Tafel ist übrigens auch für die Wanderer leicht zugänglich, die bisher auf der eigentlichen Traumpfadroute gewandert sind und an dieser Stelle bequem auf den Pfad wechseln können.

Wir setzen die Tour oberhalb des Ufers fort und erfreuen uns am Schlagen der Wellen. Über den See hinweg erhaschen wir auch immer wieder einen Blick hinüber zum erhaben wirkenden Kloster Maria Laach, das unbedingt einen Besuch wert ist.

Nach **10.5 km** endet unser Spaziergang am Laacher See, denn wir folgen der Markierung rechts auf einen engen Pfad. Ein Blick den Hang empor verrät uns, dass es nun wieder richtig anstrengend wird!

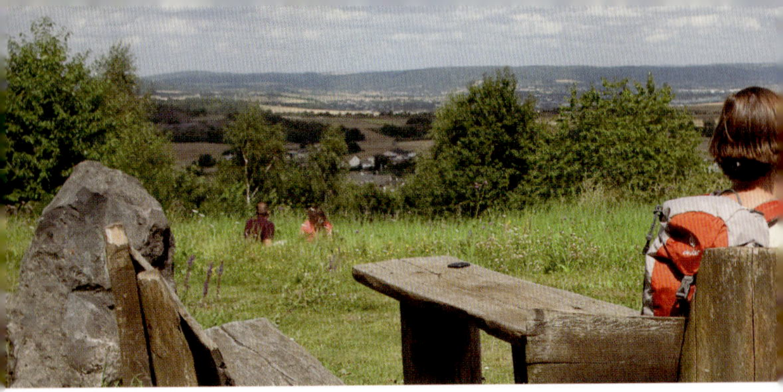

Schon wenig später erobern wir unter dem schattigen Blätterdach des Hochwalds den steilen Berg. Ein querender Forstweg verhilft nur zu einer minimalen Atempause, denn sogleich setzt sich der Anstieg unvermindert fort. Erst als wir die Kreuzung am Höhenrundweg erreichen, haben wir es geschafft und können uns an der Schutzhütte erholen.

Gestärkt folgen wir anschließend dem breiten Forstweg mit leichter Linkskurve durch Jungwald abwärts. Auch die nächsten Abzweigungen bewältigen wir problemlos, denn die Markierung ist vorbildlich. So bleibt auch ein kleiner Rastplatz rechts liegen, und wir queren nach **11.5 km** vorsichtig die L 116. Auf der anderen Seite wenden wir uns im lichten Hochwald nach links und wandern auf dem Pfad in einer weiten Kurve bergan, bis wir auf einen breiten Wirtschaftsweg stoßen. Der Weg kommt von links und bindet den Parkplatz Keller Kreuz an den Pellenzer Seepfad an. Übrigens: Nur 100 Meter entfernt von diesem Parkplatz entsteht ein „Keltischer Baumkreis", der – ganz im Sinne der keltischen Druiden – Raum zur Entschleunigung gibt und uns dem Rhythmus der Natur näher bringen soll.

Der Pellenzer Seepfad setzt sich am Abzweig des Zuwegs rechts fort, und bald tauschen wir den Wald gegen lockere Hecken ein, die den Weg anfangs noch begleiten. Dann weichen auch sie zurück und geben einen fantastischen Blick frei. Vor allem nach Passieren der Ruine der ehemaligen „Heimschule" bietet sich bei gutem Wetter ein großartiges Panorama bis zum Siebengebirge **(11)**.

Nachdem wir die freie Sicht über die offenen Felder gebührend genossen haben, biegen wir am Waldrand zunächst links ab, bevor es mit einem Rechtsschwenk wieder in den Wald hineingeht. Doch nun umgeben uns Birken, Kiefern und Niederwald, was an warmen Tagen stark an Heidewald erinnert. Eine kleine Schutzhütte lädt nach

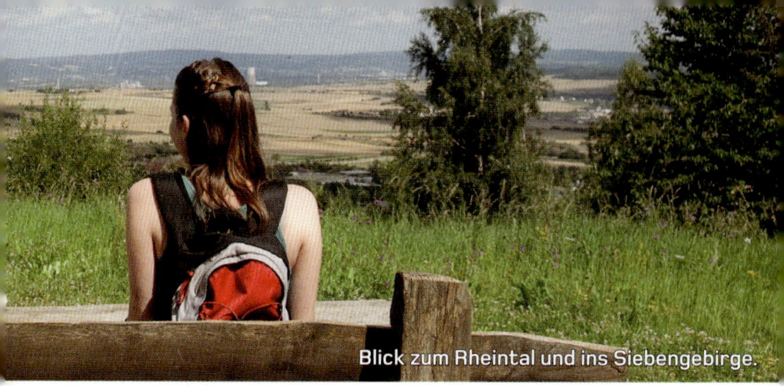
Blick zum Rheintal und ins Siebengebirge.

12.6 km in idyllischer Umgebung zur Rast ein. Wir setzen die Wanderung fort, biegen nach rechts ab und halten uns auch an der folgenden Kreuzung rechts. Eine Weihnachtsbaumpflanzung bleibt rechts liegen, und wir dürfen nun durch ein Spalier schlanker Lärchen laufen. Links sorgt im Frühsommer ein Ginsterfeld für leuchtende Farben.

Wir nähern uns nun der Nordflanke des „Hummerich", und nach einem kleinen Anstieg breitet sich links die freie Fläche einer Halde aus. Über das Lockermaterial ergibt sich ein toller Ausblick, der wieder bis zum Drachenfels im Rheintal reicht.

Doch wer glaubt, damit sei das Repertoire an Ausblicken erschöpft, der irrt: Nach einer weiteren ruhigen Waldpassage auf breitem Weg weichen die Bäume rechts zurück, und vor uns liegt der „Pellenzblick" (12). Tatsächlich breitet sich nun ein grandioses Panorama nach Süden und Osten aus, das von den Vulkankuppen um Kruft und Plaidt dominiert wird.

Wir laufen am umzäunten Steinbruchareal abwärts, folgen dann dem Weg am Wald entlang nach rechts und treffen nach **14.8 km** am Ortsrand von Nickenich ein. An der kleinen Kapelle biegen wir aber rechts auf einen Feldweg und wandern am Neubaugebiet außen entlang wieder ins freie Feld hinaus. Noch einmal gewinnen wir etwas Höhe, bevor wir uns mitten im Feld links abwärts zum Wald wenden. Dort führt uns ein breiter Forstweg oberhalb des Hundeübungsplatzes langsam ins Tal zur L 116. Zunächst laufen wir dort links auf einem parallelen Fußweg, bis wir an einer Verkehrsinsel auf Höhe des Sportplatzes die Straße queren. Danach biegen wir rechts auf einen Pfad, der bald links auf einen Waldweg mündet. Ein letzter Anstieg bringt uns zum Schützenhaus, wo wir den weichen Waldboden gegen Asphalt eintauschen. Wir folgen der Zufahrtsstraße abwärts zum Startpunkt des Traumpfads (2) und weiter zum Parkplatz am Tumulus (1), wo diese an Aussichten reiche Tour nach **16.3 km** endet.

Vulkan Waldfrieden, Laacher See Str. 1 56653 Wassenach
www.vulkan-waldfrieden.de
02636/80960
- Blockhaus Laacher See, Am Laacher See 56653 Wassenach 02636/8080980
www.blockhaus-laacher-see.de
- Weitere Einkehrmöglichkeiten:
www.vulkanregion-laacher-see.de

Hotel Burgklause, Hauptstraße 78, 56645 Nickenich 02632/98330
www.hotel-burgklause.de
(auch Restaurant)
- Seehotel Maria Laach, Am-Laacher-See, 56653 Maria Laach 02652/5840
www.seehotel-maria-laach.de
- Weitere Übernachtungsmöglichkeiten:
www.vulkanregion-laacher-see.de

Info: www.vrm.info
Haltestelle: Oberdorf (Nickenich)
- Mo-Sa: Bus 310
(Bahnhof Andernach - Maria Lach)

Taxi Busch 02632/491111
- Taxi Bell 02652/935935

Untergebracht im ehemaligen Karthäuserhof im Herzen von Nickenich, stellt das Pellenz-Museum archäologische Funde der Umgebung zur Schau. Es gibt interessante Exponate aus der Jungsteinzeit bis zur Zeit der Römer zu bestaunen.
Infos: Pellenz-Museum, Zehntstraße 7, 56645 Nickenich 02632/958952
www.pellenz-museum.de
Di.–Fr. 9–12 Uhr und 14–17 Uhr, Sa., So. & feiertags: 14–17 Uhr, im Winter geschlossen.

Vulkanismus aus nächster Nähe bietet der Steinbruch am Eppelsberg etwas südlich von Nickenich. Imposant erhebt sich die ehemalige Vulkanwand, und Schicht für Schicht sind Asche und Bimsablagerungen zu erkennen. Auf dem kurzen Lehrpfad erklären Tafeln, auch für Laien verständlich, Wissenswertes rund um den Eifelvulkanismus. Der Lehrpfad ist Bestandteil des Traumpfads.

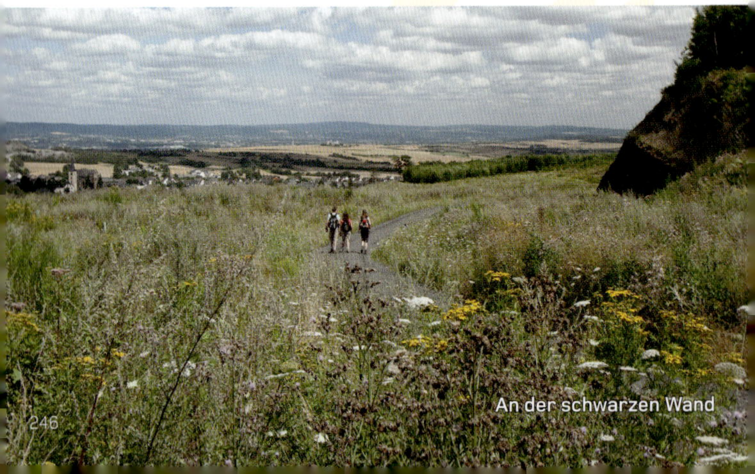
An der schwarzen Wand

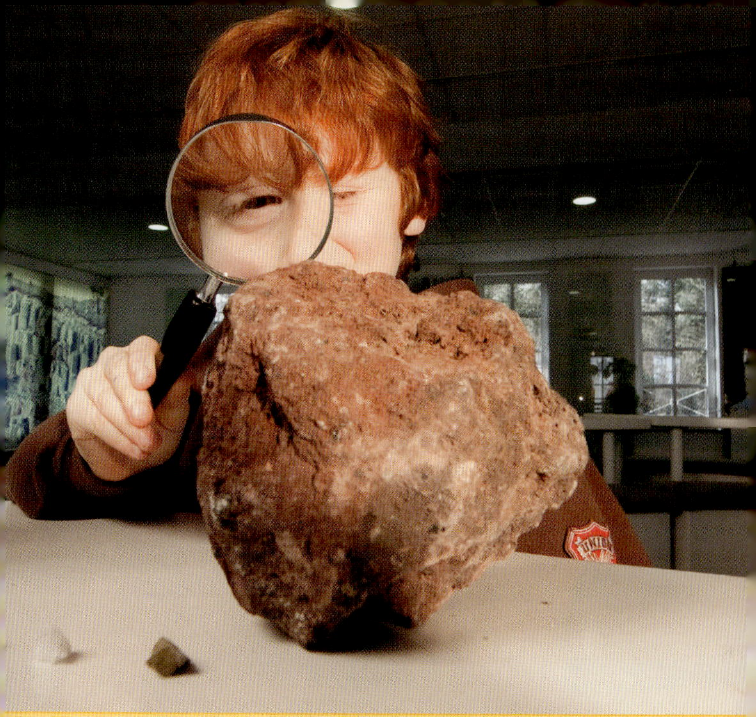

Tipp Vulkanpark

Der Vulkanpark umfasst das gesamte, ehemals von vulkanischer Aktivität betroffene Gebiet zwischen Rheintal und Vordereifel. Vor rund 13 000 Jahren ergossen sich letztmals glutheiße Lavaströme über das Land. Einen ersten Einblick erhalten Besucher im Vulkanpark Infozentrum in Plaidt/Saffig. Der Vulkanpark ist weitläufig und vielfältig – neben den Naturschauspielen geben vor allem der Lava-Dome und die Lavakeller in Mendig tiefe Einblicke in die Welt des Vulkanismuss. Spannend und informativ sind gut ausgeschilderte sowie anregend gestaltete Vulkanwanderwege.

März–Nov.: Di.–Fr. 9 bis 17 Uhr, Sa., So. und an gesetzlichen Feiertagen von 11 bis 18 Uhr; Nov.–März Di. bis So. von 11 bis 16 Uhr.
Vulkanpark GmbH Infozentrum Rauschermühle, Rauschermühle 6, 56637 Plaidt
02632/9875-0 www.vulkanpark.com, Info-Hotline: 0180/1885526

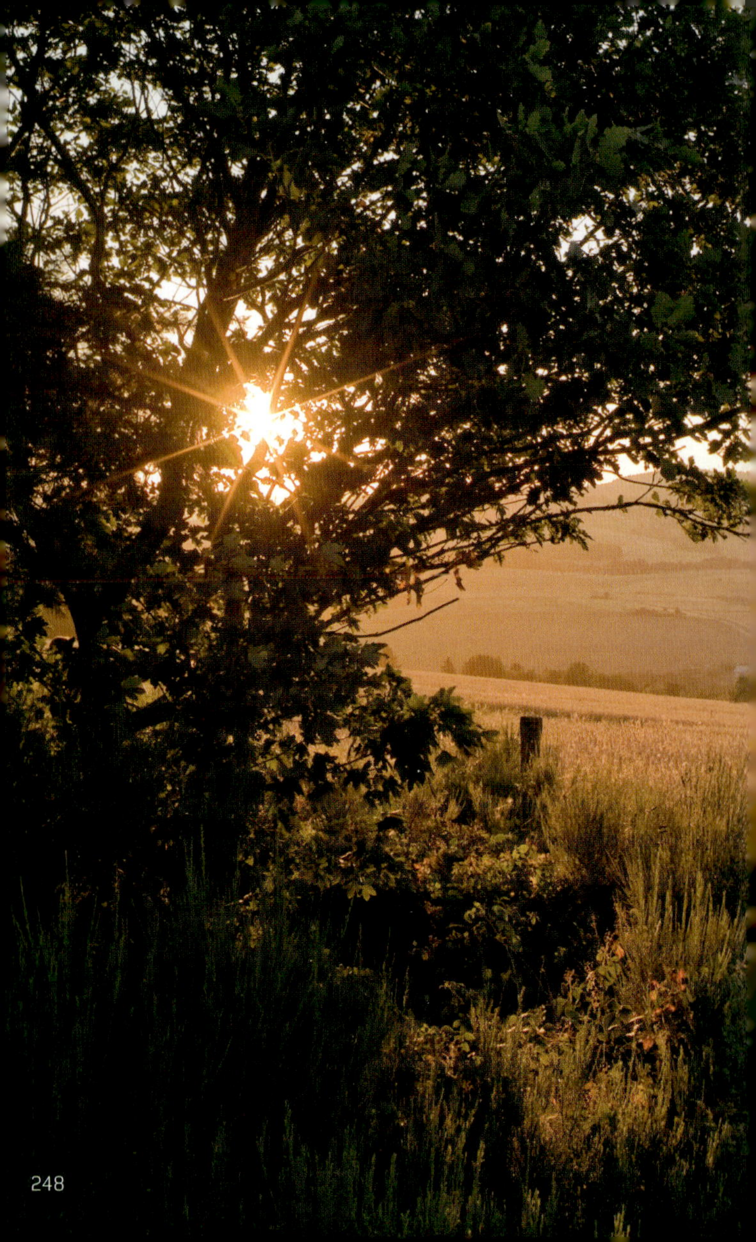

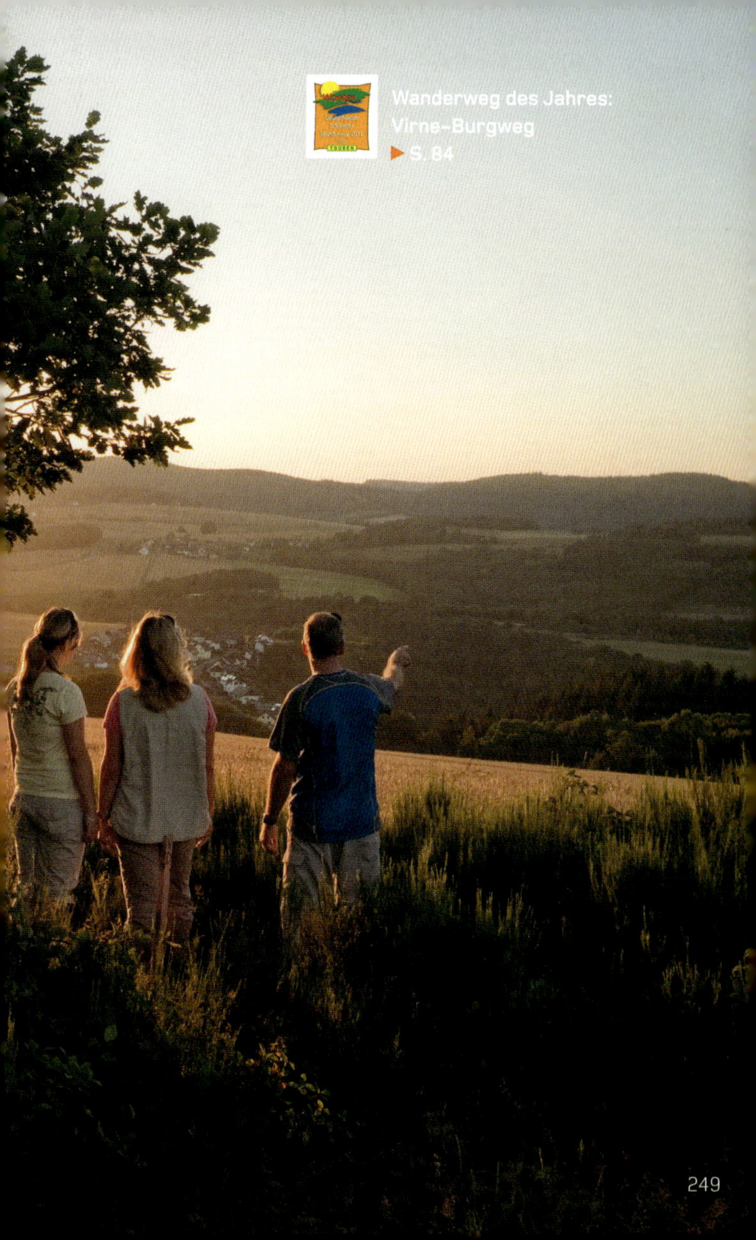

Wanderweg des Jahres:
Virne-Burgweg
▶ S. 84

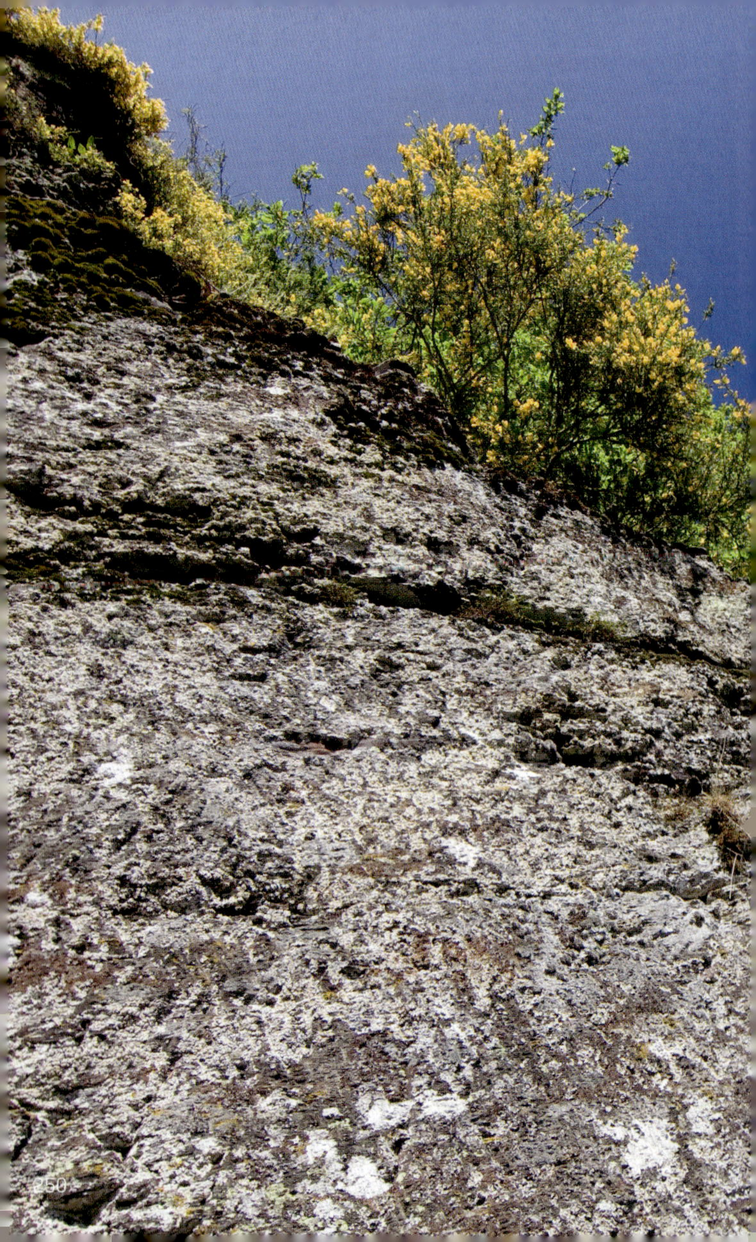

Wanderweg des Jahres:
Pyrmonter Felsensteig
▶ S.130

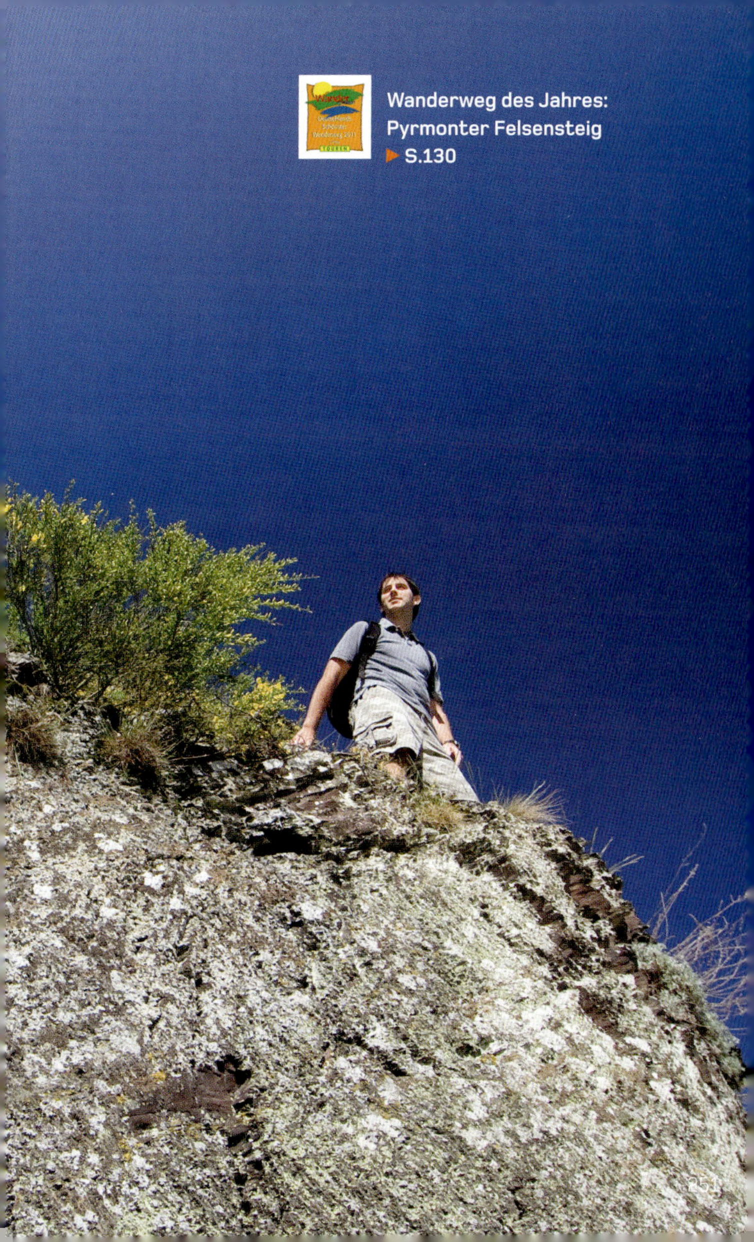

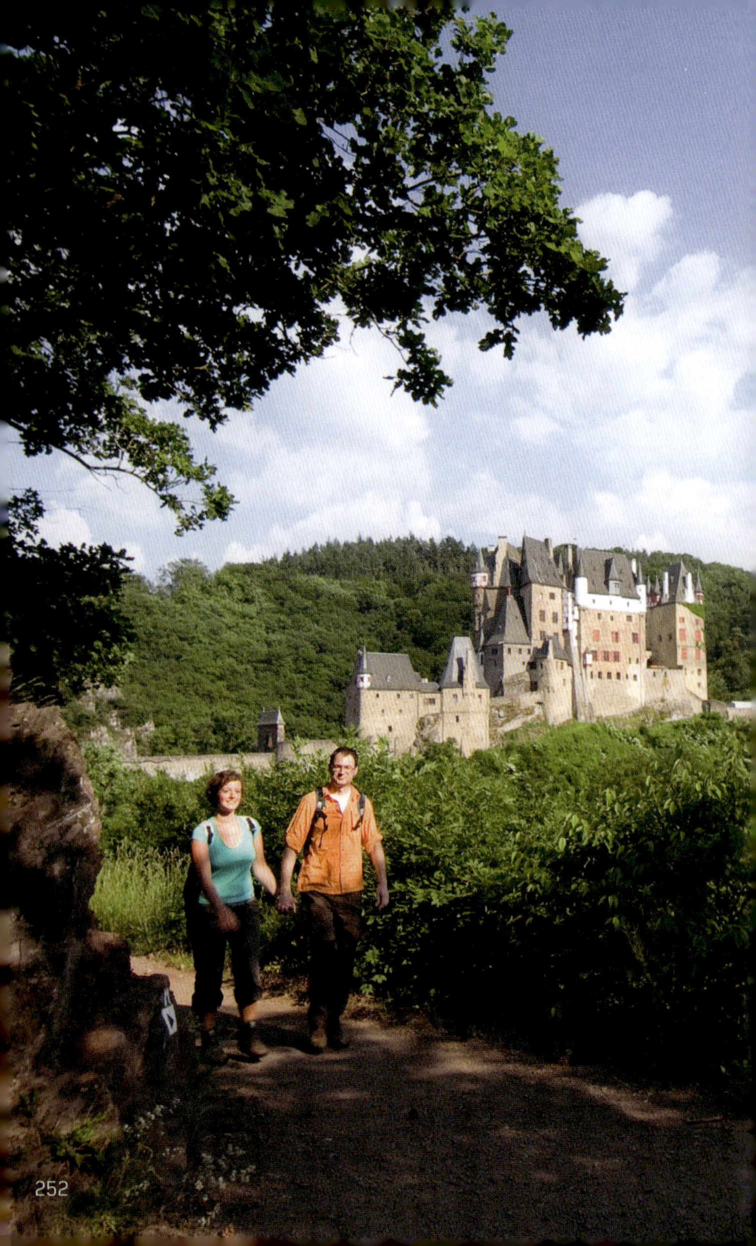

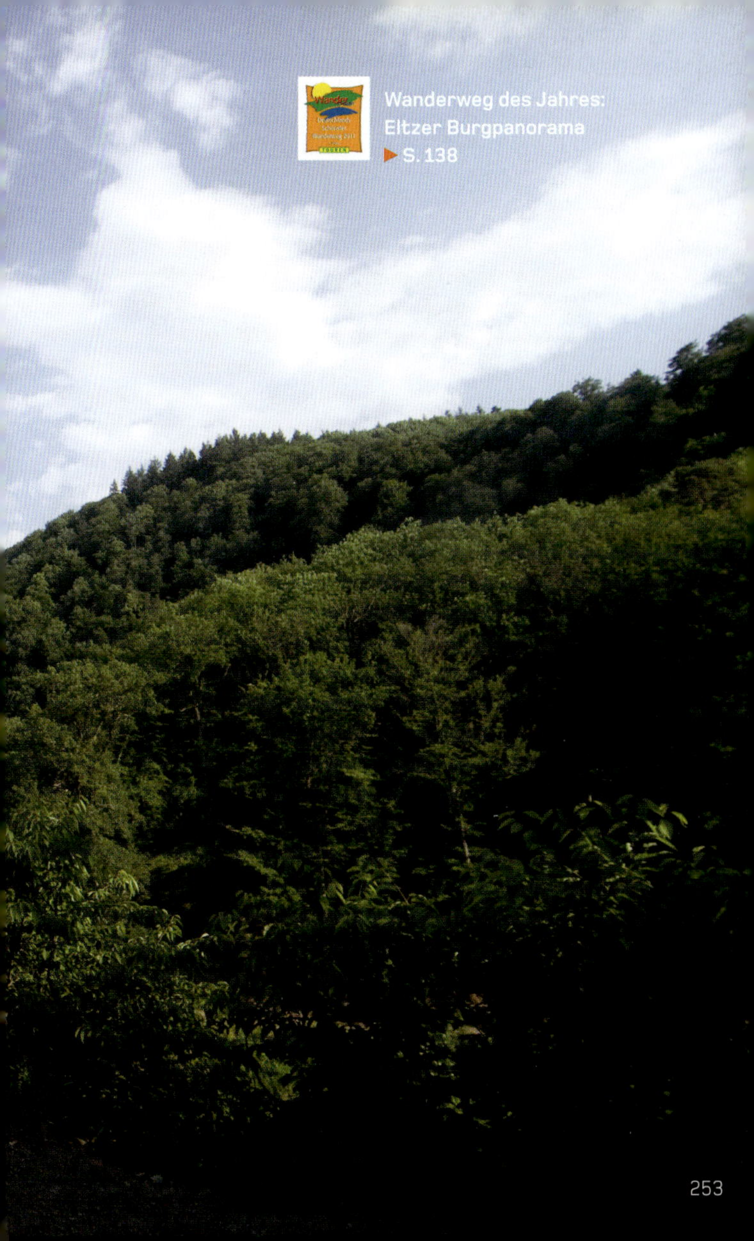

Wanderweg des Jahres:
Eltzer Burgpanorama
▶ S. 138

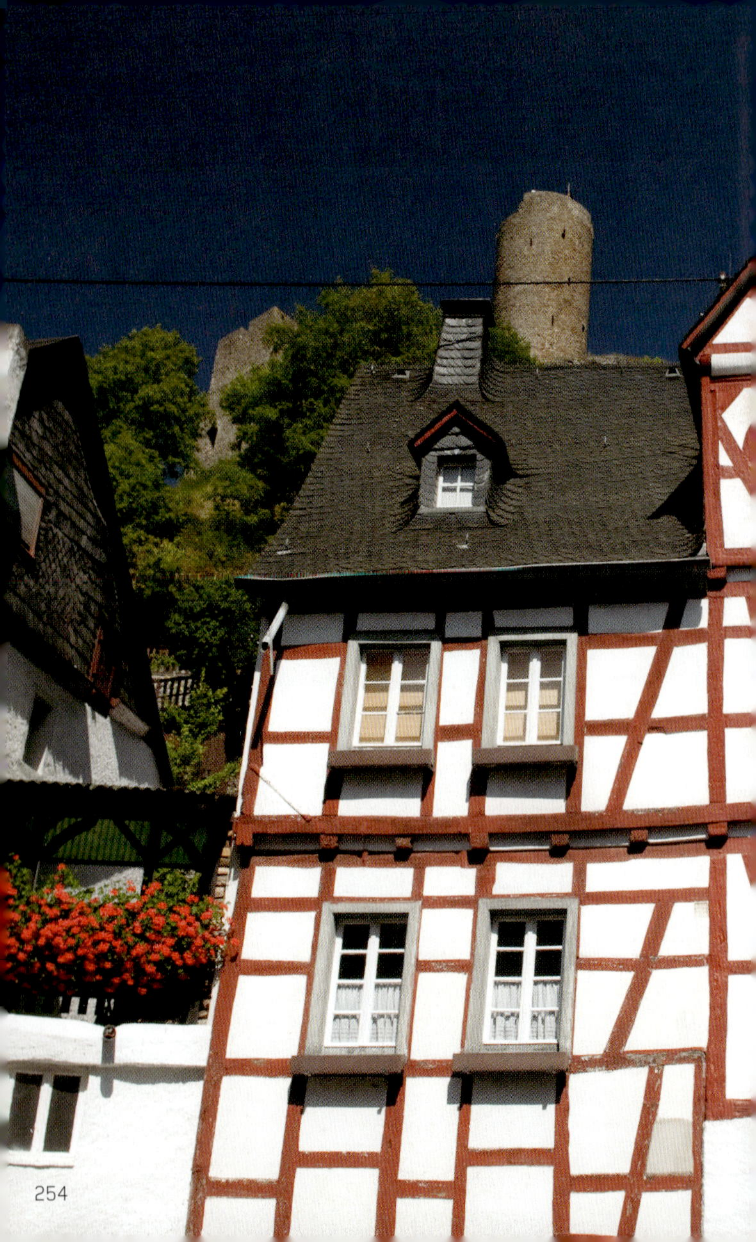

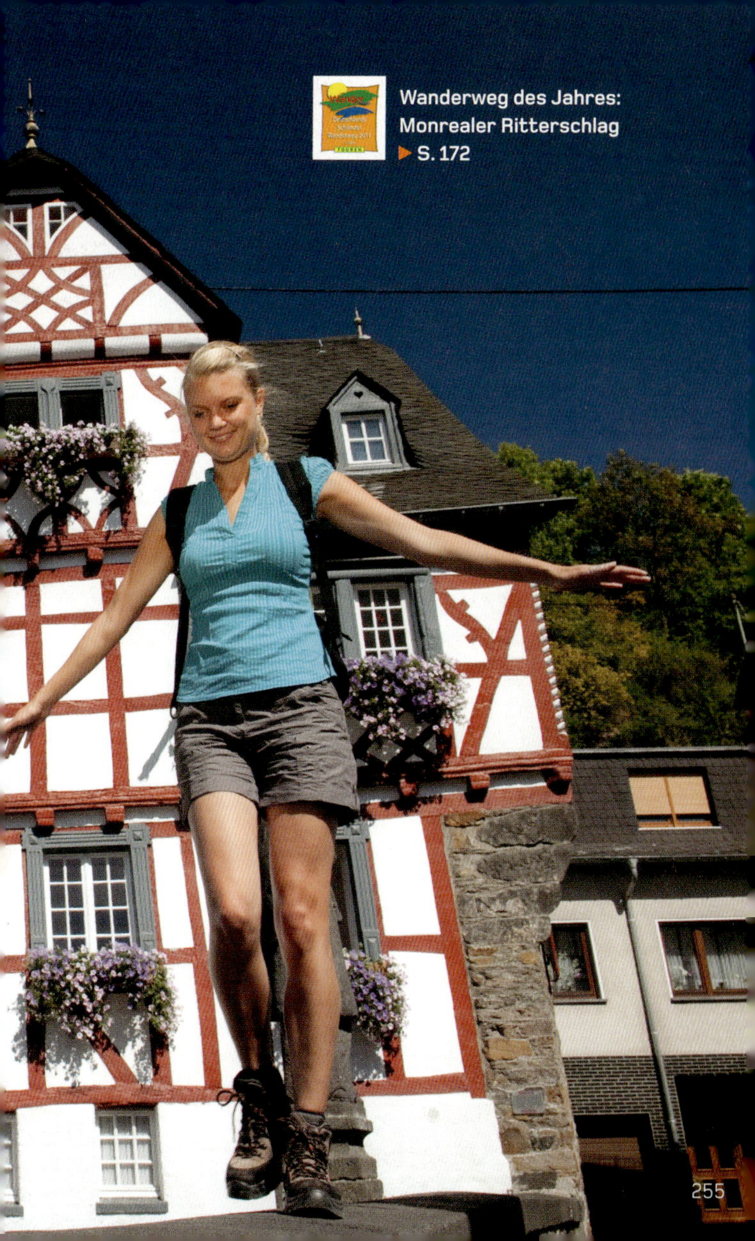

Wanderweg des Jahres:
Monrealer Ritterschlag
▶ S. 172

Register

F

G

H

J

K

L

M

N

O

P

Zeichen im Buch

- Wanderweg
- Einfach
- Mittel
- Schwer
- Sehr Schwer

Erläuterung zur Schwierigkeit unter:
www.schoeneres-wandern.de/html/bucher.html

- Download GPX
- Gehzeit
- Steigung/Gefälle
- Höchster Punkt
- Kalorienverbrauch
- Anfahrt
- Parkplatz

- Telefonnummer
- E-Mail-Adresse
- Internet-Adresse
- Öffnungszeiten/Termine*
- Start/Ziel
- Streckenpunkt
- Tourist-Info
- Einkehren
- Übernachten
- ÖPNV
- Taxi
- Entdecken
- Kindertipp
- An- bzw. Abfahrt Bahn
- An- bzw. Abfahrt Bus
- P Besonderer Streckenpunkt

- Höhenangaben bezogen auf NN
- Entfernungsangaben: Beschriebene Hauptstrecke inkl. empfohlener Abstecher (Zirka-Angaben)

- GPS-Daten: Kürzeste Strecke
- Zeitangaben: Mittleres Wandertempo (reine Gehzeit ohne Pausen)
- Koordinatenangaben der POIs: Wir geben UTM-Koordinaten der Zone 32 U WGS 84 an. Dieses System nutzen u.a. alle offiziellen Karten der Landesvermessungsämter.

  Für die Pkw-Navigationsgeräte geben wir für die Park-/Startplätze die geografischen Koordinaten in Breite/Länge (hddd° mm'ss.s) an. Diese können von den meisten gängigen AutoNavis verwendet werden. In den Outdoor GPS-Geräten sowie auf PCs und mobilen Geräten können die Koordinatensysteme entsprechend eingestellt werden.

- Allgemeine Infos:
  Projektbüro Traumpfade
  Bahnhofstr. 9, 56068 Koblenz
  ✆ 0261/108419 ⓘ www.traumpfade.info

* Bitte beachten Sie: Öffnungszeiten und Ruhetage sind saisonabhängig, Telefonnumern und Internet-Adressen sowie die Verfügbarkeit der Gastronomoie können sich genauso wie die zur Orientirung angegebenen Preise kurzfristig andern.

QR-Code scannen,
Startpunkt laden ▶ S. 266

scan to go®

EINFACH HIMMLISCH GEFÜHRT

Besitzer von GPS-Navigationsgeräten (Outdoor-Geräte oder Smartphones) kommen nie vom Weg ab und wissen immer, wo sie gerade sind: In allen Rad- und Wanderführern des ideemedia-Verlags finden Sie die Rad-, Wander- und Erlebnisrouten für Outdoor-Navigationsgeräte. Die Touren liegen im weit verbreiteten *gpx-Format vor.

Mit dem kostenlosen Programm BaseCamp von Garmin ist es möglich, die Tracks anzusehen, zu bearbeiten und direkt auf Garmin-Geräte zu laden. Dieses Programm kann auch ohne die zusätzlich zu kaufende Karte eingesetzt werden, bietet dann aber nur eine globale Karte ohne Details. BaseCamp läuft zudem auch auf Apple Computern. Alle anderen Hersteller von Outdoor-GPS-Geräten bieten ebenfalls kostenlose Programme an. Allerdings müssen Sie meistens auch eine digitale Karte erwerben, um den Track am PC und auf Outdoor-Geräten auf der Karte zu sehen. Für PC-Nutzer ist zudem die Software MagicMaps Tour Explorer empfehlenswert. In OpenStreetMaps oder Google Maps können die Daten mit Hilfe eines GPX Viewer angezeigt werden. Diese Kartenansicht können Sie für unterwegs zum persönlichen Gebrauch ausdrucken.

DIREKT ZUM PREMIUM-TRACK: SO FUNKTIONIERT ES

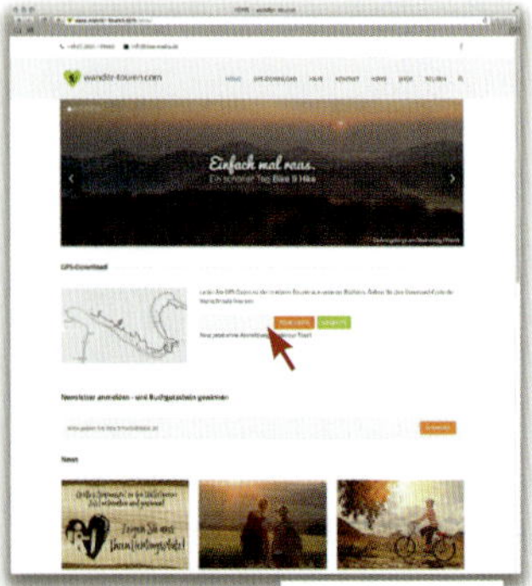

wander-touren.com

Zum Download der Routen benötigen Sie entsprechende Tour-Codes. Diese finden Sie neben der Karte, unter der Schwierigkeitsangabe.Auf der Internetseite www.wander-touren.com geben Sie den Code ein. Eine gesonderte Anmeldung ist nicht erforderlich. Sie bestätigen mit der Downloadanfrage, dass Sie im Besitz des entsprechenden Buches (Print oder elektronisch) sind. Wenn Sie per Mail über Updates zu den Touren informiert werden möchten, melden Sie sich bitte unter www.wander-touren.com zum Newsletter an.

Sollte der eingesetzte Internet-Browser aus Sicherheitsgründen den Datendownload blockieren, lassen sich die Sicherheitseinstellungen vorübergehend verringern. Alternativ klicken Sie mit der rechten Maustauste auf den Button „Tour laden" bzw. „Datei downloaden" und öffnen ein neues Fenster (neuer Tab) zum Download.

GPX-DATEN AUF OUTDOOR-NAVIS LADEN

Als Buchbesitzer können Sie die Daten als Datei im weit verbreiteten *gpx-Format als Einzeltour laden und danach auf Ihrem PC ablegen. In einzelnen Fällen können die Daten hinter den Codes auch gebündelt als *.zip-Datei verpackt vorliegen, die Sie vor der weiteren Verwendung entpacken müssen.

Als Nächstes müssen Sie die herunter gelandene Tour auf Ihr Navigationsgerät übertragen. Für die meisten GPS-Outdoor-Geräte ziehen Sie einfach den Track von Ihrem Desktop, nach Verbinden des GPS-Geräts mit dem Computer, in das GPS-Verzeichnis Ihres Outdoor-Geräts, das Sie als Laufwerk auf dem Desktop sehen. Sollte Ihr GPS-Gerät ein besonderes Format verlangen, können Sie den Track mit der Software RouteConverter in fast jedes Format konvertieren. RouteConverter ist ein kostenloses GPS-Werkzeug, um Routen, Tracks und Wegpunkte anzuzeigen, zu bearbeiten und zu konvertieren. Es läuft sowohl auf PC als auch auf Apple Computern. Zur Übertragung der Tour-Daten können Sie auch die Ihrem Kartenprogramm oder Navigationsgerät beigelegte Software nutzen. Bei Problemen mit der Übertragung der Daten auf Ihr Navigationssystem wenden Sie sich bitte an den Hersteller.

ALLGEMEINE HINWEISE

Alle Daten wurden auf Fehlerfreiheit geprüft und werden bei Änderungen der Wegführung nach Verfügbarkeit aktualisiert. ideemedia übernimmt keine Haftung für mögliche Abweichungen, Vollständigkeit, Verfügbarkeit und Einsatz auf allen Navigations-Modellen. Sollte ein Gerät das Laden von *.gpx-Daten nicht ermöglichen, so wenden Sie sich in diesem Fall bitte an den Hersteller. Die Nutzung der Tour-Downloads ist nur Buchbesitzern zur privaten Verwendung gestattet, eine Weitergabe an Dritte sowie das Vervielfältigen auf Datenträgern jeder Art ist untersagt. Kommerzielle Nutzung ist nur nach schriftlicher Vereinbarung mit ideemedia gestattet. Idee, Konzeption und Daten sind urheberrechtlich geschützt.

Die Daten enthalten einen Sicherheitscode und werden bis zu 36 Monate nach Ausgabetermin des Buches zur Verfügung gestellt.. Eine Vervielfältigung zur Verteilung oder Verlinkung ist strikt untersagt und kann bei Missbrauch zu Schadenersatzforderungen führen.

PREMIUM-GPS: WAS IST DAS?

Im Gegensatz zu vielen anderen Anbietern im Print- und Online-Bereich greifen wir nicht auf die Standard-Daten von kostenlosen Internetportalen, privaten oder öffentlichen Anbietern zurück, sondern ermitteln die Daten vor Ort und aktualisieren diese im Regelfall, wenn uns gravierende Änderungen bekannt werden. Die Arbeit ist aufwendig und kostenintensiv – und daher bitten wir um Verständnis, dass wir diese aufbereiteten Daten in vollem Umfang nur unseren Kunden zur Verfügung stellen.

GPS-DATEN VERARBEITEN: NICHT OHNE ÜBUNG

Trotz enormer Fortschritte in der Gerätebedienung ist es für Laien nicht völlig unkompliziert, die Daten richtig nutzen zu können. Da es sich bei den *.gpx-Daten um ein kostenfreies Zusatzangebot zu unseren Printprodukten handelt, können wir keine Unterstützung für GPS-Geräte, GPS-Software oder Kartengrundlagen leisten. Bitte wenden Sie sich dazu an Ihren Hersteller oder Lieferanten und arbeiten Sie sich gründlich in die Möglichkeiten der GPS-Nutzung ein. Verlassen Sie sich auch bei Ihren Touren nicht ausschließlich auf Ihr GPS-Gerät, Empfangsprobleme, Batterie- oder Softwareprobleme sind nicht unbekannt. Zudem könnten Sie ihr Gerät unterwegs verlieren. Wir empfehlen deshalb aus Erfahrung die zusätzliche Mitnahme von Buch und Karten.

GPS FÜR SMARTPHONES

*.gpx-Daten auf ein Smartphone zu laden funktioniert mit mehreren Apps sowohl für iPhones als auch für Android-Geräte. Unser Tipp: Testen Sie verschiedene Apps und prüfen Sie, mit welcher Software Ihr Gerät fehlerfrei arbeitet. Probleme kann es geben, wenn unterwegs Daten geladen werden müssen. Von Netzproblemen abgesehen, kann das zu hohen Kosten führen.

Eine ausführliche Erklärung zur Verwendung von unseren *.gpx-Daten auf einem Smartphone finden Sie unter: www.wander-touren.com. In der folgenden Kurzanleitung wird der Download und die Verabeitung unserer *.gpx-Daten auf einem iPhone 13 (IOS 16.3.1) unter der Verwendung der kostenlosen App „Komoot“ dargestellt. Andere Geräte, Betriebssysteme oder Apps können davon abweichen, das Prinzip bleibt dabei jedoch ähnlich.

Tourcode auf „www.wander-touren.com“ eingeben und den *.gpx-Track downloaden (Schritte 1-4). (Der Code befindet sich auf der Startseite des jeweiligen Kapitels unter der Angabe zur Schwierigkeit.)

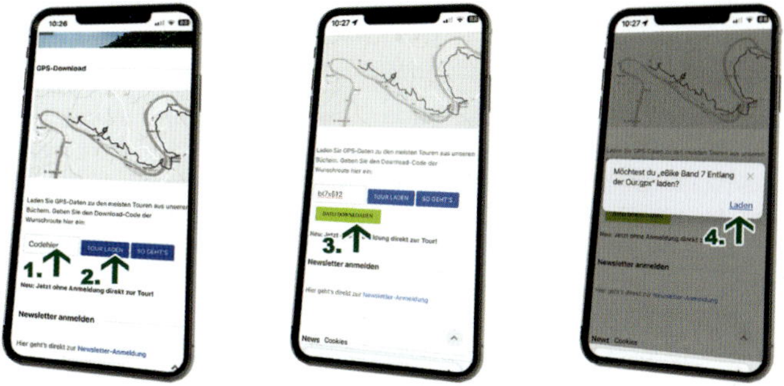

Die Datei befindet sich in der Regel im Downloadordner. Durch Tippen auf den Pfeil in der Browser Leiste, dort hin navigieren (Schritt 5-6). Alternativ über das lokale Datenverwaltungssystem (bei IPhones die Apple eigenen App Dateien) die Downloads öffnen und die Datei suchen.

Anschließend durch langes Drücken auf das Icon/ die Datei, das Menü öffnen und die Option „Teilen“ auswählen (Schritt 7-8). Neben den Möglichkeiten „via Mail“ oder „Nachricht“ findet man weiter rechts (über die Symbole wischen) auf dem Gerät installierte Apps die zum Öffnen kompatibel sind. Durch Tippen auf das Symbol öffnet sich die App und beginnt mit dem Import des Tracks (Schritt 9).

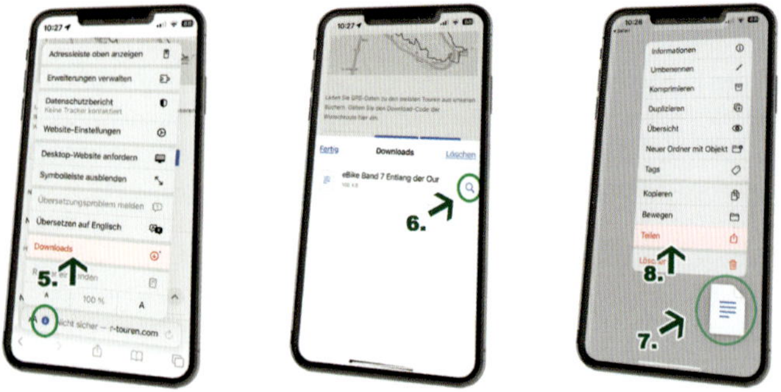

Da unsere Daten viele zusätzliche Punkte und Abstecher haben, muss die korrekte Darstellung ausgewählt werden (Schritt 10). „Komoot" gibt anschließend die Option, den Track an bekannte Wege anzupassen. Da unsere Daten vom Autor erfasst und laufend aktualisiert werden, empfehlen wir den Originalverlauf beizubehalten (Schritt 11). Die Route kann nun als zukünftige Tour gespeichert und anschließend auf der Karte angezeigt werden.

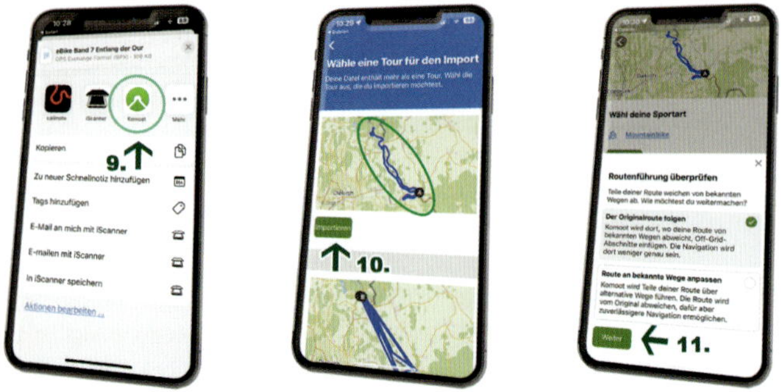

Prüfen Sie vor Antritt der Tour, ob die Daten korrekt angezeigt werden und Sie die Routenführung starten können. Vergleichen sie die Darstellung zur Sicherheit mit der Karte im Buch, um Fehler beim Verarbeiten oder in der App auszuschließen.

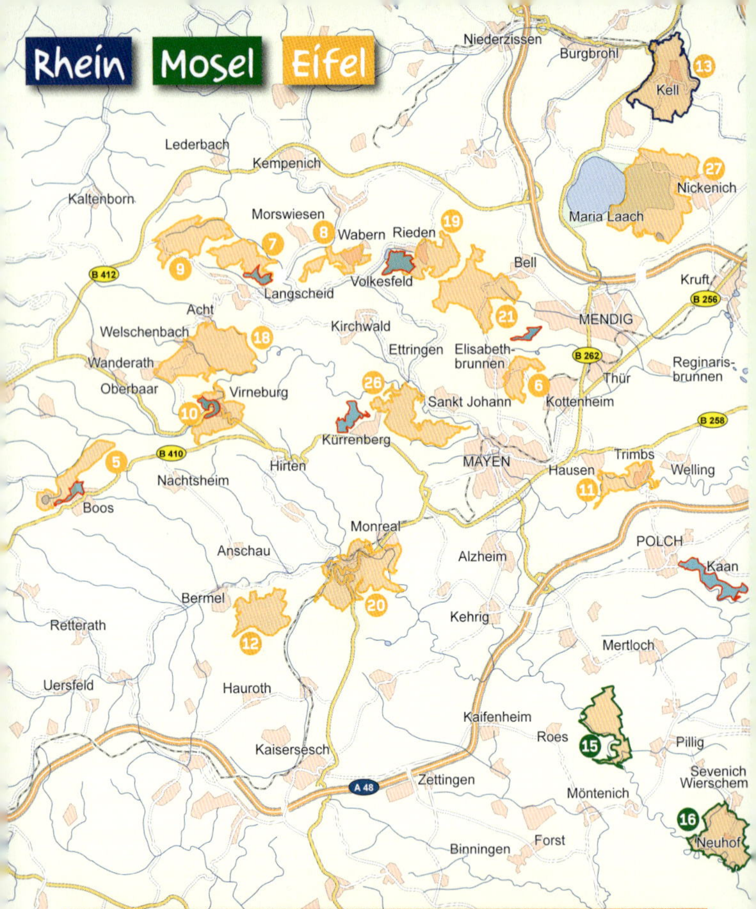

Leicht | Mittel | Sportlich

1 Streuobstwiesenweg
2 Waldschluchtenweg
3 Wolfsdelle
4 Rheingoldbogen
5 Booser Doppelmaartour
6 Vulkanpfad
7 Wacholderweg
8 Heidehimmel Volkesfeld
9 Bergheidenweg
10 Virne-Burgweg
11 Nette-Schieferpfad
12 Hochbermeler
13 Höhlen- und Schluchtensteig Kell
14 Schwalberstieg
15 Pyrmonter Felsensteig
16 Eltzer Burgpanorama
17 Bleidenberger Ausblicke
18 Wanderather
19 Waldseepfad Rieden
20 Monrealer Ritterschlag
21 Vier-Berge-Tour
22 Saynsteig
23 Koberner Burgpfad
24 Hatzenporter Laysteig
25 Bergschluchtenpfad Ehrenburg
26 Förstersteig
27 Pellenzer Seepfad

TRAUMPFADE Rhein-Mosel-Eifel-Land

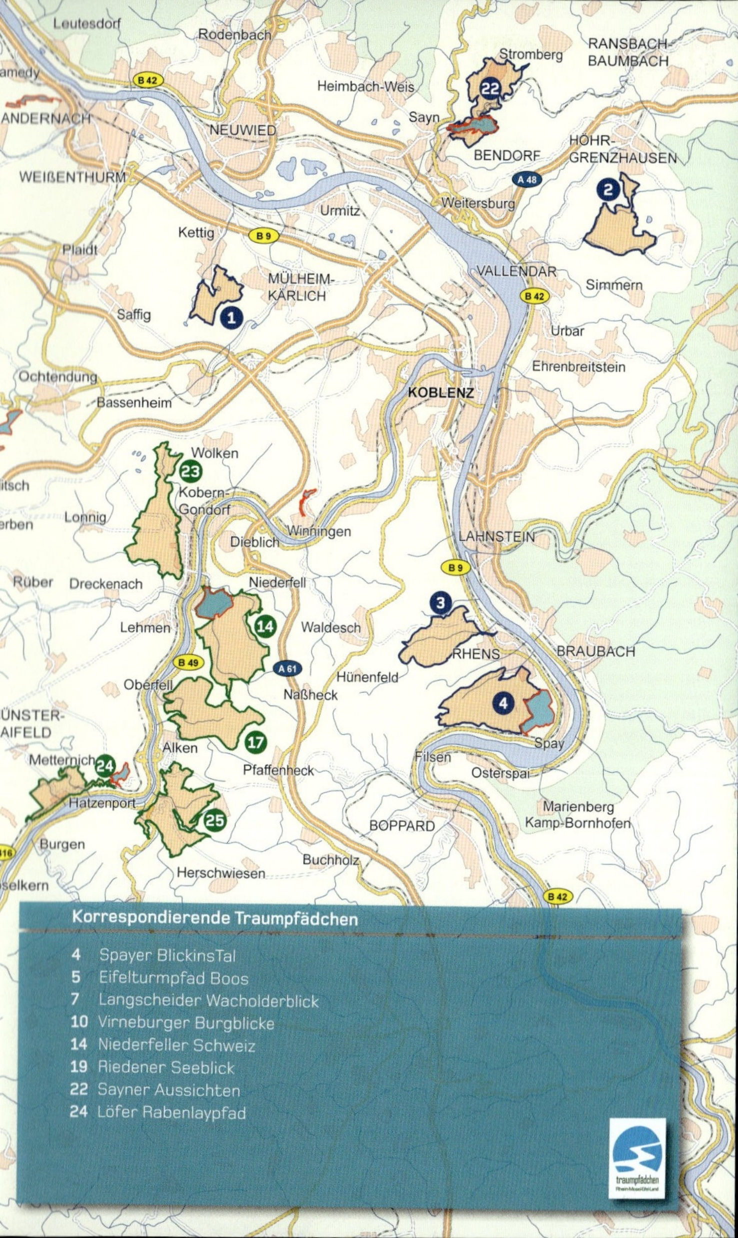

Korrespondierende Traumpfädchen

4 Spayer BlickinsTal
5 Eifelturmpfad Boos
7 Langscheider Wacholderblick
10 Virneburger Burgblicke
14 Niederfeller Schweiz
19 Riedener Seeblick
22 Sayner Aussichten
24 Löfer Rabenlaypfad

Impressum

Herausgeber: Uwe Schöllkopf (ideemedia GmbH)
Autoren: Ulrike Poller und Wolfgang Todt
Redaktion: Barbara Schöllkopf, Uwe Schöllkopf
Redaktionelle Mitarbeit: Anna Ley, Katharina Göbel, Janina Seiler
Grafik / DTP/Produktion: Julia Klein, Kathrin Kalter, Rolf Müller, Sietske Pelgrum
Verlag: ideemedia GmbH, Im Aubisch 1b, 56567 Neuwied
E-Mail: shop@ideemediashop.de
Karten: KGS Kartografie Schlaich/ideemedia
Internet: www.ideemediashop.de • www.einschoenertag.com • www.wander-touren.com

Wir danken dem Projektbüro Traumpfade, insbesondere Nicole Pfeifer, für die Unterstützung. Traumpfade ist eine Marke Rhein-Mosel-Eifel-Touristik (REMET) Koblenz. **www.traumpfade.info**

Alle Angaben wurden nach bestem Wissen recherchiert und sorgfältig überprüft. Sollten sich dennoch Fehler eingeschlichen haben, bitten wir um Entschuldigung und Benachrichtigung. Für Fehler übernimmt der Verlag keine Haftung. Aktuelle Änderungen, Downloads und Updates zum Buch finden Sie unter www.wander-touren.com

Mit den QR-Codes aus dem Buch lässt sich über die Kamerafunktion vieler Smartphones der Ausgangspunkt direkt auf GoogleMaps anzeigen.

Die Deutsche Bibliothek – CIP – Einheitsaufnahme: ISBN 978-3-942779-43-2

Titelbild: Rhein-Mosel-Eifel-Touristik, Klaus-Peter Kappest / *Hatzenporter Laysteig*
Fotos: Rhein-Mosel-Eifel-Touristik: Klaus-Peter Kappest, Klaus Hurtienne
Weitere Fotos: Ulrike Poller, Wolfgang Todt, K. Schöllkopf, ideemedia, Vulkanpark, Wikipedia/F. Dreyer

Autoren

Ulrike Poller studierte in ihrer Heimatstadt Würzburg Mineralogie und promovierte in der Schweiz über das Silvretta Massiv. 1995 kam sie als Wissenschaftlerin ans Max-Planck-Institut für Chemie in Mainz, wo sie zusammen mit Wolfgang Todt Altersbestimmungen durchführte.

Wolfgang Todt, aufgewachsen in Heidelberg, studierte Physik und Geologie. Von 1980 bis 2005 leitete er am Max-Planck-Institut für Chemie in Mainz die Arbeitsgruppe für Geochronologie.

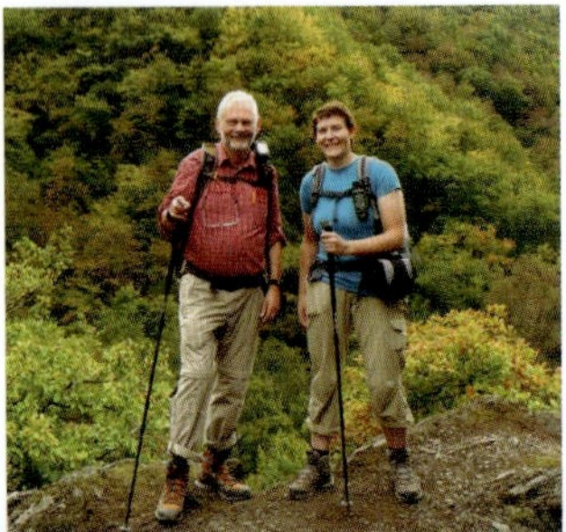

Wolfgang Todt und Ulrike Poller sind verheiratet. Gemeinsam bemühen sie sich heute, die Qualität von Wanderwegen zu verbessern. Infos unter: **www.schoeneres-wandern.de**